U0552676

国家社科基金一般项目

"中国文化资源产权交易法律保障机制研究"（15BFX115）

中国文化资源产权交易法律保障机制研究

胡卫萍 著

中国社会科学出版社

图书在版编目（CIP）数据

中国文化资源产权交易法律保障机制研究 / 胡卫萍著. —北京：中国社会科学出版社，2021.8
ISBN 978 - 7 - 5203 - 8094 - 2

Ⅰ. ①中… Ⅱ. ①胡… Ⅲ. ①文化产业—产权交易—法律保护—研究—中国 Ⅳ. ①D923.404

中国版本图书馆 CIP 数据核字（2021）第 047035 号

出 版 人	赵剑英
责任编辑	许 琳 郭如玥
责任校对	赵雪姣
责任印制	郝美娜

出 版	中国社会科学出版社
社 址	北京鼓楼西大街甲 158 号
邮 编	100720
网 址	http://www.csspw.cn
发 行 部	010 - 84083685
门 市 部	010 - 84029450
经 销	新华书店及其他书店

印刷装订	北京市十月印刷有限公司
版 次	2021 年 8 月第 1 版
印 次	2021 年 8 月第 1 次印刷

开 本	710×1000 1/16
印 张	20.5
字 数	352 千字
定 价	118.00 元

凡购买中国社会科学出版社图书，如有质量问题请与本社营销中心联系调换
电话：010 - 84083683
版权所有 侵权必究

目 录

引 言 ………………………………………………………………… 1

第一章　绪论 ……………………………………………………… 4

第二章　文化资源概述 …………………………………………… 12
　第一节　文化资源的含义与特点 ……………………………… 12
　第二节　文化资源类型 ………………………………………… 24
　第三节　文化资源的用益原理与用益状况 …………………… 38

第三章　文化资源产权交易基本原理 …………………………… 51
　第一节　产权交易基本原理 …………………………………… 51
　第二节　我国文化资源产权归属确认 ………………………… 69
　第三节　我国文化资源产权交易选择 ………………………… 81

第四章　文化资源产权交易类型的法律确认 …………………… 93
　第一节　可交易文化资源产权交易类型 ……………………… 93
　第二节　可交易文化资源产权交易模式 ……………………… 105
　第三节　可交易文化资源产权交易内容 ……………………… 122
　第四节　文化资源创意产权交易规则设定与权益保障 ……… 131

1

第五章　文化资源产权交易监管的法律约束 …………… 154
第一节　文化资源产权交易监管概述 …………………… 155
第二节　文交所等产权交易平台监管的法律约束 ……… 164

第六章　文化资源产权交易融资运营的法律跟进 ………… 176
第一节　文化资源产权交易实质在于文化资源资本转化 … 176
第二节　我国文化企业文化资源产权交易融资运营状态 … 182
第三节　文化资源产权交易投融资路径选择的法律架构 … 194
第四节　我国文化资源产权交易融资运营的法律跟进 …… 206

第七章　文化资源产权交易成果转化的法律推动 ………… 230
第一节　文化资源产权交易成果转化概述 ……………… 230
第二节　博物馆文化资源产权交易成果转化的法律推动 … 233
第三节　非遗资源产权交易成果转化的法律推动 ……… 254
第四节　文化资源产权交易成果转化之
　　　　　商品化权设权的法律推动 ……………………… 266

第八章　文化资源产权交易责任的法律预防与追究 ……… 280
第一节　文化资源产权交易责任承担概述 ……………… 280
第二节　文化资源产权交易法律责任预防 ……………… 289
第三节　文化资源产权交易法律责任追究 ……………… 297

第九章　结论 …………………………………………………… 307

参考文献 ………………………………………………………… 313

引　言

文化资源以其特有的历史记录性、社会认同性、时代精神附加性、可资利用无限性等特点呈现出巨大的市场开发潜能。文化资源的文化价值在世代族人的沿袭、传承中承继与发展，更在向文化生产力、文化资本转化中，以市场用益的方式实现财富价值，展现产权交易流转效益。

中国文化资源虽丰富但文化产权意识薄弱，大量蕴含着巨大经济价值和社会效益的传统文化资源被国外文化产业集团无偿、低价甚至掠夺性开发成现代文化产品。中华文化主权、知识产权空间被侵占，文化价值观在潜移默化中被同化。目前文化资源用益的总体状况虽呈现良好发展态势，也有文化产业发展的相关政策扶持，但文化资源产权交易范畴、交易类型、交易原理、交易主旨并不清晰，不同类型产权交易的交易规则、责权利关系不够明确，文创产权理念与维护也未跟上，文化资源产权交易法律保障不足。

因此，有必要依循文化资源产权的特殊属性，依据文化资源产权交易基本原理，建构中国文化资源产权交易法律保障机制。该保障机制，不仅要明确文化资源产权交易行为的法律属性，对产权交易类型进行法律确认，明确产权交易基础、交易内容，还要就文化资源产权交易行为监管进行明确的法律约束，为文化资源产权交易融资运营提供法律保障，从法律层面尽力推动文化资源产权交易成果转化，并对相应产权交易过程中的法律责任进行追究。暨从产权交易类型的法律确认机制、交易行为监管的法律约束机制、交易融资运营的法律跟进机制、交易成果转化的法律推动机制、交易责任的法律预防与追究机制等,多层面、多角度促成文化资源向文化资本转化,建构文化资源产权交易法律保障机制,保障文化资源市场交易空间,文化传承与财富价值并举。

但中国文化资源产权交易的法律保障机制,的确是一个庞杂的系统。不仅需要回归罗马法,确认文化资源产权交易的理论依据,解决文化资源产权归属"所有者虚位"问题,还要遵循罗马法上的"公有物""共用物"和"共有物"的思路,确定我国文化资源的可交易与不可交易的产权交易类型,明确文化资源产权交易主要是围绕"文化相关物"的文化物权、文化债权、文化知识产权、文化股权等多项权利内容展开。同时,围绕文化授权前的文化资源产权发掘与确认、文化授权过程中的产权交易监管、文化授权后的文化资源权益再造三个环节,强化文化创意产业生产经营的产权激励制度,设计具体的法律保障举措、跟进规则,保障文化资源创意产权交易流转权益实现。

对那些肆意利用文化资源,肆意歪曲、抹杀文化资源的文化内涵、文化价值的,则考虑文化资源产权侵权。笔者主张通过文化产权交易所等第三方平台进行交易,借助专门评估工具确定交易价格,防控交易风险。以良好的监管程序设计、自律性或强制性的监管形式,明确产权交易市场的监管主体,注重文化产权交易所/中心(以下简称文交所)等产权交易平台交易运行的内部治理与规范,对文化资源产权交易行为进行法律约束与监管。

而文化资源向文化产品、文化产业转化的过程,也是文化资源资本转化过程。需要结合资金运营原理,针对版权质押融资、资金信托运营等融资活动中法律保障的不尽如人意,思虑其中的融资运营利益与融资运营风险,创新和完善文化资源资本转化的投融资法制环境,为文化资源产权交易融资运营提供法律保障,推动文化资源(物)或文化资源财产权利的再次研发利用,实现文化资源产权交易成果转化,以文化授权等方式"活化"用益博物馆文化资源。

由于文化资源产权化与产业化本身涉及"公共产品"与"私人产品"的利益冲突、产权生命周期利益、产权交易衍生利益和产权福利制度弥补等利益协调问题。文化资源产权交易应正视产权交易利益冲突,建立产权交易综合责任体系，以私权救济的民事责任承担、公法制裁的行政与刑事责任担当以及交易纷争的预先防范、事先规范等形式，警告不当交易、惩处违法行为，保障文化资源产权交易活动顺利进行，推进文化强国。

第一章 绪论

一 选题依据

（一）国内外相关研究的学术史梳理及研究动态

1. 国内研究梳理

中国是文化资源丰富的国家，但文化产权意识薄弱，大量蕴含着巨大经济价值和社会效益的文化资源被西方国家无偿或低价开发成现代文化产品。如美国利用《木兰辞》赚了几亿美元的版权收入，"水浒传""西游记""三国志"被日韩等国家的几十家公司注册为计算机游戏商标，中华国粹中的"功夫"与"熊猫"被美国演绎为《功夫熊猫》独占版权市场。中华文化主权、知识产权空间被侵占，文化资源的民族精神和交易价值被忽略，文化价值观被篡改、同化，产权交易法律保障不足。

早在2009年，国务院就发布了《文化产业振兴规划》，2010—2014年又陆续出台了《国家文化科技创新工程纲要》《关于深入推进文化金融合作的意见》等一系列扶持文化产权交易的政策文件，旨在通过文化产品与生产要素的合理流动，确立以文化产权交易机构为主体的泛版权经济创新体系，拓展文化资源发展空间。文化产权交易、文化资源创意开发，成为中国文化机制体制创新、文化生产经营中的生力军。

对文化产权交易的研究，国内学者皇甫晓涛、高宏存、潘卫杰、张锐、熊广勤、张炳辉、赵书波等都有关注，对文化产权性质认定不一、争议颇多。文化资源产权作为文化产权的内容之一，文化资源产权交易问题目前关注的学者并不多，且多数是从民族文化旅游资源产权（唐德彪，2006）、历史文化资源的知识产权保护与开发（纪铭、杨大庆，2010）、文化资源的创意产品开发（林明华等，2014）等角度关注。当然，也有学者关注到文化资源的产权保护问题（范莉娜，2009；董雪梅、章军杰，2013；唐兵，2014等），意识到应从社会财产权角度保护文化资源，固厚发展中国家文化资源转化为文化产品的利益保护屏障，避免发达国家在"合法"知识产权外衣下，大肆掠夺和盗用文化资源所属国的文化资源。但中国文化资源产权长期居于全民所有、国家产权主体这一层次，系"所有者虚位"，缺乏文化资源的产权认定，不同地区、不同利益主体之间矛盾激化。如神农"出生地"之争、梁祝"原发地"之争、诸葛亮"躬耕地"之争、李自成"归属地"之争及西安仿古迎宾入城仪式纠纷等，都是文化资源产权主体虚位下资源开发利益、收益分享权利争夺的表现。

国内学者对文化资源产权保护的研究，目前尚停留在必要性研讨阶段，对如何进行文化资源的产权确认、如何在产权交易中实现文化资源的财富价值、文化资源产权交易法律保障的具体措施等，缺乏深入研究。而文化资源的财富价值只有在产权交易、市场流通中才能显现。所以，文化资源的产权确认、文化资源产权交易价值与利益分配的法律维护，不仅可促成中华文化产权与版权体系的形成，更是国家文化资本与财富形态的创新基础和源泉。着力于文化资源产权交易法律制度保障研究，能为产权交易提供足够的法理依据和实践指导。

2. 国外研究动态

西方国家一直重视文化产业发展、知识产权保护（Michael A. Bengwayan, 2003; Rajat Rana, 2006; Larisa Katz, 2006; Diana Barrowclough, 2008; Mt. AuburnAssociation LA, 2010; Richard Hooper, 2011等），但英美日韩等发达国家多数是从创意产业发展角度立法保障。如英国的《Path Of The File In UK Creative Industry》、美国的《Cross Century Digital Millennium Copyright Act》、日本的《The Basic Law Of Revitalizing The Cultural Art》《The Promotion Law Of Content Industry》和韩国的《The Basic Law Of Revitalizing The Cultural Industry》等。秘鲁、巴拿马、突尼斯、阿根廷、埃及等发展中国家，则通过法律规定对民间传统文化、民间文学艺术等文化资

源实行有偿使用,保护文化资源产权。如突尼斯的《Cultural Art Copyright Law》、菲律宾的《Protection Of Community Intellectual Property Law》,对传统文化著作权、土著权利进行保护,确认文化资源的产权归属,保障文化资源的财富价值在产权交易中实现。

国际社会虽未有明确保护文化资源产权的国际公约,也缺乏文化资源产权交易的法律规定,但以突尼斯、菲律宾为代表的发展中国家国内层面文化资源产权保护举措,以及发达国家对文化创意产权的确认和相关法律保障,为中国文化资源产权保护法律机制的建构提供了借鉴。

(二) 相对于已有研究的独到学术价值和应用价值

党的十八大以来,以习近平同志为核心的党中央坚持社会主义先进文化前进方向,以坚定的文化自信和高度的文化自觉进行社会主义文化强国建设,着力推进文化创意产业发展、文创产品开发等一系列政策陆续出台,极大地推动了我国文化资源创意产业发展,实现了文化资源向文化符号、文化资本的转化。

1. 学术价值

遵循罗马法原理,对文化资源的私有产权和共有产权属性不断进行理论和制度创新。突破文化资源长久以来被定位为"公有物""共有物""不可交易物"的思维局限和产权认定障碍,彰显文化资源的产权价值和交易利益,避免西方国家以"共享"名义对中华文化巧取豪夺。对文化资源产权归属进行法律确认,明确文化资源产权交易原理,通过产权交易监管的法律约束、产权交易融资运营的法律跟进、产权交易成果转化的法律推动、产权交易责任的法律预防与追究,为产权交易流转路径提供系统的法律制度保障,维护文化资源创意产权,促进文化资源产权交易成果转化,在市场调节基础上构建文化资源产权交易法律保障机制。

2. 应用价值

以综合性文化财产权利视角,借助文化产业与资本市场的多样结合,通过文化产权交易市场公开交易,将文化创意、文化资源转化为文化创意产品与文化资源产权,为各类文化产权创意活动提供融资渠道、交易平台,使文化资源产权交易成为实现中小型文化企业产权转让与专利技术、工业版权等无形资产转让的权益资本市场,以规范的规则设计保障产权交易顺利流转、特色文化产业的发展等，促进文化资源产权化与产业化发展。

（三）研究目标与创新之处

1. 研究目标

通过文化资源的产权认定和产权交易保护，明晰文化资源产权的权责归属与利益分配，激发文化资源所属国对文化资源的身份认同和自觉保护意识，改变当前文化资源因"基因窃取"和管制弱化而被掠夺的状态。以文化资源产权化与产业化思路，积极探索"文化资源+金融""文化资源+科技"等领域的文化资源产权交易类型、交易模式，确立文化资源产权与文化产业融合发展的法律保障。鼓励文化资源创意开发，化解交易纷争、维护交易利益，促进文化资源保护与开发的良性互动，形成文化资源产权交易市场的中国评判，在保证文化资源本真性、可持续发展的基础上，以产权利益的维护最终实现文化资源全球共享。

2. 研究创新之处

（1）突破文化资源总体上为公共产品的法律定位局限，梳理各类文化资源，析出文化资源可交易性评判标准，确定文化资源的产权归属，明确文化资源产权交易门槛。

（2）根据文化资源产权的特殊属性，在保持文化资源本真性、可持续性基础上，确定文化资源产权交易原则、交易模式和交易要求，并以此带动区域文化品牌推广、文化产业发展。

（3）鼓励文化资源创意开发，将文化资源创意产权交易作为文化资源产权交易类型之一予以确认，确立创意产权交易规则、交易程序，为文化创意产业发展提供更好的制度环境和法律保障体系。

（4）强调文化资源产权交易的市场调节与政府调控，注重文化产权交易所等文化产权交易平台建制，建设集"确权、登记、评估、交易"于一体的产权交易监管平台，保障产权交易程序的公开透明，完善交易监管的法律约束举措。

（5）结合资本运营原理，突破文化产权交易股权融资模式局限，采取多种融资方式实现文化资源的产业资本对接，积极探索文化资源产权化和产业化的融资保障。

(6) 从文化资源产权交易成果知识产权运营角度，推动文化资源产权交易成果转化，强调文化授权的基础保障与产权交易利益维护，形成相对完善的产业链和利益共享机制。

(7) 正视文化资源产权交易利益冲突，从法律责任、行政责任与社会责任相结合的角度，对不当交易行为以责任约束，明确其责任形态、责任方式和责任范围。

二 研究内容

（一）研究对象

以中国文化资源产权交易依据、交易原理与产权交易法律保障机制的具体构建为主要研究对象，所要解决的基本问题主要有：①文化资源产权交易法律原理确定。在文化资源财富价值实现与他国烙印防范的文化资源产权保护意识下，确立文化资源产权交易的法律依据，为中国文创产业发展、产权交易流转提供法理支撑。②文化资源产权交易法律保障机制建构。在文化产业发展需求下，思虑如何构建一个既能顺应文化经济时代发展需求，又符合产权交易原理的法律制度保障机制，进而以社会创新、国家治理的理念，促进文化资源向文化资本、文化产权效益转变，维护产权主体、流转主体合法权益，保护文化资源的法权空间。

（二）研究的总体框架

1. 文化资源产权交易基本原理

秉承文化产权交易原理，明确文化资源产权交易主旨，分析文化资源产权类型，确定产权交易规则，明确交易双方责权利；正视权利移转、许可使用与合作开发的产权交易法律后果，规范产权交易退入市门槛，保障文化资源产权交易活动顺利进行。

2. 文化资源产权交易类型的法律确认

依循文化资源产权的判定标准、交易原则，明确文化资源产权交易的交易类型，确认可交易文化资源产权的交易范畴、交易模式和交易内容，选取博物馆馆藏品、非遗技艺等文化资源，以保护性生产、交易理念，阐释产权交易主体、交易范畴与交易模式。以法律先行确权方式保障可交易文化资源产权人的财产利益、交易价值。同时，对具有开发潜质的文化资源，在保持其自身特点和核心技艺前提下，研究创意产权的生成、创意产品的开发与交易衍生利益，制定文化资源创意产权交易规则，为创意保护、创意产权交易提供法律保障。

3. 文化资源产权交易监管的法律约束

针对文化产权交易市场准入、交易流程、交易中介、信用信息、资产评估等交易行为、交易程序监管的不规范处，依循文交所等产权交易平台，完善文化资源产权交易的监管机构、监管模式和监管程序，建立评估、确权、登记托管、信息披露、结算交割、保险、信托、交易监督、资信评级等法律约束制度，以良好的监管程序设计，保障交易程序的公开透明，保证政府宏观调控、行政协调职能的发挥，最大限度促成文化资源产权交易。

4. 文化资源产权交易融资运营的法律跟进

结合资金运营原理，探寻版权质押融资、入股融资、融资性担保等融资运营风险防范的法律举措，以法律制度保障的形式，改变文化企业"无米下锅"与投融资机构"无从下口"的尴尬境地，实现文化资源产权交易投融资管理系统化，为文化资源与金融资本的融合发展提供法律保障。

5. 文化资源产权交易成果转化的法律推动

从交易成果转化、创意产品生产市场空间的角度，以版权、专利权和商标权等知识产权运营模式转化文化资源产权交易成果，确定不同类型产权交易成果转化的权利内容，孵化创意文化企业，形成相对完善的文化资源产权交易产业链和利益共享机制，并在法律制度上予以规范、调整与完善。

6. 文化资源产权交易责任的法律预防与追究

文化资源产权化与产业化本身，涉及"公共产品"与"私人产品"的利益冲突、产权生命周期利益、产权交易衍生利益等利益协调问题。文化资源产权交易应正视产权交易利益冲突，建立产权交易责任惩处与责任追溯机制，以私权救济的民事责任承担、公法制裁的行政、刑事责任负担与交易纠纷的预先防范、事先规范形式，警告不当交易，惩处违法行为，保障文化资源产权交易活动顺利进行。

三　研究方法

（一）本课题研究的基本思路

课题研究立足于中国文化资源用益的本土制度环境，基于中国文化产业发展需求、传统文化资源被国外文化产业集团无偿、掠夺性开发的事实，从文化资源产权权益保护必要性角度，论证文化资源产权交易依据、产权交易流转法律保障机制的具体内容，强调文化资源向文化生产力转化的产权权益保护，探讨产权保护思路下的中国文化产业发展的现实路径与相关制度的效能发挥。课题研究依循文化资源产权交易的交易流程，抓住文化资源产权交易本是合同行为的实质，从交易类型的法律确认机制、交易监管的法律约束机制、交易融资运营的法律跟进机制、交易成果转化的法律推动机制、交易责任的法律预防与追究机制等多个层面，建构中国文化资源产权交易的法律保障机制。在保持文化资源本真性、可持续性基础上，侧重可交易文化资源产权、文化资源创意产权的交易研究，确定产权交易规则、交易监管和交易成果转化，协调和平衡文化资源相关主体间利益关系，为文化资源产权化与产业化提供法律保障，实现文化资源的有效传承与发展。

（二）研究主要方法

本书研究采用综合研究方法，将物权理论、债权理论、知识产权理论、产业经济理论、经济管理理论、文化学理论、社会学理论等进行跨学科的综合运用。在援引相关案例和数据的基础上，采用多种分析方法，多角度多维度研究论证文化资源产权交易法律保障机制的基本架构，思考文化资源产权交易的各项法律制度、具体法律保障措施，强调基础理论研究与应用对策的结合，注重研究的客观依据和研究策略的可行性，保护文化资源的法权空间。本书研究的主要方法，具体表现为：

1. 文献分析与实证研究法

文化资源产权交易实践性强、交易要求高。本书研究借鉴国内外文化产权交易原理，搜寻文化资源产权确认、产权交易的有关规定及相关学者的研究成果，在文献分析中找寻中国文化资源产权交易法律保障机制建构的具体思路、可操作方案。同时，在实证调研基础上，契合大数据时代背景，总结文化资源产权交易中存在的各种问题，分析归纳文化资源产权交易规则，从实践层面上发现问题、检验对策，实现理论与实践的结合。

2. 历史研究与比较对照法

中国文化资源产权保护和产权交易尚处启蒙阶段。本书在综合参考、比较对照发展中国家在文化资源产业化开发的实践经验基础上，为中国文化资源产权交易的法律保障寻找基点。在比较分析中，进一步确认文化资源产权在国家文化产业发展中的重要地位，概括各国对文化资源产权确认与产权交易保护的法律规则，凝练中国文化资源产权法律保障机制的基本架构。

3. 专题讨论与综合研究法

文化资源产权交易法律保障机制涵盖了"产权归属主体确认""产权交易范畴确定""产权交易行为实施与监管""产权交易融资运营""产权交易成果转化""产权交易责任担当"等诸多环节。课题在分析论证时，既关注每一环节的自身特点，进行专题讨论；又始终将其置于文化资源产权交易法律保障机制的大框架中进行综合研究。在服务于产权交易法律保障机制整体框架的基础上，以综合价值判断的标准，提出具体的法律对策建议（见图1-1）。

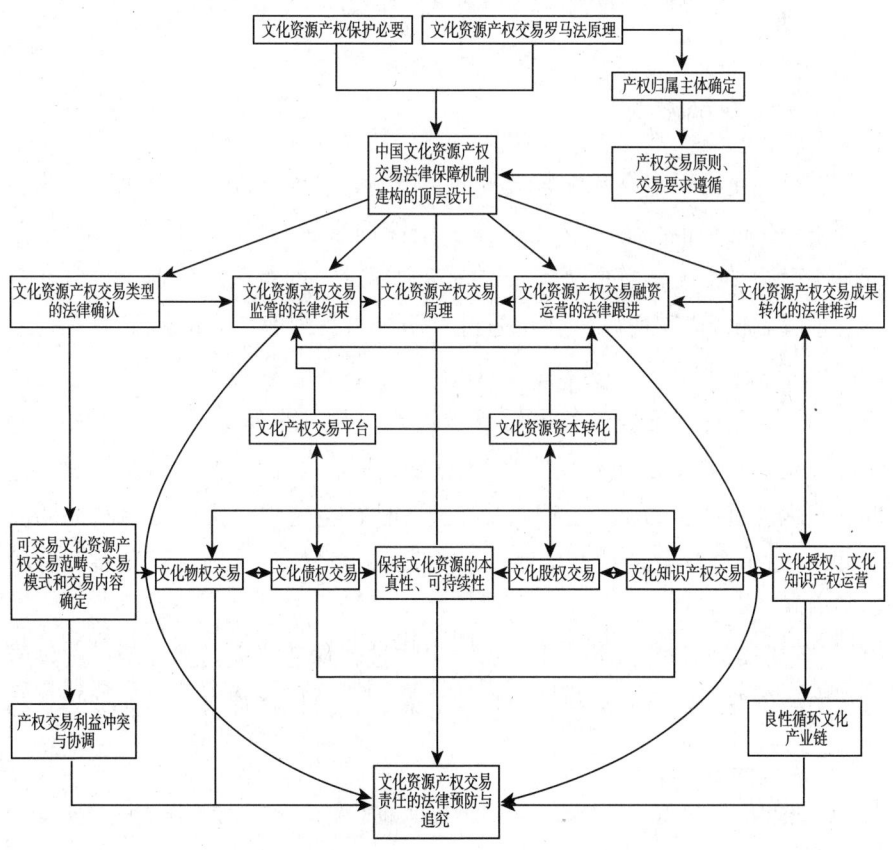

图1-1 研究总体思路框架图

第二章 文化资源概述

第一节 文化资源的含义与特点

一 文化的概念

迄今为止，对"文化"概念的界定有160多种。有将"文化"作为褒义词来定位的，也有将"文化"作为中性词来解释的。[1]而"文化"，单就其字面意义来说，文是"记录、表达和评述"的意思，化则意味着"分析、理解和包容"。所以，文化是对有历史、有内容、有故事的社会现象的记录、表达和评述、分析，在理解和包容中，梳理出人们的衣、冠、文、物、食、住、行等各类生活要素形态，并以物质文化（显性文化）、制度文化和心理文化（隐性文化）的形式留存下来，成为涵盖知识、信仰、艺术、道德、法律、习惯以及其他各种社会能力、生活习性在内的复合体[2]，在族群社会的社会活动、历史发展中，传承、创造、发展既有的精神内涵。

《现代汉语词典》（第7版）"文化"被解释为"人类在社会历史发展过程中所创造的物质财富和精神财富的总和，特指精神财富，如文学、艺

---

[1] 李树榕、王敬超、刘燕编著：《文化资源学概论》，东南大学出版社2014年版，第3页。

[2] 庄锡昌、顾晓鸣、顾云深等：《多维事业中的文化理论》，浙江人民出版社1987年版，第98页。

术、教育、科学等"①。对文化概念的定义阐述相对简单,将文化定位为物质和精神财富的总和,认为文化即"财富"。但文化种类繁多,不仅涵盖可以带来财富利益的优秀文化,也包括一夫多妻、三叩九拜、陪葬殉葬等陋习文化,"文化"似不能完全等同于"财富"。②文化有精神利益、财富价值炫显的一面,也有需要摒弃陋习的一面;优秀文化传承、用益得好,不仅会有极大的精神价值的熏陶作用,更有财富利益的获取;但对陋习文化,则应废弃,不再用益。也就是说,对文化的定位更多应从中性词语的角度定位,方显合适。对此,余秋雨在《何谓文化》一书中指出:"文化,是一种包含精神价值和生活方式的生态共同体。"③从中性词角度对文化进行定位,认为文化的"精神价值"影响并引导生活习惯;"习惯了的生活方式"则建构或破坏人的生态环境;人们"听见了什么、看见了什么"甚至"吃到了什么、喝到了什么"则形成了人类生活的社会生态环境和自然生态环境,这些又影响着人类的生命质量,并反过来影响着人的精神价值的形成,彼此间的逻辑关系相互衔接、相互影响、无限循环。④但该定位中,"精神价值""生态共同体"范围较宽泛,相对费解,不似物质财富、精神财富表述得直白。

"文化"的英文表述"culture",则源于拉丁文 Colere,原义乃指人之能力的培养及训练;17—18世纪,这一概念扩展为"一切经人为力量加诸自然物之上的成果",把文化定位于一切文化产品之总和,强调人文静态的客观存在,而不是其中的道德宣化。但这种"成果"与"总和",更倾向于实际的用益,财富利益的一面较为突出。

由此,文化含义丰富,从不同角度都会有不同层面的理解。即便是同一层面的理解,也会因为民族、区域的差异而不同;但总体而言,对"文化"含义的理解,可从"文化传统、文化哲学、文化伦理、文化艺术、文化产业"等多个层面显现,强调其为人所创造、为人所持有,直

---

① 中国社会科学院语言研究所词典编辑室编:《现代汉语词典》(第7版),商务印书馆 2016年版,第1371页。
② 李树榕、王敬超、刘燕编著:《文化资源学概论》,东南大学出版社 2014年版,第4页。
③ 余秋雨:《何谓文化》,长江文艺出版社 2012年版,第7页。
④ 李树榕、王敬超、刘燕编著:《文化资源学概论》,东南大学出版社 2014年版,第5页。

接或间接地满足人类的某种需要，展现人类社会发展的普遍性，引导人们的生活习惯、行为方式，教导人们该做什么、不该做什么，对人的欲望给予约束，基本呈现动静态相统一的发展历程，以后天习得的方式展现人体或心灵的特征。① 当然，文化是发展的，也是稳定的，文化的传承依赖人类生存的社会环境，反映历史积淀与时代气息，满足人类精神文化和物质文化需求，在某种角度上可以说是对人类社会历史实践过程中所创造的物质财富和精神财富的总结、可以为人类生产活动提供可资利用的资源。

二 资源的含义

"资源"一词，在《现代汉语词典》（第7版）中被解释为"生产资料或生活资料的来源"②——"资产的来源"，是人类生产、生活活动可资利用的材料、能源、服务、人员、知识或其他资产，是人类生产活动可利用的材料，包括土地、森林、矿藏、水域等自然资源与文化资源、政治资源等社会资源以及其他直接可以为企业、社会产生效益的东西。一般来讲，资源与生产关系密切，属不直接用于生活消费的生产性资产，常常通过开发的形式利用。许多符号化知识、经验型技能、创新型能力、通信手段、社会组织系统等，都成为生产要素即生产的资源。

资源的开发，不仅使资源可以通过用益转换继而增加财富、产生利益、获得幸福感，也可能在此过程中被消费或变得不可用，如煤、石油的消耗。而资源的价值实现，取决于人们的需求、人们所拥有的技术水平甚至时间的推移。如草原资源的用益，最初只是作为狩猎场所，后来才被用于农业生产；水资源的用益，原来只是单纯的农田灌溉，后来被用于航行、发电。资源的这些用益，以明显的实用属性，成为某种产业活动的基础。资源的储备一旦不足、无法获取，一定会造成供应紧张，最终抬高资

---

① ［英］马林诺夫斯基：《文化论》，费孝通等译，中国民间文艺出版社1987年版，第2—14页。

② 中国社会科学院语言研究所词典编辑室编：《现代汉语词典》（第7版），商务印书馆2016年版，第1732页。

源的商品价格。人类社会以物质形态储备的资源相对有限，如何利用高新科技、技术设备，有效挖掘、用益资源，成为物质生产、产业发展的基石。

资源的有效用益，使资源成为经济学关注的对象，资源被定义为用于生产、满足人类物质生活和精神生活需求的商品、服务或其他资产。这些资产，也从自然要素与社会要素总和的角度、以生产要素形态自居。我们通常所说的土地、劳动力和资本都是经济学意义上的三类资源。其中土地资源包括所有被视为生产地和原材料来源的自然资源；劳动力资源包括在创造产品时提供的、以工资形式支付的人工努力；资本资源则包括用于生产其他商品和服务的、按利息支付的人造商品或生产资料（机器、建筑物和其他基础设施等）。

资源类型多样，除此之外，按照不同标准，资源还可划分为生物资源与非生物资源、已知潜在资源与实际资源、不可再生资源与可再生资源、无处不在资源与本地化资源、人力资源与信息资源、社会资源与自然资源等。自然资源是指那些能够进入人类劳动过程并被加工成生产资料、产生经济价值、提高人类福利的自然环境资源、综合条件资源。[1] 根据所有权的不同，自然资源还可划分为个人所有的自然资源、集体所有的自然资源、国家所有的自然资源与国际所有的自然资源。社会资源则是人类通过自身提供的以物质形态存在的劳动力资源、经济资源等。[2] 阳光、空气、水、土地、森林、草原、动物、矿藏等，都是自然资源，人力资源、信息资源及经过劳动创造的各种物质财富则是社会资源。

社会经济的发展，资源的来源及组成越来越超越自然资源，向人类劳动的社会、经济、技术因素倾斜，注重人力、人才、智力（信息、知识）等资源的用益。而经济发展从劳力经济过渡到自然经济、到知识经济的变迁，越来越肯定了这样一个事实：劳力资源、物质性自然资源都

---

[1] 曹凑贵：《生态学概论》，高等教育出版社2002年版，第295页。
[2] 姚伟钧等：《从文化资源到文化产业——历史文化资源的保护与开发》，华中师范大学出版社2012年版，第3页。

相对有限,人类社会财富和精神财富的积聚越来越依赖科技创新下的智力资源、知识产业,应充分考虑如何利用高新科技有效用益资源,信息资源、智能资源日益成为人们争夺的重点。以精神状态为主要存在形式、能够产生直接和间接经济利益的文化资源,也成为知识经济时代重要的用益资源。

三 文化资源的概念解读

文化资源,作为以文化形态为表征的资源,是人类社会所特有的、生产"满足人类精神需要的产品"即文化产品所依赖的资料来源,是文化产业发展的基础。它通过文化的创造、积累和延续,在人类社会漫长历史发展过程中积淀凝聚,表现为一种能够满足人类精神文化需求的物质产品和精神产品,展示着民族文化传统和民族精神;并以一切文化产品和精神现象为指向,蕴藏在历史文化传统之中,存在社会文化现状之中,弥散在整个物质生产、精神生产的创造过程之中。① 文化资源是在人类社会漫长历史发展过程中凝聚积淀的,涵盖不同民族、不同地域、不同历史阶段的人们特有的生产生活规律、言语文字特点、衣食住行习惯、歌舞娱乐方式、宗教信仰禁忌、节庆习俗礼仪等。② 虽然在《文化资源产权交易调查问卷》中,也只有63.29%的人了解文化资源、36.71%的人知道一些文化资源,但文化资源总体上被认为是一种在文化框架中,满足人们物质需要与精神需要的自然要素和社会要素的总和,关乎"人",展现人的精神理念,成为人类创造的文化的载体,有物质对象,有精神对象,也有物质与精神相结合的对象。

---

① 姚伟钧等:《从文化资源到文化产业——历史文化资源的保护与开发》,华中师范大学出版社2012年版,第3—4页。

② 李树榕、王敬超、刘燕编著:《文化资源学概论》,东南大学出版社2014年版,第9页。

可以说，没有文化资源就没有文化产业①；没有优质的文化资源，很难产生优秀的文化产品。文化资源已成为人们从事文化生产生活所必需的前提条件，文化资源的丰富程度和质量高低直接对当地文化经济的发展产生影响，对人们的物质文化生产和精神文化生活有着重要贡献。

我国文化资源形态多样、种类丰富。从名山大川、熔岩地质、湖泊河流等自然景观，到古文化遗址、古城建筑、古墓葬群、石林碑刻、园林艺术、丝织刺绣等人文景观，以及博物馆、纪念馆等馆藏实物，无不承载着我国深厚的文化底蕴、体现着我国丰富的文化资源。《楚辞》文学、炎帝神农传说、木兰传说、汉剧、黄梅戏、唢呐艺术、民歌号子、剪纸、木雕以及庙会、"端午节""七月半"等蕴含民族精神、艺术气质、民俗节庆和文化品牌的无形精神文化资源，都是文化资源类型多样的表现。

仅以江西为例，江西有着非常丰富的文化资源，并以绿色、红色和古色三色著称。庐山、井冈山、三清山、龙虎山、武功山、赣江、鄱阳湖，都是风光独好的自然文化资源。1996年12月，江西庐山风景名胜区作为自然文化遗产被列入《世界遗产名录》。三清山则凭借得天独厚的自然条件形成了雄奇险秀、云雾迷蒙、山青水碧的"仙境奇观"和"江南第一仙

---

① "文化产业"在不同国家的文献当中有着不同的称谓。据考证，"文化产业"这一术语最早产生于20世纪初。西方马克思主义法兰克福学派霍克汉姆和阿多尔诺两位学者合著的《文化产业：欺骗公众的启蒙精神》一书中最先使用了该术语。美国使用"版权产业"的术语来表述商业和法律上的文化产业，并将版权产业作为国民经济中一个独立的产业。英国使用"创意产业"的术语作为一种国家产业政策和战略产业理念，将其界定为："源自个人创意、技巧及才华，通过知识产权的开发和运用，具有创造财富和就业潜力的行业。"2000年《中共中央关于制定国民经济和社会发展第十个五年计划的建议》的文件中第一次使用"文化产业"的术语。2002年，中国共产党的十六大报告更加明确地提出发展文化产业和改革文化体制的方针、任务和要求。2003年，文化部《关于支持和促进文化产业发展的若干意见》中明确将"文化产业"界定为："从事文化产品生产和提供文化服务的经营性行业。文化产业是与文化事业相对应的概念，两者都是社会主义文化建设的重要组成部分。文化产业是社会生产力发展的必然产物，是随着我国社会主义市场经济的逐步完善和现代生产方式的不断进步而发展起来的新兴产业。"2004年，国家统计局在《文化及相关产业分类》统计标准中对"文化及相关产业"的界定是："为社会公众提供文化、娱乐产品和服务的活动，以及与这些活动有关联的活动的集合。"郑维炜：《社会主义文化产业发展中的民商事法律制度研究》，《中国法学》2012年第3期，第18页。

峰"的洞天福地。江西"红色文化资源"更是遍布全省各地，每个县、市、区都保存了一定数量的"红色资源"，井冈山、南昌、瑞金、兴国、安源、上饶等地都是"红色资源"相对集中的地区，"红色故都""革命摇篮""小平小道"，都是光辉灿烂的"红色文化资源"的典范。

同时，江西文化资源古色古香。它是古代书院的起源地，素有"江西书院甲天下"的美誉，不但唐代德安义门东佳书院和高安桂岩书院是中国设立最早的书院之一，宋代白鹿洞书院更是名列中国四大书院之首。在明代，全国的书院总共有1239所，而江西地区就占了238所，至今域内保存完整的书院仍有85所。① 且江西古文化遗址众多，已发现者达八百多处，如乐平县涌山岩洞遗址、修水山背文化遗址、新余拾年山遗址和靖安郑家坳墓地、大源仙人洞和吊桶环古文化遗址等。② 南昌西汉海昏侯墓地的考古发现，出土的数以千计的竹简和近百版木牍，更是丰富了人们对西汉历史、文化、艺术和科技的认知。

当然，更值一提的是江西非物质文化遗产之文化内涵深厚、分布广泛、地域特色鲜明。在2006年文化部公布的第一批国家级非物质文化遗产名录中，江西占了六大类17项，包括民间音乐类的兴国山歌；民间舞蹈类的傩舞和永新盾牌舞；传统戏剧类的弋阳腔、青阳腔、广昌孟戏、婺源徽剧、宜黄戏和采茶戏；民间美术类的婺源三雕和萍乡湘东傩面具；传统手工技艺类的景德镇手工制瓷技艺、景德镇传统瓷窑作坊营造技艺、铅山连四纸制作技艺、歙砚制作技艺和星子金星砚制作技艺；民俗类的全丰花灯等。③ 在佛教中国化的过程中，江西还孕育了土宗和禅宗两大宗派，龙虎山成为道教的发源地，并有着内涵丰富的瓷文化④，种类繁多，多姿多彩。

当然，中华文化积淀深厚，除了江西以外，祖国960万平方公里处处

---

① 奇峰：《从海昏侯墓看江西历史文化传承》，http://news.jxgdw.com/jswp/yczd/2931727.html，2016年3月4日。

② 李睿：《鄱阳湖生态经济区建设与江西文化资源保护》，《中共南昌市委党校学报》2010年第5期，第58—60页。

③ 韩风：《江西非物质文化遗产档案信息开发研究》，《兰台世界》2013年10月中旬刊，第24页。

④ 胡卫萍、程晓彤：《江西文化资源融资保障的立法探讨》，《纪念南昌市拥有地方立法权30周年理论研讨征文汇编》，南昌，2016年11月，第146—160页。

都有非常丰富的文化资源。而无论文化资源如何表现，都可以以人类劳动创造的物质成果及精神转化的形式，以有形或无形的状态，成为人们从事文化生产、生活所必需的前提条件，引领文化资源的产业开发。文化产业，正如学者所说，是"资本加技术，通过审美来实现的经济事实"。没有文化产业，也就无所谓文化资源[①]；文化资源，具有明显的财产属性和共享价值。文化产业的长足发展，本身就是建立在对文化资源的挖掘、整理、遴选、运用和保护上。可以说，文化资源的融通、传播，不仅影响着文化产业、文化事业的传承模式、发展规模，更是一个地区文化事业发展的客观条件与环境保障；文化资源的丰富程度和质量高低，直接影响着人们的物质文化生产和精神文化生活，更对当地文化经济、文化产业的发展产生直接效应。

四 文化资源的特点

相较于满足人类生存所需要的物质资源而言，无论是属于"过去时"典籍中记载或民间传说的文化资源，还是属于"现在进行时"的活态文化资源；无论其存在形式是某一民族或某一地区特有的古代建筑与文物古迹，还是某族群的某种生产方式、生活方式、节庆礼俗、民间技艺等，都有着文化资源自身的特点，具体表现为：

（一）文化资源样态丰富，呈现历史记录性特征

我国文化资源的样态丰富。有的是以精神形态存在的（如儒家学说、宗教观念），有的是以物质形态存在的（如万里长城、兵马俑）；有的是动态的，不抓住就会消失（如民间祭祀礼仪、民间歌曲、民间体育赛事），有的是静态的，需要开发和保护（如古代建筑、服饰、用于祭祀的礼器等）；有的是以文字记录的形态存在的（如《史记》《春秋》），有的则是以鲜活的形态存在于生活之中（如春节风俗礼仪）；有的是诉诸视觉的文化资源，有的则是诉诸听觉的文化资源。在《文化资源产权交易调查问卷》中，93.04%的人认为文化资源包括京剧、昆曲、汉剧、越剧、黄梅戏、徽剧、面具戏、陕北说书、唢呐艺术、陕西秦腔、民间号子、塔吉克

[①] 李树榕、王敬超、刘燕编著：《文化资源学概论》，东南大学出版社2014年版，第9页。

族鹰舞、傩舞等传统戏曲、音乐舞蹈等表演艺术；88.61%的人认为文化资源包括陶瓷、丝织、刺绣、剪纸、木雕、铸锻、漆艺等传统手工艺技能；82.28%的人认为文化资源包括"端午节""中秋""重阳节""春节"等礼仪节庆、民俗风情；73.42%的人认为文化资源包括古遗址、古墓葬、古建筑、石窟洞穴、碑刻石林、旧城故居、乡村古镇等历史遗迹；72.15%的人认为文化资源包括博物馆、纪念馆及其馆藏的古代典籍、书法作品、绘画作品及雕刻艺术品等；61.39%的人认为文化资源包括江河湖泊、名山大川、园林园艺、地质公园等人文自然景观。

这也意味着人们对文化资源的认知已经突破了有形、无形、物态或非物态的局限，文化资源不仅涉及古城、宫殿、陵墓、寺庙、园林、碑碣雕像、原始人类遗址等有形文化资源，还囊括语言、文字、音乐、舞蹈、戏剧、游戏、神话传说、风俗等无形文化资源。而文化，本是一个历史范畴。一切留有人类印记、承载人类文明，反映不同民族生活面貌和价值倾向的文化资源，都可成为文化产业的物质或精神对象。回顾文化，回顾一个民族"习惯了"的生活方式，其实就是在回顾历史。凡是叙事性文化产业，如出版业、影视业、演艺业等，故事情节和人物形象往往是核心，其产业就来自历史建筑、历史人物、历史事件的文化资源，或者是现实中的人与事。因为文化自觉，是要回答"我是谁、从哪里来、到哪里去"的，文化资源恰恰就具有这个特性——以其客观记录的现实价值，显现着历史的力量、社会的认同。

许多好看的舞台剧、故事片或电视剧，都来自承载历史的文化资源。柏林国际电影节的金熊奖故事片《红高粱》、戛纳国际电影节金棕榈奖故事片《霸王别姬》、上海国际电影节获奖故事片《唐山大地震》等，无不源自中华民族近现代历史的文化资源。这些文化资源，以"名人""名府"的历史记录性，以静态显现、动态传承的社会认同性，通过古代建筑、历史文物、历史典籍、宗教信仰、节庆礼俗、民间艺术与竞技娱乐等，观察、解构、化验和分析其所承载的多种文化元素，揭示其中所记载的历史史实。文化资源不仅以丰富多彩的样态存在，更以社会历史的记录性，展示人类印记、社会文明，有系统梳理、挖掘、保护和利用的必要。

（二）文化资源集群共享，呈现非独占性特征

和自然资源一样，文化资源也存在产权归属问题，但产权的拥有者却

并不一定对这一资源完全独占享有,更多是从全人类共享资源角度主张用益。毕竟文化资源的产生源自人类的文化创造,无论是哪种形式的文化资源,其形式和累积过程都与人类活动密不可分,而人类活动的社会性和集聚效应则使得文化资源呈现集群共享色彩。文化资源的这种集群共享,不仅意味着该集群范围主体可以充分用益资源,也在某种程度上推动了资源用益效果。毕竟从文化资源本身属性看,一些内在联系紧密的文化资源、文化活动往往趋向于集中在同一个适宜的地方发展,并由此带动其他配套文化活动的空间集聚,形成文化资源聚集区、产业带。这种空间分布的集聚,使处于其空间区域内的文化资源越发呈现出专业化特征,利于形成文化资源用益的相互支撑、相互依托、相互促进,降低集群内资源交易费用,以规模经济、范围经济的产业化发展,专业化用益文化资源,不断推陈出经济效益、精神价值。需要注意的是,这种规模经济不仅是集群性文化资源地理上的集聚,更是相同或相近的社会文化背景和制度环境的集聚,意味着类似政治、社会、经济、文化制度的形成,有着相同的环境语言、背景知识和交易规则。这种共同的社会文化环境又在某种程度上进一步促成了文化资源的交流与合作,相应的文化产业集群则正是这种"具有某种共同符号"的文化资源根植于本地而形成的。暨文化资源集群共享、以非独占性特点展现文化资源的用益价值,有着广阔的市场空间,在某种程度上成为文化资源用益的优势。

而随着文化产业的飞速发展和文化资源产业化进程的加速,文化资源的占有主体越来越被有意无意地淡化与模糊,任一文化资源,从其产生之初便被强调是民族的、世界的、全人类的共同资源和共同财富。信息时代,知识、信息的传播速度加快,更使文化资源共享程度进一步提高,文化资源占有主体瞬息万变。但文化资源占有的多寡并不与现实的文化创新能力成正比,文化资源价值再现,往往掌握在那些创新能力强、具备创意能力的民族、国家或集团手中。如果一味地强调文化中资源的富饶,却不采取有效的措施去整合与开发,本民族文化资源就会在共享面纱下被别人无偿地借用,从而造成文化资源的流失。韩国"端午祭"申请世界级非物质文化遗产,美国迪士尼公司制作的动画片《花木兰》《功夫熊猫》都给我国敲响了文化资源用益流失的警钟。

(三) 文化资源时代精神附加值明显，呈现可资利用无限性

好的文化，往往能给人以美感、激情和力量。文化资源与物质资源最大的区别，就是精神价值的承载。这种精神价值，既包括文化资源自身蕴含的某种精神价值，也包括因文化资源而产生或强化的某种精神价值。无论民族文化资源，还是地域文化资源，都有这样的特性。这种精神价值，是经过长期的历史积淀而形成的观念形态，涵盖民族精神、民族心理、民族发展历程等诸多内容，无形中深深刻印在一个民族的内心世界，具有相当的稳定性。在不同的时代背景、社会环境中，又会因为不同情境的支撑而显示出不同的时代特色，并在用益中逐渐加深人们对文化资源的理性认知，文化资源的精神价值亦会随着用益被附上时代面纱而内涵更为丰富。且文化资源，大多属于精神对象，即使被运用，也没有实体性消耗。许多文化资源如作为旅游文化的自然生态景观，作为无形资源基础的文化传统、民俗风情、品牌资源等，都可以反复利用，以非消耗性特点赋予其可资利用的无限性。再加上文化资源本身价值评断的歧义，各种文化产品版本并存流转，更促成了文化资源可资利用的多样性、无限性。许多传奇人物、民间故事、民歌民谣，都可以在不同的版本中源远流长。以"昭君出塞""明皇贵妃""狄仁杰断案""包青天"为题材的文化产品，其用益的数量之大、体裁之多、绵延时间之长也是少见的。

由此，文化资源的用益，不同于其他资源的用益，呈现可资利用的无限性，尤其是非物态的文化资源。对文化资源用益得越多、频率越高，越会促成该文化资源量上的增长，甚至产生新的文化特质，对文化资源进行"再造"，亦附上更为鲜明的时代精神特征。这也使得文化资源具有了无限使用的可能。特别是经历时代久远的原生态性文化资源，更因为不同文化素养受众各自理解的不同，呈现不同层面的用益。再加上文化资源价值赏析差异，不同文化素养的人对不同的文化资源、文化产品有着不同的感知。而文化资源的集群性，更使其地域性特征明显，不同地区、不同民族对文化的价值都有不同的评价，更有许多文化产品的文化价值是在经历了一定年代的沉淀后才显现出来，其资源用益更多依赖后期的挖掘、开发，文化资源时代价值也在此过程中不断被附加、彰显。《四世同堂》《大宅门》《茶馆》《全家福》《正阳门下》《刘老根》《乡村爱情故事》等反映

百姓生活电视剧的高收视率,都是文化资源不同层面活化用益、反映实情的表现,并因为紧贴时代、契合时代特色而显示出无穷的生命力,为百姓接受。① 文化资源鲜明的时代精神价值、资源可资用益的无限性,也预示着谁占有了民族特色鲜明或地域特色浓郁的、独特的文化资源,就会在后期的文化资源的挖掘、用益中收获更多的市场预期。莫言、张艺谋、陈凯歌等人的作品对此已经进行了印证。但如果对文化资源的保护与产业化开发不遵循客观规律,忽视文化积累和文化资源的再造,也会导致文化资源的严重歪曲、破坏与消耗。如对传统文化与红色经典文化的随意篡改、恶搞,同样会解构塑造民族性格的精神文化资源,造成文化资源的瓦解。

(四) 文化资源市场开发潜能大,呈现外部干预介入性

文化资源有无限用益的一面,更有保护性开发需求。文化资源的文化内涵、精神价值,承载了该文化资源市场开发的可能,文化资源产业开发也成为社会生产力和社会分工细化的结果。而随着全球化时代色彩的加剧,民族民间传统文化的文化价值和经济价值日益受到重视,对丰富百姓文化生活、满足精神需求、实现文化资源共享与产业价值具有重要意义。② 文化资源可资利用的无限性,使文化资源可以多次开发、重复开发、深度开发甚至是垄断性开发。但任何事物都有正反两面,文化资源的用益开发,也得注意修缮、维护,尤其是一些物态的文化资源,如名山大川、寺庙道观、文化遗址等,且意味着相关文化资源产业经营者不仅可开发利用该文化资源,甚至是垄断性地开发利用。虽说那些精神属性特征明显的非物态文化资源,具有可资利用的无限性,但物态的文化资源更有修缮、维护的必要。在经济利益的追逐下,文化资源"商业化""人工化"令人担忧。譬如道教场所的殿、堂被改建成宾馆,寺院旅游模式火爆,少林寺拳法研究会、少林武僧团、少林寺红十字会、少林书画研究院、中华禅诗研究会、少林药局、少林寺事业发展有限公司等纷纷成立,少林寺不再是清净之地。虽名扬天下,少林寺院的深层次文化却慢慢淡出人们视野。与此同时,黄山、泰山、峨眉山等名山大川建索道成风、铁索缠身,各种旅

---

① 朱立元、蒋孔阳:《西方美学通史》,上海文艺出版社1999年版,第756页。
② 刘吉发、陈怀平:《文化产业学导论》,首都经济贸易大学出版社2010年版,第184页。

店、招待所、行业宾馆、部门饭店在遗址旁竞相破土动工。而丽江客栈火灾频发，泰山岱庙动土，大量游客涌入导致文化遗产屡遭破坏的报道更是平常。乌镇、同里、南浔、青岩、镇远、芙蓉、婺源、凤凰、丽江、平遥等古城，都面临着"商业化""城市化""人工化"问题，亟待减轻过重的商业味道、增强文化韵味与文化传承。

由此，文化资源的巨大商业潜能，不仅凸显了文化资源的商业利用价值，还可能让经济或科技强大的国家来强行解释我们的文化，造成文化基因的断裂，还可能对文化资源掠夺性开发，使文化资源的实体与价值都受到不同程度的损害。面对文化资源胜地商业化、人工化、城市化严重现象，有必要通过政府监管等外部行为的实施，对文化资源市场用益实行外部干预的保护性开发措施。在文化资源开发的同时，关注对文化资源的修缮、维护，约束开发中一些为逐利而不管不顾现象；借助政府审批、征收征税、收费制定等政策，将文化资源进行世界级、国家级、省级和县级等层次的划分，通过分类分级，依据轻重缓急管理；在考虑到文化资源的维护成本、拥挤成本以及其他社会成本下避免过度开发①，对文化资源开发进行适当性保护；解决超载旅游、错位开发严重等问题，减少对文化资源、文化景观可能造成的损害，充分利用有限的人、财、物力保护好文化资源。暨将外部干预和内源发展相结合，发掘文化资源主体发展的潜力，树立当地文化创造者的文化自信，为其发展提供更大的舞台，而不是利用权力攫取资源，使文化拥有者和实践者的主体性得到彰显，发挥其市场潜能，同时亦保障文化资源的平衡。文化资源的市场开发利用，呈现出外部干预介入的必要性。

第二节　文化资源类型

一　文化资源形态

如上文所述，文化资源有广义与狭义之分。广义文化资源泛指一切与

---

① 吕庆华：《文化资源产业开发的政府规制分析》，《商场现代化》2005年11月（下）总第450期，第162—163页。

文化活动有关的生产和生活内容，无论其是否具有潜在的文化效益和经济价值、是否可用益，都关注其以文化为内涵的精神样态的表现。而狭义的文化资源则更看重文化产业目的状态，更关注那些能够产生直接或间接经济利益的精神文化内容，是一种特殊的经济资源形态。可话说回来，文化资源只有通过人类劳动才能转化为社会生产力、文化生产力，实现资源价值。而文化资源人类劳动的价值转化，首先得抓住文化资源的禀赋形态，在把握文化资源的类型特征的基础上，进行文化资源优化配置，从类型效益的角度发挥其资源功能，将精神文化消费转化为某种社会必需品，为社会生产提供精神支持，满足人的发展需求。

一般而言，文化资源呈现为三种形态：一是符号化的、具体的文化要素，如建筑、绘画、雕刻、音乐、工艺、典籍等。这类文化资源可以复制、加工、转换并融入文化产品中去。二是精神性的、非物态的文化内涵，它一般表现为影响我们行为的思想、观念、意识及信仰。这种形态的文化资源虽不能直接转换为文化产品，却内化到人们的日常行为中，并潜移默化地影响着人们的社会实践。三是经验性的文化技能和创新型的文化能力。它不仅包括歌唱、舞蹈、写作、演奏、设计等文化技巧，还包括创意、决策、构思等突破前人模式的独创性思维和实践能力，是文化产业活动中的核心资源，也称为文化智能资源。[①] 这些文化资源形态的表现，其实就是文化资源丰富而繁杂的文化内容的类型划分。这种划分，不但标准不一、类型多样，更会因为社会发展的变动、文化资源的交流与融合，而给资源类型带上新的时代特色，每一类型文化资源的内容也被附上新的思想表达、意识形态，产生文化产品和文化服务等精神消费。

由此，无论是广义的还是狭义的文化资源，都因为文化资源内容的丰富而具备多样的资源类型，这些多样的文化资源虽从有形、无形的角度留有人类印记、承载人类文明，但还是应针对纷繁复杂的文化资源，进行逻辑上相对周延、相对科学的类型划分，避免各类别之间的局部重叠和属种之间相互混淆的问题。而文化资源作为文化产业发展的基础，文化资源类

---

① 姚伟钧等：《从文化资源到文化产业——历史文化资源的保护与开发》，华中师范大学出版社2013年版，第4页。

型划分的逻辑起点与分类标准,还是应契合文化资源是为文化产业服务的这一思路,以文化产业的需要为逻辑起点,以"获取文化资源的途径"为分类标准,将文化资源分为 3 种类型:①通过物质实体获得的文化资源,即物质实证性文化资源;②通过文字或影像记载获取的文化资源,即文字与影像记载性文化资源;③通过人的行为获取的文化资源,即行为传递性文化资源。一般的文化资源是从看得见、摸得到的物质实体中去获取;对那些已经消失了的物质实体,如历史人物、历史建筑、历史文物等,往往通过文字或影像的记载来还原;而活性的文化资源,更多则是通过当前现实生活里呈现出来的人们的各种行为方式,如生活行为、生产行为、学习行为、娱乐行为、节庆行为等展现,以行为的传递性凝练生产者、创作者的精神、意识或者观念,表征文化的变迁与演变。①

综上,尽管依照不同的分类标准,可以对繁多的文化资源进行类型划分、种类归属,但从资源学角度,这些类型标准的选择、种类划分的依据,仍在于把握每一类型文化资源的属性特点,为文化资源的优化配置、文化产业行为主体资源获取提供好的获取途径,凸显文化资源的用益效应。不仅可展现文化资源内容的丰富多彩,更避免了文化资源类别划分的重复性和重叠性、资源优化配置的层次复杂性。

二 我国文化资源类型

(一) 物质实证性文化资源

物质实证性文化资源是看得见、摸得着、独立于人的意识之外的、可通过客观实物获取的文化资源,涵盖历史建筑、历史文物、现代建筑、现代造型艺术等多种类型。每一类型的物质实证性文化资源,又有着非常丰富的实物表现。

1. 历史建筑

历史建筑,顾名思义,就是历史上存留下来的建筑物;它往往与历史时期社会发展状况相关,或者与某一重要的历史人物、历史事件或民族习

---

① 李树榕、王敬超、刘燕编著:《文化资源学概论》,东南大学出版社 2014 年版,第 29—33 页。

俗有关。巍峨的万里长城、宏伟的故宫、优雅的苏州园林、肃穆的山东孔林、质朴的乔家大院、独特的福建客家"围屋",还有明清皇帝的十三陵,等等,都是历史建筑的典范。它们以自己独特的轮廓、比例、尺度、均衡、节奏、质感、色彩和装饰来引起人们的情感反应,彰显建筑物的实用价值、美学价值与情感寄托。而宏伟的天安门城楼,更以开国大典的举行,吸引着世界各地的旅游者慕名而来、登楼体验。

这些历史建筑,根据初建时的"用途"进行分类,又可划分为皇家建筑、民居建筑、宗教建筑、公共建筑、国防建筑、行政建筑、丧葬建筑七大类。①皇家建筑。北京的故宫、颐和园、天坛、地坛、日坛、月坛、圆明园及散见于各地的公主府,都是与皇帝、皇权相关的皇家建筑物,在这些建筑物里,皇帝行使权力并于其中日常生活、休闲娱乐。②民居建筑。历史建筑中的民居建筑,不是一般用于满足百姓居住需求的建筑物,它的修建时间往往在百年以上,建筑风格也由自然环境、生活习俗决定,建筑材质、结构、规模、技术等都有着自己的特色。比较有特色的有北京的"四合院"、福建客家的"围屋"、陕西的"窑洞"、广西的"吊脚楼"、内蒙古草原的毡包和毡房、苏州的私家园林、山西的王家大院等城堡式建筑。这些民居建筑,其建造特色都与建造者的生活环境、文化习俗有关,反映了该族群特有的生活习惯、与自然环境抗争的生存经验,其中也演绎着诸多的民间传说、文化故事,让人好奇、令人揣摩,极具旅游产业、会展产业、影视产业的文化价值,以历史文化的传承性为文化产业提供发展资源、产业基础。③宗教建筑。北京的雍和宫、河南的少林寺、陕西的法门寺、浙江的灵隐寺、江西龙虎山天师府的天师殿都是宗教建筑的代表,包含佛教建筑、道教建筑、伊斯兰教建筑、基督教与天主教建筑等多种类型,我们平日所说的寺庙、尼姑庵、石窟、藏经塔都是佛教建筑的典范。④公共建筑。公共建筑范围广泛,凡是为民众的社会活动修造的建筑,都属公共建筑。大运河、卢沟桥、广宁桥、永济桥、南京长江大桥等路桥建筑,白鹿洞书院、岳麓书院、"杏坛"、清华大学、北京大学等教育场所,山西平遥古城的"日升昌票号"、北京瑞蚨祥旧址、全聚德旧址与同仁堂旧址等金融与贸易场所,西安的兴庆公园、上海的顾家公园、天津的中心公园、北京奥运会场馆"水立方""鸟巢"等休闲娱乐场所,上海瑞金医院、北京协和医院等医疗场所，都是历史建筑中公众建筑的代表，极具文化价值。⑤国防建筑。国防建筑是为了国家安全和双边关系而修造的建筑，各类城墙、烽火台、关隘、炮台都是我国古代重要的国防建筑实物，嘉峪关、玉门关、山海关等各类关隘更是典型代表，具备文化资源开发市场价值。⑥行政建筑。行政建筑是为历朝历代的官员们办公所需修建的、中央集权统辖的各级行政官署，河北正定县的"正定府衙门"、辽宁大连的"复州知州衙门"、湖北仙桃的"沔州府衙门"、江西赣州的"赣州府衙"等行政建筑，都极具旅游开发价值。⑦丧葬建筑。丧葬建筑是为埋葬逝者而修造的建筑。具体如秦始皇陵、成吉思汗陵、明十三陵、孔林、少林寺塔林、湖南长沙马王堆汉墓、内蒙古"昭君墓"等。这些历史建筑类型多样，但可考性、稀缺性、知名度、影响力，恰恰构成了其建筑的文化资源价值、产业价值的有利条件。

2. 历史文物

广义上的历史文物，包括历史建筑。而文化资源意义上的历史文物，则是针对一个世纪以前制造或创造的，直接或间接印证某一段历史进程的各类物质形态的艺术品。一般而言，历史文物的时间越久、保存越完整，文化产业价值就越高；文物的创造者、制造者、曾经的拥有者或相关者的知名度越高，经历的历史事件越传奇，文化产业价值也会越高；同样，历史文物的艺术含量越高，审美特征越鲜明、越独特，时代对应性越强，文化产业的价值也越高。

历史文物资源的分类标准多样，可以按照年代分，可以按照质地分，还可以按照用益分，更可以从审美价值角度，将历史文物分为艺术类文物与非艺术类文物。书画、壁画、雕塑、纺织和印染等，都是艺术类文物的主要表现。具体如东晋顾恺之的《洛神赋》、宋代苏轼的《古墓怪石图》、宋代张择端的《清明上河图》，还有敦煌"莫高窟壁画"、秦始皇兵马俑雕塑，以及四川的蜀绣、江苏的苏绣、广东的粤绣、湖南的湘绣、贵州的蜡染等。而非艺术类文物，则是以实用为主、观赏为辅的具有一定艺术元素的文物，也包括服饰、器物等多种类型。如辽代的双龙纹金镯、清代的玉手镯、鄂尔多斯妇女头饰等，还有历朝历代的农林牧渔业生产工具，与衣食住行相关的各种厨具、餐具、茶具、酒具、卧具、灯具、摆件、轿、滑竿，以及刀枪剑戟等兵器（青龙偃月刀）、礼器、法器、冥器、乐器等存储百年以上的器具和物件。

3. 现代造型艺术

现代造型艺术也是通过物质实证获取的文化资源，包含各种绘画、雕塑、建筑、造型设计等，但以绘画为主流。具体如徐悲鸿的《奔马图》、罗中立的《父亲》、四川广安的邓小平铜像，还有红脸的关公、黑脸的李逵、白脸的曹操等京剧、川剧、豫剧、秦腔、晋剧、吕剧、赣剧等各种戏剧脸谱，以及具有绘画（图案）和雕塑两种品行的"图腾"。20世纪末在北京圆明园的湖心岛展出的"图腾木雕群"，即以祖先崇拜的形式吸引了无数膜拜者、参观者。①

无论是历史建筑、历史文物还是现代造型艺术，它们都以可触摸的物质实体感受、物质实证领悟的模式，成为我国浩瀚文化资源的一支，不仅有着历史指引作用、文化熏陶等精神引导，承载着地域文化、特色文化等价值意义，也有着巨大的市场用益价值，成为文化产业发展的资源累积。

（二）文字与影像记载性文化资源

以获取文化资源的基本途径为标准，文字和影像记载性文化资源包括语言文字、历史要籍、文学经典、影像资料等。中国地域广阔，文字与影像记载性文化资源丰富，动态地反映着民族的文化积淀、发展状况。

1. 语言文字

中国有56个民族，不光有汉语、蒙古语、藏语、朝鲜语、维吾尔语等依照民族属性区分的语言；同一民族因所处地域不同、历史历程不同，还有各种方言土语。如闽南语、粤语、陕北腔等；更有成语、俗语、谚语、格言、歇后语等语言现象，反映出特定民族的文化性格、价值取向。而象形字、会意字、指事字、形声字等表音、表意文字，不仅以其记录性强、可信性强、具有鲜明的民族特色流传后世，更是有着丰富的文化内涵，成为文化产业的重要开发对象。

2. 历史要籍

中国作为一个文明古国，自然拥有大量的历史文化典籍，而要籍则是其中

---

① 李树榕、王敬超、刘燕编著：《文化资源学概论》，东南大学出版社2014年版，第34—52页。

最为精华的部分。这些历史要籍主要是古代历史的要籍，包括经、史、子、集、《清史稿》、各个少数民族史、不同社会领域的门类史；此外，还有记载近代历史、现代历史与当代历史的书籍。这些历史要籍，不仅记载着重要的历史人物，还记载着重要的历史事件，人们可以通过阅读这些史书获取文化资源，了解各类政治事件、宗教事件、科技事件、艺术实践，评论历史人物、历史事件，更可从历史人物、历史事件的产业价值角度，借助影视业、出版业、报刊业、文化会展业、演艺业、动漫产业等凸显其文化价值，展示文化资源魅力。《甄嬛传》《雍正王朝》《康熙王朝》《木府风云》的成功，同历史要籍的记载不无关系；长 216 米、宽 2.5 米的《蒙古历史油画长卷》更是以记载蒙古历史的典籍《蒙古秘史》里的成吉思汗为核心创作完成的。历史事件、历史人物成为文化产品得以产生的重要对象、来源。

3. 文学经典

文学经典是那些经历了时间和空间的检验、却依然堪称典范的文学作品。与一般文学作品相比，文学经典更具有典型性、影响性和深刻性，《西游记》《红楼梦》《水浒传》《三国演义》等文学经典频频被画成连环画或拍成影视剧、动画片就是一个例证。中国文学经典浩如烟海，从先秦时期的《诗经》、屈原的《离骚》、乐府诗集，到李白、杜甫的诗、唐宋八大家的散文、关汉卿的《窦娥冤》、王实甫的《西厢记》、汤显祖的"临川四梦"、曹禺的《日出》、老舍的《茶馆》、莫言的小说，等等，都为文化产业的发展提供了丰富的文化资源，都可在对其深入挖掘的基础上生产出更多的文化作品。这都足以证明民族的文学经典是文化产业的重要文化资源。

4. 影像资料

影像资料是指摄影和录像、摄像资料。凡是历史人物、历史事件都可用摄影、录像、摄像来记载、保存，可以真实地、形象地、有选择地反映历史人物、历史事件。影像资料不仅包括摄影资料，还包括电影资料、电视资料等。这些影像资料不仅借助影像本身反映故事中的各种人物、各类事件，还折射出影像故事背后的社会现状、诸多法律问题，为文化产品提供丰富资源。

（三）行为传递性文化资源

行为传递性文化资源，不同于物质实证性文化资源，主要针对存在于现实生活中的动态的、活性的、正在进行的文化资源，是那些可以通过人们的行为展示不同民族、不同地域、不同国家习惯的生活方式和精神价值的文化资源。毕竟特定的自然环境促使人类形成特定的生产行为，特定的生产行为决定人们生活行为的形成，生活行为又形成生活习俗，生活习俗则制约人的行为，人的行为又最终影响甚至改变自然环境。行为传递性文化资源，包括作为文化资源的生产行为、生活行为、学习行为、娱乐行为、节庆行为等。

1. 生产行为

生产行为，是人类为了满足生存的物质需要所进行的一切实践活动。作为文化资源的生产行为，是在山区生产、渔业生产、牧业生产、农业生产、其他谋生行为中所滋生的与文化资源相关的行为，如在生产经验累积下的各种代代相传的"品牌"——"全聚德"烤鸭、"茅台"白酒、"同仁堂"制药、"荣宝斋"古玩、"楼外楼"饮食、"瑞蚨祥"丝绸、"狗不理"包子、"三角"毛巾、"亨得利"珠宝等。这些生产行为，不仅满足人类生存的物质需求，揭示人类与大自然的关系，更是提示人们如何与大自然和谐相处，累积生产经验，增强文化产业的吸引力，提升文化消费的动力。

2. 生活行为

生活行为，本指人的衣食住行及子嗣繁衍，是人类为了生存和发展而进行的各种活动，包括日常生活行为、特殊生活行为，涉及人们的衣着方式、饮食方式、居住方式、交通方式、婚俗、丧俗、礼拜等。每一种生活行为、生活习俗，都承载着文化传统，承载着民族风俗的实在性。每一个节庆，都含有特定的纪念意义和思想引导性，也是现实生活态度的参照。这其中，不仅可以看到相应的文化风尚，还有着许多的文化借鉴。如藏族等各少数民族服饰的衣着文化、《舌尖上的中国》记录的吃文化、蒙古毡包记录的马背民族住文化、四川"滑竿"的行文化以及纳采、问名、纳吉、纳征、请期、亲迎的婚俗文化等，都以各种生活行为方式承载着各种文化观念、文化传统，以文化资源的形式进入文化产业领域成为表征对象，显示其精神价值、实用价值。

3. 学习行为

学习，本身是接受知识、接受思想观念的一种模仿+创新的行为。不管是在家庭、学校，还是在职场、社会中发生的学习行为，其对社会伦理道德、学科基础知识、社交集会参与、职场技能与道德礼仪的后天习得，本身就是对文化的一种传承与发展。这种学习行为，可以帮助其选择合适的文化资源，以"资本+技术"的活动，融入文化本身所承载的精神价值，不断创造出新的文化产品，显示其所潜存的无可替代的文化资源。

4. 娱乐行为

这里的娱乐行为，是指具有文化传统的大众娱乐行为。这些娱乐行为，无论其表现为民间艺术还是体育竞技活动，是以民间音乐、民间舞蹈、民间造型艺术、民间戏曲、民间说唱艺术、民间文学的方式呈现，还是以赛马、赛驼、赛龙舟、叼羊等活动展示，都以其强烈的参与性、变化性、自娱自乐性彰显，有着非常丰富的文化内涵、民族价值观，成为演艺业、旅游业、影视业、出版业、动漫业等十多种文化产业文化产品再创造的基础，满足文化产业核心品质的"审美"要求，以接地气的方式成为文化产业的母体。"马头琴传说"和其代表性曲目《万马奔腾》《格萨尔王》史诗口头文本的演唱，还有舞狮子、变戏法、摔跤、拔河、赛龙舟、剪纸技艺等的演绎，这些非物质文化遗产都可借助娱乐行为为大家认知、传承下去，还可在此基础上创新创造，演绎出更多的文化产品。《云南印象》的实景演出、《彩虹之路》的驻地演出，正是有了传统民歌旋律、传统舞蹈神韵的助阵，大大增强了演出效果，文化产业效益也会得以实现。

5. 节庆行为

节日，本是人们为了纪念、庆贺、祭祀而约定俗成的日子。人们表达感恩和敬畏的节庆行为，不仅有着祭火、祭祖先、祭神灵的习俗，更有着守岁、放鞭炮、包饺子、包粽子、吃月饼、喝腊八粥等习惯。这些习俗、习惯以年年岁岁传承的行为传递，让人们在古老的文化习俗中传承民族的优良传统，有敬畏、有感恩、有自省、有期待，昭示人们得勤俭节约、奋发向上，民族精神得以传承，节庆行为这一文化资源的产业化发展目的也得以实现。当然，这些节日庆典，也为旅游业、影视业、出版业、报刊业、动漫业、会展业所关注，纷纷以此为由拓展商机，并在节庆传统礼俗的基础上创新创造，以多样的文化产品、丰富的文化内涵，增强民族自尊、自强、自勉、自励意识,以行为的方式传承文化资源,发展文化产业[①]。如山东潍坊"风筝节"、曲阜"国际孔子节"、四川都江堰的清明"放水节"、陕西黄陵县的清明"祭黄帝陵"等。这些地域文化节庆现已成为在国际国内有重大影响的地方节庆文化活动。这些文化节庆活动的举办,不仅给地方政府带来了巨大的社会效益,也产生出巨大的经济效益,真正实现了文化资源资本化转化过程中的"双赢"目标(见表2-1)。

表2-1　　　　文化资源获取路径的文化资源类型及其具体表现

类型	表现
物质实证性文化资源	历史建筑（皇家建筑、民居建筑、宗教建筑、公共建筑、国防建筑、行政建筑、丧葬建筑等）
	历史文物（艺术类与非艺术类文物、农林牧渔业生产工具、生活器具、刀枪剑戟兵器等）
	现代造型艺术（现代绘画、现代雕塑、脸谱、现代建筑、现代造型设计等）
文字与影像记载性文化资源	语言文字（汉语、蒙古语等各民族语言文字，闽南语、粤语、歇后语等方言土语）
	历史要籍（经史子集，少数民族史、门类史等）
	文学典籍（《西游记》《红楼梦》《水浒传》《西厢记》《三国演义》等）
	影像资料（摄影资料、电影资料、电视资料等）
行为传递性文化资源	生产行为（山区生产、渔业生产、牧业生产、农业生产等与文化资源相关的生产行为）
	生活行为（衣着文化、饮食文化、居住文化、婚俗文化等与文化资源相关的生活行为）
	学习行为（在家庭、学校、职场，社会对社会伦理道德、学科基础知识、社交集会参与、职场技能与道德礼仪的后天习得行为，传承与发展文化）
	娱乐行为（民间音乐、民间舞蹈、民间造型艺术、民间戏曲、民间说唱艺术、民间文学、赛马、赛驼、赛龙舟、叼羊等民间艺术、体育竞技活动）
	节庆行为（祭火、祭祖先、祭神灵、守岁、放鞭炮、包饺子、包粽子、吃月饼、喝腊八粥等纪念、庆贺、祭祀行为）

---

① 李树榕、王敬超、刘燕：编著《文化资源学概论》，东南大学出版社2014年版，第54—86页。

（四）文化资源类型的其他分类

综上所述，从文化资源获取途径角度对文化资源的分类，文化资源类型逐渐从物质实证性文化资源过渡到非物质实证性文化资源，文化资源的非物质属性越发明显，潜藏在人们的日常生活、饮食起居中。这些文化资源，按照不同的归类标准，又可归为其他类型，显示出该文化资源的多样属性，对文化产业的发展、文化资源的充分用益，有着极好的引领、推动作用。

1. 有形的物质文化资源和无形的非物质文化资源

以是否有形、有体为标准，文化资源还可划分为有形的物质文化资源（文化财产）和无形的非物质文化资源（精神财富）。有形的物质文化资源一般是指有形的、看得见摸得着的文化财产。上文所述的历史建筑、历史文物等物质实证性文化资源都是有形物质文化资源的代表。[1] 它们往往有着明显的实用功能，也有着考古性质的成分或结构，具有极强的文化价值和社会纪念意义，在旅游业、影视业、会展业等文化产业上有着极大的用益空间和市场价值实现的可能性。陕西省西安市东郊灞桥区浐河东岸半坡村的半坡遗址、河姆渡文化遗址、陕西岐山凤雏村西周都城文化遗址、河南卫辉市固围村的战国墓葬遗址、西安隋唐都城文化遗址、贵州普定穿洞古人类文化遗址等，也以其不可迁移的属性，以旅游经济为杠杆撬动了整个区域文化产业、文化经济的发展。无形的非物质文化资源主要指的是非物质形态的文化遗产，上文所述的行为传递性文化遗产中，多数蕴含着非物质文化资源。它们通过人的形体、动作、声音、表演等，将人们在生产、生活、学习、娱乐过程中的道德观念、精神信仰、哲学理念、审美意识、价值取向等表现出来，以鲜活的行为诠释民族精神、民族情感、民族气质、民族凝聚力与向心力。我们平日所说的京剧、昆曲、皮影戏、福建木偶戏、嘉善田歌、凤阳花鼓、侗族大歌及各种岁时节日、文化信仰等[2]，

---

[1] 历史文物，是从历史、艺术或科学角度看具有突出的普遍价值的建筑物、碑刻和雕塑、书籍、书法与绘画、具有考古性质成分或结构、铭文、洞窟以及联合体；历史建筑，从历史、艺术或科学角度看在建筑式样、分布均匀或与环境景色结合方面具有突出的普遍价值的单立或连接的建筑群。

[2] 吕庆华：《近20年中国文化资源的产业开发理论研究述评》，《重庆工商大学学报》（西部论坛）2005年第5期，第44—47页。

34

都是无形的非物质文化资源的典型代表,存在于各种社会团体、群体中甚至被个人传承,有着甚为广阔的演绎创作空间,许多的文创产品因此诞生,彰显出一个国家的民族性格、文化素养、科技素养等。

有形的物质文化资源(如历史建筑)大多数又可归属于可再生文化资源。对有形物质文化资源如果实行的不是保护性开发,极容易毁损文化资源;而一旦毁坏,即使按照原样将其再造起来,其特有的地域属性上的、薪火相传千百年的人类文明积淀也无法恢复。无形的非物质文化资源,其资源价值大多潜藏在人们的传递行为中,多表现为优良的精神传统资源、艺术审美资源、品牌资源、人类口述等。人们较难辨别这种文化资源的专属地域,在多处地域都可能呈现该文化资源活态的用益传播,但这并不影响该文化遗产资源价值的唯一性,且在此基础上还有着更为广阔的智能创造空间。从这个角度上看,该文化资源可称为可再生的文化资源。如在数字化背景下,一些以某文化素材不断被翻拍的影视剧,就是可再生文化资源的表现。

2. 文化历史资源和文化现实资源

以文化资源是否可以通过人的智力运作发挥知识的创造力为标准,将文化资源分为文化历史资源和文化现实资源。文化历史资源主要针对有形或无形的文化遗产,是前人历史创造物、文化遗产的凝聚,以有形的物质形态或无形的非物质形态体现。文化现实资源,是人类劳动创造的物质成果的转化,包括文化(现实)智能资源和文化(现实)非智能资源。文化(现实)智能资源,可以通过人的智力运作发挥知识的创造力,在产业运作中通过物质成果的转化创造价值,并实现价值的增值。相应地,文化(现实)非智能资源,则是指那些文化资源物质成果转化中智能因素不高、不需要通过太多智力运作的资源。因为其中的智力因素较低,继而创造价值也低,用益面相对较窄。如一些现代雕塑、现代建筑(如纪念邵逸夫的雕塑、教学楼),其存在的目的只是对某个人物的纪念,并不想通过它创造出更多的市场用益价值,该资源的智能再创造因素相对较低,归为文化(现实)非智能资源。由此,智能资源的资源价值大小取决于智力和知识的结构及其融合程度。

一般而言,文化(现实)智能资源可以通过产业开发,形成版权业、创意业这两个文化产业的重要门类。暨可以通过知识的产权运营模式，借助授权经营①，打造版权经济贸易（如作者书稿完成后，通过授权，被排成戏剧，后又被搬上荧幕，又有相关的录影带、文化衫和玩具创制，还被改编成电视剧，又在广播电台播放等。书稿的创作者不仅完全可以基于书稿的创作，将授权经营所得收归囊中，更在围绕书稿授权的一系列改编活动中收获社会声望）抑或创意产业（韩国金在仁1999年设计的"流氓兔"从一个Flash的小动画，演绎为风靡全球的动漫产业）。这些版权产业、动漫产业都以文化（现实）智能资源运作的方式，向人们昭示，在资金、技术、设备、信息、现实需求等有机结合下，可通过写作、歌唱、舞蹈、绘画、演奏、设计等技巧，突破前人的思维模式，以独创的思维演绎更好的创意②，在推广应用理念下开启一系列更为广泛的授权经营，甚至与媒体、数字融合，打造创意业、版权业开发基本运营模式③，并凭借智力这一核心要素成为文化生产中的核心资源。④ 由此，文化（现实）智能资源是一种可借助经验性的文化技能、创新型文化能力开发的文化资源，往往以创意产业的称谓，以好的创意、主题、构思、决策方案等带动该资源背景运作的文化企业、文化产业发展。

3. 可度量文化资源和不可度量文化资源

文化资源本身存在的价值潜在性、价值滞后性、价值回归性，为文化资源的深度、全面开发提供了契机。文化资源开发与否、开发程度实际上可借助一定的标准进行衡量，文化资源本身存在着可度量文化资源与不可度量文化资源的类型划分。可度量文化资源是指可以建立相应的评价体系来具体估计和测量其瞬间价值的资源种类，如历史文物、建筑、工艺品

---

① 1998年，英国文化媒体体育部成立了"创意产业特别工作组"，把广告、建筑、艺术及古董市场、工艺、设计、流行设计与时尚、电影与录像带、休闲软件游戏、音乐、表演艺术、出版、软件与计算机服务业、电视与广播13个行业，确认为可以通过个体创意、通过知识产权的生成利用、授权经营、创造财富与就业机会的潜力产业。

② 姚伟钧等：《从文化资源到文化产业——历史文化资源的保护与开发》，华中师范大学出版社2012年版，第3—4页。

③ 吕庆华：《文化资源的产业开发》，经济日报出版社2006年版，第87—95页。

④ 周雅颂、卢润德：《文化资源产业开发研究综述》，《经济论坛》2009年第6期，第10—11页。

等；不可度量文化资源是指不可用现实价值来衡量的资源类型，如民俗、戏曲等（多数非物质文化资源多可划归不可度量文化资源范畴）。① 可度量文化资源的评价基准，一般需遵循地方性、客观性、定性与定量相结合、全面整体考量的原则，其价值评估指标的确定包含文化资源的文化价值（文化成分功能和文化影响力）、经济价值（经济效用、消费价值、资源竞争力、资源消费人群、资源市场规模、稀缺性）、社会价值（文化价值、社会效用、文化资源保护等级、知名度、独特性）与发展价值（文化特色、分布范围、资源属地经济发展水平、交通运输便利度）等，具体涉及该文化资源品相指标（稀缺性、知名度、保存状态、传承能力）、历史价值（久远性、时代特色、历史影响力）、文化价值（文化地域特色、文化内涵、信仰内涵、情感内涵）、审美价值（艺术代表性、艺术感染力）、开发成本（交通条件、服务能力、开发程度、民众认同度、环境优化度、恢复与保护投入）等。②

民俗、戏曲等虽然是不可度量的文化资源，但也可借助节庆文化的开发模式，以地方节庆为载体，通过对民俗、戏曲等文化资源的挖掘和整合，以地方节庆活动为载体，赋予其新的地方文化资源内涵，以资源整合、群体覆盖的效应，实现资源回报。山东潍坊的"风筝节"、四川都江堰的清明"放水节"、山东曲阜的"国际孔子节"，既展现了地方节庆文化活动，也实现了文化资源资本化转化，相应的经济效益、社会效益由此实现。所以，尽管文化资源有着可度量与不可度量的划分，但这种划分只是意味着其资源开发用益价值本身把控的区分，为文化资源开发、文化产业发展提供重要的价值评估依据，但并不意味着不可度量文化资源不可以进行资源开发、产业化发展，而是可以借助某种文化传递性行为，再次鲜活地展现在世人面前，实现资源传承与价值增值。

笔者在《文化资源产权交易调查问卷》中发现，人们对文化资源多角度、多标准类型的划分实际上也早有认知。如94.94%的人认为文化资源

---

① 吕庆华：《文化资源的产业开发》，经济日报出版社2009年版，第74—95页。
② 王广振、曹晋彰：《文化资源的概念界定与价值评估》，《人文天下》2017年第4期，第30—32页。

可划分为物质文化资源与精神文化资源、67.72%的人认为文化资源分为宗教文化资源与非宗教文化资源、64.56%的人认为文化资源有原生态文化资源与活态文化资源之分、46.84%的人认为文化资源分为可再生文化资源与不可再生文化资源,还有48.73%、37.34%、31.01%的人分别认为文化资源还可划分为显性文化资源与隐性文化资源、城市文化资源与农村文化资源、可度量文化资源与不可度量文化资源等(见图2-1)。

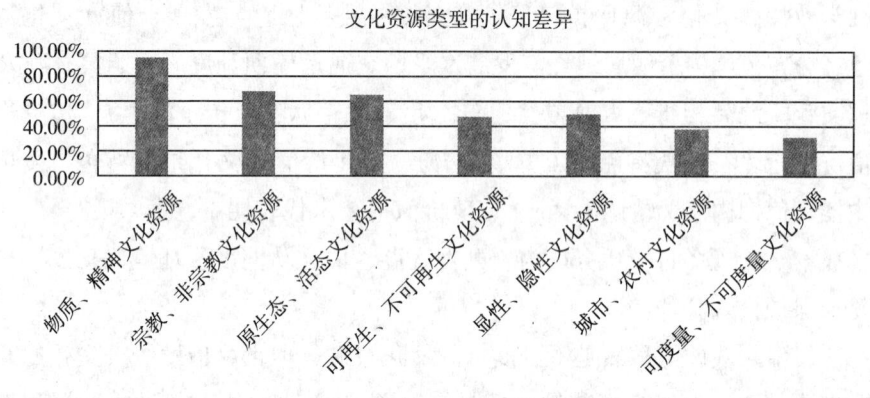

图2-1 文化资源的类型划分

虽然人们对文化资源的类型认知不一,但无论文化资源类型的认知如何表现,每种文化资源往往代表了某个特定时代和特别时期的价值元素和价值符号,具有稀缺性、不可复制性。那些能够长时间留存下来的文化资源,也多半是那个时代的艺术精品,隐含着丰富的人文历史知识和价值取向,凝聚着特定时代人们思想文化的智慧结晶。文化资源的挖掘、开发,也得以保护开发的思路,使其谨慎而又富有创造力地前行。

第三节　文化资源的用益原理与用益状况

一　文化资源的用益原理

文化资源,无论是物质实证性文化资源、文字与影像记载性文化资源,还是行为传递性文化资源;无论该文化资源是有形或无形、物质或非物质,是历史资源还是现实资源;是可度量的文化资源还是不可度量的文化资源,这些文化资源往往通过旅游、艺术、音像、影视、出版等文化产业的开发,借助经济和技术手段,对文化资源进行数字化等技术处理,出产文化产品、实施文化服务,开发、挖掘文化资源,实现资源价值。

(一)文化资源可市场用益

资源,作为人类生产、生活可利用的材料,无论其有形与否,均可在一定因素的作用下介入经济活动,将资源转化为产品并产生经济效益,展现其使用价值和交易价值。如农田,可以用于耕作,为人类提供农产品;水,可以饮用,还可以用来灌溉、发电,成为能源;煤可以燃烧,用于供暖、餐饮,满足生产及生活所需。文化资源也不例外。大家都非常熟悉的小说《哈利波特》,因为人们对它的喜爱、追捧,被改编成了《哈利波特》系列电影(已有7部),每部票房都在10亿美元左右,以其为蓝本改编的电影、游戏以及下游衍生品则不计其数。"米老鼠"以及迪士尼文化产品等IP资源的开发利用,更是给企业带来了巨大财富与社会影响。而自2016年以来,故宫文创发布了以雍正朱批"朕就是这样的汉子!"为代表的衍生品,目前故宫文创产品年销量也已超过10亿元,并作为国礼屡次赠予外国总统。

这些文创活动、IP资源的利用,说明文化资源可以进入现实的公共文化生活与文化生产活动,向文化产品转化。而文化产品作为一种新的财富形态,不仅改变了以高强度的劳动力投入为主要手段、以资源消耗和环境污染为代价的产品生产、价值创造过程,还以精神产品的形式强调人们的心灵慰藉、精神感受,是一种新的生产要素组合方式与资源价值建构模式,凝结着文化创造者的全新劳动,获得消费者高度认同。且随着人们对于文化产品核心价值的不断认同,文化产品市场价值也会随着时间和环境的变化而不断增值。如凡·高在去世之前精心创作的作品《加歇医生像》,100年后在纽约拍卖了8250万美元的天价;我国绘画大师黄宾虹的作品《黄山汤口》,2017年在拍卖会上则拍得3.45亿元人民币的高价。所以,文化产品虽不像面包可以充饥、衣服可以御寒那样直接用益,但因为其可以满足人们对文化生活的需求,获得市场认同,同样具有市场用益价值。

当然，文化产品使用价值与交换价值的呈现，强调创造性思维的用益"文化资源"，毕竟这一切来源于其源头"文化资源"本身。而文化资源不仅可借助文化产品、文创活动实现市场用益，其本身也有直接的用益价值。以物质实证性文化资源为例，从故宫到灵隐寺、岳麓书院、围屋、城堡、嘉峪关、赵州桥、府衙衙门、孔林孔庙等各类历史建筑，有的只是用来参观、纪念，进行保护性开发利用，传承文化理念；有的则在游览观赏之外，继续发挥其用益价值，仍可实施宗教活动、教育活动、医疗服务、行政服务或满足人们通行需求的服务等。有些古宅民居与书画、雕塑、纺织印染等历史文物，还可以以拍卖等形式在民间流通、交易，满足人们对传承纪念物的收藏需求。这些物质实证性文化资源，还可在实物利用的基础上衍生出一系列 IP 文创活动，与非物质的文化资源一样，在人们的生产、生活、学习、娱乐、礼俗行为中，融入新的创意，如洛阳"白马寺"IP、"美猴王"IP、"山海经"IP等，将中华民族优秀文化传统，在结合时代要求、继承创新基础上传承下去，并不断产生新的文化产品。西安曲江旅游开发区的实施，也是在对玄奘法师翻译经文的慈恩寺大雁塔等物质实证文化资源严格保护的前提下，整合开发周边文化资源，形成以大唐芙蓉园、仿唐歌舞、仿唐建筑园、雁塔北音乐喷泉广场、水幕电影为特色的西安文化旅游景点，将有形、无形文化资源巧妙结合起来，改变文化资源碎片化、缺乏整合、主题不集中的状态，将历史文化与现代文明融合，使文化资源向文化产品转化，取得良好的经济效益与社会效益，满足人们日益增长的文化需求。

（二）文化产业化是文化资源市场用益的主要路径

文化资源向文化产品转化的过程，就是将文化资源进行生产转化，使其转化为具有持续开发价值、巨大经济潜力的文化产品，最终以产业化的经营管理模式进行市场运作。可以说，文化产业化是文化资源市场用益的主要路径。在商品经济发展初期，文化产品的生产和交换水平都很低，文化产品几乎成为物质产品生产的附属物，没有独立的存在形式和意义。文化产品生产者的社会地位低下，所生产的文化产品的文化价值、智力价值得不到社会的认可，凝结劳动者心血的文化产品成为可以任意处置的东西，劳动者智力成果被忽略、滥用，文化产品的生产积极性不高。而随着商品经济的发展，人们在物质生活基本得到满足的同时，开始追求精神上的愉悦与认同。文化资源的用益、文化产品的需求量增加，以致以文化资源产业开发模式，将文化产品变成了文化商品，通过市场交换有偿获取，演绎为文化消费品。这些文化商品因为有着连续生产的经济保证，在市场交易中呈现活跃状态，经济价值得到实现，文化产品生产者、经营者积极性提高。而今，文化资源的产业开发运营已成常态，高新科技的运用、创新思维的提倡，更使文化产品生产者的智力劳动得到尊重，文创产品的文化价值、智力价值得到社会的普遍认可；文化产品能够以大规模复制、生产模式开发营运，文化消费范围不断拓宽，生产成本降低、价格下降，文化产品从个别走向一般。现代文化资源产业已作为知识密集、信息密集和技术密集的新兴产业存在，文化产业以规模经济模式快速发展，文化经济时代已经到来。

但在《文化资源产权交易调查问卷》中，仅有34.81%的人坚定地认为文化资源可以进行产业开发、做成文化产品，63.92%的人则持中立态度，认为得看情况而定，有的可以进行产业开发，有的不可以做成文化产品。这说明，文化产业的发展，虽然也是以产业化思路生产、销售文化产品，但文化产品并非一般的市场产品，有着精神消费的属性。即文化产品本身有着文化价值、经济价值的双重属性，这些文化价值理念会影响人的心理状态，甚至潜移默化地影响人们的价值观。所以，好的文化产品必须具有正确的价值导向，有着积极向上的文化品质，而这种品质来源于文化资源的文化价值本身。所以，文化产业发展的根本在于文化资源的开发、挖掘，得在追求美与效益的统一、灵智与物质的同在、精神与经济双赢的前提下，开创文化产品、发展文化产业，将经济效益与社会效益统一起来，借助文化产品实现文化资源的用益价值。这其中，当然得仰仗高新科技手段，美国的数字内容产业、日韩的动漫产业，都是现代科技与文化资源融合的产物。由此，文化资源的产业化开发要遵循以文化资源为基础、以文化创新为动力、以文化科技为手段、以文化保护为核心、以文化传承为目标的"五位一体"的开发机制[①]，在强调文化传承的基础上有创新，

---

① 邢楠：《我国文化资源产业化开发研究》，《求是学刊》2018年第3期，第82—87页。

不断融入现代社会元素，在长期保持文化资源真实性与完整性基础上，整合各种文化资源，借助现代技术手段，以跨界融合、跨界发展的思路，对文化资源进行保护性开发。最终以高新科技支撑下的文化产业的发展，向世人宣扬中华民族优秀的传统文化，永葆文化资源的生命力和用益价值。

（三）文化资源市场用益因素

文化资源具有市场用益价值，但并非所有的文化资源均可直接进行市场用益。文化资源向文化产品的转化，除了考虑其所蕴含的文化价值的传承、彰显外，同样还得考虑文化资源向文化产品转化的市场效益。暨文化资源要转化为文化资本、形成文化产品继而产生直接经济效益，一般都要求该文化资源具有转化为文化消费需求的可能，为消费者实际听到、看到、感受到、体验到，具有可以为消费者所接受的价值，并以文化产品的形式在市场上交换、产业化经营。故此，在文化资源市场化之前，先得对该文化资源进行市场价值评价，看其是否具备市场用益因素，可否进行市场化操作、产生经济效应。

一般而言，文化资源市场用益因素包含文化资源品相、文化资源价值、文化资源效用、发展预期、传承能力等几个方面。文化资源的品相因素，涉及文化资源的文化特色、保存状态、知名度、独特性、稀缺性与分布范围等内容；文化资源的价值因素，包含文化资源的自身文化价值、时间价值、消费价值、遗产保护等级、资源关联价值等内容；文化资源的效用因素，则触及文化资源的社会效用、经济效用、民间风俗礼仪、公众道德、资源消费人群、资源消费市场等；文化资源的发展预期因素，涵盖文化资源属地的经济发展水平、交通运输便利度、生活服务能力、商务服务能力等；文化资源的传承能力，则综合考虑了文化资源的资源规模、资源综合竞争力、资源成熟度、资源环境等。[①] 文化资源市场用益所包含的这些因素，不仅能够展示文化资源市场用益"人无我有、人有我优"的独特文化个性，而且因为消费者的消费认同，而更具吸引力、感染力、震撼力

---

① 李树榕、王敬超、刘燕编著：《文化资源学概论》，东南大学出版社2014年版，第104页。

第二章 文化资源概述

和审美价值，更能从中窥测出人类社会的发展规律、风俗理念，为社会公众认同，对传统文化资源的多维价值的传承也具有重要意义。

以山西晋商为例。据明清两朝的史料记载，晋商曾在中国大地红极一时，拥有海内最庞大的民间资产，晋商大院的保存状态也是良好的。反映晋商生活的大型电视人文纪录片《晋商》，以及《大红灯笼高高挂》《白银帝国》《昌晋源票号》《乔家大院》《走西口》等影视剧，通过对晋商生活方式的描绘、对长期支撑晋商的商业精神、商业道德和商业文化挖掘和提炼，向人们揭示了晋商这一群体丰富多彩的内心世界，收视率极高，得到观众的广泛好评。而这些社会效应，离不开晋商大院文化资源的良好保存状态，离不开晋商文化的独特与社会的普遍认同。此外，还有以北京"四合院"文化资源为背景而打造的崇尚"和善"之心、修炼"和悦"之情、追求"和睦"之境的系列"胡同"文化产品，有着极好的市场占有率。而哈尔滨的冰雪文化、湖南的茶文化、云南的民族文化则以其极高的知名度[1]，吸引着千万计的旅游者，以旅游业为支撑衍生出系列旅游文创产品，民族文化精神也在市场用益中得到传承。由此，对于那些知名度高、文化特色明显、保存数量多、质量良好、资源留存时间久远、媒介提及率与公众提及率高、消费认同度高、资源利用的交通便利、资源用益环境较好的文化资源，其市场开发的认同度一开始就占据优势，极易吸引消费者眼球，资源关联价值大，市场转化成效快，市场用益效果明显。所以，在文化资源向文化产品转化、决定产业化运营时，得先做好文化资源的评价工作，对文化资源的市场用益因素进行考量，判断文化资源的存量规模、资源结构、比例特征等，确定资源优势的竞争等级，预测市场用益效果、社会反响等，为文化资源的产业化运作提供风险预测，确保在文化传承的同时实现经济价值。当然，文化资源的市场用益还有一个前提，即该文化资源得有明确的权利归属——产权，以权利归属明确保障其市场用益、交易交换的便捷。

---

[1] 李树榕、王敬超、刘燕编著：《文化资源学概论》，东南大学出版社2014年版，第97—101页。

二 我国文化资源用益状况

(一) 我国文化资源用益的总体状况

文化资源用益，其实就是将文化资源作为文化生产力、文化资本进行开发利用，发展文化产业。文化资源的用益，多数是将历史建筑、历史文物等古迹类文化资源进行旅游业开发，以公开展览、陈列感受等方式让游者游览观赏、学习考察、深入体验等，开展文化专项活动；或者依托市场，将无形文化资源进行物态转化，打造文化产品，实现经济价值增值，西安的"大唐乐舞"、桂林阳朔的"印象刘三姐"、丽江的"纳西古乐"都是典范。这些演出活动不仅展现了我国独特的民族与地域文化，更因此打造了文化品牌。而对文化资源进行图书出版、影视制作、音像录制的出版业、影视业、音像业、动漫等产业的发展，更是在高新科技开发助力下推动文化资源向文化资本转化，创造出了"文化+旅游""文化+农业""文化+科技"等"文化+"形式的文化新业态。这不仅有效保护了我国丰富的文化资源遗产，更明确了"在保护中求发展，在开发中求保护，保护与开发并举"的文化资源可持续开发用益原则，在文化产业发展的同时注重文化资源的自身保护，注意生存空间的整体维护。

改革开放后，我国文化消费需求质量与数量都在不断提高、增加，我国文化市场准入门槛逐步放宽，文化资源用益模式多样，市场经营方式多元，文化产业规模不断扩大。在《文化资源产权交易调查问卷》中，60.13%的人都认为自己居所地的文化资源被开发了，25.95%的人认为即使还没有开发也准备开发了。且48.73%的人认为文化资源的开发不是直接利用该文化资源，而是把它开发成现代工业品；39.87%的人认为即便是直接利用，利用后一般也有维护。当然，也有没有演绎过就直接利用的，如秦腔、安顺地戏的演唱等。从2013年起，文化产业发展已从市场的总体"短缺"转向"短缺"与"过剩"并存状态，文化产业由"分业发展"走向"融合发展"。自党的十八大以来，文化产业更是朝着规模化、集约化、专业化方向发展，文化与互联网、旅游、体育等行业日益走向跨界融合，文化企业转型升级，市场竞争力逐步增强，文化资源用益总体状况呈现良好发展态势。据国家统计局统计，2017年我国文化产业实现增加值35462亿元，比2004年增长9.3倍；

2005—2017年年均增长19.7%,比同期GDP现价年均增速高6.3%。2017年,全国共有文化骨干企业5.5万家①,比2012年增长51.3%,2013—2017年年均增长8.6%;从业人员为854万人,比2012年增长22.2%,年均增长4.1%;实现营业收入91950亿元,比2012年增长63.4%,年均增长10.3%。

  文化产业的发展,不仅大大促进了就业,还进一步提升了文化消费的层次与广度。2017年,全国居民用于文化娱乐的人均消费支出为850元,比2013年增长47.3%,2014—2017年年均增长10.2%,比同期全部人均消费支出高出1.7%。2017年,全国有艺术表演团体15742个,比1978年增加12592个,增长3.0倍,1979—2017年年均增长4.2%;2017年,全国艺术表演团体国内演出观众达到12.5亿人次,比2006年增加7.9亿人次,增长170.6%;2017年,全国电影票房收入559亿元,比2006年增加502亿元,增长8.8倍,2007—2017年年均增长达到23.0%。② 2017年2月国家统计局对全国规模以上文化及相关产业的5万家企业调查,2016年实现营业收入80314亿元,比上年增长7.5%(未扣除价格因素),增速比上年加快0.6%。③ 2017年2月27日法国《2016全球艺术市场年度报告》显示,2016年中国市场的艺术品拍卖成交额达48亿美元,占全球拍卖额的38%,中国成为全球最大艺术品市场。④ 2014—2015年文化金融资本进入文化产业分别为3253.16亿元、3241.8亿元。2015—2016年文化金融呈现了超常态发展,进入资本规模近万亿元。⑤ 与此同时,各省市文化资源

---

① 文化骨干企业是指规模以上文化制造业企业、限额以上文化批发零售业企业和规模以上文化服务业企业的总称,具体包括:年主营业务收入在2000万元及以上的文化制造业企业;年主营业务收入在2000万元及以上的文化批发企业或年主营业务收入在500万元及以上的文化零售企业;从业人数在50人及以上或年营业收入在1000万元及以上的文化服务业企业(其中文化和娱乐业的年营业收入在500万元及以上)。

② 国家统计局社科文司:《国家统计局:改革开放40年文化事业&文化产业发展成就》,http://www.sohu.com/a/254853280_100019887,2019年3月12日。

③ 陆娅楠:《2016年全国规模以上文化企业营收增长7.5%》,http://www.chinanews.com/cj/2017/02-06/8141642.shtml,2017年9月12日。

④ 《TEFAF:2016全球艺术市场年度报告》,http://www.199it.com/archives/464057.html,2018年7月12日。

⑤ 左永刚:《文化产业资本逆势运作频频》,https://finance.sina.com.cn/roll/2016-02-29/doc-ifxpvysx1731540.shtml,2018年2月28日。

用益、文化产业发展步伐也呈现逐步跟进状态。2017年,上海数字文创产业和休闲娱乐行业产业规模持续扩大,增幅由2016年的2.6%急速增加至19.9%,产业增加值达1056.03亿元,突破千亿元大关,占浦东新区增加值比重达到10.9%,占上海市文化创意产业增加值比重约28.4%。[①]

2018年,在文化产业发展指数和文化消费发展指数排名中,北京、上海、江苏、浙江、山东、广东六省市位列第一方阵,且发展的稳定性很好;而近五年来,中西部地区的湖南、四川表现良好,综合指数多次进入全国前十,广西、内蒙古和重庆也进步明显。[②] 江西省作为中部省份,虽文化资源丰富,但文化资源用益、文化产业发展过去一直相对落后。但在2018年,其文化产业增加值也达702.98亿元,占GDP的比重为3.83%;同年6月,在文化和旅游部文化产业司印发的《文化产业项目手册(2018年度)》的492个项目中,江西省有14个项目凭借较深的文化内涵和商业模式入选,并在文化和旅游部的指导下,借助全国各地重点展会和精品项目交流对接会推介、推广。文化企业、文化产业在快速发展的同时,各省市在文化资源用益、文化产业发展的相关政策支持、公共服务、知识产权保护举措也进一步落实,文化资源用益、文化产业发展得到政府与社会的帮扶、认同。

(二)我国文化产业发展的政策扶持

纵观改革开放后我国文化产业整体呈现的欣欣向荣发展状态,可以说完全是在政府政策支持的全面驱动下实现的。1980年,中共中央确立了文艺工作"百花齐放、百家争鸣"的方针,文艺工作开始向多元化方向发展。1984年,国家开展"以文补文"活动,鼓励文化事业单位利用知识举办讲座、设计广告,允许报社和出版社开展有偿服务和经营活动。1988年,文化部、国家工商行政管理局联合发布了《关于加强文化市场管理工作的通知》,第一次明确使用了"文化市场"的概念,规定了文化市场的管理范围、任务、原则和方针。1991年,"文化经济"一词出现在《文化

[①] 金元浦:《发布:上海市浦东新区文化创意产业发展白皮书》(2018),http://www.sohu.com/a/279107126_179557,2019年3月11日。

[②] 中经文化产业:《2018中国省市文化产业发展指数和文化消费发展指数发布》,http://www.chycci.gov.cn/news.aspx?id=44847,2019年2月24日。

部关于文化事业若干经济政策意见的报告》中。1992年,党的"十四大"报告明确提出要"完善文化经济政策";国务院办公厅编著的《重大战略决策——加快发展第三产业》中第一次提出"文化产业"概念。1993年,文化部召开第一次全国文化市场工作会议,出台了相关部门规章和文件,并首次表彰全国文化市场管理先进集体和个人。1994年,文化部召开全国文化市场监督检查工作会议,颁布了《文化市场稽查暂行办法》,并决定全国统一核发文化市场稽查证,加强市场管理。1998年,国家文化部设置了文化产业司,将"促进文化产业发展"纳入其政府职能中。2000年10月,在《中共中央关于制定国民经济社会发展第十个五年计划的建议》中,"文化产业"概念在文化产业政策中被正式运用,并首次提出"完善文化产业政策",将文化产业列入国民经济和社会发展计划之中。2002年,党的十六大正式将文化活动分为文化产业和文化事业两个方向,相关部门开始调整文化活动的发展方向。2006年政府还出台了一系列新兴文化产业政策,加大投入力度,支持动漫原创行为,推动动漫产业链的形成和发展。

2009年,我国第一部文化产业长期规划——《文化产业振兴规划》出台;2010年,党的十七届五中全会上,把文化产业列入国家战略性支柱产业之中。2011年,党的十七届六中全会通过的《中共中央关于深化文化体制改革若干重大问题的决定》明确提出"建设社会主义文化强国",开创了我国文化产业发展的新阶段。2012年,《"十二五"时期文化产业倍增计划》指出,文化产业已成为国民经济和社会发展的重要组成部分。[①] 这一时期,文化产业政策呈现密集出台,层级越来越高的态势,文化产业逐渐上升到国家战略的层面,政府对文化产业的管理也由"直接管理"向"间接管理"转变,注重培育具有发展后劲的文化产业,并出台多项政策来促进文化产业的发展。党的十八大后,我国对文化产业的发展更加重视。不仅在2015年10月颁布的党的十八届五中全会公报中明确阐述了"十三五"时期文化强国建设的总体思路;在《中华人民共和国国民经济

---

① 刘丽媛:《文化产业重要政策回顾(附2018年文化产业政策)》,http://www.sohu.com/a/285055712_120058682,2019年2月23日。

和社会发展第十三个五年规划纲要》中更明确提出要"构建中华优秀文化传承体系，实现传统文化创造性转化和创新性发展"。2017年10月召开的党的第十九次全国代表大会报告，更明确指出"要坚持中国特色社会主义文化发展道路，激发全民族文化创新创造活力，建设社会主义文化强国"。这既是对文化在新时代中国特色社会主义发展道路中的重要性的新认识，也为实现传统文化创造性发展和创新性发展提出了指导思想。

党的十八大后，围绕着鼓励博物馆文创产品开发，政府还出台了一系列国家扶持政策。如2014年3月，国务院颁布了《关于推进文化创意和设计服务与相关产业融合发展的若干意见》；2015年3月，《中华人民共和国博物馆条例》正式实施；2016年3月、5月，国务院陆续发布《关于进一步加强文物工作的指导意见》《关于推动文化文物单位文化创意产品开发的若干意见》；2016年10月、11月，国家文物局出台《关于促进文物合理利用的若干意见》《国家文物事业发展"十三五"规划》；2016年12月，科技部、文化部与国家文物局联合印发了《国家"十三五"文化遗产保护与公共文化服务科技创新规划》；2018年11月，文化和旅游部颁布《关于在文化领域推广政府和社会资本合作模式的指导意见》，启动了"百馆百企对接计划"，扶持包括29家博物馆在内的35家地方文化文物单位与文化企业合作的优秀项目，给以资金支持。党的十八大以来，文化产业政策趋向于以数字文化创意政策激发"文化+"潜能，强调文化与金融、文化与科技的融合。2017年3月《中国传统工艺振兴计划》与2018年《文化和旅游部办公厅　国务院扶贫办综合司关于支持设立非遗扶贫就业工坊的通知》《文化和旅游部办公厅关于大力振兴贫困地区传统工艺助力精准扶贫的通知》的下发，则明确提出支持设立非遗扶贫就业工坊、振兴贫困地区传统工艺，展示了文化产业政策力图形成覆盖体制，人才、金融、科技等全面融合政策扶持走向。[①]

2018年后，围绕着"文化强国""文化强省"理念，各级地方政府陆续颁发了文化领域的相关扶持政策，但主要以文物保护、非遗传承、完善

---

① 刘丽媛：《文化产业重要政策回顾（附2018年文化产业政策）》，http://www.sohu.com/a/285055712_120058682，2019年2月23日。

公共文化服务、文化消费等为主。如河南省2018年全年发布了4个关于文物安全的政策，是所有省级政府中发布政策最多的省份。另外，还有包括湖北、广东在内的多个省成立了文物安全联席会议制度，以贯彻落实国家关于进一步加强文物安全工作的部署，加强对本省文物安全工作的统筹协调，但其重点基本是如何在保护文物的基础上更好"利用"。[1] 2019年，随着文化和旅游融合的趋势加强，文化和旅游部、各地文化和旅游主管部门的工作陆续走上正轨，专门针对文化旅游融合发展的政策也将密集出台。文旅融合的文化产业政策的颁布，有效推动着物质实证性文化资源的用益价值实现。对一些行为传递性的文化资源、以无形样态存在的文化资源，如非遗技艺等，政府鼓励在智能因素的作用下，转向动漫业、创意业、演艺业、娱乐业、工艺美术业、艺术品业、网络视听产业等，打造特色文化、树立文化品牌，为文化资源用益空间中巨大文化价值与经济价值的实现提供政策保障。

（三）我国文化资源市场用益中存在的问题

我国文化资源用益、文化产业发展整体呈现快速增长的良好态势，但文化资源丰富并不意味着文化资源用益的活跃，文化产业整体实力依然不足，GDP比重较低。文件资源的用益多集中在物质实证性文化资源或已然成规模的传统的非物质文化资源的利用，文化资源开发资金投入运营有限，新型文化产业项目开发力度有限，文化产业存在多头管理或管理缺失等现象，文化企业呈现"小、散、弱"等特点，文化市场资源分布不均，文化资源创意开发不足，与百姓日益增长的文化需求不完全契合。虽然全国各地有不少地方兴建了文化创意产业园，但并不具有产业集聚的实质效用，销售的也多为简单复制的低端、缺乏科技含量的文化产品，文化资源创新、创造用益的后劲不足，也缺乏对整个文化产业有带动、示范作用的龙头企业和文化品牌。许多文化创意企业还面临着低端从业人员泛滥、高端创意人才匮乏的窘境，高端人才培养力度不足，文化创意产业集聚区、文化创意产业园区、文化创意人才培养基地创设目标并未实现。

---

[1] 邵希炜：《从政策看2018年各地文化产业发展主基调》，http://www.cnr.cn/chanjing/gundong/20190108/t20190108_524474999.shtml，2019年4月23日。

更为重要的是，文化产业的发展，离不开文化资源用益的创意研发。而文创资产的产权归属关系本身就比较复杂，存在着文化资源主体、文化资源创意产权主体、文化资源创意产权流转主体等多种主体类型，产权归属不一，存在多种交叉现象。在文化产业跨地区、跨行业、跨所有制等跨界融合发展，走规模化、集约化、专业化发展道路时，其产权归属的交叉性、复杂性就更为明显。但目前在文化资源用益、文化产业发展中，面临着产权归属确认、产权流转保护的不足，并未形成贯穿于文化资源创意产品创作、生产、流通和消费全过程的知识产权评价机构、中介服务机构等架构的知识产权保护和服务体系。

这些问题的解决，首先需要在法理及立法上对文化资源用益中的产权归属予以明确，避免今后可能出现的文化资源用益中的产权纷争、交易困惑，保证相应资源用益流转的顺畅。同时，文创企业在对文化资源用益进行创新创造研发时，还需要足够的资金投入，但文化产业的信贷融资目前处于瓶颈状态。文化企业核心资产（如文化知识产权、文化股权等）的抵押、质押等投融资渠道并不完善，所面临的无形资产评估难、质押品处置变现难、手续办理过程相对复杂等问题并未破解，企业需求与银行信贷产品之间的标准化接口仍需要打通，建立知识产权信用保证制度等。相应地，围绕着文化资源用益的无形资产的评估、交易、管理与处置等方面的财政监管、金融监管与行业监督都需跟进，对产权交易实行跟踪监测、动态管理等；积极引导文化创意产业的资本、技术、信息、人才等资源有效集聚，加强对文化创意产品及形象的专利申请、商标注册、软件著作权登记等工作，建设知识产权保护举报投诉服务中心，严厉打击各种侵犯创意产品知识产权的行为，为文化创意产业发展营造良好的环境，解放和释放文化生产力，促进文化产业健康有序发展，保障文化资源产权权益。

第三章　文化资源产权交易基本原理

文化资源在被传播、利用的同时，也以文化产品、文化产业的形式进行市场流通。在相关国家政策推动下，文化企业的文化价值与市场空间日益显现；产权的概念也越发被接受，成为文化企业产权交易的权利基础。文化企业在明晰其产权权利内涵的基础上，可借助文交所等文化产权交易平台进行产权交易。但面对文化企业产权交易对象的交易风险、交易失范，在强调文化企业产权交易范围全面铺开、规范实施的同时，还得注意产权交易平台的公司法治理以及内外部监管，明确产权交易法律原理[①]。

第一节　产权交易基本原理

一　产权与产权交易的概念

（一）产权的概念

1993年11月，党的十四届三中全会提出建立"产权清晰、权责明确、政企分开、管理科学"的现代企业制度，首次提出"产权"问题。2003年10月，党的十六届三中全会《关于完善社会主义市场经济体制若干问题的决定》指出："产权是所有制的核心和主要内容，包括物权、债权、

[①] 胡卫萍、张炜华：《我国文化企业产权交易流转的法理思考》，《南昌航空大学学报》2019年第1期，第44页。

股权和知识产权等各类财产权。"2013年11月，党的十八届三中全会指出："产权是所有制的核心。健全归属清晰、权责明确、保护严格、流转顺畅的现代产权制度。公有制经济财产权不可侵犯，非公有制经济财产权同样不可侵犯。"2016年11月，中共中央、国务院颁布《关于完善产权保护制度依法保护产权的意见》，明确提出产权制度是社会主义市场经济的基石，保护产权是坚持社会主义基本经济制度的必然要求。2017年10月，在中国共产党第十九次全国代表大会上，习近平总书记提出："经济体制改革必须以完善产权制度和要素市场化配置为重点，实现产权有效激励、要素自由流动、价格反应灵活、竞争公平有序、企业优胜劣汰。"完善产权制度，明晰产权界定，依法保护各种所有制主体财产权利，提高产权主体实践创新动力，在我国社会主义市场经济的持续健康发展中越来越显示其重要作用。

但究竟何谓产权？产权本是个缩写词，是由"产"和"权"两个字组成，就其字面意思看，是指"财产权利、财产所有权"，如"房屋产权"指的就是房屋财产的所有权。什么是财产权利、财产所有权呢？《不列颠百科全书》在介绍"财产"一词时，将其表述为："不仅常常被不加区别地用来指有货币价值的权利客体，常用来指人们对财物权利"[①]，从实物财产角度加以表述的权利。《牛津法律大辞典》则认为："property，这个术语也被人们更经常地在转换了的意义上使用，这时它是指所有权的客体，即指所有物……尽管财产这个词未包括人的一切对物权。例如人的不受诽谤的权利，这看来是过于泛泛了，但财产这个词却常常被用来包括诸如股票等无形财产"[②]；"严格地讲，property这个术语用来指财产所有权，……知识产权这个术语只不过是诸如版权、专利权、商标权等各种财产权的方便的称号而已，最好不要把财产权视为单一的权利，而应当把它视为作为

---

① 上海社会科学院法学研究所编译：《国外法学知识译丛·民法》，知识出版社1981年版，第45页。

② ［英］戴维·M.沃克：《牛津法律大辞典》，北京社会与科技发展研究所译，光明日报出版社1988年版，第729页。

若干独立权利的集合体。"① 将财产从财产权利、产权的角度描述,不仅针对有体物,还包括无形财产,把产权视为若干独立权利的集合体,所有围绕财物、有体有形资源所发生的权利,都是产权范畴,涉及占有权、使用权、出借权、转让权、用尽权、消费权和其他与财产相关的权利。所以,产权,一般是指以财产所有权为主体的一系列权利的总和,"使之存在于任何客体之中或之上的完全权利,包括占有权、使用权、出借权、转让权、用尽权、消费权和其他与财产相关的权利"②,是人们围绕财产形成的经济权利关系。③ 产权虽是物上的一种财产权利,但产权本身并不是着重讨论人与物的关系,而关注由物的使用引起的人与人之间的关系,注重不同产权主体间的行为界限,并以横向的使用权、收益权和转让权,纵向的出资权、经营权和管理权等可分可交易的权利形式,形成权利人的合理预期,展现排他性、可交易性、可分解性的产权特性。不同的产权模式,就是权利束中不同权利类型的不同组合,并最终以产权组合、调节的形式实现财产约束、财产激励、交易规范和稳定预期、资源配置等功能。④

在我国,对财产的认知经历了一个曲折的过程。我国对"财产"一词,最初不是作为法律上"物"的概念使用,而是从政治经济学角度谈论的生产资料所有权,比较注重生产资料所有权中的占有权,强调实物的用益,不太注重财产权利其他方面的含义及表现。1986年《民法通则》颁布后,财产所有权概念在民事立法中被明确提及、详细规定,财产所有权成为了一个非常清晰的法律概念。1989年,上海辞书出版社出版的《法学词典》将财产权定义为:财产权简称"产权",是"人身权"的对称;指直接和经济利益相联系的权利;财产权包括以所有权为主的物权、债权、继

---

① [英]戴维·M. 沃克:《牛津法律大辞典》,北京社会与科技发展研究所译,光明日报出版社1988年版,第726页。

② [英]戴维·M. 沃克:《牛津法律大辞典》,李双元等译,法律出版社2003年版。

③ 孙飞、王淋:《产权定义的理论分歧及其界定》,《经济纵横》2009年第6期,第11—13页。

④ 杨晓霞:《我国旅游资源产权问题探析》,《经济地理》2004年第3期,第419—422页。

承权、知识产权等,按其性质可分为"公共财产权、私有财产权和个人财产权"①。从人与财产的主客体关系上定位财产权,强调财产与主体间独立、排他的归属关系;认为财产权是对稀缺资源的利用,是具有一定物质利益内容的、直接体现为经济利益的权利。1993年,张文显老师也指出,产权不仅指占有权,也不限于生产资料和生产要素的所有权,而是包括债权、股权、物权、知识产权在内的权利体系,是以使用权、收益权、排他权等多项权能表现出来的、非孤立的单项权利。而经济发展、经济效益提高,依赖最优化的资源配置、明确的产权关系界定,财产权的有效转移成为有效利用资源的充分条件;为避免"产权虚置",得加强产权立法。②

但长期以来,产权理论一直被作为西方经济学领域的概念定位,认为产权是一种通过社会强制来实现的、对某种经济物品的多种用途加以选择的权利③;是人与人之间由于稀缺物品的存在而引起的,与其使用相关的关系④;并可据此界定人们如何受益及如何受损,从此谁必须向谁提供补偿以使他修正人们所采取的行动。⑤ 基本是从产权经济效用的角度,多是对个体产权、私有产权进行概念界定,不太顾及公共产权、集体产权层面。但实际上,对产权概念的表述,不仅有以科斯和诺思为代表的西方新制度学派的产权理论,还有马克思为代表的产权(所有权)理论。马克思《资本论》中对产权的解释为:产权首先等同于所有权;产权是上层建筑中法权性质的权利,是排他性的可交易的资本属性的权利,对应所有制又区别于所有制,是包含了一系列关于资产权利在内的"权利束",在动态生产关系的全过程存在,生产力决定产权制度。我国产权制度发展,是建

---

① 《法学词典》编辑委员会编:《法学词典》(第三版),上海辞书出版社1989年版,第457页。

② 张文显:《市场经济与法制建设三论》,《中国法学》1993年第3期,第12—19页。

③ [英]约翰·伊特韦尔等:《新帕尔格雷夫经济学大辞典》,《新帕尔格雷夫经济学大辞典》翻译编辑委员会译,经济科学出版社1992年版,第1101页。

④ [南]斯韦托扎尔·平乔维奇:《产权经济学——一种关于比较体制的理论》,蒋琳琦译,经济科学出版社1999年版,第29页。

⑤ [美]H.登姆塞茨:《关于产权的理论》,载[美]R.科斯等《财产权利与制度变迁——产权学派与新制度学派译文集》,刘守英等译,上海三联书店、上海人民出版社1994年版,第97页。

第三章　文化资源产权交易基本原理

立在马克思主义产权理论基础上的。[①]

事实上，随着社会的发展，产权越来越演化为一个跨学科的概念。以公司为主体的现代企业法律制度的发展，不仅极大促进了产权制度的发展，更使产权成为经营领域财产权的主要形式。[②] 我国经济学家樊纲认为，产权是"对物品或劳务根据一定的目的加以利用或处置获得一定收益的权利"[③]，从市场经济的生产要素出发，将物品（生产资料）和劳务（劳动力）都作为产权的客体，开拓了产权的广度，对资源的市场配置也有着积极作用。我国经济学者曹钢则从产权与所有权比较的角度认为，产权虽不等于所有权，但有着所有权的结构形式，反映所有权组合效用/效率的价值范畴[④]，强调了产权的经济效用，指出产权的排他支配性。"产权"概念的理解和运用已超出了有体物、有形物的财产所有权范畴，涉及著作、商标、专利等无形财产的"知识产权"、企业法人对企业财产现实支配的"法人产权"等。[⑤] 越来越多的学者认为，产权是财产权利的综合，包括物权、债权、股权、知识产权等，是多项民事权利的集合，是与非财产权利相对应的概念。[⑥] 也有学者认为产权是以特定财产为载体的一组权利的集合，或一组权利束、一束权利，产权主体（财产、资产所有者）可以对其财产（资产）进行运营、使用或处置，从而获得收益，所有权派生运营权、使用权、处置权、收益权和其他权利，共同归属集合的产权[⑦]，产权的概念不仅针对财产所有权，还包括与财产所有权有关的经营权、使用权

[①] 李明良、吴弘：《产权交易市场法律问题研究》，法律出版社2008年版，第24—25页。

[②] 《元照英美法辞典》对 property right 的解释为："property right，财产权，对特定财产（包括动产和不动产、有形财产和无形财产）所享有的权利的总称。"薛波：《元照英美法词典》，法律出版社2003年版，第1107页。

[③] 樊纲：《市场机制与经济效益》，上海三联书店1992年版，第4页。

[④] 曹钢：《产权经济学新论——产权效用、形式、配置》，经济科学出版社2001年版，第33页。

[⑤] 胡卫萍：《非遗资源产权确认与交易的立法保护》，《江西社会科学》2018年第4期，第154页。

[⑥] 王利明：《民法》，中国人民大学出版社2000年版，第149页。

[⑦] 韩志国：《产权交易：中国走向市场经济的催化剂》，《改革》1994年第4期，第34—42页。

等。即产权是一权利束,产权权利主要针对依附于有形资产上的财产权,但也包括股权、债权、知识产权等无形资产,以财产的占有、使用、收益、处分及其他类型的支配为其主要权能。①

综上,经济学意义上的产权与法学上的所有权含义存在共通之处,都针对占有、使用、收益、处分而言,都是主体对客体的排他性支配权利。但法学意义上的产权又不等同于法学意义上的所有权。法学意义上的所有权仅仅是指对有体物的所有权②,智力成果这一无形成果、无体财产只能称为"知识产权"。法律上的产权应有法律上的特定含义,"所有权"所规范的有体物,属于产权客体范畴之一,当然还包括那些无体、无形资源。所以,法律上的产权不是所有权概念的替换,也非为新型财产权类别,而是财产权的简称,是对可交易、可排他用益的财产性权益的控制权。既包括那些有体、有形物的财产所有权,也包括那些基于所有权权能分离派生、转化而独立存在的其他财产权益,如占有权、使用权、收益权、处置权、支配权等,均为产权的有效组成。产权有着比财产所有权更为宽泛的作用空间。

产权的权利主体,不仅包括个体,还包括集体;产权有着个体产权、集体产权与公共产权的区分。产权的权利内容,更是涉及物权、债权、股权、知识产权等诸多权益表现。物权是一种实物所有权,通过对物的直接占有、支配和管领而主张对物的权利;债权是一种请求权,是债权人基于市场交易中债的关系要求债务人还本付息的权利;股权同债权一样,也是一种无形财产权利,它将某种实物形态作价分成若干股份,以价值形态与实物形态分离的方式,通过直接支配、排他支配价值形态的财产(如股票等),从而间接地、有条件地支配实物形态的财产;知识产权则是一种智力成果权,属无形财产权利,权利人通过知识归属的方式对其智力劳动所创作的成果和经营活动中的标记、信誉依法主张专有权利。产权的这些权利内容,都是从静态归属的角度明确产权的权益范畴。

而产权在强调财产的静态归属、财产用益的同时,更看重产权交易,

---

① 刘晓鸿:《产权交易有形市场考》,《产权导刊》2018年第6期,第23—27页。
② 魏振瀛:《民法》,北京大学出版社、高等教育出版社2000年版,第226页。

往往以交易规范的模式，通过法律、习俗和道德等表达，帮助人们形成交易的合理预期[1]，以交易流转的方式实现交易利益，进行资源配置；关注财产归属，看重财产的流转和利用，通过现代市场、现代企业制度交互作用下的所有权转化，以权利的流转展现财产价值的市场运用。也就是说，"产权"的含义不仅涵盖静态归属的权利确认，也覆盖动态流转的财产利用的肯定，是财产"从归属到利用"的完好表达。[2] 文化产权，作为文化资源、文化产品上的财产权益，也涉及静态归属的权利确认、动态流转的财产利用两方面问题。虽然在《文化资源产权交易调查问卷》中，只有86.08%的人知道文化产权的概念，但它在文化产业发展中所凝聚的财富利益不容忽视，其产权利益的实现也多半是通过产权交易流转呈现。毕竟产权交易是以获取收益为目的，就组成产权权利束之权利的全部或一部分让渡，通过动态流转，实现文化资源市场化配置[3]（见图3-1）。

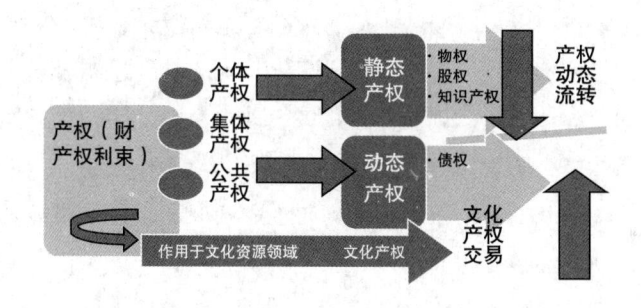

图3-1　法学视角的产权概念与文化产权交易

（二）产权交易的概念

产权交易是指财产权利主体、交易双方当事人，依照法律规定和合同约定，通过购买、出售、兼并、拍卖等方式，将一方当事人所享有的资产

---

[1] ［美］H. 德姆塞茨：《关于产权理论》，《美国经济评论》1967年5月号；［美］R. 科斯等：《财产权利与制度变迁——产权学派与新制度译文集》，刘守英等译，上海三联书店1994年版，第97页。

[2] 胡卫萍：《非遗资源产权确认与交易的立法保护》，《江西社会科学》2018年第4期，第154页。

[3] 刘晓鸿：《产权交易有形市场考》，《产权导刊》2018年第6期，第23—27页。

所有权、经营权等财产权利有偿转让给另一方当事人的经济活动。① 产权交易有狭义和广义两种理解：狭义的产权交易主要侧重于实物形态的财产权益的全部或部分让出，是财产所有权的移转；广义的产权交易，其所交易的对象则涉及企业债权、企业股权、科技成果、技术参股权、股份经营权等多项交易内容。但无论是狭义的产权交易还是广义的产权交易，基本都是借助产权交易场所，以拍卖、竞投、招标、分散报价、集中撮合等方式进行。研究报告所指称的产权交易是广义上的产权交易，包含物权交易、债权交易、股权交易、知识产权交易等诸多内容，交易内容广泛。但在相当长时期内，我国的产权交易集中在实物产权交易、企业产权交易领域。实物产权交易是就实物财产所有权实施的交易，属物权交易，如房地产产权交易、企业产权交易中的厂房设备等的交易。这种交易面对实物进行，不像股权交易那样参与人数多、范围广、换手快，交易完成后往往要经过很长时间才能进行下一次交易，交易手续也相对复杂；不但要经过资产评估、财务审计、实地勘察、价格协商或竞价，有的甚至还要经过主管部门审批，耗费时间长、精力多。其交易模式多表现为出资购买、债务承担、股份吸收、以物易物等，协价与竞价并存。实物形态的产权交易，一般不包括股权转让、债权转让和知识产权转让等。而企业产权交易，不仅涉及厂房设备等实物产权交易，还包含企业股权转让、债权移转和知识产权交易等其他类型的产权交易内容，交易状态较为复杂，交易内容的把控也显得更有难度；但这四类产权交易也恰恰构成了广义产权交易的核心内容。

  资金是社会生产的原动力和持续力，是社会主义市场经济的基本要素，也是债权交易的核心。债权形态的产权交易也称为债权买卖，是某个经济活动主体将其所持有的债权转售给其他经济主体的活动，以货币为核心展开。企业在市场经营中，其产权交易不可避免地会触及债券转让、票据流转、单证结算等问题，而债权转让、票据流转一般都是通过货币形式实现，带来货币资金的位移，在现代社会中更呈现为电子货币记录的更迭。但它不涉及实物，以无形资产流转的方式进行。债权交易的顺利实施，不仅有助于债券的发行和商业信用的票据化，更可促使债权债务在市

---

① 胡志民、施延亮、龚建荣：《经济法》，上海财经大学出版社2006年版。

场交易催化下活跃起来,以债权债务的"相互抵销""连锁位移"营造债的产生、债的消灭、债的再产生、债的再消灭的循环运作模式,实现债权债务正常运转,成为产权市场和货币资本市场的重要支撑。如将风险较高的债权与风险较低的债权交换,将非票据性债权转换成票据性债权继而转换成货币资金,将被债权占用的"死钱"变成"活钱",将债权转换成现金,缓解"三角债"等债务危机,活化资金存量、降低债权风险。

不仅如此,随着国际贸易与金融市场的蓬勃发展,既存债权、将来债权在资产证券化运行中作为资产池的资产,已成为债权交易的重要组成部分,以满足金融商品多变的特性;而将来债权转让所带来的法律问题也会随着证券化发展逐渐增多,需要引起大家关注。所以,不管是既存的还是将来的,债权交易在企业资产流动、企业产权交易中有着重要效用,对债权交易市场要积极引导、鼓励发展。但由于债权关系的广泛性、复杂性、联动性和风险性,债权交易也呈现出信用性、特定性、风险性、不等值性、竞争性等特点[1],无形资产色彩越发明显。在产权交易中需关注债权交易特点,明确债权交易的基本内容,如确定债权交易主体,确认交易债权的合法性,实施债权等,明确交易中介特许机构的性质、必备条件等,确定债权交易类型[2],避免债权交易中的权力寻租、暴力干预等现象,对债权交易市场的建立和完善予以明确的法律制度保障,以规则的细化、规范的操作降低交易风险,维护债权交易主体利益,从而以债权流通的形式实现资产流转、用益增值。

股权形态的产权交易即指股权交易,是公司股份转让的交易。一般是依据《公司法》规定,公司股东依照法定程序将自己名下的股份让渡给他人,使他人成为公司股东的法律交易行为。公司股东所转让的股份可以是全部股权也可以是部分股权,交易多采取集合竞价、连续竞价方式进行,

---

[1] 朱子云:《论债权交易的意义与发展》,《财经理论与实践》1995年第1期,第1—4页。

[2] 如贷款债权交易,包括商业承兑汇票性债权交易、银行承兑汇票性债权交易、非票据性贷款债权交易等;债券性债权交易,包括国库券交易、国家重点建设债券交易、财政债券交易、金融债券交易、企业债券交易等;存款性债权交易,包括大额可转让存单性债权交易、有奖储蓄存单性债权交易等;贷款性债权交易,包括银行贷款债权交易、非银行金融机构贷款债权交易、非金融机构单位贷款交易、个人贷款债权交易等。

以现金方式支付。股权形态的产权交易与实物形态的产权交易不同，它和债权交易、知识产权交易一样，同属于无形资产的交易模式。股权产权交易一般是通过证券商、证券交易营业部进行；即使是柜台交易，也要通过中介机构，属于场内交易。① 无论是发生在证券交易场所内进行的股权交易，还是事实上已然存在的场外交易，股权交易的实质应属于股权托管交易，往往借助中介服务机构实施托管服务，所以在股权交易时，不可避免地会遇到信息披露系统、交易系统、融资系统、监管系统的协调运作问题。协调运作如果状态良好，则交易便捷、安全；反之，则会滋生诸多交易风险，需要以法律事先规范的形式予以规制。所以，股权交易不仅意味着股东身份的易主，更可通过股权交易模式实现有效融资，实现产权交易、资金融通目的。

　　知识产权交易属于知识产权强国建设中的新生交易。同股权交易一样，该交易也是一种无形资产交易，主要依赖知识产权交易市场，通过知识产权收购托管、质押融资、交易流转等多个支撑平台，实现知识产权权利移转、资金融通。在十余年的知识产权强国建设中，我国知识产权交易已形成包括"交易所""交易中心""交易服务平台""贸易基地""公共服务平台"等在内的交易市场②，涉及版权交易、商标交易、专利交易、综合化交易等多种交易类型，交易品种不断增加，交易额逐年上升，知识产权成为可以进行市场流转、交易的商品呈现在大家面前。但由于知识产权交易的新生性，在产权交易中也存在一些诸如诚信缺失、恶意竞争、违法违规操作的现象，不仅扰乱了正常的市场运营秩序，更凭空增添了知识产权交易风险。关注知识产权交易，明确其交易内容、交易形态、交易流程，细化知识产权交易规则，规范知识产权交易秩序，梳理知识产权公共物品，激发市场活力，控制市场风险，从供需双侧寻求运营模式的多元化

---

① 场外股权交易市场事实上也存在多年，但这方面的法律监管却迟迟未出台。天津滨海新区在国家"先行先试"的政策下，更是通过天交所在场外股权交易等方面做了大量的探索尝试，但有关部门对天交所相应的定期检查、汇报、监督机制并未跟进，也没有后续性的政策支持。

② 陈蕾、徐琪：《知识产权交易市场建设态势与路径寻找》，《改革》2018年第5期，第119—130页。

发展，发挥"政府推动""市场主导"的双向引领作用，已成为推动我国知识产权改革和知识产权交易市场发展的重要保障。

除了按照交易对象的不同，有物权型、债权型、股权型、知识产权型等多种类型的产权交易外，按照其交易内容是否为全部交易，还可分为整体产权交易和部分产权交易。后者主要是对产权中的一项或几项权利（如占有权、使用权）的组合进行交易或者某项产权的部分（如部分股权）进行交易；前者则是就特定产权内容的整体进行交易。按照产权交易偿付方式又分为现金式、债务承担式和吸收入股式。现金式是以现金偿付所收购的资产，债务承担式是以转承被转让企业债务为条件接受其债权，吸收入股式则是将转让企业的资产作为吸收企业的股金投入，成为吸收企业的股东。按照产权过渡时限的不同还可分为无限期交易和有限期交易。后者是产权的有期限让渡，如债权交易中的借贷资本所有者有期限地让渡资本的占有、使用和支配；前者则指产权的永久让渡，如资产所有权的让渡，一旦转让就不可再收回。按照产权的交易方式企业产权交易还可分为购买式、兼并式、承包租赁式。购买式，是通过拍卖、标购等竞价方式出资购买另一企业的全部或部分产权；兼并式，则是企业通过控制产权方式控制其他企业，有吸收兼并与新设合并两种兼并模式；承包租赁式，则涉及企业经营权的承包转让或租赁转让。产权交易类型的多样，不仅意味着产权交易关系的复杂，更预示着产权交易流程中法律规制、法律规程的重要，亟待明确、细化。

二 产权交易特点与交易原则

（一）产权交易特点

1. 产权交易覆盖面广，以企业产权交易为主

产权交易作为资产所有者、经营者将资产所有权、经营权等全部或者部分有偿转让、获取收益或融资运转的经济活动，交易内容丰富，涉及物权、债权、股权、知识产权等多种类型，有形、无形交易都在其中，覆盖面广。但就其实质而言，产权交易是一种遵循有偿交换原则的经营活动，以企业财产所有权和经营权为核心的企业产权交易为主。通过交易，引起企业财产所有权的转让或企业财产经营主体的改变。企业产权交易也是企

业产权商品化的表现，其交易状况同公司制度、信用制度、证券市场交易制度的发展状况关系密切，是多层资本市场的重要组成。企业交易形式多样，有承包、租赁、参股、拍卖、兼并、收购等多种表现形式。交易标的既可以是企业整体产权，也可以是部分产权；既可以是厂房、机器设备、原材料等有形资产，也可以是土地使用权、知识产权、股权、债权等无形资产；既可以是经营性资产，也可以是非经营性资产，但均非普通生活消费品。且与一般交易活动相比，企业产权交易活动往往会引起原有生产结构和组织结构的改变，交易主体强调相应专业知识的具备、高效能用益商品。但产权交易也不同于证券交易，交易对象价值不似标准化证券，其证券价格就是对企业情况的基本反映；产权交易价值往往融合了该交易企业各生产要素总和价值，反映了其特定的产业、地理、历史及政策背景等，有着物权、股权、债权、知识产权等单项权利所不能达到的规模效应和整合优势。

2. 产权交易不是政府行为，又离不开政府扶持

产权交易就其本质而言，是一种权利的让渡，不关系到第三者，只涉及交易双方的利益，属产权权利主体的私权行为。企业产权交易，更是企业经营行为的表现。企业在进行产权交易时，基本上是按照自觉自愿原则进行拍卖或标购等竞价活动，不能将自己的意志强加到对方身上。但在现实中，我国的产权交易具有比较鲜明的行政主导色彩。如国有、集体企业产权交易时，为维护国家财产、社会公共利益，其交易转让行为的实施必须经过国有资产监督管理部门（国有资产监督管理委员会）批准，履行产权界定、资产评估、交易审批等程序。产权交易的政府介入，并非完全破坏了产权交易的私权属性，毕竟产权交易内容覆盖面广，交易类型多样，交易规则也因交易标的不同而有所不同，交易程序如果不透明，交易过程如果没有相应的监督管理，难保一些有碍公平现象的发生。政府以交易监管的形式介入，对产权交易活动的顺利实施进行监督保障，不仅有利于引导交易主体公平有序参与市场活动，还可有效维护公共利益，塑造健康而有活力的市场氛围。所以，产权交易虽是私权行为，不是政府行为，但又离不开政府的支持、推动和监管。产权交易规则在规范产权交易内容的同时，还得就行政权力的规范运用予以规则约束与制度保障。

3. 产权交易法律关系复杂，交易安全保障需求凸显

产权交易私权属性、公权作用的共同运作，使产权交易的法律关系较为复杂，包括产权交易合同法律关系、交易监管行政法律关系、产权交易经纪法律关系与资产评估法律关系等多重内容，受民法、经济法、行政法等多个部门法律的调整。产权交易合同法律关系，主要针对买卖合同、委托代理合同、入市合同而言。参与交易的主体既包括产权出让方、受让方，也包括委托代理合同的委托人与经纪商、入市合同的产权交易所与评估中介服务机构等；产权交易方式的不同（协议、拍卖、竞价交易等），也使这些交易主体的身份相应有所不同，但都需对产权交易全过程的合同关系承担违约责任或缔约过失责任。产权交易监管行政法律关系，则触及产权交易效力的确认，其交易合同的签订不仅需要行政审批，有的还需要进行公证、登记等，否则会因有违行政审查、行政程序而交易效力不被承认。而随着现代商事活动的发展，产权交易活动日趋频繁，交易额也日益增长、交易手段更为复杂、交易范围不断扩大，交易风险也日益突出，一旦产生交易纷争，需要通过和解、调解、仲裁和诉讼等自律处理机制、行政处理机制和司法处置机制解决。面对复杂的产权交易法律关系，有必要采取各种措施保障交易安全，梳理产权交易法律关系，明晰各方交易主体的权利义务，减少和消除产权交易活动中的不安全因素，规范产权交易的市场运作，以交易市场的透明提升交易行为的法律效用和法律后果的可预见性，保障交易主体的交易利益。

（二）产权交易原则①

产权交易原则是产权交易应奉行的法律原则，是产权交易规则的基础和原理。同其他法律原则一样，产权交易法律原则虽没有涉及具体的法律事实、权利义务关系，也没有确定具体的法律后果，但蕴含着产权交易活动的基本价值，对产权交易的立法、执法和守法起着根本引导作用②，是调整产权交易双方主体的根本法律准则，帮助交易双方理解法律规定、规

---

① 李明良、吴弘：《产权交易市场法律问题研究》，法律出版社2008年版，第108—127页。

② 张文显：《法理学》，法律出版社1997年版，第71页。

范交易行为；还可以作为制定、解释和补充法律的依据，弥补交易规则无法涵盖所有交易关系的缺陷，是产权交易规范的出发点和归宿，贯穿于产权交易活动始终。具体而言，产权交易基本原则涉及公开原则、公正原则、公平原则、自愿与强制相结合原则、诚实信用原则、效率与安全兼顾原则、合法性原则等。

1. 公开原则

公开原则又称信息披露公开原则，通过市场信息的公开化，实现产权交易市场经营公开和管理公开，是其他交易原则的基础和核心，也是公正、公平原则的起点。它要求产权交易中，需真实、准确、完整、及时地披露和产权交易对象有关的各种重要信息，避免任何信息的虚假陈述、重大误导、遗漏和迟延发布等，保障信息的易得和易解，使交易主体对交易产权有全面、充分的了解。只有这样，交易双方主体才能对交易作出相对准确的判断，避免交易风险，减少欺诈行为的发生。若拒绝公开，交易主体不仅不能获得交易资格，还会有相应监管行为的跟进，追究其相应法律责任。产权交易市场也只有做到信息公开，才能形成特有的竞争和选择机制，防止被操控，保障交易的有序，让交易主体体会到交易平等、机会均等，最大限度调动交易主体的积极性、创造性，维护平等、公平、有序的交易秩序，保证市场交易行为的有效性。

2. 公正原则

规则公正是法律正义的本质所在，也是法律关系的基础，没有规则公正就没有行为公正可言[①]。公正原则意指公平正直、合乎法度，给人应得的利益，包含形式公正和实质公正。形式公正是指同样的情况应同样对待，实质公正则直接涉及权利义务具体分配的公正。产权交易的公正，体现为社会对产权交易市场行为的评价——市场行为的公正性。而不论形式公正还是实质公正，都体现为规则公正，要求法律规则和管理规则能够为交易市场主体发展提供平等机会并施以合理分配利益的程序规范。产权交易公正性与一般的民法上的公正性不一样，是一种具体公正——市场公

---

① 张宇润：《试论经济法属性的证券法基本原则》，《安徽大学学报》2000 年第 5 期，第 63—68 页。

正。毕竟没有公正形象的市场就不能吸引广大投资者投资。它要求监督管理机构公正对待每一个投资者，提供公平竞争的环境。而竞争作为一种市场行为，必须有法定的规则为其保障：面对产权交易，依循公正原则，应综合全面考虑资本市场的实际情况，兼顾各方合理利益，制定公正、具体的法律规范，公正地划定市场各方的行为标准和界限；督促政府监管部门公正对待交易主体，不干预正常的市场行为，不实施歧视的行为，公正处理监管事务，公正评判成员单位的正常经营行为，不损害其合法利益。由此，产权交易的公正原则，其实是针对产权交易市场的监管层而言的，对监管层的立法者、司法者、行政管理部门、自律管理机构等行为进行约束，要求管理机构及其工作人员需对产权交易市场主体予以公正待遇，平等对待各方当事人，公正适用法律。

3. 公平原则

从民法的基本原则可知，公平原则是建立在平等原则基础之上的原则。它从社会的一般理念出发，判断交易行为的价值，充分肯定每一个人的正当权益，讲求互利互惠、利益平衡，是一种伦理公平，兼具道义和功利，符合社会的价值取向，在平衡当事人间利益、调和经济矛盾方面功效显著。公平包括分配公平和矫正公平。分配公平的核心是合理地分配利益或者负担；矫正公平则是分配正义规范被违反后的事后公平手段，由法院等司法机关执行。产权交易的公平原则，符合民法公平原则的基本理念，要求交易主体正当行使权利和履行义务，在商事交易中兼顾他人和社会利益，保证交易主体的权利、义务与责任担当上的平等。具体而言，包括平等赋权，给予每个市场主体平等的权利义务和竞争机会，不因产权交易主体身份、交易对象、交易额的不同而差别对待。在交易过程中，对交易差距过大部分可以进行调控，对失衡利益予以纠正：如采取措施，禁止某项交易、抑制市场的过度投机、宣布某些交易行为的无效等，从宏观角度权衡各方利益，恢复不同主体间利益分配的公平，保障交易过程、交易结果的公平，实现更大的社会效益。

4. 自愿与强制相结合原则

市场主体能自由让渡自己的商品，是市场交易关系存续、发展的基础；市场主体的自由让渡又取决于主体行为的自治自愿。自愿原则，是指交易主体可根据自己的意愿设立、变更和终止交易法律关系，自由协商交易内容、交易形式，国家不过多干预，展现意思自治。产权交易市场也是一个自由交换、自由交易的市场，自然强调交易行为的自觉自愿，充分尊重交易主体的意思，让其能自由交易商品、平等协商。当然，产权交易作为市场行为，在强调自愿的同时，也受到社会和公共利益的限制。毕竟产权交易中所涉及交易产权的类型多样，产权交易不仅有财产权利益的实现，也有国有、集体财产的维护与交易秩序稳定等需求。我国目前产权交易市场采用的是政府主导、社会参与的发展模式，强调政府对产权交易市场的有效监管。为保障产权交易的正常市场秩序，应考虑自愿与强制相结合原则的适用。政府依据监管制度，对可能存在的交易主体身份不明、交易内容和对象多元化现象予以规范，对违规操作、破坏交易秩序的行为予以监管、约束。当然，该监管行为也不能超出必要的限度，如果实际干预市场交易的细节，就不可避免会导致权力寻租。自愿与强制相结合的原则，不仅展现了产权交易双方主体法律地位的平等、法律行为的自觉自愿，一般情况下其交易不受政府行为的干预、介入，还强调在当事人意思受到尊重的同时，遵从国家利益、社会利益的需求，服从监管，维护公平的竞争环境，保障产权交易的持续运营。

5. 诚实信用原则

诚实信用原则来源于罗马法的"一般恶意抗辩"，本是一种道德规范，后被立法者规定在法律中成为一种法律规范，现被奉为民商法的"帝王条款"，成为民事主体进行民事活动的行为准则，也是法官享有自由裁量权的依据。诚实信用原则包含主观诚信和客观诚信，要求行为主体具有毋害他人的内心意识，有客观良好的行为表现。诚实信用原则的实施，意在寻求民事主体在民事活动中双方利益的平衡，以及当事人利益与社会利益的平衡。诚实信用原则的适用，意味着立法方式从追求法律的确定性而牺牲个别正义到容忍法律的灵活性而追求个别正义的改变[①]，也意味着法官自由裁量司法权的实施，成为法院裁判的依据。产权交易市场，作为一个讲求诚信的市场，产权交易主体应以最大的善意进行交易，任何人不得以损

---

① 徐国栋：《民法基本原则解释》，中国政法大学出版社2001年版，第81页。

害他人利益为目的而滥用权利，义务人也应该在诚信指引下善意履行义务，不得规避法律、违反合同。而且产权交易市场的交易风险相对一般产品交易风险要更大，交易标的价格除了具有普通商品风险，还受到政府政策变动、宏观经济状况、产权占有状态、经营权转移、新资源与新产品开发等有关该交易相关因素的影响，就连投资者的判断、信心与行动也会被左右。而要减少该交易风险，避免交易的不确定性，就必须讲求诚信，让投资者信赖市场，资本介入市场。所以，产权交易得讲求诚实信用原则。在产权交易市场中，产权交易机构得同等对待各交易主体，以平等观念向各中介机构提供交易信息和机会，合法合规披露交易信息，不违法违规操作，各方交易主体都能易得、易解交易信息，以公平竞争的方式实施交易。不允许通过行政干预使某交易主体成为有关部门"指定"或"认可"的专属交易主体，谋取不当利益。由此，虽然产权交易本身充斥着交易风险，但这些风险在诚实信用原则履行、信息披露义务实施时风险被化解、减少，产权交易安全在交易主体自身诚信行为的实施下得到保障。

6. 效率与安全兼顾原则

效率本是经济学上的概念，是指资源通过市场竞争而实现的有效配置，体现了社会资本资源的有效分配与投资者投资变现能力的强弱。安全成为法律所追求的正义、效益、自由和秩序等价值实现的前提。交易安全则是指交易行为本身之安全，暨其行为不会因为当事人的任性而随意变化，也不会因为法律的否定而归于无效，权利义务关系整体处于相对稳定状态，表现为交易的有序，能最大限度实现交易主体利益。市场经济与法治的结合点正是效率，效率需要法律的扶持与保障。现代商事活动的发展，在交易额日益增长、交易种类日益增多、交易周期日益加快的同时，交易风险也日益突出。而减少和消除交易活动中的不安全因素，保证交易市场的透明度，也成为社会经济高效率运行的前提。产权交易的效率与安全兼顾原则，是从对立统一、相互作用、相互影响与相互制约的角度，主张最大限度地优化利用和配置资源，在交易程序、资格审查、交易效力等方面做出严格要求，保护交易安全。产权交易效率与安全目标的实现，除了有促进有限资源合理配置利用、节省交易成本和提高经济效率的法律法规作为市场运作的法律依据外，还得规范产权交易条件，要求交易各方有义务充分提示交易内容，对欺诈和不正当的竞争行为予以行政监管，对一些市场衍生的反市场行为及时应对；在强调交易行为善意、公平获益、追求效率的同时，要求监管机构实施科学的市场规制，鼓励交易、减少交易手续、促进交易便捷，通过法律的积极干预来保证交易安全。

7. 合法性原则

合法性原则源于法治原则并以其为基础，要求产权交易不得违反法律的强制性规定，有着清晰的合法与违法界限。合法性原则，一方面以法律的任意性规范允许交易主体根据自己的意愿设立、变更和终止产权交易关系，就交易行为的内容与形式自愿协商；另一方面以法律的强制性规范严格产权交易活动，保证参与者平等地按照公布的规则进行交易。我国产权交易鲜明的行政主导色彩，更使行政合法性原则的贯彻引发关注。必须规范行政权力的运用，按照平等的尺度衡量所有监管范围内的行为；同时要求行政相对人对合法行政行为予以配合，依法积极履行自己的行政义务，不能无理抗拒。虽然随着社会的发展，行政主体直接干预经济、社会事务的范围日益缩小，但在产权交易市场还存在很大的法律空白，立法层级、立法体系、立法内容、可操作性程度都亟待更新，亟待系统的立法考量和高超的立法技巧来建构产权交易法律体系。只有法律法规完善了，有法可依了，才能有法必依、执法必严，产权交易主体公平有序参与市场活动才成为可能。[1]

当然，产权交易中所遵循的公开原则、公正原则、公平原则、自愿与强制相结合原则、诚实信用原则、效率与安全兼顾原则、合法性原则等，是产权交易奉行的一般原则，在文化产权交易中同样适用，对文化资源产权交易流转同样发挥效力。在《文化资源产权交易调查问卷》中，绝大多数被调查者都认为这几项原则同样都应作为文化资源产权交易的原则予以遵循。但在文化资源产权交易中，首先需要关注的，不是交易原则的遵循，而是文化资源产权归属的确认，毕竟这是一切产权交易的源头。

---

[1] 李明良、吴弘：《产权交易市场法律问题研究》，法律出版社2008年版，第108—127页。

第二节　我国文化资源产权归属确认

文化资源市场用益，可以以文化产品使用价值与交换价值的呈现，创造性思维地进行文化创意研发、文化产品生产、文化产业服务。十余年来，无论是以文化资源为核心的版权产业、创意产业、旅游产业、艺术产业还是与之紧密相关的传媒产业等其他文化产业，都呈现迅速发展态势，文创企业数量不断增加，文化实物产品、文化服务产品、数字化文创产品等文化产品类型日益丰富，但文化资源用益、市场化发展中也存在不少问题，文化资源、文创企业资产的产权归属就是其中非常重要的一个问题。我国文化资源产权，讨论的就是以文化资源为对象的财产权利归属。其产权归属，从罗马法视角看，有着重要的理论依据与践行基础。[1]

一　罗马法中物的类型变迁揭示物的交易流转准则

（一）罗马法中的物被纳入可交易物和不可交易物范畴

物权是以物为客体的权利。罗马法上的物，虽限于有体物、有形物，但有多种标准进行类别划分。如盖尤斯将物分为神法物和人法物。神法物是与祭祀神祇有关之物，它不属于任何人所有，是在经元老院、议会或皇帝许可的法定程序后，供奉给神灵之物，包括神用物、神护物等。人法物则是与世俗社会生活有关的各种物，包括公有物和私有物、要式物和略式物、有形物和无形物等。优士丁尼法典将物分为自家物和万家物两类。自家物实为私有物，是家族本身所有或者祖传之物；万家物是国家所有物、共有物、无主物，如海洋、公有物等。不管物的类型如何划分，但凡不能被人类控制和支配、无法体现出财产和财富价值的东西，即便它能满足人的某种价值需求，都不是罗马法上的物。所以，罗马法上的物，强调人（民事主体）对物的认识、控制和支配能力，强调物的财富价值，并通过物的使用与交换体现出来。但罗马法上物的使用价值和交换价值的实现，

---

[1] 胡卫萍：《罗马法视角的文化资源的产权归属》，《重庆大学学报》（社会科学版），2015年第6期，第145—150页。

是有所区分的。如神法物因为是供奉给神的,是大家公有、共用的物,是团体物,不属于任何人所有,为大家共同持有,不可交易,只能使用。人法物,如私有物、共有物,因为强调物的私人归属、共同所有,被认为可以用来进行交易,在物的使用价值实现的同时,进行物的价值交换,每个人都可通过交换主张权利,为可交易物。尽管罗马法中物的划分标准不同,但皆可纳入可交易物和不可交易物范畴,并以此为标准在现实生活中使用、流转,实现物的使用价值和交换价值。

(二) 公有物、共用物向共有物、私有物的变迁为物的交易流转提供依据

罗马法上的公有物,是针对那些容易获取、容易管理但基于公共福利需要而由罗马帝国公民普遍使用的物,是有范围的[①],一般为神法上之非私有物。公有物不是特权之物,是老百姓日常生活中必不可少的资源。罗马法上所说的神用物(神前之供物、祭祀之器皿、偶像、神庙等)、安魂物(掩埋人之尸体或火葬后遗灰之处所,有尸体或遗灰埋藏于其间的土地等)、神护物(罗马城市之城市与城墙及田地之界址等),均为公有物、不融通物,不得为契约之标的,不得买卖让与。[②] 共用物,也称为人法上之非私有物,是指不容易由个人获取、不容易管理的物品,需要由法律保证放任大家使用的物品。包括万民共用物(如空气、光线、海洋、海岸等应归人类共同使用之物)、属于国家之共用物(如河川、公路、监狱、城堡、法院、公共戏院、公共体育场等供全国人民共同使用之物,并限于国民使用,外国人非得许可不得使用)、属于市政府之共用物(如市立之公园、公共浴池、公共体育场、公共戏院等供全市人民共同使用之物)。[③] 公有物和共用物属于罗马法上的不融通物,都不用于经济目的、不归任何人所有,为不可交易物。国家从公共利益、公共福利的角度,对它们行使法律保护,让所有公民均可合法利用,实现该物的使用价值。所以,罗马法上的"公有""共用",如同古日尔曼法的"总有""既非法人之单独所有,

---

① 李云亮:《公有与共有》(上),《现代物业》(上旬刊) 2010 年第 1 期,第 96 页。
② 陈朝壁:《罗马法原理》,法律出版社 2006 年版,第 78—79 页。
③ 陈朝壁:《罗马法原理》,第 79—80 页。

亦非各个人之共有,更非二者之结合",公有物、共用物成员不可请求分割公有物、共用物。

随着生产力发展和商品交换需求,人们对商品及流通货币的私人拥有需求不断提升,越来越强调财产私有要达到普遍的程度,以使足够多的物品能被特定人拥有并在贸易过程中流转,受让为一人对一物的独有所有权或数人对同一物的共同所有权,成为可交易物。相较于公有物、共用物,共有物成员对整个共有物享有完整所有权,每个共有人可随时主张并处分成员个体利益,请求分割共有物①,强调物的共同所有、交易融通。但罗马法上的共有,是公有、共用制度瓦解、私化的结果,依然保留着公有、共用制度的很多特点。如要求共有权的行使需共有人间的完全同意、各共有人有权按照自己的意愿阻止他人对共有物的随意处置。② 即共有物财富价值、交易价值的实现,依赖于各共有人间的普遍合作,只有在各共有人共同主张权利时,才可主张全部共有财产利益。即便共有物中的每个共有人仅对属于他名下的份额才可独立主张权利,但罗马法上"公有物""共用物"向"共有物""私有物"的变迁,着实为物的交易流转提供了交易依据和交易规则。

(三) 公有物、共用物和共有物的区分揭示可交易物的交易标准

罗马法上公有物、共用物和共有物的区分,不单是要将公有物、共用物作为公民可普遍使用,甚至由法律来保证使用之物,明确私有物、共用物为可交易物,更是顺应生产力发展、更好地实现物的使用价值与交换价值的表现。因为公有物"公有"的权利属性,虽然可以通过国家认可的方式确定为某个团体或个体使用,但其权利界限、权利范畴和责任要求并不明确,以致有些人肆意使用公有物、掠夺用益却从不维护,极大地损害了公有物价值。③ 共有物、私有物的设定,强调其物归属的共同所有或单独所有,并以独有或共有的形式对物进行交易,主张所有权及所有权权能(如占有权能)的独立支配,大大提升了物的使用价值与交换价值,可满

---

① 李宜琛:《日尔曼法概说》,中国政法大学出版社2003年版。
② 李云亮:《公有与共有》(上),《现代物业》(上旬刊)2010年第1期,第96页。
③ [意]乌果·马戴:《公有之物的现象学初考》,谭洁译,《新美术》2014年第2期,第9—14页。

足商品生产和商品交换的价值需求。

但哪些物是公有物、共用物，哪些物是私有物、共有物？这些物的类型划分，一般依赖于国家所认定的公共利益、公共福利的划分标准。并非所有由国家管理、控制的物都不可交易。如果该物的利用主要是基于社会公共利益、国家公共福利需求，如遍布各地的庙宇、道观等宗教圣地，则该物只能作为公有物、共用物使用。而若该物虽原则上应归国家管理控制，但这种管理控制的限定并不是很严格：一旦该物进入市场、进行交易，即可体现物的利用价值，实现实际控制和管领者对该物用益的话，那么该物可以从公有物、共用物中脱身出来，以独有或共有的形式，成为私有物、共有物进行交易，展示古罗马人重视财产利用价值的立法精神和价值理念。罗马法上公有物、共用物和共有物的区分，暗含可交易物的交易标准，揭示物的交易流转准则。

罗马法中公有物、共用物和共有物的划分和转化，对我国现实中存在的国有资产流失严重、国家所有权"主体虚化"，以及如何充分发挥国有资产效用价值等国家所有权与集体所有权制度的研究，具有重要借鉴意义。如可对国有资产进行区分，将那些除土地和自然资源等重要生产资料以外的，不是必须由国家严格限制、牢牢控制其流通状况的物区分出来，确定相应的可交易物和不可交易物的层次范畴，而不是简单的一刀切。对国家授权给某组织经营管理的国有资产以所有权的特别许可制度等形式，实现公有、共用价值向共有权利的过渡和转化，让国有资产在相应的激励机制和惩戒机制作用下物尽其用，防止国有资产流失，充分发挥国有资产的使用价值和交换价值，科学建构我国国有资产权利分配体系。罗马法中公有物、共用物和共有物的物权类型的借鉴，在我国文化资源的产权归属、使用价值和交换价值的充分实现上，同样适用（见图3-2）。

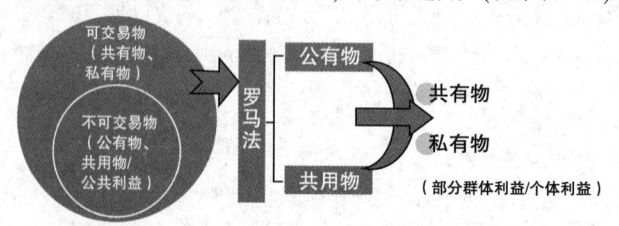

图3-2 不可交易物与可交易物的流转变化

二 文化资源的财富价值和共享属性凸显我国文化资源产权保护、交易的迫切需求

(一) 文化资源的财产属性和共享价值并存

相较于自然资源，文化属性是文化资源的根本特点，展现出真、善、美的文化特质。但意蕴丰富的文化资源只有在被发现、认识并加以有效利用后，其文化价值才得以体现、文化意蕴才能传承，文化权利主体的贡献才能被正视，否则仅为客观存在。且文化资源承载着一个民族的共同智慧，是该民族精神、民族心理、民族发展历程的印证，蕴含着相应的社会价值观；它除了以物质形态存在外，还以精神、理念等观念形态存在，间接地、潜移默化地影响着人们的思想和行为。不管文化资源的物质表现和精神承载如何，在各国文化资源中，有一些文化资源是可以度量、量化的，以有体、有形物的形式表现出来，可以通过建立相应的评价体系来具体评估和测量其瞬间价值，如某些民居建筑、历史文物、民俗工艺品等。还有一些文化资源是不可度量、不可用具体价值来估量的，如一些民俗、民风、民族语言等。可度量的文化资源由于可以估量资源的瞬间价值，财富利益能实际实现，可以进行产业化的开发、经营，在文化产业发展中具有积极意义[1]，文化资源的产权价值得以彰显。需要注意的是，文化资源虽有财产价值，有产权意义上的权利归属，但该产权拥有者并不一定能对这一资源完全独占独享，而往往被作为全国、全民族甚至全世界和全人类的共同资源、共同财富，具有共享性。这种共享性，可以促成文化资源量上的增长，甚至产生新的文化特质[2]，展示着文化资源财产属性和共享价值。

(二) 文化资源的财富价值使文化资源的权利保护要求提升

文化资源本是一种精神财富，却可借助某种物化的形态表现出来，展示其财富价值。这种物化的文化资源，以物态化的文化遗产（含人化的自然景观）、文化设施、智能化的人力资源的表现，和以历史资源、民俗资

---

[1] 米子川：《文化资源的时间价值评价》，《开发研究》2004年第5期，第25—28页。
[2] 吴圣刚：《文化资源及其利用》，《山西师大学报》（社会科学版）2005年第6期，第128—130页。

源、知识和信息资源、物质和精神文化资源等文化资源形式①，在激烈的市场竞争中不断呈现它的资本价值，并以"文化软实力"的发展模式占据了文化发展的制高点。② 如中国的书法艺术、陶瓷艺术、剪纸艺术等，从多方面满足了人们表达情感、信仰、生活态度的需求，并逐渐固化为文化资源。而文化资源蕴含的文化能力会使它在资本分布中获得一种别于他物的文化价值，为文化资源拥有者带来明显利润。③ 即文化资源在产品、地域、人群、发展等方面集中表现出来的强于同类资源的竞争优势，会形成文化资源的市场竞争力，并通过文化产业这一"文化产权"的生产经营活动，把有限的资源转变成有价值、有市场的产品（包括文化实物产品、文化服务产品及其各种衍生产品），实现文化资源向文化产权效益的转变④，展示文化资源的财富价值。

由此，文化资源作为凝结了人类无差别的劳动成果，可通过某种客观统一的标准和尺度，对文化资源的品相和价值进行估量，明确资源的瞬间价值和可持续开发的永久价值。文化资源向文化资本转化，文化资源潜力转化为文化产业实力，并由此衍生出文化产品、文化物权、文化债权，就是文化资源财富价值实现的表现。但文化资源经济价值的实现，依托于丰富创造力和想象力基础上的文化资源的开采，是对各种文化资源潜能的巧妙整合、利用。如云南省利用云南特有的文化资源优势，打造的"云南映象""丽江金沙""风花雪月"等云南独有品牌，都是云南文化资源产业化的表现，为其带来产权效益。张艺谋导演的电影《山楂树之恋》，则是根据湖北女作家艾米撰写的一段爱情故事演绎的，后该电影又被制成光盘DVD在全国发行，电影拍摄地的宜昌还以此为卖点进行旅游开发，开办文

---

① 刘双、李伟：《论文化资源到文化资本的转化》，《知识经济》2008年第1期，第174页。

② 颜纯钧：《文化产权和文化安全》，《东南学术》2004年增刊，第228—230页。

③ [法]皮埃尔·布尔迪厄：《文化资本与社会炼金术》，包亚明译，上海人民出版社1997年版，第196—197页。

④ 胡卫萍、余思宏、严静：《文化产权与文化产权交易属性的法律探讨》，《中国民法学研究会2014年年会会议论文集》，会议论文，湖南长沙，2014年9月，第1338—1339页。

革时代的农家菜馆①,这些都是文化资源财富转化的表现。而美国动画片《花木兰》虽是动用了600多名动画师用了4年时间精心制作完成,产生巨大市场效益,但它是建立在中国民间文化传说《花木兰》的基础上完成的。我国百姓不仅未能从其对我国文化资源的利用上主张报酬,想要使用反而还需向美国制片人付费。如此悬殊的差距,使我国文化资源的权利保护意识不断提升,不能让文化资源白白被利用。

(三) 文化资源的共用性强调萎缩了我国文化资源市场占有

西方国家文化产业发展历程表明,文化产业就是文化资源、文化产品的产业化。它要求努力挖掘并充分开发和利用各种文化资源,在市场需求驱动下,将现有文化资源转换为文化产品的生产、流通,进行市场化的产业链操作。在文化产业链操作中,强调文化资源的共用性,这本身也是世界文化资源共享价值的表现。我国作为世界贸易组织成员,在文化资源利用上,应恪守相关承诺,履行相关规则要求,向世界各国的文化产业集团开放我国的文化资源,共享共用我国文化资源,为世界文化发展做出贡献。但我们在将文化资源奉献给世界共用、强调文化资源共享性的同时,却忽略了自身对文化资源的开发利用。毕竟我国的文化产业才起步不久,文化资源的利用不老练、不充分,文化资源整合利用效率低下,文化产业的经营理念和运营能力也没能跟上,以致文化资源呈现盲目、低效开发甚至掠夺式、破坏式开发状态,文化资源的占有空间直接或间接地受到挤压。或许正是因为我国文化资源的保护和开发能力有限,再加上文化资源共享性强调,我国自身文化资源市场占有日渐萎缩。由此,面对国外文化产业集团对我国文化资源的有效利用、精品开发和其相应的知识产权有偿使用、文化资源无偿共享的鲜明对比,对其给我国文化资源和文化市场发展带来的冲击和侵占,我们不能再坐视文化资源的无偿共用,而要从文化资源产权保护的角度维护我国文化资源的市场价值。

(四) 文化资源他国烙印附加提升了我国文化资源产权保护的紧迫性

我国有着五千多年的历史文明,文化资源储备丰富。但文化资源共用性的强调,国外文化产业集团对文化资源掠夺,不仅直接减少了我国文化

---

① 米子川:《文化资源的时间价值评价》,《开发研究》2004年第5期,第25—28页。

资源和文化市场的占有率,更因其生产技术手段、产品质量和商品价格优势而占据市场竞争优势,导致我国文化资源市场占有不断萎缩。西方国家在占有、利用我国文化资源的同时,还在文化产品开发上带上自己国家文化标记的烙印,对我国文化资源本身构成伤害。以美国为例,从20世纪开始,就充分利用发展中国家的文化资源,不断拓展文化产品的生产空间,以虚拟空间、虚拟人物的形式发展本国文化产业,创造本国的文化产业利润。这不仅是对他国有限的文化资源有效利用,更在利用中将自己国家的文化标准衡量他国文化,对他国文化意蕴删改,烙上自己的文化印记,在潜移默化中影响他国的文化价值观,影响其文化产品生产,同化他国民族文化,削弱该国家民族文化市场。如美国科幻巨片《侏罗纪公园》创作采集、动画片《花木兰》的重新加工,不仅在一定程度上影响了我国相同题材的文化产品创作生产,更夹带上了新的文化理念。实际上,从资源到产业是一个复杂的过程,要实现文化资源的产业化开发,展现文化资源的文化属性和经济价值,首先得在法律上明确文化资源的产权归属,确定文化资源的权利类型,从产权明晰的角度对文化资源进行合理保护和有效开发,提高文化资源的可利用率,保障其可利用价值,在法律保护中实现最大化开发,在财富价值开发中最优化保护[①]。所以,当前我国文化资源市场占有状态加剧了文化资源产权保护的紧迫性。

三 罗马法视域的我国文化资源的产权归属确认

(一) 罗马法公有物、共用物和共有物变迁为文化资源的产权归属提供法理依据

由于文化的产生、发展、传承与国家、民族、群体有着密切关系,文化资源往往被作为公共资源共享和使用。如果依照罗马法中物的类型进行归属的话,应属于"公有物""共用物"的财产范畴,是不可以交易的。但罗马法"公有物""共用物""共有物"的类型划分,"公有物""共用物"向"共有物"转化,不仅意味着罗马法中的公有、共用物,已随着社

---

① 王中云、骆兵:《保护与开发:我国文化资源空间的扩展着力点》,《江西社会科学》2011年第8期,第203—207页。

会经济发展需求，过渡为"共有物"、可交易物，以"共有"的形式交易流转；更意味着"公有""共用"资源并不是绝对的、一成不变的概念，原本公有的资源在时机成熟的情形下，可能会以商品资源的形式有偿流转。文化资源也不例外。因为随着社会生产力发展、物质生活水平提高、文化消费需求产生，文化资源价值空间显现并不断攀升，文化资源作为公有资源的理论受到冲击。现代社会传媒技术的发展，又使文化获得了物理传播（纸质媒体传播）、地理空间（广播传播）、虚拟空间（网络技术）等多种传播途径，大大拓展了文化产品的市场空间，提高了文化资源的经济价值，为文化产品的生产、交易和各类衍生服务提供了原动力，也极大调动了人们克服文化资源和文化产品公共属性的积极性，随着文化资源"共有物"、可交易物的概念加强，人们开始关注文化资源的交易流转。如采用各种技术（如加密技术、凭门票参观游览等），约定"只有缴纳相关费用之后，才能够消费相关文化产品"，名胜古迹的非排他性消费转变为有偿消费，原本公共的文化资源向共有产品等产权产品属性转化，文化内容转变为文化产品，成为吸引大量投资者投资文化产品和服务领域的经济资源。[①] 文化资源的产品化的利用现状，促使我国将文化资源的产权归属提上议程，其"公有""共用"和"共有"状态，使其可以依循罗马法中"公有物""共用物"和"共有物"的类型标准，从文化资源的产权归属、产权流转角度，确定文化资源的可交易和不可交易类型，引领文化资源利用中的文化事业和文化产业发展。

（二）文化资源产权交易发展提升了文化资源产权归属的确认价值

我国是文化资源丰富的国家，但文化产权意识薄弱，大量蕴含着巨大经济价值和社会效益的文化资源被西方国家无偿或低价开发成现代文化产品。如前文所述的美国利用《木兰辞》赚了几亿美元的版权收入，"水浒传""西游记""三国志"被日韩等几十家公司注册为计算机游戏商标，中华国粹中的"功夫"与"熊猫"被美国演绎为《功夫熊猫》独占版权市场。中华文化主权、知识产权空间被侵占，文化资源的民族精神和交易

[①] 焦斌龙：《文化资源的产权属性演变与文化体制改革》，《开发研究》2004年第5期，第28—30页。

价值被忽略，文化价值观被篡改、同化，产权交易法律保障不足。而早在2009年，国务院就发布了《文化产业振兴规划》，2010—2014年又陆续出台了《国家文化科技创新工程纲要》《关于深入推进文化金融合作的意见》等一系列涉及扶持文化产权交易的政策文件，旨在通过文化产品与生产要素的合理流动，确立以文化产权交易机构为主体的泛版权经济创新体系，拓展文化资源发展空间。文化产权交易、文化资源创意开发，成为我国文化机制体制创新、文化生产经营中的生力军。

文化资源产权交易需求，使学者们开始关注到文化资源的物权归属、产权保护问题，意识到应从社会财产权角度保护文化资源，固厚发展中国家文化资源转化为文化产品的利益保护屏障，避免西方国家在"合法"知识产权外衣下，大肆掠夺和盗用文化资源所属国的文化资源。但我国文化资源产权长期居于全民所有、国家产权主体这一层次，系"所有者虚位"，缺乏文化资源的产权认定，不同地区、不同利益主体之间矛盾激化。如神农"出生地"之争、梁祝"原发地"之争、诸葛亮"躬耕地"之争、李自成"归属地"之争以及西安仿古迎宾入城仪式纠纷等，都是文化资源产权主体虚位下资源开发利益、收益分享权利争夺的表现。文化资源有形财产物权归属、无形资产产权确认的不明晰，将在很大程度上影响我国文化产权交易产业、文化事业的发展。

罗马法作为西方现代私法的源头，对我国私法理念、私法移植产生深远影响。我们可遵循罗马法原理，对文化资源的私有产权和共有产权属性不断进行理论和制度创新，突破文化资源长久以来被定位为"公有物""共有物""不可交易物"的思维局限和产权认定障碍，彰显有形有体文化财产的物权归属、无形无体文化资产的产权价值和交易利益，避免西方国家以"共享"名义对中华文化巧取豪夺。这不仅可促成中华文化产权与版权体系的形成，更是国家文化资本与财富形态的创新基础和源泉。我们还可参照突尼斯、菲律宾等发展中国家的做法，对传统文化著作权、土著权利进行保护，确认文化资源的产权归属，保障文化资源的财富价值、物权利益在产权交易中实现。也就是说，文化资源产权交易发展、产权保护需求提升了文化资源物权归属要求，展现了文化资源产权确认的现实意义和实践价值。因此，学界应着力于文化资源物权归属、产权交易法律制度保障研究，为文化资源产权交易提供足够的法理依据和实践指导。

（三）文化资源的产权归属呈现主体多样性[1]

文化资源的产权归属，是文化资源产权利益的表现，涉及物质文化资源的有形财产物权所有和非物质文化资源无形财产的产权归属问题。由于文化资源的产生、发展与传承，来源于国家、民族、群体甚至某些个体发展的历史承继与文化积淀，同这个国家、民族或这个群体中的某个人或者某些人有着密切的关系。为此，文化资源的产权归属主体多样，不仅可归属于不同的国家、民族和群体甚至个体，还会因物质文化资源和非物质文化资源的差异，存在产权归属、权利属性的差别。如一些民族文化村的山水风光等自然环境和村庄布局、民居、服饰、寺庙、人文遗址、农具、文字记载等有体有形文化财产，其文化资源的物权应归于该民族村落的全体村民，由该群体的全体民众共同主张物权利益。这些民族文化村所拥有的民族风情、节日庆典、口传文化、语言、宗教习俗、社区文化组织等非物质文化资源，则以无形文化资产的方式，由该村的全体村民共同主张产权利益。而一些文化资源的传承，如某种偏方、独门绝活（剪纸工艺、变脸绝活、泥人艺术、书法艺术等），依赖于该技艺拥有者"传子不传女"的传承习俗，文化资源产权则以无形资产的方式归属于该传承习俗中发挥重要作用的个体。而创意文化，它对文化资源的内容创新和挖掘，对各种文化要素的提炼、设计和创意运用，能够满足消费者"实用、感悟、体验与观赏"的消费需求，使传统文化获得内容创新带来的文化产业良性发展效应。[2] 如《哈利·波特》在内容生产上把神话、巫术与科学、文化等知识元素融为一体；而韩剧《大长今》的宫廷文化、礼仪文化、服饰文化、建筑文化、餐饮文化等，都形成了非物质制造的文化创新，这些新生、创意文化资源的产权应属于创意产业的拥有者、制造者。暨文化资源产权的权利主体，既可以是某个民族、某个国家、某个群体，也可以是某个个体、某个创意的提出者和拥有者、制造者；既可以表现为物质文化资源的有形

---

[1] 胡卫萍、余思宏、严静：《文化产权与文化产权交易属性的法律探讨》，《中国民法学学研究会2014年年会会议论文集》，会议论文，湖南长沙，2014年9月，第1339—1340页。

[2] 蒋依娴：《传统产业利用文化资源转型升级的路径探讨——基于消费者偏好的分析》，《福建行政学院学报》2013年第2期，第106—111页。

财产所有权，也可以表现为非物质文化资源的无形财产产权归属，或是两者的兼备、融合，文化资源的产权归属呈现出归属主体的多样性、复杂性①（见图3-3）。

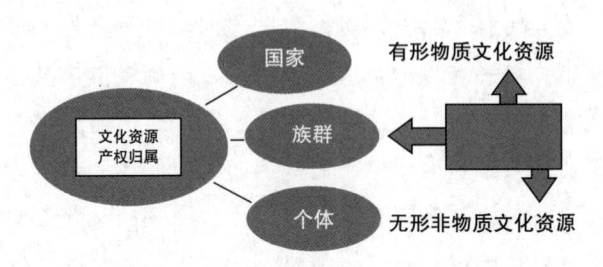

图3-3 文化资源的产权归属示意

由此，文化资源作为一特殊物，涵盖有形的物质文化资源和无形的非物质文化资源等资源类型。罗马法中的可交易物与不可交易物的类型划分，公有物、共用物和共有物、私有物的类型标准，不仅为有体物、有形物的交易流转提供了法理依据，也为文化资源的产权归属、产权交易权利人利益的实现提供了学理根据。我们可以此为基础，确认有形的物质文化资源的物权所有和无形的非物质文化资源的产权归属，维护文化资源权利主体的相关权益。暨不管是有形财产的物权还是无形财产的产权，文化资源的产权所有者和使用者，均有权决定文化资源的使用、处置、保护和放弃，并可因此产生一定的权利预期，收获一定的经济利益。② 文化资源产权归属的确认，不仅能激发文化资源所属国对文化资源的身份认同和自觉保护意识，改变当前文化资源因"基因窃取"和管制弱化而被掠夺的状态；更对合理用益文化资源、通过文化资源产权交易实现文化资源财富价值，提供法理思路；并据此维护文化资源权利主体的相关权益，推动文化产权交易产业、文化事业的发展。③

---

① 费安玲：《非物质文化遗产法律保护的基本思考》，《江西社会科学》2006年第5期，第12—16页。

② 高宏存：《经济全球化中的文化产权问题研究》，《福建论坛》（人文社会科学版）2010年第6期，第62—66页。

③ 胡卫萍：《罗马法视角的文化资源的产权归属》，《重庆大学学报》（社会科学版）2015年第6期，第145—150页。

第三节　我国文化资源产权交易选择

罗马法视角的文化资源的产权归属，不仅明确了文化资源的权利主体，也为文化资源的产权交易提供了交易源头，确认文化资源具有可交易性，使文化资源也可以像其他商品一样进入市场，通过交易实现市场利益。同一般产权交易原理一样，文化资源产权交易也奉行着公开、公正、公平、自愿与强制相结合、诚实信用、效率与安全、合法性等产权交易的基本原则，由文化资源的产权权益主体，借助市场流通，通过文化物权、文化债权、文化股权、文化知识产权等多种类型的权益转让实现交易。除了明确哪些文化资源可以进入市场进行交易、交易时交易主体的身份确定与权利主张等，还得确认我国文化资源产权交易的交易要求、主要交易途径等，有着自己的交易选择。

一　文化资源产权交易类型

我国文化资源内容丰富、种类繁多，但文化资源本是一种动态的、非独占的精神财富，并非所有的文化资源都可以市场研发的形式开发利用。哪些文化资源属于"公有物""共用物"、不可开发物、不可交易物，哪些文化资源属于"共有物"、可自由流转物？我们在进行文化资源利用、文化产业开发时，应秉承不损害我国文化理念、文化价值，传承我国文化习俗的宗旨，依循罗马法上的"公有物""共用物"和"共有物"的思路，确定我国文化资源的可交易与不可交易的资源类型，避免"公地悲剧"的发生。

如前文所述，我国文化资源类型多样，既包括那些特殊的地质、地貌或水系的自然景观资源，老街、老房子等古建筑资源；还包括那些以其特有的传统农业生活生产方式、田园风光景观与现代工业系统与景观满足人们的农业、工业生活体验与需要的农业和工业文化资源；以及各种世代相承、有地区文化特色，与群众生活密切相关的口头文学、音乐歌舞、游戏竞技、民间艺术等历史文化与民俗文化资源。[1] 我们所说的周口店北京人

---

[1] 米子川：《文化资源的时间价值评价》，《开发研究》2004年第5期，第25—28页。

遗址、甘肃敦煌莫高窟、长城、秦兵马俑、岳麓书院、天下第一名刹少林寺的嵩山、舟楫往来与粉墙黛瓦江南古镇、城市历史风貌街区、建筑文化资源，元典文化、诸子百家、历代有代表性的思想家的著作，陕北信天游、湖南桑植民歌、江西民歌、浙江桐乡蚕桑习俗、苏州刺绣、广西剪纸、景德镇陶瓷文化资源，还有全国各地的养生文化资源、茶文化资源、地方饮食文化资源，都是我国文化资源的类型表现。

在这些文化资源中，很多人文观照的自然景观，像江河湖泊、名山大川、园林园艺、地质公园、文化遗址、石窟洞穴、碑刻石林、旧城故居、古墓葬、古建筑群等有形物质文化资源，和一些民俗、礼仪、节庆、戏曲等无形非物质文化资源，因其无法通过相应的评估、评级体系来具体估量其瞬间价值，不可以度量、量化，无法用现实价值来衡量，且更多承载了国家、民族的公共利益、共同福祉和历史责任，应界定为"公有物""共用物"，不可进入市场进行流通，不可交易。而另一些文化资源，如物质文化资源中的民族文化村的村落民居、村民服饰、农耕农具、文字记载等有形财产，和非物质文化资源中的口传文化、传统习俗、丝织刺绣、剪纸艺术、陶瓷工艺等无形资产，则因为可以通过相应的评价体系来具体估计和测量其瞬间价值，可用现实价值来衡量，可以度量，可以进行产业化开发，可以在开发中获取团体（某个群体或地方）或者个体的利益，则可作为文化资源中的共有物，甚至私有物进入市场，进行交易、融通。并在文化资源的交易、融通和使用过程中，衍生出新的文化知识产权等相关权益。如广西"刘三姐"文化资源、靖西县旧州绣球文化资源、"黄梅挑花"民间传承文化资源、安徽阜阳的剪纸艺人程建礼的剪纸艺术等，都以可交易的形式承载、彰显文化资源的财产价值，推动文化资源下的文化思想的传播、流转，对我国文化产业发展具有积极作用。总体而言，能够用于交易的文化资源不仅限于"公有物""共用物"之外的、具有可估量可度量私产（如有文化内涵的祖屋老宅），还包括对"公有物""共用物"用益衍生出的新的文化财产权益，如文创知识产权或族群集体将文化资源作价入股、融物融资形成的文化股权、文化债权等。

二　文化资源产权交易遵守公开性、公有性和安全性等交易要求

由于文化资源与特定的民族、地域密切相关，对该民族、该地域居民

而言，文化资源所承载的文化内容大多是公开的，属特定群体、特定区域的人们公有，呈现出集体性权利状态；该区域内的公民、族人，一般都可自由、自主地使用该文化资源。但这种公开和公有是一定程度的公开和公有，因为相较于其他群体这种文化资源未必是公开的、公有的，存在着一定程度的排他性，其他群体并没有资格当然享受该资源，若强行享用则可在一定程度上理解为强者对弱者的文化资源的肆意掠夺。即在利用某群体的文化资源进行文化内容的再生产、再创造时，一定要尊重该文化资源拥有者的权利，以产权交易的形式进行文化资源利用。所以，文化资源产权的权利行使，具有一定程度的公开性和公有性；且这种公开公有非为知识产权意义上的公有、公知，是有一定范围限制的。

同时，文化资源产权利益实现同样涵盖着安全性维护的前提；特别是在他国利用、传播我国文化资源时，应尽力使该文化资源在经过文化传播后影响传播国受众的行为，朝着"达己所愿"的方向发展，为他国受众内化。而不能反过来在我国文化印上他国的文化烙印，在潜移默化中侵蚀着我国的文化价值观，影响我国文化产品的生产。所以，投融资基础上的文化资源共同开发利用，应在安全维护原始文化资源意蕴的前提下进行，并始终强调文化资源原属地对文化资源的优先占有、优先使用，避免原生态文化资源的消失和破坏。文化资源产权交易在强调公正、公平、自愿与强制相结合、诚实信用、效率与安全、合法等交易原则的同时，更注重交易的公开、公有、安全和创新创造；其交易的不仅是文化资源本身，更有文化资源的再创造、再用益。正是在文化资源不断创新的安全用益中，中华民族五千年优秀传统文化得以传承、民族文化精神弘扬发展。[1] 对那些肆意利用文化资源，肆意歪曲、抹杀文化资源的文化内涵、文化价值的，可考虑文化资源产权侵权，维护文化资源产权拥有者的文化权益。[2] 文化资源产权交易得遵守公开性、公有性和安全性等交易要求，保证文化资源产权流向的安全、交易规则的规范，维护文化资源权利主体的相关权益。

---

[1] 王中云、骆兵：《保护与开发：我国文化资源空间的扩展着力点》，《江西社会科学》2011年第8期，第203—207页。

[2] 胡卫萍：《罗马法视角的文化资源的产权归属》，《重庆大学学报》（社会科学版）2015年第6期，第145—150页。

三　文化资源产权交易借助文化企业产权交易模式实现[①]

文化资源的产权类型多样，有文化物权、文化债权、文化股权、文化知识产权等多种表现。文化物权的有形载体交易，在不违背国家法律强制性规定前提下，可由双方当事人自由协商、直接交易，也可进入市场以拍卖、标购等形式交易。但可用于交易的文化资源产权，大多数时候与文化企业、文化产品融合在一起，以权利束形式表现。文化资源的产权交易，基本也以企业行为、组织形态出现，自然人个体交易存在概率相对较低。文化企业本身，除了强调有体有形财产所有权，更侧重"文化相关物"等无形资产。所以，文化企业产权交易利益的实现，恰恰彰显了构成文化企业产权的各类文化资源市场价值。文化资源产权交易借助文化企业产权交易模式实现。文化企业产权交易的规范实施，也成为文化资源产权交易利益实现、避免交易失范的有效保障。

(一) 文化资源产权成为文化企业财产权利的基础

1. 传统企业产权强调有体有形财产所有权

在传统理念上，谈及企业财产权益，基本针对的是企业的有体有形物。其产权形态，既包括对产权的实物形态——资产的直接占有，也包括产权的股权形态——资产的股权持有和产权的债权形态——资产放贷后的债权表现。企业股权关系的变动，一般不影响企业财产的完整；但企业资产直接占有的产权实物形态的改变，则直接触及企业实物占有形态关系的变化，甚至引起企业财产分裂，影响到企业正常生产经营活动。所以，尽管企业产权形态多样，但基本以有体有形财产为基础，看重对有体有形物资本性投入与实际生产经营。谈及企业产权，一般也是强调财产载体的有体有形。而这种在有体有形财产基础上设立的企业产权制度中，企业不但可以据此明确公司资产数额、股东股权份额与企业债权比例，还可依据合同确定相关财产权益主体、权益内容并秉承产权交易诚实信用等原则，在资本筹集使用、生产经营管理、风险与责任分担等方面进行专业化运营；

[①] 胡卫萍、张炜华：《我国文化企业产权交易流转的法理思考》，《南昌航空大学学报》（社会科学版）2019年第1期，第45—49页。

更因为财产的有体性、有形性、独立性与可控性,容易获得财富的实际确认与交易的安全保障。但即便如此,就产权本身而言,它并不限于人对有体有形物的管领、支配等权利,还包括人们对物的使用所引发的相互作用的行为关系①,即产权不仅涉及物,还涉及由物所生的行为关系。② 产权的明确界定,只是意味着排他性私人财产权利的建立,并未强调财产的有形还是无形,一切可能带来财富价值的有体有形物、无体无形物的价值都是产权主张的权利基础、财富依据。据此,文化资源产权(可简称为文化产权),作为秉承文化资源共享性以及文化交流频繁性的财产权利③,以权利主体的多样性,权利客体的民族性、区域性、交融性、持久性和经济性,权利行使一定程度的公开性和公有性等法律特征④,展现在世人面前。

2. 文化企业产权侧重"文化相关物"等无形资产

伴随文化经济时代的开启,文化企业作为现代企业的一支生力军,已超过许多传统产业,甚至成为发达国家国民经济增长的支柱产业。但文化产业不是文化与产业地简单相加,而是在文化精神内涵领悟、准确把握基础上的创新创造,是知识产权理念下高新知识、高新技术的融合,展现了文化资本和产业经济集聚性的有效结合,具有很强的知识经济属性。文化企业对文化创意的重视、高新科技的利用,不仅顺应了现代社会发展、信息技术普及推广的需求,更因其知识产权无形资产样态,使企业产权不再局限于有体有形物,核心资产也不再是厂房、土地、机器设备等固定资产,而是就"文化相关物"所生的专利权、商标权、著作权乃至商誉等无形资产。尽管这些"文化相关物"的无形资产与厂房、设备等固定资产有较大差异,财产价值实现亦显现出不稳定性,但在相当程度上成为小、微文化企业发展的真正依托。更为重要的是,它与企业物权、股权、债权一

---

① 邓建志、袁金平:《传统文化产权的法经济学分析——基于文化资源稀缺性的视角》,《湖南财政经济学院学报》2012年第2期,第32页。

② [美] R. 科斯、A. 阿尔钦、D. 诺斯等:《财产权利与制度变迁——产权学派与新制度学派译文集》,刘守英等译,上海三联书店、上海人民出版社1994年版,第98页。

③ 严荔:《论文化资源产业化开发》,《现代管理科学》2010年第5期,第86页。

④ 戴中保:《文化产权及其保护初探》,《数位时尚》(新视觉艺术)2011年第4期,第64页。

起，共同构成企业产权的完整权利束，展示企业财产价值。相应权利主体都可对其所拥有的产权使用、收益和处分，相关权利在达成一致、取得相应对价时即可用益、流转，并不在意该产权所承载的客体是有体有形还是无体无形。故此，文化企业应依据文化产业发展的自身特点、实际需求，借助各种产权融资、交易手段，在创新创造基础上开发利用文化资源，以有形或无形的文化资源产权交易方式，促进文化企业发展。当然，政府还可通过企业税负等形式将开发过程中所致文化资源的损失进行填补、维护①，进行内在化的激励、促进文化企业发展。虽然我国目前在无形资产的评估准则、评估监管上尚存有缺陷，无形资产评估的准确性时有质疑，但在传统文化资源有限供给与现代文化产品无限需求矛盾下，为促进我国文化产业发展，还是应积极寻求保障我国文化企业产权交易的各项举措，完善文化企业产权权益的确认规则、流通流转规程，明晰产权权益内容与保障，扩大法权空间，帮助文化企业累积"文化相关物"的无形资产，在交易流转中实现企业价值。

（二）文化企业依托文化产权流转实现企业效益

1. 文化企业的文化资源产权具备可交易性

如上文所述，我国文化企业的产权类型，既包括有体有形财产，又涉及"文化相关物"的无体无形资产，产权种类多样，涉及文化物权、股权、债权、知识产权等多个层面，具有可交易性。其中，文化物权是文化企业权利主体就文化资源物本身所享有的直接占有、使用、处分并排除他人干涉的权利。如图书出版社、报纸杂志社、影视公司、体育娱乐公司、文化旅游公司、戏剧艺术团体乃至一些民营博物馆等各类文化企业，就其收藏、生产或其他方式交易而来的字画、瓷器、玉器、雕刻物、服饰等文化资源物抑或相应文化产品的占有、使用、支配、收益等主张权益，均可从用益物权、担保物权、完全物权等多个角度进行权益流转、利益维护。文化企业的文化知识产权，则是文化企业对自己、他人拥有或持有的文化资源物、文化技艺创新创造后衍生出的智慧成果权。一些文化创意设计公

---

① ［美］R. 科斯、A. 阿尔钦、D. 诺斯等：《财产权利与制度变迁——产权学派与新制度学派译文集》，刘守英等译，上海三联书店、上海人民出版社1994年版，第98页。

司在接受博物馆对其文物资源物进行创意设计委托后,在未明确约定的情况下自然获取创意设计物的文化知识产权,而博物馆拥有的仅仅是文化物权。文化创意设计公司在取得文化知识产权后还可对该文化创意产权进行流转使用,并从知识产权角度获取相应的转让费、许可使用费等经济报酬,未经许可擅自使用则构成侵权。影视公司将其电影电视作品、文化艺术作品及文化创意产品等的版权进行交易,也是文化企业文化知识产权流转运营的表现。文化企业的文化债权,则以文化企业的文化物权、文化知识产权为基础,向金融机构、工商企业等直接质押融资借贷;或以此为基础,允许其他主体对文化物权、文化知识产权流转使用而形成的企业债权,在融资借贷、许可使用中展现文化产权的债权债务关系。文化企业的文化股权,则是将文化物权、文化知识产权等作价入股,以股权形式表现的文化产权;文化企业股东据此可向入股企业主张自益权、共益权在内的各项股东权利。在文化体制改革中,一些经营性文化事业单位转制为文化企业时,其重组兼并,不光意味着要直接从社会上吸纳企业运营资金,也可凭借文化版权、文化物权等作价入股,以文化股权样态出现。需要注意的是,文化企业产权类型多样,但都具有可交易性,诸项权益均可通过文化产权交易所等交易平台进行场内外交易,也成为诸多文化企业、文化项目产权价值实现的重要途径。

2. 文化企业静态财产权益依赖产权动态交易流转实现

文化企业产权形态类型多样,权利义务关系因权利的集合性而显得相对复杂。但相较而言,文化企业产权中的文化知识产权,在某种程度上已成为我国文化企业的核心财产权益。毕竟文化企业产权权益的实现不只停留在产权归属的静态层面,更要通过财产权利的运转使用、权证交易等,重新配置、优化文化资源,并在投融资中拓展多层次资本市场和文化市场、促进文化企业发展。[①] 而这绝非文化企业的土地、厂房、设备等有形、固定资产融资就可以实现,还得仰仗文化企业中的专利权、商标权和著作权等文化知识产权的价值潜藏、市场前景直至融资担保。2008年5月,北京银行以未来版权等权利质押组合担保方式为华谊兄弟提供1亿元影视剧

[①] 皇甫晓涛:《版权经济论》,科学出版社2011年版,第172页。

担保贷款①；2011年3月，北京银行杭州分行与杭州市文化创意产业办公室、杭州宋城集团控股有限公司等多家公司签署意向书，以知识产权质押融资等多种方式，在旅游文化城市建设、影视剧制作发行、大型娱乐活动承办等多个领域，支持杭州中小型文化创意企业发展。② 文化企业产权的静态权益，也在这些意向书、质押融资合同等动态交易中显现，并呈现良性发展趋势。但或许是文化资源物、文化资源创意本身的不确定性，我国目前文化企业发展，依然呈现诸如产权交易价格不确定、交易收益预测难、交易风险高、交易模式有限、中介服务功能滞后、交易市场不健全、交易监管不到位、评估鉴定机构不够权威以及文化产品知识产权侵权现象突出等文化产权交易方面的问题。2010年深圳文交所、2011年天津文交所艺术品份额化交易而引发的文化产权虚假交易、虚假繁荣的交易闹剧，不仅揭示了其中所隐含的交易风险，也最终以交易所的清理整顿而收场。为更好地推动文化企业发展，有必要依循文化企业的自身发展需求，明确产权交易主旨，确定产权交易规则，借助文化产权交易平台，在产权交易流转中逐步确认产权交易权利体系、责任范畴。③ 并将文化企业产权中的专利技术、工业版权等无形资产与文化本身的市场需求融合，打造文化企业的权益资本市场，引领文化企业产权资本流动，为文化企业的发展累积资金、囤积创意，在交易中实现企业资产增值。④

（三）文化企业借助文化产权交易平台实现文化资源产权效益

1. 依托文交所等产权交易平台促成文化企业产权交易流转

文化企业产权权益类型多样，相应的文化物权、债权、知识产权乃至股权的产权支配与产权交易，当然可以依据传统的民事原理、合同模式得

---

① 丘志乔：《中小型文化创意企业知识产权质押融资现状及对策——兼谈北京"创意贷"模式对广东的启示》，《中国发明与专利》2011年第7期，第55页。

② 游春、邱元：《艺术品金融化创新：份额化交易模式探析》，《青海金融》2011年第9期，第12页。

③ 胡卫萍、严静、王建华：《文化产业发展需求下文化产权交易法律制度确立的思考》，《南昌航空大学学报》（社会科学版）2014年第4期，第51页。

④ 胡卫萍、胡淑珠：《我国文化资源资本化现状及投融资路径》，《企业经济》2016年第7期，第111页。

到实现。但在现代网络信息技术的支持下，越来越多的文化产权交易模式呈现复杂性特征，表现为完全产权交易、非完全产权交易、艺术品份额化交易等多种交易类型。不管是通过协议转让、拍卖转让、招标转让及竞价转让等进行的权利的完全让渡，还是以文化产权的部分股权转让、部分权利使用许可的方式，使文化产权出让方和受让方合作开发，共享收益[1]，或以权益拆分的形式对艺术品进行份额化交易，文化产权交易所等产权交易平台都跃入人们视野，成为文化产权交易的重要途径。文交所等文化产权交易机构往往以第三方平台身份发布交易信息，以相对集中的交易模式为交易双方主体提供更多的交易内容、交易渠道，一定程度上满足了交易主体多元化的交易要求乃至投资需求。不只是文化企业，就是文化物的一般主体自然人，都可借助文交所等产权交易平台，进行线上与线下、场内与场外的交易。交易方式除了双方协商，更多以招标转让、拍卖竞价等方式进行，并辅以相应的产权变动的登记公示、登记备案，如进行股权登记、版权登记等，明确合同双方主体权利义务，保障文化企业产权权益有效流转，提升交易面、交易成功率，实现交易价值。但由于文化经济的浪潮在我国刚刚兴起，文化产权交易中的交易失范、交易规则与交易程序不到位的现象较为突出，甚至引发交易泡沫。为了更好地实施文化企业产权交易，防范金融风险，必须建立一个严谨规范的产权交易市场，要求文交所等产权交易平台进行相应交易程序、交易规则的设计，并将其纳入文交所等交易平台的交易章程（目前已有不少交易平台做到了），明确交易平台的交易要求，强调产权交易主体权属清晰，聘请第三方价格评估机构或引入专门的评估工具进行价格评估等[2]，以明确的产权交易规则、交易程序、交易监管，保障文化企业等产权交易主体权益实现。

2. 文化资源产权效益实现以文化企业产权交易规范实施为基础

文化产权交易范围广泛，上海、北京、天津、山东、湖南、广东等地

---

[1] 曹翼飞：《艺术品份额化交易对中国文化产权交易的样本意义》，《经济研究导刊》2012年第18期，第176页。

[2] 曹翼飞：《文化产权交易亟待金融助力》，《中国投资》2012年第6期，第5页。

的各大文交所的文化产权交易对象涉及"文化相关物"的文化物权、文化版权等诸多内容。当然，一些民营博物馆也可就其收集持有的文化资源物品，通过文交所等交易平台进行竞价、拍卖交易。但总体而言，文化资源产权本身虽涵盖了多重权利，可实际实施交易的主要为文化企业的文化物权、文化知识产权（主要表现为文化版权）这两种权利类型。文化债权、文化股权这两种权利，在文化企业产权流通、交易中，虽也有极高的财富价值和增值空间，却因为更为强烈的投融资属性而添具交易风险，故目前文化企业产权交易范围相对有限，文化企业将自己的股权或债券交由文交所或是专业机构进行托管、融资的相对较少。但文化债权、文化股权作为文化产权的权利类型之一，其权利的移转、受让，对文化企业特别是中、小、微文化企业，在文化资本的累积、流转资金的积聚上确有重要作用，着实应考虑这两类文化产权交易流转面的拓展，增强文化企业的融资力度和幅度。当然，文化企业产权交易因其交易标的和交易方式的特殊性，交易过程中可能涉及鉴定、评估、定价、托管、保险、结算、交收、审批等诸多交易监管、第三方介入环节，交易过程复杂。因此，文交所等产权交易平台，除了明确交易对象涉及物权、知识产权、债权与文化股权等多项权益内容外，使产权交易全面、规范铺开，还应明确产权交易的准入标准，筛选对文化产业发展贡献大、有示范效应、投资风险可控的文化企业产权作为交易内容，建立文化企业产权交易的准入机制与退出渠道，强调产权交易在规范操作基础上的全面铺开，严格按照交易规范和程序进行，明确交易主体间的权利义务，防止发生损害交易相关主体利益的行为，尽可能实现文化企业产权所蕴含的经济价值与社会效益。

3. 文交所等产权交易平台的公司法治理成为文化资源产权效益保证

我国文交所目前虽规模各异，但在文化企业产权交易中无疑发挥了重要作用。其法律形态一般也采取公司法人的组织形式，国有、民营的法人形态都有，为营利性法人属性。文交所公司治理模式的采取，对其主体良好运转奠定了法律基础，但并非其具体运营就没有缺陷。面对曾经出现的文化产权交易泡沫化问题，有必要在其设立规则、设立程序伊始就相应的法律操作进行明确。如强调文交所等产权交易平台的设立须符合我国文化产业、文化企业的发展需求，文交所的设立数量和布局要有统筹规划，不能一窝蜂上，需考虑全国文化产业发展、文交所布局及当地文化企业发展状况、文交所的组织形式与规模结构等，采用许可设立主义的设立模式，其设立须报请统一行政机关审批，避免文交所的设立泛滥且标准不一。在所有制结构上，要注意平台交易的中立性。在目前大力引进民营资本、避免股权结构单一的文交所结构改革中，最好能实行国有资本控股，以国家资信的力度提升交易平台的公信力和社会责任感，以一定程度的公益性保障文交所平台交易的中立，维护文化企业产权权益。另外，针对文化产权交易对象的特殊性与产权交易市场本身可能面临的风险波动，应强调文交所交易平台实有资本的拥有，将文交所与证券公司、基金管理公司、期货公司类比，实行实缴注册资本制，减少平台自有资本缺陷带来的市场风险。同时，面对平台对资本、人才、资源、技术等多种要素的需求，对文交所的财务报告应加强审计并出具报告，让文化企业根据该报告及时做出是否借助该平台进行产权交易的准确判断，避免交易平台因自身资本不足而恶意促成交易的风险，提升中介服务水准，确保文交所营利的同时亦能维护产权交易市场稳定，促进文化产业发展。

4. 文化企业产权交易的内外部监管督促文化资源产权交易规范化、细化

由于文化知识产权、文化债权与文化股权等无形资产的市场估值与实际价值可能会存在较大差距，再加上其他的市场风险作用，都使文化企业的产权交易有别于一般企业的产权交易，交易的风险性较为突出。为保证产权交易时各权利主体交易利益的实现，有必要注重文化企业产权交易的内外部监管，建构文化企业产权交易风险防范体系。具体而言，就是既要在文交所等文化产权交易平台进行内部控制、自律监管，又要实施政府监管和行业监管。这种自律监管与内部控制，又可从会计控制与管理控制两个角度实施。会计控制旨在保证交易会计信息的真实性、完整性以及财务活动的合法性；管理控制则是强调按照交易所公司章程中所确认的经营方针、经营决策开展平台交易，保障交易平台公开、公平、公正实施产权交易，并以交易信息公开、透明的内部自我约束的财务管理制度保障产权交易活动的顺利实施。产权交易平台的自律监管则涉及交易保证金、风险准备金制度的实施。交易保证金制度是将保证金作为文化产权交易主体实施产权交易的财产担保，用增加交易主体违约

成本的方式来增强文化企业产权交易的安全。风险准备金制度,则是效仿证券、基金和期货交易,要求产权交易平台按照交易规模的大小、资信程度等预缴一定数额的风险准备金,预先防范交易过程中可能出现的交易风险,将风险尽力控制在可以控制、可以预测、可以承受范围内。但不管是哪一种内部控制策略的实施,始终都要有相对完善的交易系统、风险监控指标,根据交易数据等推断交易风险,即文化企业产权交易中的信息公开是非常重要且应切实实施的。外部监管则是考虑建立类似证监会的全国性文化产权交易监管机构进行政府监管,由该统一监管机构对文化企业的产权交易活动进行监管,以明确的监管主体、监管原则、监管对象、监管方式实施监管职责,从全国性、全区域性宏观布局等多个角度引领我国文化企业与文化产业发展。对政府监管可能出现的监管盲区或障碍区,则通过文化企业自愿签署的行业自律公约的方式进行行业监管,弥补政府监管的不足,规范文化企业的产权交易活动,细化相关交易规则,防止不正当的市场竞争行为给投资者造成的损害,维护产权交易主体的合法权益。

综上所述,文化企业产权整体表现为文化资源产权权利束,其权利基础有别于传统企业产权,侧重"文化相关物"的占有、使用与支配,文化企业静态财产权益也依赖动态产权的交易流转实现,有必要依托文交所等产权交易平台实施产权流转。这其中,其产权交易有着自己的交易选择。不仅要从法理层面释明文化企业的产权交易原理、交易规则与交易程序,规范文化资源产权交易内容;还要为文化产权交易平台的公司法治理提供法理依据,建构文化资源产权交易法律保障机制,以产权交易类型的法律确认、交易行为监管的法律约束、交易融资运营的法律跟进、交易成果转化的法律推动、交易责任的法律预防与追究机制等,多层面、多角度促成文化资源向文化资本、文化生产力转化,使文化产权交易的每一环节均有相应的法律制度保障并不断完善,保障文化资源市场交易空间的拥有,实现文化资源产权效益,促进我国文化产业发展。[①]

---

① 胡卫萍、张炜华:《我国文化企业产权交易流转的法理思考》,《南昌航空大学学报》(社会科学版) 2019 年第 1 期,第 48—49 页。

第四章　文化资源产权交易类型的法律确认

文化资源产权交易相关原理的明确，为文化资源产权归属确认、产权流转保护提供了判定标准、交易原则，但文化资源产权交易限定于可交易文化资源产权类型。其产权交易权益内容的实现，首先依赖于可交易文化资源产权的交易范畴、交易模式和交易内容的确定，以法律先行确权方式保障可交易文化资源产权人的财产利益、交易价值。尤其是对具有开发潜质的文化资源，在保持其自身特点和核心技艺的前提下，更要从法律层面研究创意产权的生成、创意产品的开发与交易衍生利益，制定文化资源创意产权交易规则，为创意保护、特别是数字环境下创意产权交易提供法律保障。

第一节　可交易文化资源产权交易类型

我国文化资源类型丰富，但文件资源的用益多集中在物质实证性文化资源或已然成规模的传统的非物质文化资源。其用益模式，既包括权益主体自身的用益，也涉及产权交易市场的流转利用。但并非所有的文化资源均可交易，首先得对可交易文化资源的产权权益类型进行梳理，明确其交易范畴。

一　文化资源产权的竞争力促成文化产权交易

文化作为一个国家或民族的历史风情、传统习俗、思维方式、文学艺术、行为模式、生活习惯、价值观念等的总和，是人类创造活动的结晶。

文化本身是一种精神财富，但对文化的记忆需要某种物化的形态，这些形态要么表现为投入市场参与商品交换的文化产品，要么表现为散布在民间的文学艺术。这种物化的文化，以物态化的文化遗产（含人化的自然景观）、文化设施以及智能化的人力资源的表现，以历史资源、民俗资源、知识资源和信息资源、物质文化资源和精神文化资源等文化资源形式①，在激烈的市场竞争中不断呈现出它的资本价值，并以"文化软实力"的发展模式占据了文化发展的制高点。② 如中国的书法艺术、民间戏曲艺术、风俗礼仪等，从多方面满足了人们表达情感、信仰、生活态度的需求，并逐渐固化为文化资源。而"任何特定的文化能力都会从它在资本的分布中所占据的地位中获得一种'物以稀为贵'的价值，并为其拥有者带来明显的利润"③，文化资源在产品、地域、人群、发展等方面集中表现出来的强于同类资源的竞争优势，就构成文化资源的竞争力。具体如云南石林、大理、丽江、迪庆、西双版纳、文山、怒江等地的民族民俗文化旅游，以其优秀丰富的文化资源吸引着大批海内外游客。

在"文化搭台，经济唱戏"中，北京地坛庙会、南宁国际民歌节，在民族节庆活动中添加经济元素的同时进行文化宣传。而藏医、蒙医、壮医、瑶医等民族医药产业化，生产的藏药奇正跌打药膏、云南白药、广西玉林的正骨水、云香精等特效药深受欢迎；还有围绕民族传说人物、历史人物而打造云南的"阿诗玛""五朵金花"、广西的"刘三姐"等品牌，云南丽江市"纳西古乐""东巴乐舞""丽水金沙"也已成为享誉全球、深受海内外游客喜爱的民族文化产业、文化品牌。④ 与此同时，博物馆文化旅游资源的开发也日益受到重视；民族文化品牌化、市场化运营成为趋势，民族民俗文化市场化之经济效益和社会效益彰显，文化经济竞争优势呈现。据此，文化资源潜藏着巨大的经济增长点；通过文化产业这一生产经营活

---

① 刘双、李伟：《论文化资源到文化资本的转化》，《知识经济》2008年第1期，第174页。

② 颜纯钧：《文化产权和文化安全》，《东南学术》2004年（增刊），第228—230页。

③ [法]皮埃尔·布尔迪厄：《文化资本与社会炼金术》，包亚明译，上海人民出版社1997年版，第201页。

④ 李富强：《让文化成为资本》，民族出版社2004年版，第71—142页。

动，可把有限的资源转变成有价值、有市场的产品（包括文化实物产品、文化服务产品其各种衍生产品），实现文化资源向文化产权效益的转变。

所以，文化资源产权，作为"文化资源"上"产权"利益的体现，一般得借助文化产业的生产经营活动，把文化资源转化为文化产品、文化商品，覆盖了文化产业的全过程，并最终以文化产权的权利形态展现出来。这也是文化资源产业化开发的结果。文化产权是对文化资源产权的术语表达，有时也用文化产权的表述替代。① 而文化产权概念，早在 2002 年的上海国际博协亚太地区第七次大会上就明确提出，但未曾进行全面的解释。就其字面意义而言，文化产权解决的是文化资源的归属和所有权问题，是人与人基于"文化相关物"关系的解读②，是文化产品或者某种文化现象上的"物权"。文化产权的拥有者能够决定自己对文化资源的使用、改变、保护和放弃，并可以据此获得一定的经济收入③，表现为文化资源、文化产品及相关领域的财产权利，为一集合性权利，包含文化物权、债权、股权、知识产权等多种文化财产权利。可以说，一个国家文化资源的多寡，决定它在全球性文化资本不均衡分布中的地位；但最终影响该国人民利益的，不是文化资源本身的多寡，而是其对文化资源的利用，对文化产权的把控，在文化产权交易中对交易利益的获取和维护。文化资源财富的实现依赖于文化产权权益的维护。

二 可交易文化资源产权类型

我国文化资源内容丰富、种类繁多，但文化资源本是一种动态的、非独占的精神财富，并非所有的文化资源都可以市场研发的形式开发利用。

---

① 文化产权本身包含文化资源、文化产品及相关领域的产权，内涵范畴更为广泛，持有者有权决定如何保护、处置和交易这些文化资源、文化产品及相关领域的产权。文化资源产权的交易规则一般也是按照文化产权交易的总体思路运行，但更侧重文化资源本身的产权以及以文化资源产权为基础演绎衍生的财产权利交易。皇甫晓涛、赖章德：《关于文化产权交易的理论思考》，《中国美术》2011 年第 6 期，第 6 页。

② 王茜、杨凤祥：《文化产业产权交易问题研究》，《江苏科技信息》2011 年第 5 期，第 23—24 页。

③ 高宏存：《经济全球化中的文化产权问题研究》，《福建论坛》（人文社会科学版）2010 年第 6 期，第 165 页。

哪些文化资源属于"公有物""共用物"、不可开发物、不可交易物，哪些文化资源属于"共有物"、可自由流转物？我们在进行文化资源利用、文化产业开发时，应秉承不损害我国文化理念、文化价值、传承我国文化习俗的宗旨，依循罗马法上的"公有物""共用物"和"共有物"的思路，确定我国文化资源的可交易与不可交易的资源类型。

(一) 可交易文化资源类型确认

如前文所述，我国文化资源类型多样。既包括那些特殊的地质、地貌或水系的自然景观资源，老街、老房子等古建筑资源，可进行文化开发的土地、森林公园等生态系统资源、土特产品资源；还包括那些以其特有的传统农业生活生产方式、田园风光景观、现代工业系统与景观满足人们的农业、工业生活体验与需要的农业和工业文化资源；以及各种世代相承、有地区文化特色、与群众生活密切相关的口头文学、音乐歌舞、游戏竞技、民间艺术等历史文化与民俗文化资源。[①] 我们所说的周口店北京人遗址、甘肃敦煌莫高窟、长城、秦兵马俑、岳麓书院、天下第一名刹少林寺的嵩山、舟楫往来与粉墙黛瓦江南古镇、城市历史风貌街区、建筑文化资源，元典文化、诸子百家、历代有代表性的思想家的著作、陕北信天游、湖南桑植民歌、江西民歌、浙江桐乡蚕桑习俗、苏州刺绣、广西剪纸、景德镇陶瓷文化资源，还有全国各地的养生文化资源、茶文化资源、地方饮食文化资源，都是我国文化资源的类型表现。

在这些文化资源中，很多自然景观，如江河湖泊、名山大川、地质公园、石窟洞穴、碑刻石林、文化遗址、旧城故居、古墓葬、古建筑群等有形物质文化资源，和一些民俗、礼仪、节庆、戏曲等无形非物质文化资源，因其无法通过相应的评估、评级体系来具体估量其瞬间价值，不可以度量、量化，无法用现实价值来衡量，且更多承载了国家、民族的公共利益、共同福祉和历史责任，应界定为"公有物""共用物"，不可进入市场进行流通，不可交易。而另一些文化资源，如物质文化资源中的民族文化村的村落民居、村民服饰、农耕农具、文字记载等有形财产，和非物质文化资源中的民族风情、节日庆典、口传文化、传统习俗、丝织刺绣、剪纸

[①] 米子川：《文化资源的时间价值评价》，《开发研究》2004年第5期，第25—28页。

艺术、陶瓷工艺等无形资产，则因为可以通过相应的评价体系来具体估计和测量其瞬间价值，可用现实价值来衡量，可以度量，可以进行产业化开发，可以在开发中获取团体（某个群体或地方）或者个体的利益，则可作为文化资源中的共有物，甚至私有物进入市场，进行交易、融通。并在文化资源的交易、融通和使用过程中，衍生出新的文化知识产权等相关权益。如广西"刘三姐"文化资源、靖西县旧州绣球文化资源、"黄梅挑花"民间传承文化资源、安徽阜阳的剪纸艺人程建礼的剪纸艺术等，都以可交易的形式承载、彰显文化资源的财产价值，推动文化资源下的文化思想的传播、流转，对我国文化产业发展具有积极作用。

由此，可交易文化资源类型，既涉及历史建筑、历史文物等物质实证性文化资源，也包括一些历史要籍、文学经典、影像资料等文字与影像记载性文化资源，更涉及一些无形的、行为传递性文化资源。这些文化资源在关涉国家利益、社会公共利益时，自然不可交易。历史遗迹、古建筑、古代陵墓以及宗教建筑、雕塑、绘画等，因为关乎国家利益、社会群体公共利益，为不可交易文化资源。但在诸多有形物质文化资源与无形非物质文化资源、文化历史资源与文化现实资源、可度量文化资源与不可度量文化资源中，均有其个体用益的一面。且即便为公共文化资源，在共享共建中，也可能滋生出新的、有创意的、可以进行私权主张的文创产品，成为可交易对象。非遗资源产业化的科学发展就是一个例证，交易类型、所涉权利义务关系也因此变得复杂。下面主要选取非国有不可移动文物资源（如祖屋老宅历史建筑）、博物馆馆藏品、无形非遗技艺等文化资源作为交易典范，阐释文化资源交易类型（见表4-1）。

表4-1　　　　　　　　　　可交易文化资源类型

	类　型		产权交易代表
可交易文化资源类型	物质实证性文化资源	可交易文化资源产权交易典范	祖屋老宅的产权交易
	文字与影像记载性文化资源		博物馆馆藏品的产权交易
	行为传递性文化资源		非遗资源产权交易
			文化资源创意产权交易
禁止交易文化资源	国宝级文物或国家禁止买卖的文物资源，因为关乎国家利益、社会群体公共利益，不可交易		

（二）非国有不可移动文物资源（祖屋老宅等）的产权交易

非国有不可移动文物，是我国文化遗产的重要组成部分，是《物权法》上的一种特殊物。我们通常所说的名人故居、传统民居、石雕石刻、普通古墓葬、典型风格建筑或构筑物等，都是其典型表现。这些不可移动文物，因为其产权归属可以归国家所有、集体所有乃至个人所有，私产性、公产性混合并存①，但都是受《文物保护法》明确保护的文物，也包括哪些还未被认定、但具有文物保护价值的"准文物"。我国大陆地区登记的不可移动文物近 90 万个，近 1/4 的不可移动文物资源面临被破坏的严重挑战，需要大量的维修费用、维修技术维持，无论是政府部门承担还是个体承担，都面临着巨大经济压力。但非国有不可移动文物资源，当它以祖屋老宅的形式，为普通民众个体所有、占有或使用时，因其年久失修、风雨飘摇，所有者、用益者又不具备修缮能力②，而按照"一户一宅"的宅基地用益原则，有的村民便将破旧的祖屋、老宅拆掉或卖掉。这种将达到文物保护级别的老宅拆掉、卖掉的做法，依照《文物保护法》的相关规定是不被允许，或需要根据其级别报送相应的文物行政部门备案的，以致有些村民在拆掉自家老宅翻建新宅时会因为违反法律相关规定而带来牢狱之灾。

由于政府部门、私人业主与普通公众都很关注非国有不可移动文物并被视为利益相关者，《文物保护法》第 25 条在强调非国有不可移动文物不得转让、抵押给外国人的同时，在报经文物管理部门备案的基础上，允许

---

① 《文物保护法》第 6 条规定：属于集体所有和私人所有的纪念建筑物、古建筑和祖传文物以及依法取得的其他文物，其所有权受法律保护。文物的所有者必须遵守国家有关文物保护的法律、法规的规定。

② 《文物保护法》第 21 条规定：国有不可移动文物由使用人负责修缮、保养；非国有不可移动文物由所有人负责修缮、保养。非国有不可移动文物有损毁危险，所有人不具备修缮能力的，当地人民政府应当给予帮助；所有人具备修缮能力而拒不依法履行修缮义务的，县级以上人民政府可以给予抢救修缮，所需费用由所有人负担。对文物保护单位进行修缮，应当根据文物保护单位的级别报相应的文物行政部门批准；对未核定为文物保护单位的不可移动文物进行修缮，应当报登记的县级人民政府文物行政部门批准。文物保护单位的修缮、迁移、重建，由取得文物保护工程资质证书的单位承担。对不可移动文物进行修缮、保养、迁移，必须遵守不改变文物原状的原则。

非国有不可移动文物转让、抵押或者改变用途。这一规定，对非国有不可移动文物修缮费用的解决是一重要支持，以致有些文化县域据此提出了"保护为主、抢救第一、合理利用、加强管理"非国有不可移动文物开发利用原则。对那些散落民间、百姓无力保护的古民居进行异地搬迁集中保护，解决零星偏僻、濒临倒塌的古建筑保护利用难问题；或是吸纳社会资金进行文物的维修管理，进行文化创意研发、展陈交流等，对古建筑的产权进行交易流转，充分利用古建筑，并由主管部门实施监管。以祖屋老宅古建筑为例：祖屋老宅的私产性，使其可以在市场上进行收藏式交易，而后异地复建，具备可交易性，也给历史留点念想。成龙曾经捐赠徽派古建在新加坡复建，还向北京捐赠了4座老房子。当然，这种异地重建的保护利用模式，也因为离开了原址、属于"拆迁式保护"而遭遇抨击。不少人认为古建筑只有在原址上才有自己的文化意蕴，古建筑保护应该从整体环境上保护，即原址保护才行。北京四合院、上海石库门、安徽的四水归堂，就是不同人文地理的产物；只有在原址上才能彰显其特有的文化氛围。而若割裂、破坏老宅本身的地理环境、民俗民风，其本身就是文化资源流失的表现。可话说回来，古建筑虽应从整体环境上保护，即原址保护；而原址保护无法实现时，异地重建也是可以考虑的。浙江龙游鸡鸣山因自然灾害破坏面临整体改造，在古建筑学家罗哲文的主持下，村里十几座有价值的古建筑被移建到周边，后面又从外省购买一些古建筑，相当于新建了一个古建筑村，成为与龙游石窟旅游景点配套的古建筑保护基地，也不失为对古建筑有效的保护方式。而对于打着保护旗号、把买卖老房子当作生财之道；不仅买卖整座房子，还买卖木构件、石刻和砖雕，甚至把老房子拆开或只取下精美构件卖、其他则弃之不顾的倒买倒卖、牟取暴利的行为黑色产业链则要坚决制止。

由此，在非国有不可移动文物的修缮、保护、利用中，要强调原址保护，但这并不意味着要把老宅子"供"起来，让游客瞻仰朝拜。游客即便瞻仰了，由于过去信息缺漏，也无法理解体验古建筑的文化底蕴，祖屋老宅的文化传承也没有实现。非国有不可移动文物的文化价值，既要借助修缮、收藏活动重现，更要在传承文化底蕴、生活方式和文化技艺基础上"活化"用益，而不是单纯地树碑立传。而这，依赖于合理的古建筑产权制度建构。暨从完全物权的角度，允许古建筑产权人从保护式用益层面对其财产权益进行分解，将分解出来的占有、使用、收益、处分等多项权能放到产权交易市场交易。允许对古建筑有偏好的组织或个人，通过讨价还价的市场交易方式，实现各种权能的自由流动和资源的有效配置，更为有效地用益老宅，传承古建筑历史、文化。在权能交易中，可考虑建立一种"谁偏好谁付费"的权责明晰的交易、用益制度。如果该古建筑只有一部分——如外立面，具有文物保护价值，而内部结构或装修装饰没有保护价值，那么应允许想就该外立面用益的使用者与产权人谈判，明确其用益范畴并给予适当交易补偿，而其他暂不用益之处则由古建筑的产权人来负责修缮维护，以"谁使用谁保护""谁偏好谁付费"理念明确交易主体间的权利义务关系。在有需要时，还可以以古建筑某一时段的商业经营权为交易对象，融资融物，为古建筑的修缮、精神传承提供资金支持，将修缮保护与拓展利用融合在一起，促使文化保护与经济发展产生良性互动。"拆迁式保护"本身虽遭遇抨击，但在原址保护老宅条件受限的情况下，这种拆迁式保护，实际起到了保护古建筑的功效。其所交易的非国有不可移动文物的产权，不仅受到《文物保护法》《城市规划法》的调整，也秉照《民法典·物权编》《民法典·合同编》法律规范进行财产权益移转，在公权与私权的冲突中寻找平衡点，帮助古建筑实现用益价值、交易价值，同时传承民族、家族文化、中华文明。而随着"动态遗产""线性文化遗产""民间文化遗产"等最新保护概念的提出，未来非国有不可移动文物产权归属更趋多样化、复杂化，有非营利公有产权、营利公有产权、非营利私人间共有产权、营利性私人间共有产权、非营利私人个体产权和营利性私人个体产权等多种产权模式①，产权交易内容复杂，有待进一步细化。

（三）博物馆文化资源产权交易②

我国博物馆文化资源丰富，现拥有76.7万处不可移动文物1.08亿件/套

---

① 罗瑜斌：《珠三角历史文化村镇保护的现实困境与对策》，博士学位论文，华南理工大学，2010年，第225页。

② 胡卫萍、刘靓夏、赵志刚：《博物馆文化资源开发的产权确认与授权思考》，《重庆大学学报》（社会科学版）2017年第4期，第103—110页。

国有可移动文物、5136家博物馆。[1] 正如习近平总书记所强调的,"中国各类博物馆不仅是中国历史的保存者和记录者,也是当代中国人民为实现中华民族伟大复兴的中国梦而奋斗的见证者和参与者"。博物馆文化资源丰富,包含文物藏品、遗址、地域文化等多种资源类型。博物馆的馆藏藏品,如青铜器(商周的礼器、乐器、生活用具,以司母戊大方鼎著称)、古代陶瓷器(汉唐的陶俑、唐朝的唐三彩、宋元明清的瓷器精品)、玉器(西汉的金缕玉衣、隋朝的金扣玉环)、书画藏品(宋朝的《职贡图》、明朝的《南都繁会图》和清朝的《乾隆南巡图》)等[2],要么象征着某一历史时期独特的生活方式,要么体现了某一绝妙的失传工艺,要么与某些重要历史人物、历史事件相关,均可从中考证某一特定时期的历史信息,展示并传达着传统文明与传统艺术。而中外大多数的博物馆,多建立在文化遗址上。这些文明遗址以其古老的历史、恢宏的建筑等强大的自身吸引力吸引着参观主体,展示着传统的建筑文化、宫廷文化和皇权文化等,成为古代文化的缩影,也使博物馆从成立伊始就不可避免地带有这个地区的地域文化的标记(故宫博物院、三星堆、兵马俑、南越王墓、马王堆等都带有明显的地域文化标记)。博物馆也正是凭借着藏品、遗址、地域文化等深厚的文化积淀,形成自身的文化特色,以与生俱来的文化特性、文化情感打动、感染参观者,将藏品的历史意义与文化价值、博物馆地域文化风貌的文化宗旨传达给观众,展示其自身所蕴含的历史价值、艺术价值与科学价值,以经济发展、社会进步和各民族历史真实再现的形式,非营利地为社会服务。

我国博物馆文化资源的产业开发虽然距离境外国家的博物馆有较大距离,但已呈现蒸蒸日上的发展态势。但博物馆文化资源开发的实质,乃在于产权交易,通过藏品的产权确认、物权处置、版权授权等交易流程呈现出来。博物馆藏品原件的物权归属和藏品版权的确认,使博物馆在文创产

---

[1] 李瑞:《有序开放合理利用国家文物局公布〈博物馆馆藏资源著作权、商标权和品牌授权操作指引〉》,http://www.sach.gov.cn/art/2019/5/8/art_722_154933.html,2019年6月30日。

[2] 侯珂:《国家博物馆文物藏品数字影像版权化初探》,《中国国家博物馆馆刊》2012年第5期,第130—136页。

业发展中可通过版权授权制度，为博物馆藏品的"保护与利用"寻找新的发展路径，推动博物馆文创产业迅速发展。早在 2003 年，湖南省博物馆就成立了文化产业开发中心，以马王堆汉墓为背景，利用馆藏文物资源开发特殊文化产品，并于 2012 年前后参照出土文物中的医简、帛书、帛画的研究积累，推出了马王堆养生枕系列产品。[①] 2015 年 9 月，第二届山西文化产业博览交易会上，山西省博物院将山西晋侯墓地出土的玉佩研发成了一款和田玉的雁形吊坠；山西陶寺遗址的蟠龙形图案，则被研发成了装饰摆盘、项链吊坠和丝巾等，成为山西历史的名片。2016 年 9 月，在成都召开的第七届"博物馆及相关产品与技术博览会"上，江西省博物馆参照"海昏侯"古墓出土的图案纹样，设计制作的马克杯、真丝钱包、充电宝、水壶、手机壳等系列文创产品，将特有的历史纹饰与现代产品相结合，既延伸了历史文化的生命力，又加深了观众的理解，达到收藏、保护、展示文化藏品，普及和宣传地域文化的目的，深受百姓欢迎。博物馆界已经开始的这些文创活动启发人们：博物馆对社会发展的作用，不只在展品展示上；如果能够善加利用馆内文化资源与文化特色，妥善挖掘传统艺术，把握文化情感，从"创意设计"的角度将其转化为商品，形成独特文化魅力的博物馆商品，定能在文化资源的产业化开发利用中发出自己的洪荒之力，以文化创意衍生的方式，传播博物馆历史文化知识，弘扬中华文化核心价值观。

我国的博物馆事业已经走过了百余个春秋，截至 2016 年年底有 4692 家博物馆，近 5000 万件（套）种类繁多、形态各异的藏品。面对精彩厚重的文物藏品，如何依据藏品的独特性挖掘藏品的文化内涵，并使消费者通过博物馆独特的藏品文化解读，理解藏品上所承载的传统文化和历史文明，已成为创新创业新时期我国博物馆事业发展的重彩之笔。2009 年 11 月，上海国际展览中心举办了首届中国仿古工艺品及技术展览会，揭开了文物衍生创意商品的面纱。2015 年 3 月，国务院颁布了《博物馆条例》，鼓励博物馆挖掘藏品内涵，与文化创意、旅游等产业结合，开发衍生产

---

① 李亦奕：《博物馆文创：寻求传统文化的当代表达》，《中国文化报》2016 年 9 月 11 日第 8 版。

品,增强博物馆发展能力。2016年5月16日,文化部、国家发改委、财政部、国家文物局联合发布了《关于推动文化文物单位文化创意产品开发的若干意见》(简称《若干意见》),强调在文化资源保护传承的前提下,发掘馆藏文化资源,开发文化创意产品,加强文化资源系统梳理和合理开发利用,让博物馆文化资源"活"起来——要依托文化文物单位馆藏文物资源,开发各类文化创意产品;并将其定性为推动中华文化创造性转化和创新性发展、使中国梦和社会主义核心价值观更加深入人心的重要途径。随后,国家文物局于2016年11月4日发布《关于公布全国博物馆文化创意产品开发试点单位名单的通知》(文物博函〔2016〕1799号),确立了全国92家试点单位。博物馆文化创意产品的开发、利用程度,博物馆文化创意品牌建设和保护,已成为我国博物馆创新发展的最前沿、最具挑战性的重要工作。

2015年12月—2018年12月,广州国际文物博物馆版权交易博览会召开了四届,旨在搭建博物馆版权供需两端展示与对接的交易平台,从版权授权的角度对博物馆版权进行保护、利用和交流,为博物馆版权交易提供平台,并欲以此为契机将博物馆版权交易常态化,越发引起了人们对博物馆馆藏品物权、藏品版权、版权授权、产权交易等系列法律问题的思考,博物馆文化资源可进行产权交易、有效开发利用。

(四) 无形非遗技艺文化资源产权交易[①]

非物质文化遗产(以下简称"非遗"),作为我们祖辈在特定族群、特定地域中长期劳动、生产、消费过程中以非物质的形式累积而成的农耕文明创造,是一种智力劳动、智慧创作。非遗产生后,该特定族群,甚至个体对经过其智力创造和传承的非遗资源,当然可主张权利。但由于非遗在历史变迁后往往内化为族群、民族文化的表征,很难具体确定非遗资源的初创者;且非遗重在传承,强调遗产资源的沿袭、继受和流转,其权利确认也很难用物权法上的"所有权"概念静态归属,财产权定位存有疑虑。此时,具有"独占性"和"流转性"特征、包含财产所有权与财产流

[①] 胡卫萍:《非遗资源产权确认与交易的立法保护》,《江西社会科学》2018年第4期,第153—160页。

转支配利益的"产权"概念①,浮出水面,引起人们关注。

非遗作为特定国家、民族现存的文化记忆,不仅是历史发展的见证,更是区别于其他国家、民族的独特文化基因,彰显民族精神与文化理念。我国现有非遗项目87万项,列入《世界遗产名录》的世界级非遗项目39项(位居世界第一);国家级非遗代表性项目1372件,国家级传承人近2000人②;省级、市级以及县级的更是数不胜数。非遗是一种历史传承,不是某个历史时空点的冻结;在社会历史变迁中,甚至会作为资源加以挖掘利用,从市场交易的角度形成产业链,展现经济价值。与此同时,一些剽窃或滥用非遗获取巨大经济利益的行为也频频出现,不仅严重损害了国家和民族利益,更对非遗本身的保护造成极大的伤害。如何传承、保护与发展我国的非遗?可否对其进行开发利用?其产权保护、产权交易如何进行? 2017年1月25日,中共中央、国务院办公厅发布《关于实施中华优秀传统文化传承发展工程的意见》,明确指出要"保护传承文化遗产""实施非物质文化遗产传承发展工程""实施传统工艺振兴计划",而要有效实施这一传承发展工程、工艺振兴计划,首先得把握我国非遗传承与发展的宗旨,并结合市场研发需求,在清晰非遗资源产权、产权交易立法保护的理论依据、实践需求的基础上,以明确立法的形式保障非遗产权和产权交易利益,在创新创造中传承文化、实现资源财富价值。

或许正是非遗资源本身所蕴含的文化属性以及该文化资源传承发展的动态性、活态性,越来越多国家在对非遗进行尊重、保护、传承和发展的同时,看到了无形非遗技艺背后的市场价值、创意空间和可交易属性。③在对非遗传承进行静态产权守护、公权保障的同时,开始结合市场需求,强调非遗与周围环境、历史状态能动适应中地不断再创造,有意识地进行非遗资源的创意研发,打造非遗资源产业链,以私权形式推动非遗文化消费,进行动态产权交易。这也意味着,现代社会非遗传承与发展,不再是

---

① 刘诗白:《产权新论》,西南财经大学出版社1993年版,第156页。
② 荀建国:《文化部:对年事已高的国家级非遗传承人抢救性记录》,http://news.163.com/17/0921/14/CUS7R74S000187VE.html,2017年10月11日。
③ 王芳:《非物质文化遗产知识产权保护中的利益冲突和协调》,《内蒙古工业大学学报》(社会科学版)2016年第2期,第27—30页。

简单收徒式地传授、沿袭，也不是单方面的投资保护、静态守护，而是在遵循完整的技术规范、技艺要领、操作程序、原材料要求的同时，更注重将无形非遗技艺、非遗资源能动而有创造性地运用到社会实践中去，通过非遗资源市场研发、产业化运作，以产权确认与产权交易流转模式，打造非遗衍生产品，传播非遗文脉，实现非遗资源静态守护与动态交易流转的融合，这也是非遗传承与发展的宗旨所在。它不仅加强了非遗资源持有者的自我认知、自我觉悟，彰显我国非遗重要的文化价值，也展示了其巨大的市场空间、经济潜力和文化渗透力。需要注意的是，非遗技艺、非遗资源静态守护与动态交易的融合、产权保护与产权交易，离不开现代科技的发展，非遗的文化底蕴和财富价值也正是在科技进步中逐渐被发掘、认知的。只有意识到了这一点，才能更有效地借助现代技术进行创意研发，将非遗从"遗产"转变为文化资源，在静态守护和动态流转中进行权益确认、产权流转，以相对完善的产业链条整合、拓展非遗资源，生产制作衍生产品，彰显非遗文化意蕴、财富价值。大家所知悉的从"东北二人转"发展起来的本山传媒和从云南民族民间舞蹈出来的《云南印象》，就是国内较为成功的非遗产业化开发、非遗资源产权交易的典型案例。这不仅促进了文化产业供给侧的结构性改革和优化升级，也促进了非遗的保护传承和可持续发展，凸显了非遗的现代经济价值。

综上所述，文化资源是一特殊物，涵盖有形的物质文化资源和无形的非物质文化资源等资源类型。罗马法中的可交易物与不可交易物类型划分，公有物、共用物和共有物、私有物的类型标准，不仅为有体物、有形物的交易流转提供了法理依据，也为文化资源的产权归属、产权交易权利人利益的实现提供了学理根据。我们可以此为基础，确认有形的物质文化资源的物权所有和无形的非物质文化资源的产权归属，维护文化资源权利主体的相关权益，推动文化产权交易产业、文化事业的发展。

第二节　可交易文化资源产权交易模式

21世纪是从"以物质为基础"过渡到"以文化为基础"的文化经济时代。文化企业环境污染小、吸纳就业能力强的特点，使文化资源逐渐成为推动经济发展的主导力量,并由此带动了文化产业、创意产业的蓬勃兴起。[①] 如中华老字号文化资源的优势整合,中华老字号产品的文化再包装与价值挖掘,都是通过融入基于文化资源的创意内涵、以文化资源为附加元素来增加产品的价值。[②] 文化资源产权交易,不仅会触及文化资源的产权归属、所有权保护,还有文化资源的文化传承等问题。可交易文化资源产权权益类型、交易模式的梳理,不仅可明确可交易文化资源产权的法律属性,也可了解其具体的交易模式与交易要求。

一 交易模式概述

交易,是不同主体间相互交换物品、劳务及其他财产权益的互利行为,以全部或部分的买卖行为为其主要行为表现。交易模式,是交易方法和交易形式的概况总结。交易模式的选择,不仅涉及产权移转状态;交易模式中的交易主体、交易客体、交易技术手段、交易支付方法等都可能成为影响产权交易顺利实施需要考虑的因素,关注彼此之间是如何相互作用、相互影响的。

经济生活中,人们的交易形式大概分为两种。一种是简单交易,买和卖几乎同时发生,参与交易主体较少,人们很容易了解对方的信息,相关的制度约束与交易费用均很少,交易简单、顺利。另一种是复杂交易,参与交易的主体很多,人员关系复杂,当事人之间无法准确获取充分的交易信息甚至会出现交易信息的不对等,交易费用较高,交易制度的强制约束也就在所难免。而交易收益来自交换所获得效用的提高,每个交易主体是否愿意实施交易,取决于他对交易活动的成本效益分析。随着市场经济的发展,财富获取途径的多样,人们一般会选择交易费用低、交易效率高的交易方式实施交易。协议买卖与招标投标、拍卖等都是有效的交易方式。协议买卖的交易形式简单、复杂均可,招标投标、拍卖等竞价交易方式的交易形式相对复杂,往往涉及多重交易关系。一般商品、财产的交易模式

[①] 李海舰:《文化与经济的融合发展研究》,《中国工业经济》2010年第9期,第5—14页。

[②] 张雷:《地方文化资源与创意经济的融合机理分析》,《理论学刊》2009年第7期,第59—62页。

由此也可概括为协议交易与竞价交易两种类型。

(一) 协议交易模式

协议交易模式也称之为契约交易、协议转让，是指产权交易双方通过充分洽谈、协商的方式完成交易，最终以协议成交的交易模式，包括简单交易与复杂交易两种形式。在协议交易中，当事人交易的客体可以是简单物，通过双方直接接触、充分商讨的简单交易形式实现。交易行为只发生在直接当事人间，没有其他主体介入、参与，属不公开交易。我们日常生活中的购物消费行为基本属于协议交易中的简单交易，交易成本较低，交易意向容易达成，交易目的实现顺利。在协议交易中，如果该协议的达成需要第三人介入主持；或者交易所涉内容复杂，需要相关主体到场一并协商；或者协议达成的同时还要报请有关部门审批，审批不通过即便达成协议交易也不算完成，则该种交易的交易关系复杂，所涉交易主体多样，交易协议的达成难度较大，属于协议交易中的复杂交易形式。企业产权交易，其交易内容涉及企业资产的清算、职工的安置、债权债务的清理、产权转让行为的报批与资产的评估等诸多情况，交易情况复杂，属于协议交易模式中的复杂交易形式，交易时需要厘清交易各方的权利义务关系。

(二) 竞价交易模式

竞价交易模式包括招投标交易、拍卖交易两种交易方式。它们都是通过公开交易、公开竞价的形式，以价高者得或质优者得的理念评判交易是否达成。其中，招投标交易是一种国际上普遍采用的、有组织的市场交易行为，在工程交易、货物交易、服务交易等买卖方式中存在。招投标交易，一般是由买方（招标人）通过事先公开的采购要求，吸引众多同等条件的卖方（投标人）平等参与竞争，按照规定程序竞标，同时组织相关专业技术人员、经济与法律事务等方面专家对投标人的投标行为进行综合评审，从中择优选定中标人，以最优的价格获得最优的货物或服务，是买方穷其办法选择卖方的行为过程。拍卖交易则是一种特殊的商品交易方式。按照我国《拍卖法》第3条的规定，拍卖是指以公开竞价的形式，将特定物品或者财产权利转让给最高应价者的买卖方式。拍卖价格虽然是不固定的，但它不是削价处理，反而是通过公开交易、公开竞价的形式进行交易，一般要有2个以上的买主，有竞争，价高者得，是一个集体（拍卖群体）决定价格及其分配的市场交易过程，公开、公平、公正与诚实信用成为拍卖活动必须遵循的基本原则。所以，招投标交易与拍卖交易的公开进行，可通过对市场信息的收集，促成市场价格的公正形成；同时在交易主体间形成了一整套互相影响、互相尊重的规则，使交易主体在决策时不仅要考虑自己的策略对别人的影响，也要考虑别人的策略对自己的影响；不仅要考虑自己的行为，更要关注竞争对手和交易对方的行为。这种交易，以竞价方式集中进行，能在短时间内形成基本反映市场供求关系的有效价格，并对交易客体质量予以保证，提高了交易效率，也降低了交易风险，起到了优化资源配置的作用，引导了生产与流通。

（三）协议交易模式与竞价交易模式的融合并存

协议交易模式与竞价交易模式，一般在理论上是被理解为相互独立、相互排斥的交易模式。一种交易模式中的交易方式被选择了，往往也就意味着其他交易模式中的交易方式被放弃了。但在交易实践中，这两种交易模式不是独立的、相互排斥的，而是形成了"两位一体"交易形态，展现出交易环节本质上的一致性。因为在交易实践中，除了考虑价格因素，还会顾及交易主体自身的信用、经济实力等；甚至交易主体的异质性、交易目标的多元化与非价格因素的影响比价格因素本身更重要。在交易过程中，交易方式会随着竞争程度而改变，这种竞争既包括价格竞争，也包括非价格因素影响，如供求关系的现实约束与相应行为的假定。例如在启动招投标、拍卖程序后，最后只有一个有意向的竞买者，则竞价交易模式将转变为协议交易模式；而如果有多个有意向的竞买者，则招投标程序、拍卖程序继续，按部就班地公开竞价，遵循招投标、拍卖原则确定最后得主。所以，协议交易模式与竞价交易模式，虽然其具体的交易形式、交易方式不同，但受制于交易实践中的交易条件的约束和交易目标满足的变化，交易过程中的交易模式虽独立存在但并不相互排斥；在尊重市场选择、接受交易结果理念下实现交易模式的融合转换，最大限度保障交易的公平、公正与交易财产价值的实现，达到准确定价、合理交易的目的。

二　可交易文化资源产权的法律属性分析

由于文化资源与特定的民族、地域密切相关，对于该民族、该地域

第四章　文化资源产权交易类型的法律确认

居民而言，文化资源所承载的文化内容大多是公开的，属特定群体、特定区域的人们公有，呈现出集体性权利状态，该区域内的公民、族人，一般都可自由、自主地使用该文化资源。但这种公开和公有是一定程度的公开和公有，相较于其他群体未必是公开的、公有的，也存在着一定程度的排他性，其他群体并没有资格当然享受该权利，否则在一定程度上可以理解为强者对弱者的文化资源的肆意掠夺。在利用该群体的文化资源进行文化内容的再生产、再创造时，一定要尊重文化资源拥有者的权利，以文化产权交易的形式进行文化资源的利用。暨文化产权的权利行使，具有一定程度的公开性和公有性，但这种公开公有不是知识产权意义上的公有、公知，是有一定范围限制的；对文化资源的肆意利用，可以考虑文化产权侵权，维护文化产权拥有者的文化权益。所以，可交易文化资源产权，是各种类型文化资源中筛选出的部分文化资源。在秉承文化资源共享性以及文化交流频繁性基础上[1]，更在意文化资源的个体用益、创造性传播等行为传递。

（一）可交易文化资源产权经历了公共性权利向交易性权利的权属演变

人类文明初期，由于生产力水平较低，人们主要进行物质产品的生产和消费，对文化产品几乎没有什么消费需求。文化产品作为一种奢侈消费品，只有王宫贵族等极少数人才能够享受，根本没有什么"文化资源产权保护""文化产权交易"的概念。而文化资源的共享性和文化消费的非排他性，导致很多个消费者可以同时消费文化产品（同时听广播、听歌曲），且提供此种文化产品的成本不会增加。这使得传统意义上的文化资源产权被认为是一种公共性权利，而不是排他性权利。文化产品也多半被认为应由政府提供的公共物品，消费者也不会为文化消费，文化产权通过产权交易获取收益更不可能，文化产权交易市场更不可能存在。

但随着社会生产力的发展，人们的生活水平提高、温饱问题解决，文化消费需求随之产生。文化消费需求的增强，使原先缺乏价值空间的文化资源的经济价值出现并不断提高。现代社会传媒技术的发展，又使文化传播获得了物理传播途径（纸质媒体传播）、地理空间（广播传播）、虚拟空

---

[1]　严荔：《论文化资源产业化开发》，《现代管理科学》2010年第5期，第85—87页。

间（网络技术），拓展了文化产品的市场空间和市场容量，更进一步提高了文化资源和产品的经济价值，为文化产品和服务的生产和交易提供了原动力，也极大地调动了人们克服文化资源和文化产品公共产品属性的积极性。如采用各种技术（如加密技术、凭门票参观游览等），约定"只有缴纳相关费用之后，才能够消费相关文化产品"，克服人们对名胜古迹的非排他性消费，将原本公共的文化资源向私人产品属性转化，文化内容转变为文化产品。越来越多的文化资源因此具有了私人产品的属性，开始成为经济资源，并吸引大量投资者投资文化产品和服务领域，文化产权的权利属性逐步由公共产权转变为可以交易的私人产权，以文化载体的文化产品形式，收益现实利润。①

由此，文化资源和产品消费非排他性和非竞争性的克服，文化资源和产品开始成为经营性资源和产品，可以进入交易领域参与市场交易，其经营权、使用权、收益权，甚至所有权都可以交易，部分或全部地具有了私人产权的性质，产权属性从公共性权利转变为交易性权利。当然，受技术发展程度和文化特殊属性的限制，仍有大量的文化资源和产品（如反映爱国主义、民族特色等公共性较强的文化资源），仍然难以克服消费的非排他性，处在公共产权归属状态，不能进行产权交易。由此，文化资源和产品的产权属性是一个动态变化过程，经历了由公共物品向准公共物品、私人物品的转变，体现了公共性权利向交易性权利的变迁。②

（二）文化资源产权交易定性为产权确认后的可交易资源的交易行为

由于文化的产生、发展与传承与一个国家、一个民族、一个群体或这个群体中的某个人或者某些人有着密切的关系，文化资源归属于不同的国家、民族和群体，文化产权也因为文化资源归属不同而不同，产权权利主体类型多样。如一些社会风俗、礼仪文化，其文化产权应该归于特定领域（某个国家或民族）内的公众，由该群体的全体民众共同主张产权利益。还有一些文化资源的传承，如某种偏方、独门绝活，依赖于

---

① 焦斌龙：《文化资源的产权属性演变与文化体制改革》，《开发研究》2004年第5期，第28—30页。

② 焦斌龙：《文化资源的产权属性演变与文化体制改革》，《开发研究》2004年第5期，第28—30页。

第四章　文化资源产权交易类型的法律确认

该技艺拥有者"传子不传女"生理传承。而创意产业，它对文化资源的内容创新和挖掘，对各种文化要素的提炼、设计和创意运用，能够满足消费者"实用、感悟、体验与观赏"的消费需求，使传统产业获得文化资源带来的、非制造业内容再生产的良性发展效应。① 如《哈利·波特》在内容生产上把神话、巫术与科学、文化等知识元素融为一体；而韩剧《大长今》的服饰文化、餐饮文化、医药文化、建筑文化、礼仪文化、女性文化、宫廷文化等，都形成了非物质制造的文化创新，文化产权自然归属于创意产业的拥有者、制造者。文化产权的权利主体既可以是某个民族、某个国家、某个群体，也可以是某个个体、某个创意的提出者和拥有者、制造者，显示出相当程度的复杂性。② 每一文化资源都有着自己的产权主体和权益实施要求。

但文化资源的稀缺性、客观性、共享性③以及文化交流的频繁，全球对文化资源的争夺越来越激烈，一些西方国家常以"共享"名义下对外民族文化实施巧取豪夺。④ 在过去的30年中，我国的《末代皇帝》《花木兰》《天仙配》《西游记》等相继被好莱坞搬上了银幕，《功夫熊猫》更是从中国卷走了几亿票房。好莱坞把中国文化资源拍成电影赚取大量经济利益的同时，却不必为版权问题向中国付出任何费用。⑤ 因为世界范围内有关民族文化资源是否应作为一项产权确权、进行交易、可否贸易问题，并没有直接可供参考的依据，更何谈因为文化资源的使用而付费了。所以，文化资源占有的多寡并不意味着文化财富的多少，文化财富的实现依赖于文化资源权利主体的确认和相关权利的维护。只有文化资源的占有主体对其进行很好的产业开发、整合和利用，强调文化产品的私权确权和权益保护，鼓励文化产权的交易，文化资源的财富价值才能实现，否则很可能就

---

① 蒋依娴：《传统产业利用文化资源转型升级的路径探讨——基于消费者偏好的分析》，《福建行政学院学报》2013年第2期，第106—111页。

② 费安玲：《非物质文化遗产法律保护的基本思考》，《江西社会科学》2006年第5期，第12—16页。

③ 严荔：《论文化资源产业化开发》，《现代管理科学》2010年第5期，第85—87页。

④ 高宏存：《经济全球化中的文化产权问题研究》，《福建论坛》（人文社会科学版）2010年第6期，第62—66页。

⑤ 戴中保：《文化产权及其保护初探》，《新视觉艺术》2011年第4期，第63—64页。

变成别人赚钱的工具。由此，文化资源产权交易是产权确认后的交易行为，其权利主体多样，主体身份的确定成为文化资源产权交易的前提和基础。

同时，由于文化资源和产品消费非排他性和非竞争性的克服还处于起步阶段，并非所有的文化资源和产品的产权都可以交易①，只有具备消费排他性和竞争性的文化产品才能进行私权确权、才能用来产权交易。文化产权的交易对象、交易范畴，应有统一、明确的具体规定。目前我国文化资源产权的交易内容，依赖于文化产权交易所的经营内容而定，总括起来主要以各种文化产品的物权、债权、股权、知识产权等权利流通、交易的形式表现出来，展现出文化资源产权兼具物权、债权、股权和知识产权等权利属性的法律特征。但文化产权交易的实质是产权交易，是一种文化资源私权确认后、选择可交易对象的产权交易，是文化资源财产利益的体现。消费者在支付一定费用的同时获得该资源用益或资源衍生产品的产权，产权人在让渡该用益、该产品产权的同时获得收益。文化产权交易成为文化资源财产利益实现的重要途径。

（三）文化资源产权交易的权利内容中物权、知识产权比例居重②

不管文化资源产权的权利主体表现出怎样的复杂性，文化产权的客体是文化资源。而文化资源来自一个国家、一个民族的生活习俗和文化积淀，是无数代人在其生产生活的过程中不断创新、积累和完善而来，并以该民族、该成员特有的思维方式、行为特点表达出来，具有自身的民族特质和国家特色，反映了特定群体生活状态及其与自然相契合的程度；并与自然环境、生产方式、生活方式以及历史文化观景等因素相依存而存在，在历史发展中交织融合在一起，为文化产权权利主体持久地拥有。如广西布洛陀文化就带有壮族特有的宗教文化特点，并同民族、区域、历史等结合在一起，展示出文化产权客体的民族性、区域性、交融性和持久性。同时，文化资源本身的稀缺性，也使得文化资源的经济价值、增值空间骤显。但无论文化资源产权的权益主体为谁，其产权交

---

① 戴中保：《文化产权及其保护初探》，《新视觉艺术》2011年第4期，第63—64页。
② 戴中保：《文化产权及其保护初探》，《新视觉艺术》2011年第4期，第63—64页。

易活动都应遵守有关物权、债权、股权及知识产权的法律规定，使文化产权交易有序进行。

而结合文化产权交易平台分析文化资源产权交易的权利内容，可以发现，目前我国已有上海文交所、深圳文交所、湖南文交所、山东文交所、天津文交所、泰山文化艺术品交易所、成都文交所等近百家文化产权交易机构，其所经营的业务和项目范围（文化产权交易的具体对象）主要表现为：①组合产权项目，主要是艺术品组合起来的物权交易项目。②股权项目，各类股份公司、有限公司、电影项目、旅游项目、电视影视项目等文化产业相关项目的股权都可以在此进行交易。③版权项目，具体细分为版权、物权、投融资项目。④"权益拆分"模式，即将几件艺术品捆绑在一起成为一个艺术品资产包，并对这个资产包的所有权进行拆细形成若干份等价的"所有权份额"，再将这些"份额"通过吸引投资者认购来投入市场进行流通。⑤文化企业（项目）共有权益类业务。⑥文化消费品实物产权交易项目。⑦广播影视作品、文化艺术产品及创意设计、网络文化、数字软件、动漫网游产品等文化产权及版权的交易服务。⑧文化类企事业单位的产权交易及资产并购重组等文化产权交易服务。⑨文化产业投融资、咨询项目评估、并购重组等服务。⑩知识产权及版权的代理、推介、交易等综合服务。

通过我国文交所主要的业务范围的分析可知，文化产权交易内容主要有物权交易、版权交易、债权交易和股权交易等。物权交易主要指所有权人将其文化产品挂牌在交易所，标价转让其对该文化产品的物权（如某名家的字、画等），一般在文交所挂牌交易居多的是所有者对文化产品的所有权。版权交易主要指对各种文艺作品的版权进行交易，如广播电影电视作品版权、文化艺术品及文化创意等产品的版权。债权交易主要指债权人将其在文化产品上享有的债权作为交易对象挂牌至文交所交易平台进行交易。股权交易主要指对各类项目的股权进行交易，如上海文交所的股权项目，即对各类股份公司、有限公司、电影项目、旅游项目、电视影视项目等文化产业相关项目的股权的交易。由此，文化产权主要是一种财产权利，文化产权交易主要是围绕"文化相关物"的物权和知识产权（更具体地说是版权）的交易，涉及物权、债权、知识产权、股权等多项权利，还包括文化产品在进行交易时的管理权、经营权等类证券化权利①。但通过对上海文交所、天津文交所、山东文交所等的交易动态和成交记录的观察和分析发现，各大文交所的文化产权交易对象最主要也是"文化相关物"的物权和版权。也就是说，文化产权虽然本身涵盖了物权、债权、股权、知识产权等多重权利，但目前文化产权交易的基本构成为物权和知识产权（主要表现为版权），或者说在文化产权交易的权利内容中物权和知识产权这两种权利的比例居重。债权、股权作为文化产权本身的权利构成，在文化产权流通、交易中，也应强调其权利的流转和交易过程中财产价值的实现，也应受到我国法律的保护。因此在文化产权交易中，交易的内容、模式以及交易规则等方面均应遵守我国《物权法》《合同法》《证券法》《文物保护法》、知识产权相关法律（以《著作权法》为主）等方面的法律规定，最终在相应交易模式与交易要求的促成下，形成文化资源产权的交易思路，打造交易链条。

三 可交易文化资源产权交易模式与交易要求

（一）文化资源产权交易的交易模式

文化资源的产权交易使文化资源转化为文化生产力，围绕文化资源内容生产的文化产品和文化符号进入消费领域，给消费者带来精神上的满足与文化产品的资本增值，并带来包括消费者素质提高、消费者行为和思想的变化，给周围的人带来积极的影响，形成"外溢"现象，打造低投入高内涵的现代经济增长方式，推动文化产业不断创新，以创意产品研发拓展文化创意产业链。但文化资源的产权交易也经历了分散的、偶然的、不确定性交易向现在的规模交易、产业链的发展变化，文化产品的文化内涵、文化价值与市场竞争力逐渐凸显，文化产权交易的交易模式日趋多样，但

---

① 中宣传部、商务部、文化部、国家广电总局、新闻出版总署《关于贯彻落实国务院决定加强文化产权交易和艺术品交易管理的意见》（中宣发〔2011〕49号）指出，文化产权交易是指文化产权所有者将其拥有的资产所有权、经营权、收益权及相关权利全部或者部分有偿转让的一种经济活动。交易范围包括文化创意、影视制作、出版发行、印刷复制、广告、演艺娱乐、文化会展、数字内容和动漫等领域，http://www.sdcaee.com/html/news/zcfg/20120629/602.html，2015年5月21日。

总体呈现为完全产权交易、非完全产权交易、共有权益拆分交易、艺术品份额化交易等类型。

1. 完全产权交易

完全产权交易，即指文化资源产权的完全让渡，是文化物权、文化债权、文化版权、文化股权等权利主体，将其所拥有的文化产品的物权、债权、知识产权、股权等财产权利，通过协议转让、拍卖转让、招标转让及竞价转让等交易方式进行权利的完全让渡，将其产权归属完全转归另一权利主体的文化产权交易方式。如交易双方在文交所的组织协调监督下，通过协商的方式确定交易的内容、交易的价格，签订产权转让合同，完成交割付款凭证，出具产权交易成交确认书，并办理相关的注册登记手续的交易方式，就是文化产权交易的协议转让模式。具体而言，在文化资源物权、债权交易中，可以依照《民法典》的原理进行产权流转、交易；在文化资源的知识产权交易中，则可启动经纪商交易、拍卖、组合交易、IP外包服务等交易模式。必要时还可以建立知识产权交易平台，吸引国家相关机构、央企、国企和国内外有影响的投行、基金支持的知识产权基金的引导、配套、跟投等，搭建知识产权交易平台。文化资源股权交易，则是将文化资源物权、文化资源知识产权进行股权化融资，将该文化资源的物权支配、知识产权用益预期能产生的收益回报，评估出其价值，通过作价注入公司股本的方法转变为公司的实际资产，然后以科技型企业股权进行融资，其股权流转模式也遵循《公司法》中的股权流转要求进行。文化资源股权交易是文化资源物质财富、知识资产与金融资本的有效结合，是以金融技术为依托，以知识产权及文化企业的整体信用为担保、以企业股权为载体的融资方式、交易途径。

2. 非完全产权交易

非完全产权交易，则是文化资源产权的不完全让渡，是文化物权、文化债权、文化版权、文化股权等权利主体，将其所拥有的文化产品的物权、债权、知识产权、股权等财产权利中的部分权利让渡。如对文化旅游资源开发、影视拍摄制作等文化产权，可以创新采用股份共享、资源共享的非完全产权交易模式，交易其中一部分份额，或者交易的仅为使用权而非所有权，进行部分权利的使用许可。以文化产权的部分股权转让、部分权利使用许可的方式，使文化产权出让方和受让方合作开发，共享收益。①

3. 共有权益拆分交易

共有权益拆分交易，是将一件实物的所有权及在此基础上产生的各种收益进行拆分，拆分不以等额为基础。投资人可以通过认购拆分的份数，来获得投资标的物的部分所有权、相关处置权及其远期或当期的收益。如基于电影版权进行资产权益拆分、权益共享，是以电影版权所蕴含的未来预期收益为基础保证，往往通过担保公司的担保、由交易所或交易商在交易场所就收益权份额进行定向转让或自由交易，以收益权益的拆分、转让募集到电影拍摄制作所需的资金。如湖南文化产权交易所共有权益类业务《魅力湘西》门票收益权项目，就是共有权益拆分交易的表现。其间，交易所、交易商有权指定专业的监理机构对电影的拍摄和制作过程进行全程监控，保证投资人权益及资本金的不被滥用；所获实际收益在归还资本金之后，可按照收益权份额比例对盈利收益进行完全分配。共有权益拆分的交易流程包括共有权益产品鉴定与评估、共有权益产品的发行与承销、共有权益产品的上市与交易、共有权益产品的资本运作、共有权益产品的退市与重新上市等交易流程。共有权益拆分的收益模式，可以股票或债券形式等表现出来，投资者以获取股息或利息收入的方式实现获利。文化资源产权的权益拆分，其设计初衷也是为了能够让更多的人群来分享文化产权增值的收益，以及文化资源资产包运作带来的股息收入。因此，共有权益拆分，不只是可以让投资者通过价格的波动获取项目的收益，而是可以通过衍生产品的收益，继续注入这个资产包，使其产生资本红利，使投资者获得收益。

4. 艺术品份额化交易

艺术品份额化交易，则是指将文化艺术品的所有权等额拆分，拆分后以每一份额的所有权为基础发行份额，公开上市交易②，强调拆分的等额性。文化产权交易所进行的份额化交易是指将标的交易文化项目按价值等

---

① 曹翼飞：《艺术品份额化交易对中国文化产权交易的样本意义》，《经济研究导刊》2012年第18期，第175—177页。

② 游春、邱元：《艺术品金融化创新：份额化交易模式探析》，《青海金融》2011年第9期，第12页。

额拆分成若干份额,投资人可以通过持有或转让份额合约,获得标的物的价格波动所带来的收益并承担相应的投资风险的投资模式。投资人可以通过认购拆分的份数,来获得文化产品的部分所有权及其他相关权益,是一种类证券化或者是股票化的交易方式。[1] 如深圳、上海、天津文化产权交易所都曾将几件艺术品捆绑在一起形成一个艺术品资产包,将其评估价值分成若干等份,每一份额都可以单独交易,而每一份额的股权拥有者也同时拥有了该资产包相应比例的所有权及由该权益所带来的远期或当期收益。艺术品份额化交易,以权益拆分的形式,打破了以往艺术品整件投资的传统,也吸引了大量机构和个人资金注入文化产权交易市场,不仅促进了文化艺术品交易,活跃了市场,也为普通投资人参与到高估值艺术品投资提供了机会,满足了多元化的社会投资需求。[2] 当然,这种艺术品份额化交易,也因为类证券化操作本身的市场风险和文化艺术品的确真、定价的不确定性,隐藏着较大的交易风险。为此,国务院〔2011〕38号、〔2012〕37号、中宣发〔2011〕49号文件规定,除依法设立的证券交易所或国务院批准的从事金融产品交易的交易场所外,任何交易场所禁止将任何权益拆分为均等份额公开发行(非产品拆分为均等份额),禁止采取集中竞价、做市商等集中交易方式进行交易,禁止将权益按照标准化交易单位持续挂牌交易(协议转让、依法拍卖的除外)。这三条禁令不仅对文化产权交易形式划定了红线,也意味着原来深圳、天津文交所的份额化交易因落入三条禁令范畴,不符合文化产权交易的文件规定。但三条禁令并未全部违反,如可以通过协议转让、依法拍卖等方式进行艺术品份额化交易。

文化资源产权交易模式多样。不管采用哪种交易模式,就该交易模式下的交易原理分析,都有符合产权交易原理的一面,产权交易本身并无问题。但在市场盈利浪潮的冲击下,在逐利心理的控制下,产权交易的交易风险、交易泡沫会放大,容易失控,甚至产生极为不好的负面影响。因

---

[1] 《天津文化艺术品交易所暂行规则》,http://www.tjcae.com/res_base/tianj_com_www/upload/article/file/2013_01/01_14/8zxgz.pdf,2014年3月24日。

[2] 蔡翔、王巧林:《版权与文化产业国际竞争力研究》,中国传媒大学出版社2011年版。

此文化资源产权交易，不管采取何种交易模式，都应该首先服从于政府的统一管理、市场的有效监管，产权交易行为要符合产权交易的法律要求，守住产权交易的底线。这不仅可以有效实现产权交易的流转目的，也成为文化资源资本转化、文化产业融资目标实现的有效手段（见表4-2）。

表4-2　　　　　　　　　　可交易文化资源产权交易模式

文化资源产权交易模式	产权交易模式特点
完全产权交易	文化资源产权的完全让渡（文化物权、文化债权、文化版权、文化股权等权利主体，以协议转让、拍卖转让、招标转让及竞价转让等交易方式进行权利的完全让渡）
不完全产权交易	文化资源产权的不完全让渡（采用股份共享、资源共享等交易模式，进行部分权利的使用许可。产权出让方和受让方合作开发，共享收益）
共有权益拆分	实物所有权+未来预期收益的拆分，拆分不以等额为基础（所获实际收益在归还资本金之后，可按照收益权份额比例对盈利收益进行完全分配）
艺术品份额化交易	文化艺术品的所有权等额拆分，采用集中竞价、做市商等集中交易方式交易（交易风险、交易泡沫大，容易失控，被叫停）

（二）文化资源产权交易的法律要求

文化资源产权交易不同于一般的商品交易，是一个复杂的系统，需要把握的环节、因素很多，其交易对象、交易产权归属要求、交易价格确定及交易路径等都有着具体的交易要求。

1. 文化资源产权交易的产权必须权属清晰

文化资源的产权归属，是文化资源产权利益的表现，涉及物质文化资源的有形财产物权所有和非物质文化资源无形财产的产权归属问题。但不管是有形财产的物权还是无形财产的产权，文化资源的产权所有者和使用者，均有权决定文化资源的使用、处置、保护和放弃，并可因此产生一定的权利预期，收获一定的经济利益。[①] 文化资源产权归属的确认，不仅能激发文化资源所属国对文化资源的身份认同和自觉保护意识，改变当前文

---

① 高宏存：《经济全球化中的文化产权问题研究》，《福建论坛》（人文社会科学版）2010年第6期，第62—66页。

化资源因"基因窃取"和管制弱化而被掠夺的状态；更对合理利用文化资源、实现文化资源财富价值、明确文化产品的财产归属，提供了法理思路。文化资源产权转让方对持有的产权具有完全处分权，任何第三人不能基于该产权主张权利。若拟转让的产权设有负担（质押等），第三人可基于产权权属存在瑕疵、产权权属不清晰而主张权利。暨文化资源产权交易首先得明确文化产权权利归属，判定该文化产权是归属于群体还是个体。[①] 而文化资源产权的归属与文化自身的发展、传承关系密切，现实生活中文化资源产权归属主体的多样性、身份的不确定，在一定程度上导致文化资源产权交易纷争时有发生。以民族旅游村寨产权为例，民族村寨的乡村农业景观、民族建筑景观、服饰文化景观，由当地人创造与传承，是当地民族文化作用于自然客体对象的结果，村民付出了几代人的劳动时间与劳动成本，但这些资源被作为民族村寨旅游开发时，旅游收益归属于旅游开发公司，村民就这些文化资源的产权价值、劳动价值没有得到体现。从西江千户苗寨到广西黄姚古镇、云南和顺古镇、四川巴蜀古镇等民族旅游开发中，无论是景区项目选择、资本引入还是门票调整等文化资源处置、收益等方面，均存在产权归属主体上的纷争与困惑，需要清晰确定产权交易主体，维护产权人的合法权益。

2. 文化资源产权权利行使要求

由于文化资源与特定的民族、地域密切相关，对该民族、该地域居民而言，文化资源所承载的文化内容大多是公开的，属特定群体、特定区域的人们公有，呈现出集体性权利状态；该区域内的公民、族人，一般都可自由、自主地使用该文化资源。但这种公开和公有是一定程度的公开和公有，因为相较于其他群体这种文化资源未必是公开的、共有的，存在着一定程度的排他性，其他群体并没有资格当然享受该资源，若强行享用则可在一定程度上理解为强者对弱者的文化资源的肆意掠夺。即在利用某群体的文化资源进行文化内容的再生产、再创造时，一定要尊重该文化资源拥有者的权利，以产权交易的形式进行文化资源利用。所以，文化资源产权

---

① 李铮:《产权权属清晰是产权进场交易的根本前提》，《产权导刊》2012 年第 1 期，第 49—50 页。

的权利行使,具有一定程度的公开性和公有性;但这种公开公有并非知识产权意义上的公有、公知,是有一定范围限制的。另外,文化资源产权利益实现同样涵盖着安全性维护的前提。特别是在他国利用、传播我国文化资源时,应尽力使该文化资源在经过文化传播后影响传播国受众的行为,朝着"达己所愿"的方向发展,为他国受众内化。而不能反过来在我国文化印上他国的文化烙印,在潜移默化中侵蚀着我国的文化价值观,影响我国文化产品的生产。所以,投融资基础上的文化资源共同开发利用,应在安全维护原始文化资源意蕴的前提下进行,并始终强调文化资源原属地对文化资源的优先占有、优先使用,避免原生态文化资源的消失和破坏。在文化资源的安全使用、不断创新中,着力弘扬发展和传承五千年的优秀传统文化、民族文化精神[①],文化资源产权权利行使强调一定程度的公开性、公有性和安全性。对那些肆意利用文化资源,肆意歪曲、抹杀文化资源的文化内涵、文化价值的,可考虑文化资源产权侵权,维护文化资源产权拥有者的文化权益。

3. 文化资源产权的交易价格要借助专门评估工具确定

由于文化资源来自一个国家、一个民族的生活习俗和文化积淀,是无数代人在其生产生活的过程中不断创新、积累和完善而来,并以该民族、该成员特有的思维方式、行为特点表达出来,具有自身的民族特质和国家特色,反映了特定群体生活状态及其与自然相契合的程度,展示出民族性、区域性、交融性和持久性等特点。而文化资源本身的稀缺性,也使得文化资源资本化,潜含着物质财富的增值空间。由此,文化资源的产权交易不同于一般商品交易,政策性诱导因素、文化理念影响因素大,并非所有交易产品价格都能正确反映出该文化产品、文化服务的价值。所以,文化资源产权的价格评估,不能依据常态的价值和市场供求关系确定,也不能单纯依赖拍卖现场的拍卖价格或一些专家的"专业"评估确定,而需要运用专门的评估工具确定,如利用梅·摩西指数和特征价格模型等西方经

[①] 王中云、骆兵:《保护与开发:我国文化资源空间的扩展着力点》,《江西社会科学》2011年第8期,第203—207页。

第四章　文化资源产权交易类型的法律确认

典模型,确认艺术品的未来收益期望和合理价格。①

4. 文化资源产权交易应防控风险、以间接交易为主

文化资源产权交易对象本身为精神产品的物化结果,且价格评估认定标准不一,产权交易价格浮动空间较大,交易价格偏高(尤其是艺术品交易),若没有较强的资金注入和支持,恐怕难以支撑文化产权交易市场的运行,在发展中更需要借助银行、保险、基金等金融体系的力量。② 所以,文化资源产权交易要有适当的风险防控,应提倡间接交易为主。因为间接交易不是投资者直接开户交易,而是通过文化产权交易所、有会员制的代理机构等第三方平台进行交易③,这样一旦出现问题,可以在一个合理的范围解决、进行适当风险防控,而不致直接伤及投资者,伤及百姓利益。文化产权交易市场已成为现代文化市场体系之文化要素市场的核心环节④,将为文化生产、流通与消费所必需的产权、资本、技术、信息、人才等要素提供交易场所和资源集合平台,在健全现代文化市场体系中发挥重要作用。为此,有必要加快培育产权、技术、信息等要素市场,建立健全文化产权交易制度,规范文化资产和艺术品交易,确定文化产权交易的版权资产,建立文化产权认定和评估机制,规范交易主体行为,尽力避免交易风险,创造文化产权保护和规范交易的制度环境。⑤

由此,文化资源产权作为文化产业的财产权利的体现,是我国财产权利中的新兴权利,权利内容丰富,作用领域广泛。文化资源产权的法律维护,在相当程度上影响着我国文化资源利用、文化产业开发状态。为保障我国文化产权交易活动的顺利进行,一定得依循文化资源产权的属性特点,明确其交易模式和交易要求,确认文化资源产权的交易主体、交易客

---

① 曹翼飞:《艺术品份额化交易对中国文化产权交易的样本意义》,《经济研究导刊》2012年第18期,第177页。
② 曹翼飞:《文化产权交易亟待金融助力》,《中国投资》2012年第6期,第5页。
③ 陈冠亚、肖翔宇:《江苏省文化产权交易现状研究》,《江苏科技信息》2014年第3期,第12—15页。
④ 黄先蓉、郝婷:《现代文化市场体系建设的政策需求与制度创新》,《科技与出版》2013年第12期,第25—28页。
⑤ 黄先蓉、郝婷:《现代文化市场体系建设的政策需求与制度创新》,《科技与出版》2013年第12期,第25—28页。

体和产权交易的具体内容,打造可交易文化资源产权的交易理念,形成规范有序的交易秩序、公开透明的交易价格和完善健全的市场信用,对文化产品中的文化物权、文化股权、文化债权、文化知识产权等财产权益进行强有力保护,为我国文化产业的健康有序发展提供法律保障。当然,文化资源产权的所有者和使用者,也会因此产生一定的权利预期,并可依据此获得一定的经济收益。[①]

第三节 可交易文化资源产权交易内容

文化资源产权交易主要是围绕"文化相关物"的文化物权、文化债权、文化知识产权(更具体地说是文化版权)、文化股权等多项权利内容展开。产权主体的权利主张与行为界限,也在不同产权交易内容中得到确立。

一 文化资源物权交易

文化资源物权交易,是以文化资源实体物为对象的交易。文化资源实体物不仅类型多样,其产权归属也是多种形态,有公产与私产、独有与共有之分,其产权交易也可区分为营利与非营利两种模式。以博物馆藏品资源为例:博物馆藏品,多半是基于捐赠、购买或考古挖掘的旧藏或调拨方式取得。在藏品取得过程中,若因考古挖掘的旧藏、调拨而获取,藏品原件的所有权自然归国家所有,并由当地博物馆代表国家行使所有权。若因捐赠或购买方式取得,博物馆与原创作者或原件持有人多半存有一纸协议,以赠与合同或买卖合同约定取得的方式取得藏品原件的所有权。博物馆有权依照所有权的排他属性,独占、排他使用藏品原件,有权禁止他人对作品原件的欣赏、触摸等使用。同时,基于所有权的占有、使用、收益、处分等权能的独立性,其他博物馆也可在取得授权的前提下,借用该博物馆的藏品进行"借展"(有偿或无偿借用均可)。2007年9月,上百

---

① 高宏存:《经济全球化中的文化产权问题研究》,《福建论坛》(人文社会科学版)2010年第6期,第62—66页。

件秦始皇陵兵马俑曾集体远赴重洋、被借展在伦敦大英博物馆。大英博物馆因借用了兵马俑的使用权获得了不菲的利润，陕西省博物馆也体验到了基于"借用"而获取到的用益物权的权益收益。这些都是博物馆基于馆藏品原件的所有权进行收益或进行处置的表现，是文化资源物权交易的表现。当然，文化资源物权交易活动开展，首先依赖明确的物权关系，相关权益人的财产利益主张与支配行为实施，也在相应的物权归属中得到保障。所以，博物馆馆藏品，不仅是《文物保护法》中的"物"，也是物权法上的"特别物"，是财产，应受《民法典·物权编》调整。在保障文物资源安全的前提下，面对21世纪文化经济需求，应充分发挥该物的历史文化价值，适度开发利用文物资源，展现其财产价值、资产性。但现行《文物保护法》的相关规定与《民法典·物权编》并不完全吻合，过于强调对文物的公法管制，忽视私法利益的维护。如《文物保护法》第5条确定了文物国家所有权的原始取得方式。[①] 这种规定虽然体现了国家对文物的重视，但并没有确认文物发现人的法律上的利益请求权，容易造成公权对私权的过度干预，间接降低了民众保护文物的积极性。有必要借鉴其他国家和地区在文物资源保护与文物资源用益上的私权做法，在保障国家利益的同时，减少国家无偿取得他人发现出土文物所有权而造成的冲突。[②]

在文化资源物权交易中，除了博物馆馆藏品等实体物的交易是其交易内容，还触及非国有不可移动文物资源的物权交易。以古村镇、民族村寨文化资源的旅游开发为例：古村镇、民族村寨自然景观与人文景观由原住民、当地人创造，民族文化是当地群众智慧的结晶，文化资源自然由该族群、村镇集体享有。古村镇原住民对其原有、非国有的不动产也拥有所有权（包括占有权、使用权、处置权、收益权）。而古村镇、民族村寨文化资源的旅游开发，多数是由政府推动的，以文化资源经营权让渡（文化资源物权交易的模式之一）的方式进行开发。但在开发中，古风古貌、民族风情的动产或不动产文化资源多半被当作公共物品

[①] 我国《文物保护法》第5条规定，只要是在中国境内出土的文物，所有权都归国家。

[②] 范朝霞：《文物的私法保护——以〈文物保护法〉与〈物权法〉的衔接为视角》，《求索》2017年第12期，第140—147页。

使用，外来投资商不仅是投资主体、也是主要收益者，族群原住民的产权人利益并未得到重视。村民与旅游开发公司间在利益诉求上的矛盾处在不断调和、冲突升级又再次调和的状态中，"权力寻租"现象也时有发生，开发商常常以低于景区真正价值的价格取得开发权利，资源浪费、低效率开发、过度商业化甚至对古建筑构成破坏的现象并非偶然。造成这种文化资源用益、产权交易扭曲状态的原因，除了伊始的产权人身份未有效明确，法律上对文化村落的土地及其附属的旅游吸引物的价值认可未及时跟进恐怕也是原因。若能以法律条文明文规定的形式确认旅游吸引物的财产权利，明确文化资源物权支配、物权交易中权利主体彼此间的权利义务关系，打造公共文化资源、公共地域权与私人"剩余"资源、"剩余"财产权并存格局，保障各项权益归属者利益，或许才能从根本上解决利益相关者无限重复博弈所导致的矛盾冲突，实现古村镇、民族村寨文化资源物权交易、旅游用益的共赢。[①]

二 文化资源知识产权交易

我国文化资源丰富，类型多样，不光涵盖历史流传下来传承至今、未经改变的传统文化，也涉及在传统的、原生态文化基础上创造出来的新兴文化。[②] 这种新兴文化也称之为"次生态文化"，是传统文化的创新创造。这种创新创造，不仅意味着"原生态文化"的"活态"应用，也是传统文化知识权益的延展，相应知识产权由此发生。自 2005 年以来，我国民族文化知识产权的综合实力呈现稳步上升趋势，其中民族文化资源专利权增长幅度较快，著作权、商标权、非物质文化遗产增长幅度虽相对较慢但亦呈上涨态势。[③] 传统文化资源创新创造的用益，不仅催生了相关知识产权权益的专有保护，也使文化知识产权交易成为可能。

---

① 范朝霞：《文物的私法保护——以〈文物保护法〉与〈物权法〉的衔接为视角》，《求索》2017 年第 12 期，第 140—147 页。

② 乌丙安：《我国非物质文化遗产保护面对的"现代野蛮"威胁》，余杭论坛发言稿，杭州，2006 年 6 月。

③ 罗爱静、许泽华：《2005—2014 年我国民族文化资源知识产权的现状分析》，《高校图书馆工作》2016 年第 6 期（总第 36 卷 176 期），第 12—18 页。

第四章 文化资源产权交易类型的法律确认

文化资源知识产权交易，是针对文化资源创新创造用益中滋生出的版权、商品标识与专利技术的流转交易，主要通过文化授权模式进行。文化授权的概念最早由台湾学者郑自隆等提出，但未进行详细描述。2014年，上海自贸区举办的文化授权交易会上，将艺术品、动漫卡通、影视娱乐、网络游戏、原创非遗艺术和文化演出的授权经营列入文化授权的产业类型[1]，文化授权这个新生事物开始引发人们关注。可以说，文化授权能够得以实施，取决于文化的天然渗透性、衍生性特点，即文化中的精神内容可以被不断提取和反复利用，并以具体符号的形式融入不同的物质载体和媒介中，最终借助文化产业的生产复制行为演化为内容与形式丰富的文化产品和服务。暨文化授权的实质就是将授权标的物所蕴含的文化作为创意资源，结合其他物质或产业载体，进行文化生产与再生产。这种文化生产的专业复制，不仅可展现文化多维价值，实现文化价值扩散，也是一种新的价值的生成和积累。

由此，文化授权可以从经济学意义与法律视角两个层面进行理解。经济学意义的文化授权，将文化知识产权作为一种资源在不同组织、群体、层级间流动，注重权利资源在生产、流通、消费与效益反馈过程中的经济因素与产业身份，讲求文化产业生产经营机制的创新创造。法律视角的文化授权，将文化产品等授权标的物所承载的知识产权，提炼出其中的文化、创意要素与其他物质或产业结合的可能，并以授权的形式进行所有权和使用权的分离，通过授权、设计、生产、营销等环节，将知识产权的移转和利用作为文化产业价值链延展的推手。法律上的文化授权，则把与特定文化资源相关的著作权、商标权、专利权、设计权等知识产权作为授权发行的对象，主张授权者（文化资源、文化产品的知识产权权利人）与被授权者（专事生产、销售、传播组织等被授权方）依法或依约双向互动实施，强调授权者与被授权者彼此间权利义务关系的明确及文化知识产权在授权开发中的权益实现与法律监管。[2] 以博物馆文化资源版权授权为例。

---

[1] 金鑫：《文化授权搭上"自贸"快车》，https://www.chinaxwcb.com/info/29378, 2018年5月7日。

[2] 王秀伟：《文化授权：文化产业价值链与生产经营机制的创新》，《学术论坛》2017年第6期，第114—119页。

相较于图书馆、画廊、影院等公共文化机构，博物馆秉承"把博物馆带回家"的理念，通过与旅游、文创设计甚至金融等领域的深入合作，在教育、旅游、健康等各个方面不断推出富有创意的文创产品，让参观者将博物馆的记忆长久留存，成为最具创新力的文化机构。博物馆文创产业，就是在以博物馆为中心、以博物馆产权为依托的背景下，通过与第三产业的合作，进行文化创意与科技创新，打造"高、新、尖"等极富市场潜力的文创产品。博物馆的版权登记，不仅在于版权确权，更在于文创产品创意开发时的版权授权许可使用。意在通过版权授权，激发文创者的创意灵感与创意空间，在产权交易流转中保障文创产品的历史传承；同时也为博物馆自身建设、博物馆文化资源的挖掘囤积一些资金，维护博物馆在文化资源产业链中的龙头地位。[①] 需要注意的是，文化授权中授权标的物与授权客体的结合，不是将标的物的图像、文字、商标等文化符号通过简单复制的方式直接附着于原有产品，而是需要根据授权产品的市场需求，对授权标的物进行一定创意设计后再应用于产品，这种授权应用要能展现该授权产品的文化内涵或审美价值，授权标的物与授权客体融为一体。该授权标的物融入授权产品的过程也是标的物文化价值的再创造过程，以具体的创意设计提升授权标的物的文化价值、潜在经济价值。[②]

当然，文化授权的前提在于文化资源的知识产权发掘与形成，文化授权的核心则是知识产权的让渡和转移，其间还要进行授权过程中的知识产权管理。毕竟不同授权标的物被授权的时间段、授权类型、授权客体等的不同会导致知识产权处在不同状态，需要对授权标的物知识产权状态变化进行动态的跟踪管理，有相应的产权交易、产权管理要求。[③] 文化资源的

[①] 胡卫萍、刘靓夏、赵志刚：《博物馆文化资源开发的产权确认与授权思考》，《重庆大学学报》（社会科学版）2017年第4期，第108页。

[②] 王秀伟：《文化授权：文化产业价值链与生产经营机制的创新》，《学术论坛》2017年第6期，第114—119页。

[③] 王秀伟：《文化授权：文化产业价值链与生产经营机制的创新》，《学术论坛》2017年第6期，第114—119页。

知识产权交易，借助"内容+发行"的文化授权综合系统①，把文化资源、文化符号与市场需求结合起来，在市场反馈下进行文化产品的创作、生产、流通和销售，以内生循环的形式打造文化产业生产经营创新机制，形成不同于文化资源原状的新的文化产品。

三 文化资源股权交易

我国文化企业、文化产业的发展近年来虽取得了长足的进步，但"融资难"问题一直是困扰着我国中小企业尤其处在初创期的文化企业发展的瓶颈。具体表现为文化企业融资渠道受限、资产价值评价体系不完善、缺乏符合文化产业特质的融资发展模式等。与此同时，广大民间资本却因为缺少投资渠道而被束之高阁，甚至发生高利率民间借贷，资本损失和企业风险加剧的问题。股权，作为股东基于其股东资格而享有的、从公司获得经济利益并参与公司经营管理的权利，不仅是股东身份的证明，亦可通过市场交易流转的方式进行资本流动，也在一定层面上满足了文化企业的资本融资需求。

文化资源股权交易，是文化企业将其物态或非物态的文化资源，如把非国有不动产文物资源、博物馆馆藏品与非遗传承技艺及其他文创产品做成文化项目，以股权出让方式实施的交易。股权交易发生在投资者与文化企业原股东之间，这种交易不仅是文化企业股东让渡股权的表现，也是文化资本募集、资金融通的表现，一定程度上解决文化企业融资难问题。文化资源股权交易可以通过文化产权交易平台，也可借助众筹网络交易平台实现。文化产权交易平台的股权交易，是通过平台将文化企业需要交易的股权项目、融资需求及出让股份公布在交易平台上，由注册的合格投资者认购股份，支持创业项目发展，并获得一定的股权作为回报。例如上海文化产权交易所，将电影《生死守望》项目公司60%股权挂牌1000万元、

---

① 文化授权可以被理解为一种"内容+发行"的综合系统，通过多样性的授权开发进行文化价值的多向度扩张和溢出，同时进行叠加性的文化内容生产、专业复制，最终以多样化的文化产品和服务实施文化价值。20世纪90年代，迪士尼通过其文化品牌、动漫符号等知识产权的授权经营和管理，实现了产业总量的爆发式增长和文化价值的迅速扩张，体现的正是"内容+发行"式的价值生产模式。

桌游纸牌"文始皇"《文牌》项目公司50%股权挂牌200万元、动画电影《探秘貂蝉》项目公司49%股权挂牌2000万元进行股权交易①,都借助上海文交所产权交易平台,以股权交易的方式进行项目融资。

而众筹融资作为新兴的融资模式,以筹资人通过互联网众筹平台展示融资项目的形式,吸引感兴趣的民间投资者出资支持融资项目并给予相应回报的融资模式。②股权众筹所具有的小额与大量、融资门槛低的特点,特别适合初创企业尤其是文化创意产业的融资,在对中小微文创企业提供资金和资源需求的综合化服务上有着重要作用,为其提供相对全面的行业资源、新技术支持。据文化产业投融资大数据系统(文融通)显示,2017年,我国共完成文化类众筹事件1881起,募集资金总规模6.37亿元。其中股权众筹事件共有20起,占比1.06%;募集资金总规模约为0.84亿元,占比13.19%;奖励类众筹事件共有1861起,占比98.94%;募集资金总规模5.53亿元,占比86.81%。截至2017年12月底,全国众筹平台合计280家。其中,奖励众筹204家,主流平台淘宝众筹、京东众筹、苏宁众筹、摩点众筹、乐童音乐等;股权众筹共计76家,主流平台众筹客、百度众筹、众投邦、米筹金服、爱创业等。融资规模较高的领域集中在文化信息服务终端制造及销售、设计服务、工艺美术品制造、摄录设备制造及销售、工艺美术品销售、艺术陶瓷制造、互联网文化娱乐平台、娱乐服务、景区游览服务、玩具制造等27个细分领域,以文化资源、文创产品的再生产、再利用为主要表现。参与股权众筹的主体包括项目发起人(筹资人)、公众(出资人)、中介机构(众筹平台)、托管人等。股权众筹不仅以股权交易的形式使出资人以提前预付等形式成为文化企业的股东,促进了企业的资金融通,还以文化企业成员的形式共享获利、共担风险,有利于文化企业生产和销售效率的提高。由于融资机制的不同,我国众筹平台形成了北方"天使汇"与南方的"大家投"为代表的运营模式;且股权众筹在融资过程中容易形成"资金池",资金安全问题越来越引起重视,众筹平台

---

① 上海文化产权交易所,https://www.shcaee.com/projectIndex.jsp? classFlag = 105,2019年4月25日。

② 王阿娜:《众筹融资支持小微文化创意企业发展的思路探讨》,《南华大学学报》(社会科学版)2014年第5期,第57—60页。

在融资过程中也担负着不可推卸的社会责任和行业责任。如何更好地利用众筹资金和保护出资人的利益成为关注的重点。相应地，文化资源股权交易能否借助众筹平台，在符合国家法律法规的基础上，进行明确的平台定位、制定高效的运行规则以及提升技术服务能力，是文化股权众筹项目能否成功的关键所在。

四 文化资源债权交易

债权交易作为将债权持有权转让给他人的经济活动，渗透在产权交易、货币交易和资本市场交易中。它往往通过债券发行和商业信用票据化手段，对债权进行移转，将债权盘活成现金，活化资金存量，满足企业的资金流需求；其交易形式涵盖贷款债权交易、债券性债权交易、存款性债权交易等。贷款债权交易往往要求企业提供厂房、机器等"硬资产"作为抵押，债权交易、融资难度较大。而债券性债券交易，因为不用资产抵押，相较银行融资而言成本相对较低，包括华侨城等在内的管理严格的文化企业，都比较愿意用这种方式进行企业信用融资。

由于债券本身是债权人对债务人证明其权利的证明书，具备债券发行资质的优质文化企业可充分利用自己手中的文化资源，将其做成债券，并进入市场流通，形成文化资源的债权交易。文化资源版权类资产非常支持债券融资。世界上最早利用文化版权进行融资的就是美国的"鲍伊债券"，是文化产业融资方式的开创。1997年，投资银行家戴维·普曼以摇滚歌手大卫·鲍伊的25张专辑（约300首歌曲）的音乐著作权每年所产生的版税和许可费作为证券化资产，设计并发行了10年期总额5500万美元的债券[1]，文化资源债券的融资规模和融资力度彰显。1994—2001年迪士尼公司长期债券的融资就已经达到公司融资总额的1/3左右。[2] 由此，文化资源债权交易的实质，就是文化企业的债券融资，这也是文化企业发展投资需求的表现。它往往表现为将文化旅游景区的收费权、文化资源的创意版权、非遗技

---

[1] 魏鹏举：《债券融资：文化产业急需壮大的金融渠道》，《中国文化报》2017年9月30日第1版。

[2] 刘德良：《文化企业应理性面对"债市"》，《中国文化报》2014年9月20日第3版。

艺、文化艺术品乃至私产文物共有权益拆分，以发行债券方式直接融资，将文化资本做成企业债权，为文化创意企业的技术创新和研发提供资金支持，帮助文创产业做大做强，有效实现了文化与资本的对接。

我国债券市场发展历史不长，但2010年中宣部、中国人民银行、财政部、文化部、广电总局、新闻出版总署、银监会、证监会、保监会九部委共同签发了《关于金融支持文化产业振兴和发展繁荣的指导意见》，特别指出：对于运作比较成熟、未来现金流比较稳定的文化产业项目，可以优质文化资产的未来现金流、收益权等为基础，探索开展文化产业项目的资产证券化试点。支持文化企业通过债券市场融资后，文化产业债券融资增速较快[①]，但占比还是较小，在国家总体债券融资市场所占比例不到1%。2017年8月，国家发改委印发了《社会领域产业专项债券发行指引》，重点支持包括文化产业在内的6个领域的专项债券。文化产业专项债券主要用于新闻出版发行、广播电视电影、文化艺术服务、文化创意和设计服务等文化产品生产项目，以及直接为文化产品生产服务的文化产业园区等项目[②]，将文化资源物权、文化资源知识产权甚至文化活动服务行为做成债券，以发债形式缓解并克服中小文化企业融资难问题，进行文化资源债权交易。当然，文化资源债权交易、文化企业发债行为的顺利实施，还需要债券违约市场化处置机制的跟进。如明确参与方主体责任，加强对债券发行人、债券承销商、债券评级机构、债券托管人的法律约束；从债券违约事前预防、事中应急、事后处置三个方面，建立债券延期兑付、重组、破产清算等处理制度；保障债券交易发生违约时能够迅速按照既定程序处理，畅通违约债券退出渠道；甚至建立债券保险市场，分散化解违约风险，明确各个主体和各个环节的法律责任，切实保障文化资源债券持有人合法权益。[③]

综上，文化资源产权交易是涵盖文化资源物权、知识产权、股权、债

---

① 刘德良：《文化企业应理性面对"债市"》，《中国文化报》2014年9月20日第3版。

② 邹银娣：《文化产业专项债券将会产生什么影响》，《中国文化报》2017年9月2日第2版。

③ 应明：《债券违约市场化处置方式》，《中国金融》2019年第2期，第61—62页。

权等多项内容的产权交易,每种类型的产权交易都需要按照交易权益内容的自身差异、自身特点进行,在征询相关法律法规、政策政令后,依法实施信息发布、项目推介、投资引导、权益评估、项目融资、并购策划、产权交易、交易监管等各项服务活动,为各类文化资源产权流转提供交易平台及专业服务,借助文化产权交易机构或互联网交易平台,建设集文化产权交易、投融资服务、文化企业孵化、文化产权登记托管为一体的综合服务平台。但相对而言,文化产业生产经营机制的创新始于文化产业的运行方式和价值生成机制的创新,文化资源物权、知识产权、股权、债权等内容的产权交易,尤以与文化内容相关的知识产权的载体转换、再次开发和价值创造为交易核心,以保护、开发以知识产权为核心的文化创意活动,撬动文化产业的资源配置与产业整合,建立产权有效激励、要素自由流动的现代产权制度下的文化产业生产经营机制。

第四节　文化资源创意产权交易规则设定与权益保障[①]

党的十八大以来,以习近平同志为核心的党中央坚持社会主义先进文化前进方向,以坚定的文化自信和高度的文化自觉进行社会主义文化强国建设,着力推进文化创意产业发展,文创产品开发一系列政策陆续出台,极大地推动了我国文化资源创意产业发展,实现了文化资源向文化符号、文化资本的转化。我国文化资源丰富,对于那些具有开发潜质的文化资源,在保持其自身特点和核心技艺的前提下,可考虑加强文化创意与科技创新的融合,并以此生成创意产权。且在文创产业生产经营中,以文化授权的方式进行创意产权交易流转;同时设计具体的法律保障举措、跟进规则,保护文化创意,提高产权交易主体交易活动积极性,推动文创产业有序发展,提升文化产业整体实力。

[①] 胡卫萍、陈瑾:《文化资源创意产权确认与交易流转的法律保障》,《企业经济》2019年第8期,第132—138页。

一　文化资源创意产权的交易基础

近年来，我国文化资源创意产业发展迅速，涌现了文化旅游、民俗文化演艺、特色文化商店等做精做细的文化创意产业，许多数字技术、信息技术、网络技术和光电技术被融入"动漫"开发、数字影视、博物馆等文化场馆的建设中，消费者文化消费体验欲望不断提升、文创产业欣欣向荣，而这一切，离不开创意产权的确认与维护，这也成为文化资源创意产业的发展基础。

（一）文化资源创意是文化资源创意产业发展的前提

何谓创意产业？创意产业概念最早出现在1998年出台的《英国创意产业路径文件》中，该文件明确提出，"所谓创意产业，就是指那些从个人的创造力、技能和天分中获取发展动力的企业，以及那些通过对知识产权的开发可创造潜在财富和就业机会的活动"。文化创意产业，则是与文化资源开发相关的文化产业，它通过对传统文化资源的智力加工，在文化资源中融入智力因素，以知识与智能创造产值的思路，把文化与经济结合起来，发挥出产业的功能，最终将抽象的文化资源直接转化为具有高度经济价值的"精致产业"。我们通常所说的广播影视、动漫、音像、传媒、视觉艺术、表演艺术、工艺与设计、雕塑、环境艺术、广告装潢、服装设计、软件和计算机服务等都是文化创意产业范畴，由个人或团体通过技术、创意和产业化的方式开发文化资源、营销文化知识产权，推广主体文化。文化创意产业的核心是创意，强调科技创新与创造力。

我国文化资源类型多样，无论是民族文化资源还是历史文化资源，都以其丰富性、多元化、包容性与开放性著称，但以产业形式进行文化资源推广很不够。哈佛大学的约瑟夫·奈教授曾提出过"软实力"概念，意指把文化推介到世界去。习近平总书记也曾指出："中华优秀传统文化是中华民族的突出优势，是我们最深厚的文化软实力。"但国内对"软实力"概念一直有误解，简单认为"软实力"就是卖电影、书籍等文化产品，忽略了文化标识背后的文化价值传播与科技能力运用。系统梳理传统文化资源，让收藏在禁宫里的文物、陈列在广阔大地上的遗产、书写在古籍里的文字都活起来，进行文化资源、无形资产开发，这才是文化"软实力"最核心的内容。面对丰富可开发的璀璨文化资源,其推广可以文化创意企业发展的形式进行。在《文化资源产权交易调查问卷》中,在文化资源产业化开发的对象方面,虽然很多人认为文化资源开发集中在文化历史资源的艺术业开发,如音乐艺术的再创作、舞蹈艺术的创新、服装设计艺术的演示,陶瓷、雕刻工艺品业开发、中国戏曲剧种的戏剧业开发,还有文化民俗风情及宗教资源的旅游业开发等,认为这些是开发重点,但同样有59.49%的人认为文化资源开发可着眼于文化资源创新创造的版权业、创意业开发,打造文化资源符号化,这与文化历史资源的开发同样重要。在《文化资源产权交易调查问卷》中,68.99%的人认为旅游产业、动漫产业、游戏产业等对文化资源利用所涉的产权用益、64.56%的人认为非物质文化遗产用益中所涉创意研发、50%的人认为博物馆文化资源的创意产权、49.37%的人认为非遗技艺的许可使用权等可以进行产权交易、产权流转。可以看出,我国民众的文化资源创意产业开发、创意产权维护意识、创意产权交易流转认知有所提升。

创意,作为文化创意企业存在与发展的根本,本指"好的、有创造力、创造性"的思想观点,是做事前的事先构思、事情的总体规划或设计,是人类智力活动成果,呈现出非物质性和一定程度的新颖性、创造性等特点。文化资源创意,就是对文化资源富有创造力的创意表达,借助文字、音乐、绘画、舞蹈、口头语言等表达形式表现出来,有着丰富的知识内涵。文化资源创意一旦被开发成创意产品,就是文化资源创意"落地"的表现,可通过知识产权的开发运作,将知识的原创性与变化性融入具有丰富内涵的文化之中。如依据实用性标准,从资源融合、技术融合与市场融合的角度,将历史故事、民族民俗、古迹遗产、建筑街区、非遗技艺等文化资源,与工业、旅游业、信息业、流通业、餐饮业等多种产业融合,将文化资源的文化价值和教育价值融入其中,并在文创产品设计、研发、生产、销售等环节融入技术支持、改变产品形态、改善生产流程和运管方式,推动产业升级转型、多元化发展,满足人们对物质消费需求之外的精神消费需求。具体表现为将文化与科技结合,把民间文化传说演绎为新兴动漫产业;或对传统文化资源演绎提升,塑造成资源品牌的文化标记;或将创造性思维融入丰富的农业元素中,满足城乡居民对农业休闲、体验、养生、文化、娱乐等功能的需求①，衍生生活记忆。由此，在丰厚文化资源的浸润下，完全可以通过新颖的思想，对文化资源进行富有创意的表达，形成文化资源创意，并借助产业形式实现文化资源创意"落地"。文化资源创意有了，创意"落地"了，文化创意产业发展的核心资产也就有了，文创企业良好发展愿景的基础具备，并可以此为基础进行文化资本转化，实际生产这些富有纪念意义或实用价值的文创产品。消费者在体味文创产品的鉴赏之美、感受其中文化附加值的同时，文创企业的市场竞争力也随着文化资源的创意"落地"而提升，文化资源创意产权的财富价值也随之凸显。

（二）创意落地后的 IP 打造推动文化资源创意产业发展

文化资源创意产业，作为文创创意、创意产权与无差别个体劳动的结合，其所看重的并非文创产品本身的生产与销售，而是创新创造中的创意产权无形资产价值。虽然文化本无经济价值可言，但文化产权拥有文化经济价值。而创意产权制度，就是将无形文化在创新创造后演绎为能实际感知的文化物权、文化债权、文化知识产权、文化股权等文化产权，将其明确为可交换的财产权益，以文化授权的方式进行产权融通，生产、销售文创产品，提升文化资源市场配置，维护创意产权人智力成果、产权效益。早在 2007 年第三届深圳文博会上，与会专家就形成了"非物质文化遗产必须寻求市场化手段来保护、开发和应用"的共识；贵州省博物馆馆长李黔滨更是直接指出"产业化开发是抢救保护的唯一出路"②。且从诸多"非遗"产业化取得的成绩来看，产业化推动"非遗"由文化资源向文化产品转化是行之有效的，非遗文化资源的产权价值得以实现。

但创意本身的激发，不仅是创意人内在感受的激扬，更是来自法律的确认。毕竟文创产业的灵魂融汇于文化、形象、设计、特色及专利中，以知识产权的外形表现出来，离不开知识产权的相应保护。只有创意者的权益内容被维护了，才可能鼓励创意者不断激发创作灵感、敢于并勇

---

① 姚海琴：《浙江农业文化产业发展路径探寻——基于国内外成功模式的分析》，《吉林广播电视大学学报》2012 年第 10 期，第 158—160 页。

② 余海蓉：《用产业化运作抢救民间文化瑰宝》，《深圳特区报》2007 年 5 月 20 日第 B05 版。

于创造。没有IP（知识产权）保障的文创产业，原创者就算耗尽心血也可能因为仿冒、抄袭行为而不能成为最大获利者，甚至降低文创产品质量，贬损文创企业形象。文创企业IP、创意产权的确认，不仅是文创产品本身获利的表现，更是一个良好营商环境的打造，是对文化创意业者的有力支持，引导各界投入资源到文化创意产业，开拓市场空间，实现收益多元化。

文创企业IP、文化资源创意产权，作为文化资源累积、文化理念把握下的创新创造，蕴含着丰富的产权权益。在准确理解文化资源内涵的基础上，完全可借助高科技手段、互联网技术，以一个故事、一种形象、一件艺术品、一种流行文化等形式，将该文化资源打造为一个IP，演绎开发为影视剧、游戏、旅游纪念物等版权商品，形成该文化创意IP的系列衍生产品。如基于网络文学IP的《魔道祖师》，在动漫产品的开发中与可爱多达成了深度的IP捆绑共建合作，线上以内容定制、捆绑营销等方式进行全网曝光，线下则通过《魔道祖师》虚拟角色代言，定制魔道款可爱多、推出可爱多魔道祖师主题餐厅等，通过新兴媒体传播IP的渠道聚集目标受众，实现商业价值。①

这些产品在增强大家文化认同、丰富人们文化生活的同时，其产品所承载的富含文化资源内在价值的文化创意产权，也成为大家关注的对象。毕竟每一件文创产品都是对文化资源的内涵解读、创意运用，都是丰富的文化资源创意产权在资本环境下的商业运作表现。人们之所以认同这个文化产品、文化IP，实质上是在认同该文化产品所负载的文化资源的精神指代。② IP形象化只是外在的形式，而IP的人格化才是核心，人格化才具有连接粉丝、集聚流量的能力。以如今时兴的文化型特色小镇建设为例：万

---

① 朱晓培：《腾讯"新文创"：中国式IP之路》，https://baijiahao.baidu.com/s? id=1615398349428337744&wfr=spider&for=pc，2019年9月11日。

② 《冰雪奇缘》的放映使全美一年卖了300万条（每条标价149.95美元）电影同款的裙子，收入约4.5亿美元。这并不是在于裙子有多漂亮，而是因为女主角艾莎的形象戳中了儿童和成人的不同的关注点，这也是IP生命力的表现。上海高摩实业发展有限公司《高摩IP解析：爆款文创IP的打造逻辑》，https://baijiahao.baidu.com/s? id=1621531576536491792，2019年7月21日。

达集团曾斥资 15 亿元在贵州丹寨开发旅游小镇，通过对当地少数民族风情的集中再现与旅游市场嫁接，引起社会关注。但这种文化型特色小镇建设目前仍处在"修旧如旧"阶段，只是复原带有传统文化符号的建筑，或对现有建筑进行"穿衣戴帽"以营建特色文化氛围等，缺少深层次文化内涵挖掘，也没有实质性文化内容生产，更谈不上以 IP 为核心的品牌价值营造。很多文化型特色小镇的核心内涵不健全，大多停留在简单的相互模仿和粗制滥造上，保留的只是文化型特色小镇的"表皮"，无法推动文化品牌的扩展和传播，很难持续地创造经济价值。而以文化 IP 与科技传媒相融合的新型 IP 产业链打造，才是文化型特色小镇的根本依托。当然，在文化资源创意产业发展中，文化资源创意越保真、遐想空间越大就越有价值，产权权益内容当然更为丰富，产业发展空间越大，IP 产业链中的文化经济价值实现越发有保证。由此，文化资源创意产权即 IP 产权的确认，在文化资源创意产业链中处在产业链运转源头的位置，直接决定着创意产权的流转与否、流转走向。创意落地后的文化资源 IP 打造不仅推动文化资源创意产业的发展，更充溢着文化资源产权确认、交易流转与法律维护的全过程。

（三）文创 IP 产业链充溢着文化资源创意产权的确认与维护

文创 IP 产业链是将文化资源演绎为文创产品、并以完善合理的产权制度为其保障的产业链条。从文化资源创意萌生那一时刻开始，就开启了文创 IP 产业链。如文化资源创意产权的生成，是尊重并理解文化资源基础上的创新创造，以创意的形式重新演绎解读该文化资源，使文化资源符号化、商品化。当然，该创新创造还得得到文化资源拥有者或管理者许可才行，创新创造物的物权利益归属还可约定。而当该创意满足著作权、专利权等权利取得条件时，亦可从知识产权角度进行产权确认并维护，并可基于该创意产品进行商标注册，获得创意产品商标专有垄断使用权；更可基于该创意所滋生的版权、专利权、商标权等知识产权，进行融资入股、质押担保或品牌授权。

近年来，我国文博创意产业化发展迅速，涌现出以故宫博物院、国家博物馆、上海博物馆等为代表的行业引领者。他们通过自主研发、委托授权等方式，大力发展文创产品，成效显著。从 2014 年北京故宫博物院的朝珠耳机、如朕亲临—奉旨旅行腰牌卡,到苏州博物馆的秘色瓷莲花碗曲奇、南京夫子庙的盐水鸭别针、南京六朝博物馆的六朝魔方等文博创意产品圈粉无数,相应的优质"文化—科技"IP产业链初步形成。在故宫博物院文创产品中,以故宫猫为创意来源,衍生出一系列灵动可爱的文创产品。身穿皇帝或宫廷侍卫服装、眼神萌萌的"大内咪探"故宫猫形象,被广泛用于抱枕、水杯、手机壳、书包、手表和鞋子等,还延伸至电影、美术绘本、零售品等200多款SKU,并在故宫创办了唯一一家主题形象体验店。该超级IP,不仅承载了故宫的故事性、传承性,也因为萌萌哒的形象创意深受消费者喜爱。2018年,第13届北京文博会上瞭望智库发布的《面向高质量的发展:2017—2018年度IP评价报告》统计,2017年7月—2018年6月,我国电影、连续剧、网络游戏、网络文学、动画、漫画六个领域的前50名产品,涉及274个文化IP,《天龙八部》《鬼吹灯》《斗破苍穹》《王者荣耀》等知名IP位列榜单前列[1],商业空间和商业溢价不断增长,文化经济价值实现。但总体而言,我国目前国产IP赚的是前端经济,衍生经济仍是短板,IP总体运营状况不佳。而IP是运营出来的,只有在受众心中产生情感共鸣,并乐于分享这种共鸣,才是一个好的IP;而这又建立在真正理解IP即资产、IP即产品、IP即品牌的基础上。但一个超强IP的落地推广,不只是一个简单的宣传,它需要360度的商业化总体运营,这其中,充溢着文化资源创意产权的确认与流转交易。

一般而言,文创IP产业链的推出,一开始就要强调文化内容的制作,制作团队要全程紧盯IP进行创作,围绕文化IP将可能具有市场价值的内容(故事)大纲,再加入虚拟现实、增强现实和人工智能等新兴技术,在此基础上进行二次创作开发,在高新科技帮助下将文化产业的价值由初始的文学领域传导至动画、影视、出版和游戏等多种产业领域中[2],滋生文化资源创意产权,而后进行IP文化品牌及具体产品的推广发行,文化资源创意产权也将随着该产业链流转而流转交易。由此,在市场化思维下,文

---

[1] 朱晓培:《腾讯"新文创":中国式IP之路》,https://baijiahao.baidu.com/s?id=1615398349428337744&wfr=spider&for=pc,2019年5月11日。

[2] 郭湘闽、杨敏、彭珂:《基于IP(知识产权)的文化型特色小镇规划营建方法研究》,《规划师》2018年第1期,第16—23页。

创 IP 任一产业流转环节都充溢着文化资源创意产权的确认与维护，贯穿在文创产权生成、文创产权授权、文创产权流转融通等产业链全过程，以消费者的价值认同与创意产权的市场价值、资本空间，实现文化资源符号化、商品化，保障创新创造者创意成果、产权权益。这其中，需要明晰的创意产权界定，划清文创产品流通中创意财产边界，模糊的创意产权归属只会导致交易成本提高，相关权利义务纷争不断，还会在一定程度上影响文创产业良好市场氛围的营造。文创 IP 产业链运转中，有必要及时确认并维护文化资源创意产权，建立健全创意产权交易规则和监管制度，在权益维护中使文化资源拥有者的文化利益和衍生利益得以持续，推动文化创意产权有序流转。

二 文化资源创意产权交易的流转路径

文化创意产业作为以文化与创意为基础、以知识产权和创造力为核心的新兴产业，由于附加值高、资源消耗低、发展可持续，越来越为各国所重视，成为国民经济的支柱型产业。但如上文所述，文创产业归根结底是靠人的智慧来创造设计的，强调知识产权保护。文创产业任意一个发展环节，都充溢着文化资源创意产权的确认与维护，其创意产权交易流转链，贯穿在文创产权生成、文创产权授权、文创产权流转等产业链全过程。

（一）文化资源创意产权流转始于文化授权的创意转化

我国拥有丰富的文化资源和多元的文化内容，有许多颇具地方特色与民族象征意义的民族民间文化资源。各类博物馆（包括非遗博物馆）更是文化资源的主要集聚地和存储者，可借助文物藏品、非遗技艺等进行博物馆文化资源的深度发掘、转化和利用，以文化资源创意 IP 打造、文化资源创意产权流转推动博物馆文创产业发展，将文化资源转化成文化资本。

现代科技融合下，文创产业发展伴随着文化资源创意产权交易流转。该产权交易链，已突破传统产业结构形态，在遵循文化资源内涵价值的基础上，以文化授权等方式进行创意转化，注重对原始文化资源整合、提炼、创新创造，将无形文化资源转化为创意型文化产品，暨文化资源创意产权流转始于文化授权的创意转化。这种创意转化，将授权标的物所蕴含的文化资源作为创意资源，结合其他物质或产业载体，改变资源配置比例，形成新的价值生成和累积，优化产业结构与资源配置，并借助文化授权将文化资源符号化、产业化。文化授权中，文化符号所承载的知识产权等权益，通过产权交易、创新创造后再交易等方式，不断扩张文化资源的文化渗透力与市场价值，缔造"文化资源"向"文化符号""产权授权""内容创意""生产制造""营销推广""价值消费"转化的文化授权产业链，并由此形成文化资源产权发掘与确认、文创 IP 授权交易与管理、授权后的创意设计、文化产品生产经营活动。① 在《文化资源产权交易调查问卷》中，33.54%的人认为在文化授权创意产业链中，最需要关注的环节是文化创意产权归属。因为没有文化资源的创意转化，没有文化授权的创意流转，文创产业的 IP 产业链就无法形成，有限的文化资源无法演绎为新的文创产品，科技创造与文化价值融合成为空话。文化授权的创意转化，开启了文化资源创意产业之创意产权流转模式，打造文创产业 IP 产业链，并于其中展现文化特色与市场效益，传承民族文化。

博物馆文博产品研发、推广，就是这一文化授权之创意转化的典范。博物馆可将其拥有知识产权的文化资源，如物质形态的文物藏品、非物质形态的传统技艺，以及与博物馆建筑、辅助性的展品、装饰性的物件甚至博物馆内的动物、植物等与博物馆有关的事物直至博物馆数字资源，均可以合同的形式由博物馆授权被授权者在一定时间和地域范围内使用，从事文化经营活动，并向博物馆支付费用。而无论是向生产服务类企业、媒体等市场机构直接授权进行文创产品的生产制造，还是委托文化授权经纪组织进行文化授权或版权代理等，都始终强调文化资源的创意转化、文创知识产权的保护、开发和运用，注重法律层面权利义务关系的梳理及维护，并将其作为文化资源创意产权的流转源头。

(二) 文化资源创意产权流转流程

一般而言，文化资源创意产权流转主要包含文化内容生产与文化内容授权发行两个环节。文化内容生产是对文化资源发掘整合，选择有市场价值的文化资源，对其进行创意研发、市场利用，文创产权由此发生。而这

---

① 王秀伟：《文化授权：文化产业价值链与生产经营机制的创新》，《学术论坛》2017年第6期，第114—119页。

首先需得到文化资源所有者、持有者许可，允许对文化资源创意研发、整合利用，确认文化资源创意产权权利主体、权益内容，凸显文化资源市场效益与文化价值。文化内容授权发行，则以多样化授权方式让渡文化知识产权及其使用权，在生产经营中实现知识产权移转、复制，将文化创意融合、渗透在产品生产和服务中；更在授权移转中，及时确认相应的产权归属，明确文创知识产权的权益归属与权益内容。即文化资源创意产权授权产业链，是在文化资源集聚和知识产权累积的基础上，以文化内容生产与文化内容授权发行等模式，将文化产权的知识和智力价值转化为授权产品的文化价值和经济价值，并通过授权产品的市场流通和交易最终实现价值补偿，这其中充溢着知识产权的确认维护与流转保障。文化资源的符号化、资本化本身，如动漫符号、博物馆文化品牌等，就是文化内涵向其他产品扩散和延展的表现，展现为文化资源的所有权、文创知识产权的所有权与使用权分离、让渡，授权者与被授权者亦会受到法律与经济的双重规制。所以，文化授权产业链，不仅凝聚着文化资本，促成文化资源符号化、资本化，更在文创知识产权生成、授权交易与管理、授权后的再创造设计中，进行知识产权权利确认与权利流转，传播文化资源文化价值、展现市场效益。

文化资源创意产权流转主要包含文化内容生产与文化内容授权发行两个环节，但文创产权的流转流程，则涉及对文创产权的文化资源的整合评估、文化授权、文创产品的宣传营销三个环节。对文创产权文化资源的整合、评估甚至数字化处理，是文化授权的基础，也是创意转化的表现。以博物馆文创产品为例，先得对博物馆藏品的文化内涵、与藏品相关的文化背景、博物馆的文化内容进行深度发掘和梳理，同类聚集、同质整合文化资源间的文化要素[①]，确定哪些是可交易的且能展现博物馆整体优势、具有市场潜力的文化资源。而后就是对文创创意进行评估，评价分析文化资源的内在艺术性与审美性、外观独特性与鉴赏性以及公众影响力和知名度等。一般而言，评估价值越大，文化授权的潜质与优势就越明显，文创授

---

① 侯珂：《国家博物馆文物藏品数字影像版权化初探》，《中国国家博物馆馆刊》2012年第5期，第131—135页。

权后被消费者接受的可能性越大。文创产品的宣传与营销，则是借助博物馆展览、媒体宣传及社会热点事件报道等手段，帮助消费者认知这种文创产品，知悉该文创产品背后的文化资源内涵，接受该文创产品，文创产权所附着的文创产品物权也因此发生移转。当然，在文创产品进入实质的文化内容生产与文化内容发行之前，还得有相应的文化创意产权授权环节。这一授权过程本是一个动态过程。授权方首先得有文创产权的授权信息，采取招标或者邀约参与的方式，向社会公开授权信息；而后选择合适的被授权方进行接洽与谈判，签订授权合同，进行授权后的监管，保障授权后报酬的回馈等。其中，授权合同条款必须清晰明了，呈现合同的严谨性，不存在概念隐晦和界定模糊的地方，同时遵守相关法律法规，不能出现与法律相抵触的地方。[①] 当然，授权者与被授权者间明晰的权利义务关系，也就成为文化授权产业链中知识产权确认与流转的权利保障、规范依据（见图4-1）。

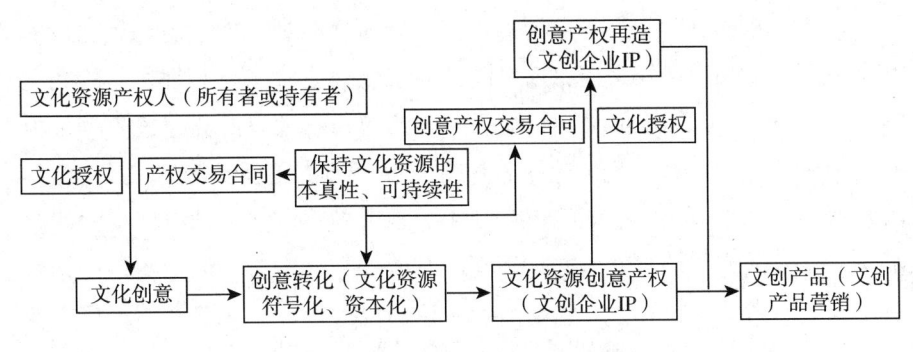

图 4-1 文化创意产权授权产业链

（三）文化资源创意产权交易要求交易主体间权利义务关系明确

同其他授权一样，文化资源创意产权交易要求交易主体间权利义务关系明确。这种权利义务关系的明确，首先要明晰授权主体间的法律行为。而文化资源创意产权授权，是依据法律规定，以合同的形式，由文化授权的创意产权主体将自己拥有或代理的文化资源产权、文化创意产权等授权客体，通过合同约定授权的方式，将与文创产品相关的、可交易的文创财

---

① 刘勇伟：《艺术授权：博物馆文创产业发展的新途径》，《博物馆研究》2018年第2期（总第142期），第38—43页。

产权益，授权被授权者在一定区域、时间和用途范围内使用；被授权者根据合同约定，按约定事项将所授权利用于产品生产经营并支付报酬。文创产权授权下的创意产业链运转，则是在生产者、销售者与传播者间进行的产权流转交易，将授权标的物文化价值和潜在经济价值由此向授权产品注入和扩散，创意产权交易价值由此呈现。以博物馆文创授权为例：博物馆文创产品的授权主体为博物馆，由其设置的专门机构或委派的专门人员实施授权活动；授权标的物包括博物馆拥有知识产权的各类物质文化资源、非物质形态的传统技艺，博物馆建筑式样、博物馆影像资料、博物馆开发的动漫玩偶形象、博物馆动植物形象、博物馆商标等与博物馆文化事项内容相关的知识产权也都可成为授权客体；被授权主体则既包括营利性质的市场生产经营组织，也包括具有公益性质的非营利性组织，如教育、科研、慈善等非营利机构等。授权模式也有直接授权、委托授权、综合授权等多种授权模式。

需要注意的是，文化资源创意产权流转所涉权利，除了著作权、商标权、专利权等知识产权内容，还可能涉及文化资源载体与文创产品的文化物权、文创产权流转中的文化债权、文创产权作价入股的文化股权等多项权利内容。这些权利实现，除了依赖原本产权评判标准，判断文化资源、文创产权归属外，主要依赖授权合同、交易合同判定文化产权授权的权益类型、交易内容，以明确的交易规则、有效的交易监管，保障文创产权主体的权属利益、交易利益，感受消费对象的文化内涵，保证文化资源产业文化附加值实现，维护文化尊严。

另外，文化资源创意产权流转发生在文化资源创意产权授权者与被授权者之间，其授权过程和授权后的交易监管也就相应地成为文化创意产权产业链的重点关注环节。目前有关这方面的权利主张、行为规制却不够完善，相关的示范性合同文本、具体的法律操作规程内容都不够清晰，较难在产权流转的内生循环中保证当事人恪守合同，授权客体的文化价值与市场价值的文化渗透、价值融通，还得依赖于授权内容的监管。

所以，文化资源创意产权的创意生成、产权交易流转后，紧接着需要做的事情是对授权内容进行动态监管。被授权标的物因为被授权的时间段、授权类型、授权模式与授权主体间关系的不同，其知识产权也处在不同状态，需要进行动态的跟踪管理，以便能够及时掌握授权标的物及其知识产权等授权财产权益状态，避免授权中及授权后的权益风险。同时，与多部门合作，通过官网、手机、App等多种媒体渠道，公开授权信息，让更多的企业和个人了解文创产权授权情况，监督文创产品的生产经营活动，关注文创产权授权的资金来源、收益的合理分配，保证文化授权的正当性、合理性与可持续性，也吸引更多有良好文创创意的合作者参与文化授权，推动文化资源的创意生成与创意转化，促进文创产业发展。但就目前而言，无论是文化资源创意产权生成本身，还是文化资源创意产权授权流转，以及授权后的跟踪监管，行为主体间的具体行为都存在不少瑕疵，我国相关的法律保障措施也相对滞后，文创产业生产经营产权化激励制度也不完善，有必要针对文化资源创意产权的交易状况进行对应的法律制度的完善，提高产权交易主体交易活动积极性，推动文创产权有序流转。

三　我国文化资源创意产权交易状况

近年来，在"互联网+文化资源""文化旅游+科技"等发展模式下，一系列以文化创意、文化符号为核心的生产活动组合形成，并借助综合展示与交流服务平台，将文化符号、文化创意商品化，消费者文化消费需求不断得到满足，文化资源创意产业发展迅速。但与此同时，文创产业生产经营中产权化激励制度的不足，也成为制约我国文创产业发展的重要因素。

（一）文化资源创意产权交易日益受到重视

随着《文化产业振兴规划》《博物馆条例》[①]《关于推动文化文物单位文化创意产品开发的若干意见》《国务院关于推进文化创意和设计服务与相关产业融合发展的若干意见》《关于推动特色文化产业发展的指导意见》《关于实施中华优秀传统文化传承发展工程的意见》《"十三五"国家战略

---

① 2015年国务院发布《博物馆条例》，明确指出"国家鼓励博物馆挖掘藏品内涵，与文化创意、旅游产业相结合，开发衍生产品，增强博物馆发展能力"。

性新兴产业发展规划》①《文化部"十三五"时期文化科技创新规划》② 等扶持文化资源创意产业发展文件的颁布,我国文创产业发展呈蒸蒸日上态势,文化与科技融合,数字创意文化产业成为典范。具体如国家博物馆的青铜犀尊卡通卡套及存钱罐,故宫博物院的朝珠耳机、故宫折扇、步摇书签、"福"气包、"千里江山图"主题系列文创,南京六朝博物馆的六朝魔方,上海博物馆的《乐游陶瓷国》文物游戏绘本、仿青釉褐彩羊的创意变形枕③、小博乐 U 盘,陕西历史博物馆的文博星、"金蚕"系列文创,秦始皇帝陵博物院 Q 版兵马俑人物系列,浙江省博物馆的"西湖十景"系列文创,安徽博物院的"画魂玉良"系列文创,湖北省博物馆的楚文化系列文创,还有广西壮族自治区博物馆的珐琅彩百花纹系列文创等,呈现创意品牌日益增多、欣欣向荣的趋势。

  许多博物馆在文创资源开发、文创品牌创建中,也越来越关注文创产业生产经营中的创意产权授权,关注其所涉及的知识产权流转、许可使用等。许多博物馆以丰厚的文物典藏为基础,通过艺术授权的方式与设计公司合作开发文创产品,并及时进行版权登记,明确约定授权主体间的权利义务关系,维护相关知识产权、物权、股权等财产权益。如故宫博物院等各个博物院、馆都可对其开发的文创产品进行图像影音授权、出版品授权、合作开发授权和品牌授权等,以直接授权、委托授权和综合性授权等方式明确彼此间权利义务,鼓励创意研发,形成汉文化系列、楚文化系列、西湖十景系列、文博星系列文创产品以及朝珠耳机、《孔子圣迹图》

---

  ① 2016 年 12 月 19 日,国务院印发的《"十三五"国家战略性新兴产业发展规划》指出"数字技术与文化创意、设计服务深度融合,数字创意产业逐渐成为促进优质产品和服务有效供给的智力密集型产业,创意经济作为一种新的发展模式正在兴起"。该规划第一次将"数字创意产业"列为要重点培育的 5 个产值规模达 10 万亿元的新支柱产业之一,这说明在数字化浪潮迭起的进程中,数字创意产业作为文化与科技融合的典型产业。

  ② 2017 年 2 月,《文化部"十三五"时期文化科技创新规划》正式发布,该规划提出要提升文化科技支撑水平,以深入实施科技带动战略,加强文化科技创新,提升文化领域技术装备水平,促进科学技术在文化领域的应用与推广,推动文化与科技融合向纵深发展。该规划进一步强调了建设文化科技协同创新体系的重要性。

  ③ 子萱:《博物馆衍生品:创造典藏新价值》,http://www.ce.cn/culture/gd/201503/14/t20150314_4818270.shtml,2016 年 8 月 12 日。

屏风摆件、翠玉白菜伞、竹林七贤戒尺、六朝魔方文创产品等。而深圳华强方特（熊出没）、广州易动娱乐（美食大冒险）、北京梦之城（阿狸）、北京璀璨星空（京剧猫）等国产动漫文化品牌，则是在立足中华传统文化资源的基础上，对其进行创意开发和市场转化，强调科技融入下的产业融合，打造创意IP，更滋生了诸多文化产权主体，产权交易流转中的投融资并购不断升温，文化贸易总量亦持续扩大，产生了不菲的经济效益，创意产权交易日益受到重视。

（二）文化资源创意产权交易依然困惑良多

借助丰厚的文化资源与政策扶持，在大量科技手段帮扶下，文化资源创意产权交易活跃，涌现不少优秀的文创产品。尤其是有着"超级IP"的博物馆，文化资源授权、文创衍生产品的年销售额超过几十亿元，仅故宫文创衍生品这几年每年的销售额就超过10亿元。[1] 尽管业绩不菲，但距离美国大都会艺术博物馆、法国博物馆、英国博物馆等距离遥远。实际上，我国博物馆文化资源衍生品开发收入比例不到总收入的10%；而台北故宫博物院早在2009年就通过图像授权、合作开发、品牌授权、出版品授权等方式进行衍生品研发设计，与90多家本土及国际知名企业展开合作，仅2013年文创产品的销售收入就达到近9亿元新台币。[2] 2017年中国授权行业年度白皮书亦显示，目前我国IP授权市场上，博物馆文化授权只占2%。且许多博物馆对授权标的物的权利概念依然不清，藏品的物权、版权、知识产权概念常常混淆，更不知藏品产权归属、版权权益的具体内容，侵权现象时有发生。如2002年，某博物馆曾因与某文创产品开发公司合作开发的馆藏油画作品《开国大典》的贵金属工艺品版权而引发纠纷。[3] 此外，

---

[1] 赵亚萍：《故宫文创一年销售额超10亿营销收入去向何处？》，http://news.163.com/18/0327/02/DDSF1U1M0001875P.html.2018-03-27 02:55:58，来源：中国新闻网（北京），2018年6月29日。

[2] 范周：《博物馆衍生品开发：火爆背后问题重重，传统文化究竟应该如何连接现代生活？》，http://www.0571ci.gov.cn/article.php?n_id=9127. 来源：言之有范，2018年6月29日。

[3] 邓尧：《博物馆知识产权管理与保护实务》，南方出版传媒广东人民出版社，2016年版，第68页。

还有"天下第一福"的传统书法作品涉嫌侵害商标权①,博物馆文物、文化遗址被抢注商标②,博物馆文创产品开发经营管理中的专利侵权问题等③,维权方法与路径也不甚清晰。一些文创产品研发后,迅速被盗版现象严重,文化资源持有者、文化创意产权人创意研发积极性受挫。当然,亦有一些文创产品一开始就涉嫌侵权,如"故宫淘宝"上线不足一天的"俏格格娃娃"产品即因涉嫌知识产权纠纷而下架召回。④

这些都说明,对文化资源开发利用的知识产权维权保障,相较以前有了较大提升,但尚未形成良好的法律氛围,还是存在要么将文化资源简单理解为公共文化资源,认为可随意开发、使用;要么依然固守成规,将资源作为档案属性进行管理,未见识到资源本身所承载的文化价值在市场运作中的显现。而在"互联网+"、大数据挖掘等技术支撑下,博物馆文化资源、非遗文化资源的文化授权前景广阔,在相应授权活动中进行积极的产权维护、消极的产权侵权责任追究,亦对文化资源文化价值维护与市场效益实现有着积极推动作用。针对文化资源创意产权交易中的诸多不良现象,有必要找寻原因,进行应对策略的思考。

(三)文化资源创意产权交易困窘在于效益主导的产权化激励制度不足

文化资源创意产权的授权实质,是创意驱动下的文化生产和价值生成过程,有别于文化产业传统生产经营方式的文化生产要素的简单整合、直接生产与销售,而是通过标的物知识产权的授权,实现文化内涵向其他产品的扩散和延伸,以授权产品文化内涵和创意的凸显来提升产品文化附加值,甚至将其他产品也转化为文化产品。所以,文创产权授权下的文化产业生产经营更多依赖知识产权移转和利用,将知识产权和创意所生智力价值转化为授权产品的文化价值和经济价值,并通过授权产品的市场流通最终实现价值补偿。这其中,文创产权授权前的文化资源的

---

① 邓尧:《博物馆知识产权管理与保护实务》,南方出版传媒广东人民出版社,2016年版,第222页。

② 邓尧:《博物馆知识产权管理与保护实务》,2016年版,第160—170页。

③ 邓尧:《博物馆知识产权管理与保护实务》,2016年版,第234页。

④ 张曦:《故宫停售"俏格格娃娃",已售出的一律退款召回!原因是……》,http://news.sina.com.cn/o/2018-03-23/doc-ifyspppmr5812979.shtml,2018年12月11日。

知识产权发掘与确认、授权过程中知识产权交易与监管、授权后的文化资源创意再设计，构成了文化产业生产经营活动之文化资源创意产权交易全过程。

我国文创产业虽呈欣欣向荣趋势，但文创产权交易中授权比例相对低，产权交易不尽如人意。究其原因，主要是在风险考量、风险担当上存在不足。毕竟授权对象涵盖了与特定文化相关的著作权、商标权、专利权、设计权等诸多知识产权类型，而知识产权财富价值的市场风险，都直接影响到文创产业的生产经营活动。在文化资源向文化符号、文创产品、文化资本转化中，受知识产权本身所存在的专业性、复杂性和市场价值不确定性等因素的影响，不论是在文化创意产权萌生市场，授权产业的知识、智力、服务等要素市场，还是面向消费者的授权产品或服务的销售市场，知识产权价值评估与传统意义上的有形资产均存在较大差异，无形资产价值都存在放大或缩小的可能，产权价值评估结果悬殊（文化创意产品尤甚）。由此，在文化资源创意产权交易中，授权主体与被授权主体对授权客体价值的知识产权风险、文创资源归属界定及开发利用、授权合作等，都表现出一定程度的担忧；再加上相关产权界定标准、授权分类与授权操作程序的规则制定、管理运行规范等都不明确，文创产权所需求的产权激励、保障制度跟不上，这些对于追求效益价值的产权制度而言，无疑起到了弱化而非激励作用。

而如前文所述，文化资源创意产业产权交易全过程，涵盖文创产权授权前的文化资源产权发掘与确认、授权过程中产权交易监管、授权后的文化资源权益再造三大阶段，每一阶段都需要相应的交易规则的跟进和保障。如何在文化授权下的文创产业生产经营中，提升文创产业的产权化激励制度，规范产权确认与交易规则，降低交易风险，使权利主体获得产权处置上最大利益的同时，将文化价值、文化理念向文创产品和服务渗透、融合，追求效益价值，已成为改变文化资源创意产权交易困境、提高产权交易主体交易活动积极性的关键。

四　文化资源创意产权交易流转中的权益实现

文化资源产权、创意产权的交易流转，以文化授权的方式开启了文化资源向文化符号、文化资本转换的文创产业链。而文化授权的创意转化，充溢着文化资源产权的确认与流转，对交易主体有着较高的行为规制要求。文化资源创意产权交易流转中的权益实现，则需要围绕文化授权前的文化资源产权发掘与确认、文化授权过程中产权交易监管、文化授权后的文化资源权益再造三个阶段，设计产权确认、交易流转规则跟进等具体法律保障举措、跟进规则，实施文创产业生产经营产权化激励制度，保障产权交易主体利益的实现，提高产权交易主体交易活动积极性，保护文化创意，提升文化产业整体实力。

（一）文化资源的产权发掘与确认规则跟进

文化资源作为文化产业的发展基础，是文化产品价值生成之源，也是文化授权的前提。我国文化资源丰富，但文化资源多以零散状态存储、散记在博物馆、民间技艺活动中，需要进行系统挖掘和有效整合。但文化资源整合不是文化资源的简单堆积，而是按照一定的文化主题，对文化资源以及不同文化资源间的文化要素进行同类聚集、同质整合；需重新配置、组合文化资源，形成有助于产业开发的资源结构，发挥文化资源整体优势。在文化资源整合、挖掘中，离不开将抽象文化资源转为具体文化符号的行为，离不开资源产权本身所蕴含的物权权益、知识产权基础。如博物馆文化资源，其丰富的典藏文物所形成的厚重文化特色，极具文化符号转换"创意设计"基础，容易形成独特文化魅力的博物馆文创产品。博物馆文化资源的整合、挖掘，就是在再创作、再用益馆藏品的过程中，通过物权处置、版权授权、版权再造等交易流程，开发文化创意产品；并对博物馆藏品物权和藏品再创作、演绎中形成的藏品版权，进行产权确认、交易和维护，并以授权形式将其投放到市场传播历史文化、获取经济收益，让博物馆文化资源"活"起来。[①] 而非物质文化遗产资源的挖掘、整合，也是在传承非遗资源的同时，看到了非遗资源背后的市场价值、创意空间和可交易属性，在强调非遗资源的"原真性"利用基础上，鼓励非遗资源的创新创造、创意研发，甚至允许其创意成果作价入股，为非遗文创产业的

---

① 胡卫萍、刘靓夏、赵志刚：《博物馆文化资源开发的产权确认与授权思考》，《重庆大学学报》（社会科学版）2017年第4期，第103—110页。

发展累积文化资本。[1]

所有这些都表明,文化资源创意产业发展的基础在于文化资源产权授权,需要相应的文化资源作为铺垫,需要明确的文化资源产权确认及维护。即对文化资源的挖掘整合,离不开全息浓缩、数字化处理文化资源后的文化符号的内涵解读,离不开对相应文化资源的产权分析,离不开因文化资源所生的物权、债权、知识产权甚至股权权益把握;再加上文化资源创意产业发展离不开创新创造活动,是将文化资源转化为资产和资本的动态过程,充溢着知识产权的形成、保护和积累,对知识产权尤为强调,更使文化资源产权中的知识产权权益确认、保护跟进显得愈加迫切。由此,文化资源创意产业的生产经营活动,凝聚了大量的知识元素与产权要素,有必要在文化资源保护的相关法律法规中,如《非物质文化遗产法》《博物馆条例》等,及时跟进、细化文化资源产权权益内容保护、交易规范的法律规则,甚至制定《传统知识保护条例》[2],重视文化资源产权权益内容及维护,积极促成文化授权下的文创产品生产销售,为文化资源创意产权交易提供直接的法律依据。

(二)文创产权授权中产权交易流转规则跟进

文化授权作为有效连接文化产业的产权市场、要素市场、产品市场等不同层级市场的价值流通环节,其授权过程就是文化资源创意产权确认与流转许可,实现知识产权的主体转移与价值溢出。而随着文化授权节点的增多,授权交易呈现辐射状、反复进行模式,授权标的物知识产权交易对象亦多元化、广泛化,文创产业规模和体量扩大,文化生产经营机制变得更为复杂。而文创产权授权过程仍然存在着授权模式不清晰、授权信息不对称、价值实现不到位等问题,文创知识产权交易流转与监管存在问题。以博物馆文创产权交易为例,博物馆往往将值得收藏的文字、书画、陶瓷、玉器及其他艺术作品,风景建筑等进行数字处理、资料诠释后授权给经营商,并以合同的形式规制双方在授权业务中的权利

---

[1] 胡卫萍:《非遗资源产权确认与交易的立法保护》,《江西社会科学》2018年第4期,第153—160页。

[2] 严永和:《论我国少数民族非物质文化遗产知识产权保护之制度构建》,《文化遗产》2013年第4期,第1—8页。

义务。但在文化授权中，博物馆始终面临着文化资源文化价值与经济价值均衡问题，文创产权交易的知识产权风险也一直存在。再加上我国文化授权机制尚不成熟，授权中的授权准入、计划执行、权利金使用与监管等都可能出现问题，并不一定契合文化授权价值目标。所以，得加强文创产权中的产权流转规则的跟进，可考虑设置私力救助的流转规范与公力保障的监管规范。

私力救助的流转规范，主要依赖授权主体间的合同约束及自觉行为，可出台示范性合同文本予以规制。毕竟文化授权创意产业链运转，是在生产者、销售者与传播者间的文化产权流转，需要文化资源物权主体、债权主体与文化资源创意产权主体等，通过合同的形式，围绕文化资源的物质利用、资本集聚、股权分配与文创知识产权许可使用、合理使用、产权移转以及授权后的监管等问题进行明确约定，确认产权授权流转中的相关权利义务，明确文化资源产权、文化创意产权的权利主体、权利范畴、权利流转规则。在该示范性合同文本中，要根据不同的授权标的、授权类型、授权时间、授权内容等，细化合同条款、明确合同主体权利义务，规范产权交易市场与授权后的文化生产经营行为，监督文化产品创意设计，强调文化理念与创意思想的融合，保障产权流转的规范性与产权流转效果实现。

在公力保障的监管规范上，可以考虑依托正在拟定的《文化产业促进法》，在条文中设置专门文化授权监管部门（挂靠在文化厅、文化局等），以公权力形式进行监管。如规定监管部门从文化授权伊始就可以随时启动监管程序，以明确的监管规则敦促授权主体进行充分的授权前准备，选择合适的被授权者、合作方；界定可授权与不可授权权利标准，监督被授权者恪守授权合同、按照授权标的物的文化意蕴创意设计文化产品；监管被授权经营者的文创产品数量、质量、价格等市场反馈信息，防止其因利益驱动而实施不合理开发甚至扭曲文化资源原貌等行为。同时，监管文化授权平台的授权信息，保障授权资讯对称，依靠明确、规范的操作规程，监管交易流程、无形资产台账等，以公权力保障形式帮助授权主体防控交易风险，保护文创主体权益，维护客体利益，实现文化生产中文化价值再创造，推动文化经济持续发展，满足社会文化需求。

(三) 文创产权授权后的权益再造法律确认规则跟进

由于文创产业的核心在于创新创造，文化资源产权授权后，被授权主体往往依据授权合同、授权对象的不同，对授权标的物进行相应的创意再设计后再应用于产品，存在授权标的物融入授权产品的标的物文化价值再创造过程。如将文化符号所蕴含的文化内涵进行故事化演绎，以表演、改编等形式演绎出来；或对文化符号中的文化元素进行重组，借助现代化等技术手段，满足现代社会人们的精神消费需求，并以新产品、新内容、新风格等方式演绎、展示出来，该新产品、新内容也就不可避免地附上了产权授权后的再造权益维护问题。故宫博物院的朝珠耳机、顶戴花翎官帽伞、尚方宝剑圆珠笔、故宫折扇、编钟调味罐等都是故宫文化资源的演绎再造，由此所生权益也存在相应的权益维护问题。也就是说，文化资源产权的所有人或持有人授权给被授权主体，允许其在尊重、传承文化资源基础上可进行授权后的权益再造，将文化资源创新利用，甚至进行资本化运作，并允许其拥有该运作中萌生的创意、创新点的产权权益。而建立在原文化资源产权基础上的创意、创新点本身，更多依赖知识产权的确认与维护。只有为权利人的创新成果提供了专有垄断的合法保护，才能有效保障文创产业价值链的有效运转。

但由于文创产业在我国起步较晚，许多地方有待规范，文创产业知识产权保护方面同样面临诸多障碍。如就创意本身，从现有著作权法原理上看，很难归入著作权的保护范围；但这亦使创意产业的知识产权保护处于真空地带，创意抄袭现象严重。而实际上，创意在可能仅次于金融服务业的国家第二大产业——文创产业发展中，占有越来越重要的地位。虽然创意往往被纳入著作权法中"思想"的范畴而不受保护，认为其可复制性的"表达"并不构成。但实际上，文创产业的发展赢就赢在创意上。如果不对创意进行权利的保障，创意一旦产生，就可能面临被复制、抄袭的境地，权益保障就无从实现。而就创意本身而言，虽然各国对创意的认定标准不一，但基本都强调创意应具有一定的新颖性和具体性。新颖性使创意可能包含在文化资源先前所未有的信息，展示创意人的智力活动成果，权利保护的必要性得以确立。而具体性则强调创意被完整构思出来，基本不再需要怎么修改，且具备能被固定或记录下来并为人感知的可能。由此，即便该创意没有实际具体实施，但已达到了可以具体实施的程度；而它一旦付诸实施（提出创意），则很容易被他人模仿复制。所以，创意并非一个抽象的概念，具有很大程度的可具体化、可复制化的可能。创意的这种具体化，使创意可以成为有别于传统著作权的独立新兴的知识财产——创意财产，所滋生的权利也可考虑以创意权表征。为此，可考虑扩大知识产权的保护范畴，借助《著作权法》《反不正当竞争法》对创意加以确权保护，赋予创意人对其创意拥有禁止他人使用或披露的权利，对创意的未获授权使用或披露的行为，构成对创意人财产的盗用、侵权。

需要注意的是，创意涵盖了从构思到公开的全过程，当创意还仅存在创意人脑海中时，仅仅属于创意人内心意识活动的一部分，谈不上相关权利的保护。而当创意人可以将创意以语言、文字、音乐、舞蹈等形式表现出来，即便尚未公开实施、执行，只要其满足创意构思、创意深层逻辑设计、创意具体表达三层次要求，该创意的相对独立性和一定财富利益已然具备。如果因为没有实际实施运用、"固定化"表现不明显而不给予相应的法律确权与保护，创意所蕴含的商业价值将迅速消退（尤其在影视、电子游戏、动漫等行业）。所以，对那些具备新颖性、可具体化的文化创意，可以知识产权相关专有权利保护的模式，确认创意产业中的创意产权归属，进行财产权益的确认与维护，激励权利主体生产更多有益的知识产品。同时，还可考虑建立创意登记或备案制度，为创意保护与交易提供证据等支持。当然，创意人得就该创意的新颖性、创造性与可具体化进行证明，确认其产权归属，以专有使用权的方式授予创意人创意产权，保护创意的商业性开发、转让和利用并获取利益。但创意作为一种智力劳动成果，其无形性特点使其产权交易不同于传统有形财产或有体物；为防止创意交易因泄密而丧失，还可从合同约定的角度，依循诚实信用原则确定文创资源产权交易规则，保障创意产权权益。

综上，创意产权的确认维护，已成为我国文化资源创意产业发展的基础。文化资源产权、创意产权的交易流转，则以文化授权的方式开启了文化资源向文化符号、文化资本转化的文创产业链。文化授权的创意转化，充溢着文化资源产权的确认与流转，对交易主体有着较高的行为规制。但这方面我国的法律保障措施却相对滞后，文创产业生产经营产权化激励制度不足。在文化资源产权确权的基础上，有必要围绕文创产权交易流转过程，就文化授权下的文创产业生产经营活动设计具体的法律保障举措、跟进规则，以明确、规范的操作规程，监管交易流程，保护文创主体权益，维护客体利益，实现文化生产中文化价值再创造，推动文化产权有序流转，促进文创产业发展。

第五章　文化资源产权交易监管的法律约束

　　文化资源的共享性并未排除文化产权的排他性，文化资源在被传播、利用的同时，也以文化资本、文创产品、文化产业的形式进行市场流通，有相应的产权交易行为实施。暨文化资源产权交易本身是合同行为，涉及产权主体（缔约主体）身份确定、产权交易流转模式、产权交易流转路径、产权交易行为监管与责任承担等诸多问题。但无论是文化资源产权交易中的物权交易、债权交易，还是股权交易、知识产权交易，基本都是借助文化产权交易所等产权交易平台，以拍卖、竞投、招标、分散报价、集中撮合等方式进行，有其自身的交易特点、交易原则，但首先需服从产权交易行为的市场要求、政府管理与调控，以示交易安全，避免交易风险。而文化产权交易市场中，也存在着产权交易主体的市场准入、信用信息披露、资产评估、交易定价等交易行为、交易程序监管的不规范处。产权交易行为的不当、产权交易程序的瑕疵，需要在产权评估、确权、登记、信息披露、保险、信托、版权保护、交易监督、资信评级等方面，进行产权交易行为监管的法律约束与调整。针对产权交易市场中存在的不规范处，撇开产权交流流转合同自身的规范要求、程序设定，更需要从文化资源产权交易监管的角度、透过文交所等产权交易平台的建制与完善，探讨如何促进产权交易程序公开透明、交易行为正当实施，保障文化资源产权交易活动的顺利实施。

第一节　文化资源产权交易监管概述

一　我国文化资源产权交易市场监管概况

文化资源产权交易，本属于文化产权交易类型之一，因为文化产权本身包含文化资源、文化产品及相关领域的产权，内涵范畴更为广泛，持有者有权决定如何保护、处置和交易这些文化资源、文化产权及相关领域的产权。[①] 文化资源产权的交易规则一般也是按照文化产权交易的总体思路运行，但更侧重文化资源本身的产权以及以文化资源产权为基础衍生的财产权利交易；既有交易客体为文化资源的特殊交易属性要求，又基本契合文化产权交易原理、按照文化产权交易规则进行交易。暨文化资源产权交易主要依循文化产权交易规则、程序与原理进行，同时附加上文化资源客体的自身属性。所以，文化资源产权交易市场建设，也是因循文化产权市场建设原理同时结合文化资源自身属性进行。2016 年 11 月，国务院发布《关于完善产权保护制度依法保护产权的意见》，这不仅意味着全国各级各类企业产权平等、同等受到法律保护、公开公平参与市场竞争，也意味着原本定位于经济学领域的"产权"概念已然演化为法学理念，成为一种涵盖所有权、债权、股权、知识产权及经营权、继承权等多方面权能的权利束[②]，涉及有形、无形等多种财产权益样态。文化企业作为文化资源财产累加而成的企业，其企业运营中的企业财产的占有、使用、支配价值也主要在产权交易市场中呈现，在产权交易流转中实现文化资源财富价值、呈现文化企业市场效应。文化资源产权交易，除了最初的文化资源所有者或持有者以产权人身份将可交易的文化资源所有权、使用权等以协议方式直接进行产权交易、流转之外，大多数文化资源产权交易以融化为文化企业产权的形式，借助文化产权交易市场实现。

[①] 皇甫晓涛、赖章德:《关于文化产权交易的理论思考》，《中国美术》2011 年第 6 期，第 6 页。

[②] 吴宣恭等:《产权理论比较——马克思主义与西方现代产权学派》，经济科学出版社 2000 年版，第 9 页。

2010年4月,中宣部、中国人民银行、财政部、文化部等九部门联合签发《关于金融支持文化产业振兴和发展繁荣的指导意见》后,文化产权交易呈现劲爆状态,份额化交易风靡一时,文化产权交易所更是遍地开花。① 2009年9月,我国第一家文化产权交易机构——上海文化产权交易所诞生,随后,天津文化产权交易所、深圳文化产权交易所、郑州文化艺术品交易所、成都文化艺术品交易所、山东文化艺术品交易所、南京文化产权交易所、浙江文化产权交易所和南方文化产权交易所相继开业,围绕文化产品、文化产权展开交易。经营主体也是五花八门,涉及国有全资的、国有控股的、国有参股的、民营合资的、网络交易有限公司独资的,等等,交易所定位不甚清晰。交易投机现象严重,有的文交所还涉足网络P2P业务,但由于质押艺术品的鉴真、估值制度缺失、不统一,资金安全保障缺乏,许多交易是踩着政策红线进行的,金融风险一触即发。如先前的艺术品份额化交易,直接催生了国务院〔2011〕38号、〔2012〕37号、中宣发〔2011〕49号文规定。② 我国的文化产权交易市场,在2011年、2012年针对份额化交易的全面市场清理整顿后,一定程度上纠正了份额化交易的畸形成长,开始注重文化产权交易市场的监管。但这并不意味着产权交易已步入健康发展渠道,毕竟文化产权交易市场在我国属于新生事物,交易规范、交易运作缺乏参考依据、实施经验,如何按照产权交易的基本原理,遵循文化资源产权交易特点,制定明确具体的交易规则,明确产权交易市场监管的监管主体,以自律性或强制性的

---

① 目前文化产权交易所的基本定位,是以文化物权、债权、股权、知识产权等各类文化产权为交易对象,依法开展政策咨询、信息发布、产权交易、项目推介、投资引导、项目融资、权益评估、并购策划等服务,为各类文化产权流转提供交易平台及专业服务,建设集文化产权交易、投融资服务、文化企业孵化、文化产权登记托管为一体的综合服务平台。通过文交所系统中高效的信息发布平台和电子交易系统,广泛征集卖家和买家,充分展现市场价格,提高文化产权交易效率。

② 国务院〔2011〕38号、〔2012〕37号、中宣发〔2011〕49号文规定:"除依法设立的证券交易所或国务院批准的从事金融产品交易的交易场所外,任何交易场所均不得将任何权益拆分为均等份额公开发行,不得采取集中竞价、做市商等集中交易方式进行交易;不得将权益按照标准化交易单位持续挂牌交易。"

监管形式①，及时发现市场中的违规行为并予以相应处罚，依然存在诸多认知与操作盲点，亟待规范处理。

二 文化资源产权交易监管存在的问题

（一）文化产权交易市场制度供给不足

文化产权交易市场的建立，为文化资源产权的顺利流转提供了交易平台，并能以文化资源交易信息共享、文化资源交易真实价格发现、文化资源资本高效配置等形式，通过产权交易实现文化资源的融资运营，推动文化资源商品转化、市场价值实现。但文化资源产权交易，涉及文化物权、文化企业股权、文化知识产权、文化债权等多种交易类型，所交易的产权内容都有着文化产业发展、文化企业维护的特殊需求，已超出现行物权、债权、股权、知识产权等产权制度的原有规范；产权交易所带来的文化与资本的对接、金融文化产品的创新，也产生了新型文化产权权益界定的问题。文化产权、产权交易、投资收益的社会认知也没有达到较高程度的统一，文化企业等文化产业的相关经营主体对文化产权的财产属性并没有形成正确认知，不懂得如何将文化创意进行成果转化、产权流转，造成大量文化资源收益的外溢，相关领域的法律盲点存在。所以，这些年来，我国文化产权交易市场一方面呈现欣欣向荣、快速发展的态势；另一方面又呈现出相应的产权交易市场法律制度供给不足、文化产权认知意识不足、文化资源产权供给水平不高、流通性能较差等问题，产权交易市场的价格也未能完全反映出文化资源的内在价值。文化产权交易市场的法律保障、制度供给不足，亟须跟上。

（二）文化产权交易平台制度建构尚处摸索中

文化产权所涵盖的多种权益类型中，除了文化资源物是以实物样态呈现，文化知识产权、文化债权、文化股权都是权利形态的交易，以虚拟、无形样态呈现；这些财产权利的转让可以是其中单个权利的流转，也可以且更多时候是以特定权利组合的形式呈现，所流转的是其中几项权利或权

---

① 政府强制性监管主要是通过强制信息披露、监督检查和监管强制措施等方式实行监管；自律监管主要是通过交易所自律监管和行业协会来实行。

能及其外延权利组成的权利束,往往需要对权利本身的价值进行评估,需要产权评估机构介入。而文化产权因特定的文化内容、独特的文化内涵,其价值认知亦因人而异;文化资源、文化资产的市场价值评估缺乏科学统一的合理标准。再加上文化产权交易需要通过文化产权交易所等中介机构对产权交易项目进行价值评估、财产核查才能最终达成交易,文化产权交易双方对交易信息不直接接触;而且一些产权交易机构对交易信息的披露是在挂牌公告的同时,甚至产权交易完成后;且披露信息的详简程度不同,需要说明的重大事项也没有统一规范的格式要求,直接影响到产权交易信息真实性判断。例如多数挂牌交易的文化产权项目只有一些简单的基本信息,项目所需资金量、融资方式以及申请人的偿债能力等未作说明或说明含糊,相关信息的技术分析、业务分析等专业性投融资机构出具的分析报告也常常缺乏,交易规则更是频频修改。[①]

文交所、文化产权交易中心等产权交易机构,也基本上是按照自己习惯的交易思路、交易规则组织、实施交易,没有形成统一的产权交易市场思想,无法给直接交易主体提供全面的交易服务。一些评估机构也因为挂靠在相关的政府机构或事业单位下面,在相关利益驱使或强制性手段干预下评估独立性受到质疑;有些评估机构甚至根本不具备产权交易的评估资质,评估过程不规范,评估结果也有失真实,评估标准也不统一。产权交易时,还会存在提交材料过程中的造假和信息作弊现象,甚至串通转让方故意提高价格,交易信息不对称、信息不透明等问题较为突出。这些都增加了文化产权交易的风险,导致交易信息内容不对称,文化资源产权的内在价值不能及时被市场发现,也为产权交易的市场炒作提供了空间。面对文化产权交易平台制度建构中存在的问题,在《文化资源产权交易调查问卷》中,84.18%的人认为要建立文化资源产权评估、确权登记、信息发布、交易信托、交易结算、交易保险以及相应的版权保护、资信评级等监管法律制度;79.11%的人认为应加强产权交易

---

① 赵蓉、岳世忠、贾志城:《文化产权交易市场问题研究》,《中国包装》2016年第2期,第76—78页。

中的市场准入、交易流程、活动参与、信用信息和文化资产评估等方面的监管,对其中的不规范操作加强引导、规制;65.82%的人认为要明确产权交易的监管模式,确认监管机构及其监管内容、权责范畴。总之,多数文交所、文化产权交易中心等产权交易机构所采取的交易模式、交易规则都处在探索中,不够成熟,影响了市场交易功能实现,需要全面有效的交易监管机制的跟进。

(三) 文化产权交易市场主体权责不明、监管不力

　　文化产权交易市场的产权流转不同于一般的产权流转,交易关系较为复杂,交易主体多元,涵盖文化产权交易所、文化产权买方、文化产权卖方、文化产权经纪机构、文化产权价值评估机构、法律咨询机构等多个交易主体。面对文化产权交易市场存在的交易信息不对称、评估结果有失真实、产权交易经纪人行为监管缺乏甚至违规炒作、价格操纵、侵吞客户资金等权力寻租现象,多数产权交易平台却未对这些现象做出明确的责任约定,相关主体权利有失保障;尤其是在文化资源产权交易中的价值评估错误是否应追究法律责任问题上,缺乏明确约定与法律规定,这在无形中减轻了评估机构责任,损害了权利人利益,也导致文化产权交易市场主体权责不明,加剧了产权交易风险。而即便对产权交易市场中的不规范行为进行监管、责任追究,也会因为文化产权交易跨越领域宽广、监管机构众多,政府、宣传部、统战部、金融办、工商、公安均可介入,监管角色、监管方式、监管手段、监管责任,基本都是各地摸索着办,缺乏统一的立法操作、认定标准。而文创产品成本低、复制率高、盗版现象严重,市场交易主体权责不明、监管不力,也为文化资源产权权利主体的维权带来难度。且即便有侵权发生,其责任追究也多以行政处罚和调解为主,相较交易主体的侵权成本与维权成本的比例来说,惩罚力度过轻,惩处比例失衡严重。

三　我国文化资源产权交易市场监管完善的规范设计

(一) 确立文化资源产权交易市场完善建设的总体思路

　　文化资源财产价值市场认知的不同,在某种程度上加剧了文化产权市场交易风险。文化产权交易,不仅面临文化产品选择、产权交易模式设计、交易纠纷防范等问题，产权交易还会触及产权交易的市场准入、交易机构的业务经营活动、交易市场的信息披露、交易过程的规范操作等诸多问题，文化、宣传、证监、银监、保险、文物、工商、公安等多个部门均可介入管理，每个部门也可出台相关法规细则来监管文化产权交易中的种种行为，防范交易风险。但文化产权交易是一个综合性服务行为，文化产权交易中可能触及的法律问题也绝非《民法典》《著作权法》《商标法》《专利法》《反不正当竞争法》《公司法》《证券法》《文物保护法》等单个法律所能解决，文化资源创意设计版权、品牌保护商标权、文化资源市场创造核心性技术的专利权、数字文化服务业产权等都是权利主体可以主张的权利架构，相关权益的保障也需要将其归入到一个合适的综合监管体系中实现，而不是单纯的"分业经营、分业监管"能够完成。为此，面对文化产权交易市场存在的交易市场制度供给不足、交易平台制度建构尚在摸索、交易市场主体权责不明、监管不力等问题，文化产权交易市场建设要秉承"社会主义市场经济体制"思路，从顶层设计和分支市场融合渗入的角度，不断创新文化产权交易方式，加强产权交易监管，督促并保障文化资源有效转化为文化资本，进行产权交易市场资源配置，保障文化企业资源配置和资本运营效率，减少文化企业发展壁垒。

（二）规范文化资源产权交易要素

文化资源产权交易要素是文化产权交易构成的基本因素，包括交易主体、交易客体和交易平台三方面内容。文化产权交易市场建设的完善，必然要求这三个交易要素的规范操作。狭义上的文化产权交易主体，仅指产权的出让者和受让者；广义上的文化产权交易主体，则包括除产权出让者、受让者之外的文化产权交易活动的各类参与主体，文交所等产权交易平台、价格评估机构、银行、保险公司、担保公司、信托投资公司、基金管理公司、法律咨询服务机构、政府管理部门、行业协会等都在其中，主体范畴广泛。其中产权出让主体可以是文化资源产权的原始主体，也可以是文化资源产权各项权能分解后的财产权主体；前者拥有文化资源的完全财产所有权，后者只能享有文化财产所有权的某一项或某几项权能。但若一旦以产权出让主体或受让主体身份出现，则要求该产权交易主体满足相应的民事权利能力、民事行为能力要求，暨要求其是具备完全民事行为能力的自然人或依法设立的法人、非法人组织，具有从事文化资源产权交易、在产权交易所开户的民事能力。而无论产权交易主体是自然人还是组织，都要求其在实施产权交易时遵守相关法律法规、规章制度，履行与产权交易平台签订的各项交易协议，对自己的交易行为负责、承担交易风险，同时也享有产权交易信息知情权、产权交易权等权利内容。

文化产权交易客体为市场交易活动的交易对象或交易标的物，暨文化资源产权，包括物态、非物态的文化资源本身及文创成果产权、融资类文化产权等，文化物权、文化债权、文化股权、文化版权、商标商誉、专利技术和商业秘密等财产性权益和投资性权益都在其中。这些权益均可借助文化产权交易所这一产权交易平台重新分配，产权交易类型涵盖股权项目、非股权项目、组合产权项目等多种，通过产权交易可以为各类交易主体提供投融资服务，将文化资源成功转化为文化资本。当然，文化资源产权交易活动有短期与长期之分，故文化产权交易市场，既包括为某一专题、纪念而进行的专场交易、主题交易等短期交易市场，如在各个会展中心、画廊专题组织的"文化日"系列活动、文博会、动漫展等；也包括在自发形成的文玩市场（如北京潘家园市场）或专门设立的文交所为文化资源产权转让提供条件和综合配套服务的专业化市场平台，成为文化产权交易活动实施的市场因素，承担文化产权交易的政策咨询、产权鉴证、信息发布、组织交易、资金结算交割等业务。

文化产权交易市场应依循文化资源产权供给、需求状态与货币资金流动情形，按照正常的市场价格浮动变化情况确定产权交易定价，要有一个能够根据文化产权交易市场供求状况灵活调整的健全价格机制，调整市场价格，而不是借助交易平台的力量进行某些不规范操作，影响交易公平、文化资源的有效配置。当然，文化产权交易平台作为文化产权交易要素中的市场因素构成，其在产权交易中的作用有时并非单纯地提供交易平台那么简单。它会和产权交易出让方、受让方间产生各种关系，有时只是为交易一方或双方提供单纯的交易服务，这时它的角色身份为产权交易的第三方甚至第四方主体，不参与产权交易或撮合交易，只是为交易提供平台服务、搭建桥梁；有时可以作为交易一方的委托代理人直接参与交易或作为经纪人撮合交易，作为第三方主体出现，对交易结果负有直接责任，也应承担相应的法律后果；有时甚至成为交易主体间的一方当事人，以产权出让方或产权受让方身份出现，是直接交易主体，对交易过程、交易结果承担直接的法律责任。由此，文化产权交易市场要规范运行、市场建设趋于完善，文交所等产权交易市场于其中扮演了重要角色，对各方主体之间关系的协调、行为规范的引领具有重要作用（见图5-1）。

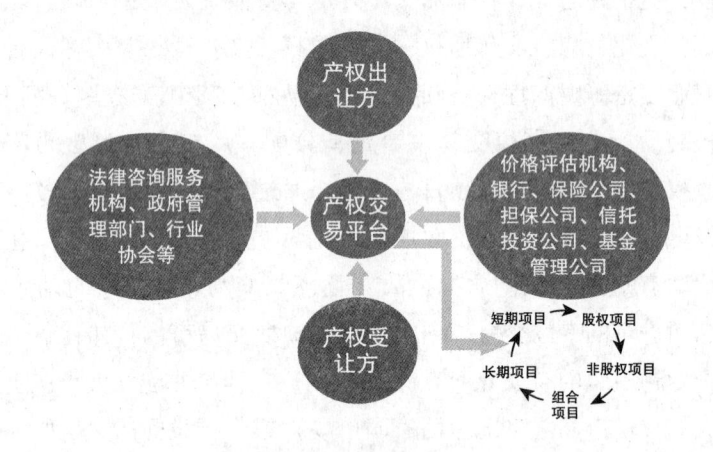

图5-1 文化资源产权交易主体与交易内容

（三）细化文化资源产权交易市场的监管措施

综上，文化资源产权交易要合法、高效进行，首先要求文化产权交易主体、交易客体、交易平台等基本要素符合法律规定，各交易主体要明确自身地位与对应的权利义务；这些基本要素若不满足相应设置条件、运行条件，缺乏相应有力的监管措施，是无法开展合法合规的文化产权交易活动的，产权交易中不规范现象也就在所难免，会大大增加交易风险。而要保证这些交易要素的规范运行，离不开相应产权交易的市场监管；且该市场监管旨在实现文化资源产权交易市场建设完善目标，而要实现这一建设目标，需要细化文化资源产权交易市场的各项监管措施。如可考虑建立一个跨部门跨行业的综合监管协调机构，确立文化产权交易市场的适度监管、科学发展、维护和服务并重的监管原则，在政府监管与自律监管①的双重作用下，完善文化产权市场交易的准入与退出机制，而不是一味地约束与惩罚。同时，在监管机构的设立上，不仅可确定文化产权交易市场监管的省级政府负责制；还可设立文监会等全国范围内的行业监管机构，保障全国范围内的整个文化产权交易市场的规范和有序，全面监管交易活动。而文化资源产权的价值评估监管，则可在各类权威的文化产品价格指数指引下，考虑由政府牵头组成一个相对权威的评估鉴定机构，依托科技手段、专业素养、规范鉴定程序与行业自律服务意识，客观公正评估文化产权价值，发现文化资源、文化产品的真实价值、市场均衡价格；为降低产权交易主体交易风险，还可启动相关保险事务，通过担保机构的信用担保、保险机构的保险保障及融资补贴和退市等各项制度，多层面、多角度地分散文化产权交易的风险，避免产权交易机构、代理人和产权持有者利益勾连串通；最终以市场准入与退出监管、业务经营监管、交易规则监管、信息披露监管等监管制度完善文化产权交易市场，避免内部交易、人为操作等不规范操作带来的交易风险。

当然，文化资源产权交易的顺利进行，还要讲求物权、知识产权、债权、股权等现有法律制度的跟进，为文化产权交易提供制度保障。而文化产权交易市场的规范操作、有效监管与文化资本的融资监管，则为文化资源产权交易的顺利实施、交易风险防范提供了实践基础。

---

① 我国第一个文化产权交易行业自律组织成立于2012年，此组织的成员由26家文化产权交易所构成，即全国文化产权共同市场。另外，此组织发布了相关章程和自律宣言，建立了一套完善的标准评价体系。2012年10月28日，来自北京、天津、广东、浙江、江苏、山东等18个省、市、自治区的26家文化产权交易平台机构齐聚三亚，共同发起成立第一个全国性文化产权交易行业自律组织"全国文化产权交易共同市场"，第一届第一次理事会同期举行。会议通过了共同市场章程，发布了《共同诚信自律宣言》，建立了一套标准评价体系。同时选举广东南方文化产权交易所为轮值主席单位，选举北京东方雍和国际版权中心首席顾问彭中天为秘书长。

第二节　文交所等产权交易平台监管的法律约束

自2009年上海文化产权交易所成立以来，配应着国家文化产业扶持政策①，文化产权交易所等文化产权交易平台如雨后春笋一般纷纷设立，大大改善了我国文化产权的交易方式，我国文化产业也以此为突破口，呈现出快速发展态势。但文化产权交易所到底是一个什么样的交易平台，其功能定位是什么？其在帮助文化资源向文化资本转化中扮演了什么角色？其交易活动的开展应如何规范运行？相应的监管机制如何实施？这些问题一直未从法律保障视角细细思量，在某种程度上使产权交易平台的规范操作失去了法律依据与保障。

一　文交所等产权交易平台的功能定位②

2010年4月，中宣部、中国人民银行、财政部、文化部、广电总局、新闻出版总署、银监会、证监会、保监会中央九部委共同签署的《关于金融支持文化产业振兴和发展繁荣的指导意见》（银发〔2010〕94号），强调要"完善知识产权法律体系，切实保障各方权益。抓紧制定和完善专利权、著作权等无形资产评估、质押、登记、托管、流转和变现的管理办法，根据《中华人民共和国物权法》修订有关质押登记规定。积极培育流转市场，充分发挥上海文化产权交易所、深圳文化产权交易所等交易平台的作用，为文化企业的著作权交易、商标权交易和专利技术交易等文化产权交易提供专业化服务。进一步加强对文化市场的有效监管和知识产权保

---

① 除了2010年中央九部委共同签署的《关于金融支持文化产业振兴和发展繁荣的指导意见》，这是我国第一份有关文交所的政策文件，还包括2011年中宣部《关于贯彻落实国务院决定加强文化产权交易和艺术品交易管理的意见》（中宣发〔2011〕49号）；2014年发布《深化文化体制改革实施方案》《关于加快发展对外文化贸易的意见》《关于深入推进文化金融合作的意见》；2016年1月文化部修订出台的《艺术品经营管理办法》；2017年发布《国家"十三五"时期文化发展改革规划纲要》等。

② 产权交易平台也称之为产权交易场所，是产权交易过程所处的空间，这个空间可以是办公室、厂房等实体空间，也可以是网络平台等虚拟空间。文化产权交易所既是文化资源产权交易的中介机构，也为产权交易提供了交易空间，是产权交易服务平台。

护力度，完善各类无形资产二级交易市场，切实保障投资者、债权人和消费者的权益"①。但产业发展中，文交所这个产权交易场所，不经意间也成为艺术品份额化交易、邮币卡交易的"跑马场"，市场炒作厉害，真正的产权交易却成虚幻，造成了极大的社会负面影响。为此，2011年中宣部根据国务院的统一部署，出台《关于贯彻落实国务院决定加强文化产权交易和艺术品交易管理的意见》（中宣发〔2011〕49号）的政策文件，指出"文化产权交易是指文化产权所有者将其拥有的资产所有权、经营权、收益权及相关权利全部或者部分有偿转让的一种经济活动。交易范围包括文化创意、影视制作、出版发行、印刷复制、广告、演艺娱乐、文化会展、数字内容和动漫等领域。文化产权交易所是为文化产权转让提供条件和综合配套服务的专业化市场平台，业务活动主要有政策咨询、信息发布、组织交易、产权鉴证、资金结算交割等，是文化领域多层次市场的重要组成部分"②，第一次科学地界定了文交所的功能定位，将文交所确定为文化产权交易提供服务的专业化平台，并与银行、证券等金融机构建构多层次文化资本融资市场，成为现阶段我国政府特别是文化行政部门为了促进文化产业发展而设立的产业促进性质的金融中介组织。文交所将在政府引导、市场化运作方式下，遵循"公开、公平、公正、规范"的原则，依法开展政策咨询、信息发布、产权交易、项目推介、投资引导、项目融资、权益评估、并购策划等服务，促进文化产业要素跨行业、跨地域、跨所有制流动，推动文化产权交易、企业改制、资产重组、融资并购、创意成果转化，促进文化与资本、文化与市场、文化与科技的紧密融合、紧密衔接，是集文化产权交易、投融资服务、文化企业孵化、文化产业信息交流和人才培训为一体的综合服务平台、市场中介组织。该平台具有一定程度的公益性，一方面能展示交易平台信息效应，另一方面能够提供资本与管理综合服务，特别是为中小微文化企业提供专业、高效的投融资产权交易服务。该产权交易平台建设，既不能过度杠杆化而无法服务文化产业，也不

---

① 《九部门发布金融支持文化产业振兴发展指导意见》，http://www.gov.cn/gzdt/2010-04/08/content_1576191.htm，2017年12月10日。
② 《关于贯彻落实国务院决定加强文化产权交易和艺术品交易管理的意见》（中宣发〔2011〕49号），http://www.sdcaee.com/html/news/zcfg/20120629/602.html，2019年1月3日。

能过度商业化以致功能异化，甚至突破政策的底线。

但现实问题是，文交所在实施文化产权交易时，并未严格按照文交所功能属性定位操作。如为吸引大量自然人投资者参与投资，在开展邮币卡交易时采取连续竞价方式等集中交易；挂牌交易项目良莠不齐，很多项目所公布的信息残缺且不规范；甚至不惜恶意炒作、操纵市场、获取不当利益。这些都必然损害投资者的合法权益，最终会因文交所平台劣质项目的充斥而使得投资者远离平台，导致劣币驱逐良币的"柠檬效应"。当然，在文交所出现交易乱象、"柠檬效应"的同时，上海文交所①、深圳文交所②的规范交易却起到了标杆性的引领作用。这些文交所不但认真为产权交易客体的所有权、经营权、收益权、处分权等提供产权流转服务，办理各类文化产权登记、托管与提供交易见证、过户、质押服务等，推动文化产权和货币资金在交易主体之间的流动；还以平台对交易各方的虹吸效应汇聚了各类投资基金，如文交所专属基金、战略托底基金以及来自社会，甚至政府的众多投资基金。这些基金充分募集，不但能满足融资需求，也向社会表明只有坚守文交所功能定位，强调放开与规制同等重要；以正视并遵守市场规则的良性循环方式，规范的产权交易平台服务行为，接受文化

---

① 上海文化产权交易所是我国首家综合性文化产权交易服务机构，是以文化物权、债权、股权、知识产权等各类文化产权为交易对象的专业化市场平台。此模式的特点是完全通过市场化方式进行操作，即文化产权所有人在经过专业的评估公司定出合理的挂牌价后，通过此平台与交易方进行竞价和协商，实现权利与资本的结合，推动文化产权发展为文化产品，也为促进创意成果的有效转化和吸引文化创意产业投资等的市场化提供良好的服务平台。陈冠亚、肖翔宇：《江苏省文化产权交易现状研究》，《江苏科技信息》2014 年第 3 期，第 12—14 页。

② 深圳文交所作为一个立足深圳、服务全国的非上市文化企业的金融服务及交易市场、通过非上市企业的登记托管、挂牌交易、资本对接、竞价流通及上市孵化辅导等功能，为企业提供存量股权转让、增资扩股、权益众筹、质押融资、基金发行等股权融资、短期小额资金及私募债等债权融资，从而搭建开放式、资本化、机制灵活的"文化四板"。深圳文交所也因为固守其服务文化产业之实体经济的本分，明确"文化四板"之定位，能够在补足文化领域资本市场体系缺失的同时，对文化产业的发展起到切实的推进作用。《深圳文化产权交易所介绍》，http://collection.sina.com.cn/wjs/bd/2016-07-27/doc-ifxuhukv7617536.shtml，2018 年 3 月 19 日。

行政与证券监管等有关部门监管,落实《国务院关于清理整顿各类交易场所切实防范金融风险的决定》中的相关规定,不触碰市场规则的交易底线,才能有章可循、规范操作,而不是游走在法律边缘,不断增加信用、分散风险[1],最终为文化资源产权项目的发展提供战略支持,保障文化资源产权交易活动的顺利实施。

二 文交所等产权交易平台不规范操作

文化产权交易作为我国文化产业发展进程中的新生事物,并没有国外的经验可以参考。虽说目前在兴起发展过程中,已然形成了北交所模式、雍和园模式、上交所模式、深交所模式四种主要可供参见的交易模式[2],但也不可避免地存在这样那样的问题,产权交易平台设置、交易运行有许多局限之处。

(一)交易行为显得投机过度

2011年9月30日,泰山文交所包装上市了第一个艺术品份额化交易项目"黄永玉01",之后天津文交所的书画艺术品份额化交易更是频

---

[1] 周正兵:《我国文化产权交易所发展状况、问题与趋势》,《深圳大学学报》(人文社会科学版)2017年第1期,第75—80页。

[2] 北交所模式是在原有的北京产权交易所内设立北京文化创意企业投融资服务平台,为文化创意企业提供以投融资服务为核心的全方位服务。该文产中心主要经营的业务范围包括文化权益交易和综合配套服务,包含信息发布及检索、交易咨询、中介服务等。这种模式的特点是,充分整合了现有资源,借助成熟的产权交易市场平台和宝贵可行的经验,为文化产权交易提供更为广泛的融资渠道,同时在交易品种、交易方式、交易机制等方面提供更加规范的运作,促进文化产业的发展。雍和园模式的典型代表是国际版权交易中心,其特征是在文化产业园区内设立包括国家级著作权登记和认证信息平台、国际化版权交易综合服务平台、全国性版权产业交流合作平台等专门的版权交易市场。雍和园充分利用其科技园区和文创产业集聚区的"双重身份"优势,合理地整合园区内的产业资源,同时在园区内注入中国版权保护中心等一系列重点企业和版权服务机构,以初步实现产业集聚,构建结构完整、交易成本集约的产业内部链条,打造完备的版权产业公共服务平台,形成系统的版权服务体系。陈冠亚、肖翔宇:《江苏省文化产权交易现状研究》,《江苏科技信息》2014年第3期,第12—14页。

频爆炒①，每平方尺的估价可达几十万元。在行情大涨后随之又大跌，以赌博式交易呈现在投资者面前，甚至设置涨跌停板制度，严重背离文化产权交易的功能定位。与此同时，深圳交易所也因艺术品权益份额存在问题停牌180天，郑州文交所首批3只艺术品份额产品涉嫌违法从事文物经营活动被河南省文物局调查……面对文化产权交易的过度投机、交易乱象，2012年初国务院出台《关于清理整顿各类交易场所切实防范金融风险的决定》，明令禁止了艺术品份额化交易。2016年1月，文化部修订出台的《艺术品经营管理办法》，强调艺术品经营单位不得以集资为目的或以非法传销为手段进行经营；未经批准，不得将艺术品权益拆分为均等份额公开发行，以集中竞价、做市商等集中交易方式进行交易。份额化交易被叫停了，但邮币卡交易又以连续竞价等集中交易方式进行②，投机现象明显，严重损害广大投资者权益，触碰国家政策底线。为此，2016年2月中国证监会发布《"公平在身边"投资者保护系列丛书——打非清整问答》中，指出邮币卡交易明显违反国发〔2011〕38号和国办发〔2012〕37号文件规定，即便有钱币邮票的交易需求，也应遵循文化产权交易所的功能定位，按照文化产权交易的市场规律进行，而不是一味投机，该种操作甚至涉嫌金融诈骗。

---

① 2011年1月，天津文交所上线了白庚延的《黄河咆哮》和《燕塞秋》两幅作品，两幅画的起始申购定价分别为600万元和500万元，并拆分为600万个份额和500万个份额，以每份1元的价格发行。前15个交易日，《黄河咆哮》和《燕塞秋》两幅作品有10天出现15%的涨停，之后就是跌停又涨停。为抑制风险，天津文交所开始密集修改交易规则，让很多投资者摸不着头脑，其间监管层将整顿天津文交所的传闻一直没停过，直到38号文件落地。"天津模式"被叫停整顿后，很多投资者遭受惨痛损失。2013年，投资者自发出资发起成立了天津文交所投资人维权委员会进行集体维权，委员会聘请了广东海智律师事务所的武宏亮律师提供法律服务。《书画宝平台存7大疑惑 律师：份额化交易涉嫌违规》，http://news.10jqka.com.cn/20170208/c596337144.shtml，2019年2月19日。

② 据了解，全国现有的约120家邮币卡交易平台，交易规模较大的27家分布在北京、江苏、吉林、安徽、湖南等地，其中24家目前仍处在交易活跃的状态。南京文化艺术产权交易所、吉林省文化产权交易所邮币卡交易中心和北交所福丽特邮币卡平台的日均成交金额都超过1亿元。《邮币卡还能买吗？最大邮币卡交易平台被封，原因是……》，https://www.sohu.com/a/143167106_627624，2019年7月26日。

第五章　文化资源产权交易监管的法律约束

(二) 产权交易似有管理又似无监督

2009年后,文交所虽如雨后春笋一般涌现出来,在经过一番整顿后,仍存在90多家。但文交所本身的设置存在诸多问题。如只有上海、深圳、北京、广东、成都五家获得了国家级机构的认定与审批,剩余的基本是由地方设立的,行政管理部门也是五花八门,多头管理、多头设立现象严重。但不管如何,文交所的设立都有政府操作的层面,有着不同的地方政策倾向和政府自身偏好,行政干预性、地方保护封闭性明显,文化资本定价权和话语权缺乏,文化要素的跨区域流动受到限制。而文交所实行的又是企业化运营,容易导致政企关系的混乱,甚至成为产权交易中的体制性障碍。同时,文交所设立的股东主体资格没有限定,注册资本额度与实缴数额都参差不齐,风险承受能力较难判定。如南昌文交所的股东是南昌日报传媒集团有限公司、南昌日报传媒集团网络有限公司、南昌日报传媒集团广告有限公司、南昌工业控股集团有限公司、泰豪集团有限公司、南昌广电英雄传媒有限责任公司等,基本没有在产权交易领域的相关从业经验,在文交所运营中除了认缴出资外,基本是"甩手掌柜",文交所的运营、融资都基本不参与,无法为文交所实际运营提供股东帮助。再加上文交所的业务活动开展,有些类证券化,但又不是直接归属于证券管理部门监管的证券交易,有许多政策盲点与法律空白。虽说现在对文交所的功能定位已经明确为文化企业提供专业、高效的投融资产权交易服务、具有一定公益性的综合服务平台,但股东资质的差别、商人营商目的的追求,再加上相关监管的未及时跟进,极可能导致文交所功能定位的偏离。这些都直接影响了文交所的产权交易服务内容、文化资源配置效率等,有悖文化产权交易的初衷。

而且通过观察文交所的主营业务发现,许多文交所的主营业务集中在了有形文化产品的买卖上,如书画、陶瓷、钱币等藏品;文交所本身应具备的借助文化物权、文化债权、文化知识产权与文化股权等产权流转而实现的资本集中、重组功能被淡化。而随着中小微文化企业快速发展,市场对借助产权交易进行资源整合需求越来越大,文交所却较难满足文化产业链各交易单位的利益诉求,交易平台设置目标没能实现。由此,文交所具有一定公益目的的综合服务平台定位与其企业化运营的产业模式、政府部门许可设立的行政管理与产权交易的市场监管，本身就是一对矛盾体，似有行政管理，又似无市场监督。如何依据文交所产权交易的特点，对文交所的产权交易予以引导、监督，并施以具体的制度保障，以法律的细化来维护交易法律关系主体的合法权益，成为文化产权交易顺利进行、实现其产权交易功能定位的重要保障。

三　文交所等产权交易平台监管的法律约束与调整

在明确文交所功能定位的基础上，文化产权交易平台交易的规范，同样需要引入相应的内外部监管机制以作约束、调整，以此规范文化产权交易行为，并为产权交易行为的顺利实施提供相应的法律制度保障。

（一）强化文交所等产权交易平台的功能定位

文交所等产权交易平台虽在中宣发〔2011〕49号政策文件中有明确的功能定位，但在文化产权交易的实践运行中，却缺乏这一定位下的指引操作。文交所等产权交易平台的监管跟进，首先得在文交所的功能定位下，明确文化资源产权交易、文化资本转化的实质，把文化资源的价值发现、文化产权的内容保护、文化资源调配作为其核心职能，以交易平台服务者身份集聚交易信息、提供融资渠道、进行制度规范。我国现行《证券法》《文物保护法》《民法典》等，对文化产权交易中所触及的法律关系要素都有不同层面的一些规定，但未有相对周详的体系化规范，文化产权交易中的许多问题都依赖政策予以调整，制度保障的稳定性不足。当然，这同文化产业是我国的新生产业、文化产权交易本身属于新类型的产权交易模式有关。但随着文化产业发展越来越引起重视、文化资源的财富价值与产权利益越来越被认同、文交所等产权交易平台的重要性越来越突出、产权交易平台的功能定位越来越被要求明确，有必要关注文化产权交易专门法律的制定，以此明确文化产权交易法律关系中的权利义务，为文化产权交易的引导、监督和管理提供足够的、体系化的制度保障。而且在文化产权交易市场中，文化产权交易项目的推广、产权价值评估、财产核查、法律咨询等，都需要相应的资产评估机构、经济机构、律师及会计事务所等中介机构介入，对交易主体的财务状况、合规性进行评定，进行文化产权委托代理、项目推广等，为文化产权交易提供更多更全面的服务，也展示文交所等产权交易平台价值发现、投融资等基础平台功能。所以，在文化产权交易专门立法中，不仅要确立产权交易的基本原则、基本规则，更得在产权交易平台功能定位清晰的基础上明确产权交易双方当事人、各中介机构的权利义务，赋予文化产权交易特有的权利；同时进一步规范文交所等产权交易机构在价值评估、融资安排、交易结构设计等操作行为，提高文交所在运行模式、产品体系、价值评估技术等方面的创新效率；并对违规行为进行惩戒，杜绝违规交易，同时配以相应的政策文件指引，完善产权交易市场的规范运行，保证产权交易的顺利实施。

（二）确立文化产权交易的监管机构与监管体系

由于证监会并未明确将文交所纳入监管范畴，文化产权交易的监管基本是谁审批谁监管，而文交所审批机构又因省市差异而不同，造成了产权交易监管主体部门多样、监管不一甚至混乱的状态，影响到文交所等产权交易平台的职能发挥。有必要围绕文化产权交易市场完善建设这一目标，考虑建构以文化部和宣传部的政府监管为主、市场监督管理局协助监管与行业协会自律监管的协同监管模式，确立全面、适度与动态监管相结合的监管原则，建构文化产权交易监管体系。如对要从事文化产权交易的个人或组织，实行注册登记制，设置产权交易市场准入标准，一旦个人或组织进行注册登记，其产权交易活动就被纳入监管体系、持续监管，如有恶意欺诈则严惩。而为改变监管不统一状态，可借鉴证监会的管理模式与经验，建立全国统一的文化产权交易监管部门（简称文监会），在各个地区成立分支机构，分级监管各地文化产权交易行业协会、交易所的交易业务情况；并根据所在区域的具体情况，对文化物权、文化债权、文化股权、文化知识产权与文化产权交易等制定特定的管理办法，对文交所的业务开展及客户管理进行定期审查，要求文交所定期上报交易信息及数据，横线比对分析产权交易总额与交易类型统计，对产权交易发展趋势进行动态跟踪考察、监管分析，监测文化产权交易市场发展动态，帮助文化企业进行项目的收益风险评估、资产增值等，在竞争中优胜劣汰；督促产权交易规范开展，鼓励交易品种创新，推动文化产权交易的市场化进程；且以市场化为标准，规范监管机构监督检查权，定期或不定期监督检查，但也不过多干涉文交所的组织架构。同时，成立文化产权交易行业协会，将文交所、文化产品评估机构、产权交易法律咨询机构等纳入其中，强调行业协会的自律监管作用，明确行业协会职责，制定行业章程，敦促会员合规守法、规范交易、科学合理进行产权交易价值评估鉴定，避免在交易过程中可能出现的利益冲突和不正当行为，对不合规行为予以惩处。同时定期召开行业会议，收集了解会员建议，反馈会员需求，及时维护会员利益；最终形成文监会监管行业协会、行业协会监管文交所及各类专业服务机构、文交所监管产权交易者的层级式文化产权交易市场监管体系。

（三）注重文交所等产权交易平台交易运行的内部治理与规范

文化产权交易可能触及产权界定、产权价值评估、交易合同拟定、风险防范与分散等诸多交易环节，产权交易的规范、公平，首先建立在文交所等产权交易平台交易平稳运行的基础上，故首先要求文交所等交易机构的设置符合产权交易目的需求，在给予文化产权交易更多政策促进与保障的同时，强调交易行为的市场性、经营性，将文交所的交易管理职能与经营职能区分开来，以真正的公司制运作方式建立全国范围内文交所竞争机制，让交易双方主体自由选择，以统一、开放、竞争、有序的交易格局打破地域分割、地方保护。如在文交所等产权交易机构设置法律事务部、合规审查处、风险防控部等专门的市场监管、风险防控部门，由审计、经济、法律等专业人员组成，具体负责产权交易项目挂牌、合同审核、鉴定及见证意见出具、规章制度拟定等工作，从规范管理角度加强交易监管、内部治理，宣扬廉洁从业、预防风险思想，加强监督，增强交易平台的风险防控能力。同时改善文交所内部治理机制，梳理股权结构，在文交所的股权设置上实行混合所有制，国有资金、民营资本均可介入，与产业资本联合起来构建文化产权交易平台，拓宽融资渠道，以股份的有限、责任的有限来控制风险、提高产业创新效率。并在"政府监管、市场化运作、企业化经营"的基础上，创新文交所运行规则和交易模式；既注重上海文交所的购买式物权交易的产权交易模式，也注重文化产品的权益拆分模式。明确文交所产权交易规则并非单纯模仿证券交易规则，而是针对不同的交易对象设置差异化的风险控制。如鼓励结成文交所联盟，建立具有统一规范的文化产权交易信息平台，通过媒体力量等及时了解、存档产权交易市场上的供需求信息，建立信息库并及时向外传播，保证信息的规范性及透明性，为文化产权转让方寻求更合适的受让方，在信息资源共享的基础上实现全国范围内的文交所间差异化分工合作，以通畅的信息传导机制最终形成区域性文化产权交易共同市场，按照文交所功能定位实施信息传递、产权交易、利益共享。

同时，进一步拓展文交所的业务类型，根据文化企业的成长与发展需求来创新并发展业务类型。如在文化产权评估、确权登记、信息发布、投资咨询服务的基础上，开展文化产品托管、融资信托、版权保护、资产评估、资信评级等产权交易服务活动。但任何一种产权交易，都需要信息披露并对信息披露进行监管，要求产权交易平台制定详细的信息披露规则及披露标准，要求文交所、产权交易项目转让人、评估机构等严格按照"产权归属是否清晰、手续是否齐全、财务数据是否属实"等披露规则与标准披露信息内容，保障信息资源真实，控制产权交易运营风险，不断设计和开发新的融资产品和融资工具。还可考虑引入基金管理模式，建立产权基金，提升文化项目的专业运营能力，在有效监管的基础上加快建设多样化的产权证券化渠道，推动实物型交易向价值型交易转变。另外，由于文化产权交易，除了文化物权、文化产品的直接交易，还涉及文化股权、文化知识产权等众多特殊、无形权益交易，尤其在文化股权交易上，决定着企业控股权与财产分配权的让渡，通畅的信息传导机制，对文化产权内在价值、交易的公平实现具有重要保证作用，产权交易信息建设与监管也应成为文交所等交易机构内部治理与运行的重要环节，应在信息披露、投资者保护、产权交易准入和退出制度方面细化交易规则，最终以更加健全完善的文化产权交易法规制度，保障产权交易顺畅进行。在利益发生冲突时则启动申诉制度与纾解机制，惩处交易过程中的违法违纪行为，保护合法正当产权交易，以文交所等产权交易平台交易运行，建设公平、公开、竞争、有序的文化产权交易市场。

（四）加强文化产权交易投融资渠道的法律监管

文化产权交易本身，也是文化资源资本化项目运作的表现。面对我国文化资源资本化投融资过程中呈现的文化企业规模不大、融资规模小、渠道不通畅等问题，应依循我国文化资源民族特色，鼓励金融资本、社会资本和文化资源融合，保障其规范运作、合规运营，吸引更多的资本投入文化资源开发、文化产权交易中，拓宽文化资源产权交易投融资渠道。如应考虑健全我国文化产业知识产权评估监管机制，完善知识产权评估方法，加强评估人员和评估制度建设，尽力避免市场直接变现、成本比较对知识产权价值评估的限制，注意知识产权评估的变量、参数和未来市场收益计算方法的适用，强调文化资源创意产业的知识产权保护，并以此带动文化资源创意本身、新技术应用所需投资和创意技术应用带动的上下游产业所需投资等。而由于文化产业知识产权自身价值的不确定性、可变性，投资机构有必要加强文化产业知识产权融资的风险控制、风险监管；依循"谁的责任由谁承担风险"的风控原则，采取多方面、多层次手段对申贷项目严格审查，对融资行为严格管理。规范文化资产证券的知识产权审查、追踪与信息披露，强化失信行为的法律严惩，综合运用法律、经济、科技、媒介监管等手段，加大文化资源资本市场的监管力度。在总结现有文化企业投融资经验的基础上，可考虑制定全国性的规范文化企业投融资的法律文件，对文化资源资本化中常用的几种融资模式，如知识产权质押融资、文化资产信托融资、文化资产证券化和PPP新型公私合作融资等做出具体的引领、监管规定，在注意发挥政府资金引领作用的同时，有效降低银行与市场化担保公司的风险；并就这些融资模式的基本程序、融资内容、风险控制等做出明确规定，加强投融资主体间权利义务履行的监管，减少投融资风险，完善文化产权交易投融资监管的法制环境。最终以良好的监管程序设计，进行文化资源产权交易监管的法律约束与调整，保障政府部门宏观调控和行政协调职能的发挥，最大限度促成文化资源产权交易（见图5-2）。

综上所述，针对文化产权交易市场准入、交易流程、交易中介、信用信息、资产评估等交易行为、交易程序监管的不规范处，依循文交所等产权交易平台，完善文化资源产权交易的监管机构、监管模式和监管程序，建立评估、确权、登记托管、信息披露、结算交割、保险、信托、交易监督、资信评级等法律约束制度，以良好的监管程序设计，保障交易行为、交易程序的公开透明，保证政府宏观调控、行政协调职能的发挥，最大限度促成文化资源产权交易。

第五章 文化资源产权交易监管的法律约束

监管法律依据：《民法典》《证券法》《文物保护法》《公司法》《博物馆条例》《非物质文化遗产保护法》《著作权法》《商标法》《专利法》《反不正当竞争法》等

监管体系（市场准入与退出监管、业务经营监管、交易规则监管、信息披露监管等监管制度构建）
监管路径：政府监管、市场监督、行业自律

监管体系 监管路径

监管机构：文监会等行业监管机构
监管内容：注册登记、投融资渠道监督、信息披露、基金监督管理等
风险化解：担保机构的信用担保、保险机构的保险保障及融资补贴和退市等，分散产权交易的风险

监管机构 监管内容 风险化解

文交所等产权交易平台公司制运作

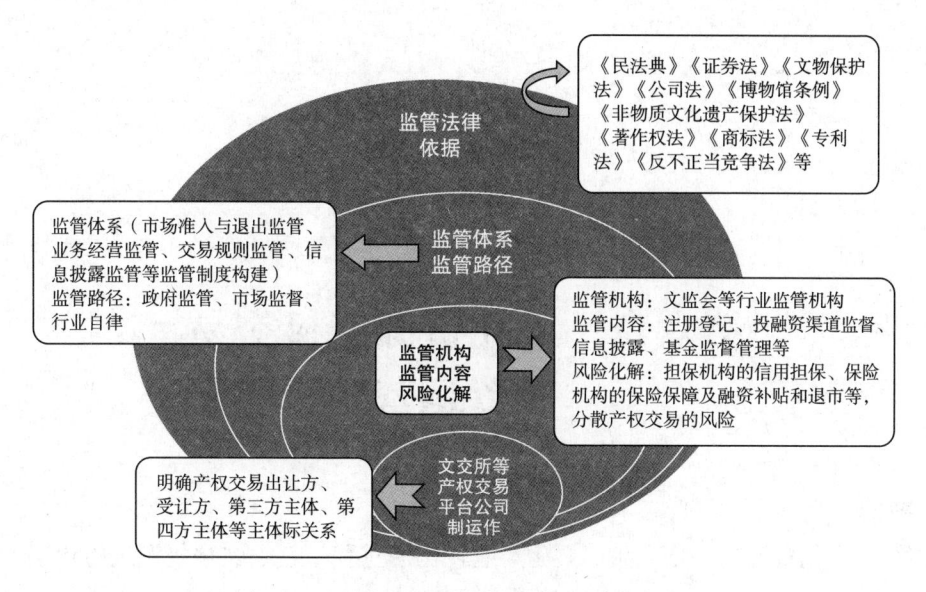

明确产权交易出让方、受让方、第三方主体、第四方主体等主体际关系

图 5-2 文化资源产权交易监管的法律约束机制

第六章　文化资源产权交易融资运营的法律跟进

文化资源向文化产品、文化产业转化的过程，就是文化资源进行市场流通、产权交易、实现文化资源财富价值的过程，也是文化资源资本化过程。这一过程，需要结合资金运营原理，针对版权质押融资、资金信托运营等融资活动，思虑其中的融资运营利益与融资运营风险，最终以文化资源与金融资本融合发展的产权交易流转方式，实现文化资源资本转化，并配以相应的法律制度保障与跟进，为文化资源资本化、产权交易融资运营提供法律制度保障。

第一节　文化资源产权交易实质在于文化资源资本转化

一　文化资源向文化资本、文化资产转化

文化资源作为特定时代、地域和人群的文化资料的来源，有着明显的文化特征和人类进步活动痕迹，以一种可感的物质化、符号化形式弥漫在整个物质生产、精神生产的创造过程中[1]，是人类文化当中能够传承的、

---

[1] 胡卫萍:《罗马法视角的文化资源的产权归属》,《重庆大学学报》（社会科学版）2015年第6期，第145—151页。

可利用的文化内容和形式。如前文所述,文化资源有物质和非物质两大类,包括历史文化资源、建筑文化资源、宗教文化资源、文学艺术文化资源、民族民俗文化资源、科技及工程文化资源(如大运河、都江堰),等等,大多数的文化资源存在于文化事业单位(如博物馆)和各类保护单位。在现代科技条件下,文化资源能够以文化基因库、文本库、数据库等形式得以保留和延续。

但并非所有的文化资源都可进入市场进行交易。一般而言,历史建筑、历史园林、历史遗迹、杰出人物的纪念地、古木和古桥等历史构筑物、历史街区等,以其非营利性公有产权的形式,一般只作为推动区域经济结构升级和社会发展方式转型的"引擎",成为驱动创意产业持续开发创意产品的公共文化资源,不进行资本化运作,呈现公共文化资源属性。而一些非物质文化遗产,以其传承的民族性、家族性,有相当一部分归属于公共文化资源,强调传承和保护,鼓励传承人(团体)进行传习活动。但另一部分因为其潜在的市场价值,在传承传统文化、弘扬主旋律方面,既有公共文化资源属性,又有一定的市场交易性,可在政府一定经费支持下进行资本运作,以市场运营方式获取更多的经济收益;既传承了传统文化,又进行了产业转化,拓展出更为广阔的生存空间,如东北铁岭二人转遗产保护项目、故宫馆藏文化资源的产业开发等。而很多在传统文化资源、非物质文化遗产基础上发展、丰富而来的现代文化资源,因为其不具备较强的稀缺性而不首先关注文化传承、不大强调公共文化精神的服务而更贴近百姓生活(如旅游文化资源、《超级女声》《好声音》等时尚娱乐文化资源等),更能满足消费者的日常精神需求,往往能在短时间内流行、成为时尚,且产权状况清晰,具有较强的排他性,在整个文化市场中占据主体地位,以私的文化资源的形式占据较大的市场空间,繁荣我国文化市场。对这类文化资源,可依循市场交易规律,由市场对该类文化资源进行市场主体间的配置,进行文化资本运作,打造民族文化产品,传承传统文化。毕竟资源只有在交换的过程中才能实现其价值,需要进入市场进行交易并产生增值才能成为资本。

所以,我国文化资源虽类型丰富,但文化资源一般不能直接转化成生产力和文化价值,并非所有的文化资源都可进入市场、进行资本化操作,只有私的文化资源属性和准公共文化资源性质的文化资源，才能进入市场。且大部分文化资源的市场用益，是要结合文化创意，以文创产权交易形式呈现。而文化资源一旦结合创意成为文化生产力，文化资源就演化为文化资本了。在借助文化创意向生产力转化、经济资本转化过程中，在符合法律规定的前提下，文化资源最终形成的文化遗产、文化产品、文化产权等文化资产，均可以有形财产物权和无形财产产权的权利样态进入市场，以实物流通、知识产权流转、股权入股、债权转让等产权交易形式进行资本转化，彰显其市场价值。这不仅扩充了文化资源的传播、利用，还以文化资源资本化处置模式吸纳社会资本进入文化产业，实现了文化资源与社会资本的有效融合，解决国家在扶持文化产业发展上的投入不足问题，同时也激发了企业内生活力、提升公司治理水平。暨文化资源产权交易，涵盖了文化资源向文化资本、文化资产转化及文化资产市场化处置的全过程，文化资源产权交易的实质，在于文化资源的资本转化。文化资源的资本转化，不仅将文化资源有效演绎为文化资产，推动文化资源价值实现，更以产权交易融资的方式推动文化资源向文化产品、文化产业转化，文化资源自身的产权价值、财产利益流转的实现才成为可能。文化资源产权交易融资，也成为文化资源资本转化、文化资源价值实现的基础。

二 文化资源资本转化依赖相应的融资制度保障

文化资源本身并不是可供消费的直接文化产品，而是具有开发潜质的物质或非物质存在，不是所有文化资源都可以用来做资本化和产业化开发。很多文化资源属于公共产品，无法进入市场体系，还有很多文化资源需要保护，盲目开发则会破坏文化基因，非但不能使其增值，反而导致文化传承的断裂。我国文化遗产资源丰富，是文化资源集中领域，如果没有严格的制度约束和模式设计，对其产业化开发往往是危险和不负责任的。对那些保护性文化资源，可以在保护的基础上做外围衍生产品开发；对其他文化资源，可以对其本身进行价值评估，并进行产权化、资本化，进入文化要素市场。而掌握可开发文化资源的企业，尤其是那些掌握可开发文化资源的国有文化企业，应提升资源转化能力，形成企业核心竞争力。也就是说，并非所有的文化资源都可资本化、产权化，只有那些具有创意空间，能够通过设计、加工、包装、宣传等流程并最终形成可以被大众消费的文化产品的文化资源，才可能进入市场，通过其商品传播，进行产权交易，实现文化资源资本增值。① 文化资源的市场化交易，就是将原本以原生态存在的、等待开发利用的文化资源，提升到市场化层面开发利用，从文化资源的市场交易角度催生文化资源的资本化，以文化资源资本化样态实现市场增值，催生文化资本。

何谓文化资本？法国社会学家布尔迪厄在其著作《资本的形式》中首次提出文化资本理论，从文化资本的角度，强调文化本身具有经济价值属性，并依赖市场化操作实现其经济价值。也就是说，文化资源可借助文化创意，通过市场运营，将文化资源的价值属性通过文化产品的生产、流通和消费显现出来，以文化资源的市场化、产业化的形式，展示文化资源的经济价值、增量效应。即文化资源可通过各种形式的建筑物、构筑物、音乐美术作品、工艺艺术品等物质和非物质形式，通过市场交易进入各个消费领域，创造经济收益。文化资源资本化，就是文化资源存量转化为文化资本增量的过程。② 文化资本成为"继物质资本、人力资本、自然资本之后的第四种资本，是文化产业继承和发展的源头活水"③，也是一个国家综合实力和竞争力的显现。但任何资源资本或财富价值的实现，都不是自然而然形成的，必须依赖于人们的主动开发和利用。文化资本作为以财富形式表现出来的文化价值积累，其存在形式不管是有形的还是无形的，在没有进入市场交易之前，文化资本只以资源的形式存在；在进入产业开发、市场流通环节后，附着在文化物品的外观或构造上，通过文化市场消费转换成经济收益，增加文化产品价值，这其中的过程充溢着文化资源的产权交易。

随着文化与科技、经济的融合日趋凸显，现代社会文化资本的经济功

---

① 孙粤文：《文化资本化、资本文化化与文化软力量提升》，《中华文化论坛》2013年第12期，第161—164页。

② 杨蔓利：《宝鸡文化资源资本化推动机制研究》，《现代经济信息》2013年第2期，第259—260页。

③ ［澳］戴维·恩罗斯比：《什么是文化资本》，潘飞译，《马克思主义与现实》2004年第1期，第51—54页。

能日益明显，不断被外化为各种各样的文化产品。人们通过社会交换，通过从他人的文化习得（文化产品）中获取有价值的东西。在《文化资源产权交易调查问卷》中，65.19%的人认为目前我国文化资源创意产权交易呈现困态的原因，是文化资源向文化符号、文化资本转化中，产权化激励措施不足。这也意味着，人们已然意识到文化资源资本化实现还得依仗相应的融资保障。毕竟文化资源终归是文化生产的基础和前提，文化资产却是文化产品（文化生产成果）和文化服务的价值载体，是具有文化属性的商业价值或交换价值的财产。正因为文化资产的财产价值属性，文化资产的投融资成为可能，其融资状态也决定着文化资源资本化历程，影响着文化产业的发展状态。且文化资产经过融资、流转，往往会取得排他性占有的产权，可以进入生产领域成为财富再创造的基础，具有现实性、专属性、排他性和创造性等特点。由此，文化资源资本化有赖于文化资产的投融资。即便是国宝级文物等"无价之宝"的文化资源，也并不意味着其永远被尘封、固化，不能创造价值、不能被利用，利用这些"无价之宝"文化理念、物化形态创造出来的文化产品，实则为文化产业价值链的延伸。[①]但文化产业价值链的延伸、文化资源进入市场，也需要一定的资金运营保障，依赖一定数量的资金启动。各级政府投资、知识产权质押融资、文化资产信托融资、文化资产证券化、文化企业并购和PPP新型公私合作融资等多种投融资模式，都是文化资产投融资路径的表现。这些融资模式，对那些只拥有文化资源产权而没有大量机器设备、大量资金扶持的中小型文化企业而言，无疑具有重要的融资保障作用。[②]暨文化资源产权交易促成文化资源资本转化，但该资本转化以相应的融资运营为保障，离不开相关政策扶持与法律跟进。

三 文化资源产权交易融资运营的政策扶持

我国文化资源丰富，但文化产权意识缺乏，大量蕴含着社会价值和经济

---

① 李春满：《论文化资产的价值属性》，《中国资产评估》2013年第5期，第6—8页。
② 胡卫萍、程晓彤：《文化资产投融资问题的法律探讨——以文化资源入股融资公司化运作为例》，《中国商法学研究会2016年年会论文集》，会议论文，北京，2016年5月，第396页。

效益的文化资源被忽略或被他家无偿或低价开发成现代文化产品，获取高额利润。或许正是意识到了这一点，早在2009年国务院就发布了《文化产业振兴规划》，深圳和上海的文化产权交易所相继挂牌，随后又出台了一系列支持文化产业振兴和发展繁荣的金融政策，鼓励金融资本、社会资本、文化资源相结合，推动多层次文化产品市场和要素市场建立，实施文化资源产权交易融资运营，随后又出台了一系列有关文化产权市场建设的文件。具体如2011年中共第十七届六中全会将文化产业列为国民经济发展的战略支柱性产业，2012年出台《文化部"十二五"时期文化产业倍增计划》，2013年《中共中央关于全面深化改革若干重大问题的决定》、2014年《关于推进文化创意和设计服务与相关产业融合发展的若干意见》、2016年《关于推动文化文物单位文化创意产品开发的若干意见》、2017年《文化部"十三五"时期文化产业发展规划》、2018年《关于在文化领域推广政府和社会资本合作模式的指导意见》，进一步夯实了文化产业发展的政策基础。

地方层面也在积极推动文创产业发展。如广州市提出"完善融合发展金融支撑体系，包括创新文化金融服务组织形式、创新文化创意金融产品、鼓励文化创意和设计企业直接融资"等内容；陕西省除了对上市奖励、贷款贴息做了明确规定外，还提出利用创新融资工具，发挥文化企业无形资产评估机构、担保机构等中介作用，鼓励商业银行建立文化产业支行，以知识产权质押、应收账款质押、收益权质押、融资租赁售后回租等融资工具支持文化产业发展。上海则将"加快金融服务体系创新"作为构建现代文化市场体系的重要组成部分，主要内容为三点：发挥产业基金撬动放大效应；构建文化创意投融资体系；充分利用多层次资本市场，"发展文化金融"成为突出亮点。[①] 这些政策扶持，旨在通过文化产品和生产要素的合理流动，保护和发展文化资源与民族文化产品，确立以文化交易机构为主体的泛版权经济创新体系，将文化产权市场建设上升为国家战略，保障文化产业做强做大，成为国民经济支柱性产业。我国对文化资源产业开发、资本化运作、产权交易融资运营的政策扶持，同时也顺应21世

---

① 卢珊：《文化金融扶持政策密集落地 银行信托债券共同发力》，http://trust.jrj.com.cn/2018/06/11074224661531.shtml，2019年1月6日。

纪"文化经济时代"的"美好生活需要",增强文创产业的投融资力度,凸显了文化资源产权确认、产权交易维护在我国文化机制体制创新、文化生产经营活动中的重要作用。①

四 文化资源资本转化、产权交易融资的法律维护需求

文化资源资本转化扶持政策虽多样,提供了多角度对文化资源产权交易的政策支持,但其中直接关涉文化资源产权确认与维护、文化资源产权交易的政策却并不多,不能够以综合性文化财产权利的视角,将文化资源转化为文化创意产品与文化产权;规范文化资源产权交易市场,使文化资源产权交易成为文化企业有形产权、无形资产转让的权益资本市场,实现文化与金融、科技和法制的融合。当然,文化资源产权的确认、产权流转和文化产业的发展,光有政策支持是不够的,还需要更为细化的文化资源资本转化、文化资源产权交易融资运作的法律保障。

由此,在捍卫"根"文化内涵资源的前提下,可通过文学艺术创作、工艺创造和文化传承等模式②,借助文化创意,发展区域文化,打造文化历史记忆,使文化资源向文化资本转化,在文化资源产权交易流转中集聚资本,明确权益,实现文化资源财富价值。

第二节 我国文化企业文化资源产权交易融资运营状态

文化资源占有的多寡并不决定着文化资源资本化程度的高低,只有不断挖掘、完善、丰富、再生文化资源,让它在文化产品生产、流通、消费过程中,通过文化产业运营、文化资本投融资,实现文化价值增量效应,才是文化资源的传播效应、财富价值的体现。③ 文化资源可借助文化产业

---

① 胡卫萍、胡淑珠:《我国文化资源资本化现状及投融资路径思考》,《企业经济》2016年第7期,第110—114页。
② 吕庆华:《文化资源的产业开发》,经济日报出版社2006年版,第50—51页。
③ 杨蔓利:《宝鸡文化资源资本化推动机制研究》,《现代经济信息》2013年第2期,第259—260页。

第六章　文化资源产权交易融资运营的法律跟进

实现文化资本转化，文化企业的投融资状态决定着文化资源资本转化状况，成为文化资源资本化运营情况的显性表达。暨文化资源资本转化、产权交易融资往往借助文化产业、文化企业的融资活动进行。

一　我国文化企业文化资源产权交易融资运营总体态势

（一）我国文化企业产权交易融资活动整体持续活跃

文化企业，作为从事文化艺术品业、工艺美术业、文化旅游业、文化会展业、创意设计业、演艺业、娱乐业、动漫业、游戏业、网络文化业、数字文化服务业等行业及文博创意企业、非物质文化遗产生产性保护等的企业，企业融资活动整体呈现持续活跃状态。自2008年金融危机以来，我国文化产业保持强劲发展势头，逐渐成为国民经济的支柱性产业。2016年是我国文化产业发展的重要里程碑。文化产业增加值达到30.254亿元，首次突破3万亿元大关，文化产业占GDP的比重为4.07%，首次突破4%。[①]

受文化政策红利和文化产业发展形势的影响，截至2014年年底，中央财政文化产业发展专项资金已累计安排142亿元[②]；2015年、2016年、2017年、2018年财政部又先后下达了50亿元、44.2亿元、32.56亿元、1.985亿元的文化产业发展专项资金，支持近千个文化项目建设；2017年，财政部下发文化产业发展专项基金，其中重大项目方面186588万元，市场化配置方面139000万元，总计约32.56亿元。自2008年以来，财政部共计发放300多亿元用于文化产业发展专项基金，扶持项目约6000个。[③] 与中央文化产业专项资金相对应，各地政府也同样设立了规模可观的专项资金支持本地文化产业的发展：如东莞市财政从2011年到2015年共统筹安排16亿元作为专项支持资金。2013年，黑龙江省设立东北三省首支文化产业引导资金，2013年已归集资金8000多万元，为文化企业和文化产业项目提供贷款融资和资金补贴；2014年设立财政专项资金，以资助建设重

[①] 陈少峰、张立波、王建平主编：《中国文化企业报告》（2017），清华大学出版社2017年版，第1页。

[②] 叶朗：《中国文化产业年度发展报告》，北京大学出版社2015年版，第15—16页。

[③] 杨涛、金巍：《中国文化金融发展报告》（2018），社会科学文献出版社2018年版，第10页。

点文化产业项目,有 46 家重点文化企业、11 个文化产业项目成为黑龙江省财政资金扶持对象,共获得 9000 多万元运营资金;2015 年黑龙江省政府先后投入 1 亿元资金,扶持或奖励文化产业重点项目和重点企业共 30 个,不断拓宽文化产业的融资渠道。①

但 2017 年、2018 年后,一些地区也纷纷缩减文化产业发展专项资金,并加快设立和扩大文化产业投资基金,文化产业发展专项资金"由补变投",政府加快由无偿向有偿、由直接分配向间接分配的转变,将"有形的手"与"无形的手"有机衔接,资金转基金。如安排 10 亿元参股全国 14 支优秀文化产业基金,直接撬动其他各类资本 120 亿元,投资领域涵盖文化产业主要门类,提高资源配置效率。②截至 2018 年年底,北京、上海、陕西、黑龙江、安徽、南京、宁波、哈尔滨、西安等各省市共 20 多个地区还建立了文化金融服务中心,通过政策引导、项目对接、信息服务、业务培训、信用增进、资金支持等方式,扶持骨干文化企业和小微文化企业,搭建文化金融中介服务平台。文化部联合财政部予以 3100 万元的财政资金支持,其中南京文化金融服务中心效果最为显著。2017 年北京正式上线北京市文创金融服务网络平台,搭建起集股权融资、债权融资、第三方服务、奖励资金申请等功能于一体的在线服务平台,构筑起"投贷奖"文化金融服务体系。2018 年,北京投贷奖支持企业共 701 家,累计实现文化产业投融资对接 25 亿元。③而自 2009 年年初华人文化产业投资基金成立以来,到 2013 年年底,已有超过 100 家文化产业基金成立,总规模达 1408 亿元。根据最新数据,2014 年一年新增加 51 支文化产业投资基金,其中,40 支披露募资总募资金额高达 1196.85 亿元,平均单支基金的总募金额达到 29.92 亿元。2015 年,市场新增 24 支文化产业投资基金。银行信贷方面:2015 年,文化类企业通过银行间债券市场累计融资 5873.19 亿

---

① 王晓佳:《黑龙江省文化金融产业融合发展的政策环境分析》,《黑龙江金融》2016 年第 4 期,第 50—52 页。

② 陈少峰、张立波、王建平主编:《中国文化企业报告》(2017),清华大学出版社 2017 年版,第 4 页。

③ 谭云明、国立波:《中国文化传媒投资发展报告》(2019),中国经济出版社 2019 年版,第 7 页。

元、文化、体育和娱乐业年末银行贷款余额约2458亿元,中长期贷款同比增长25.7%,高于总体增长率,2016年接近3000亿元。截至2018年9月末,北京银行累计为6000余户文化企业提供贷款超过2000亿元,形成了15家文化创意特色银行。以南京文化金融服务中心为例,在文化企业大数据征信系统基础上招标成立了文化银行,截至2018年,累计服务全市中小文化企业约4000批次,促成贷款超过130亿元。银行信贷成为文化产业融资的主要渠道,特色文化信贷产品和服务涌现。[1]

由以上数据可以看出,近年来我国文化企业投融资活动较为活跃,资本加快进入文化企业,文化产业的投资规模从2008年的9390.73亿元增长至2012年的19576.68亿元,5年间实现产业投资规模翻番,投资规模年均增幅达20%。在文化投资的持续推进下,2012年我国文化产业法人单位实现增加值18071亿元,同比增长25.4%,占GDP的贡献率达到5.5%。其中,文化艺术服务、文化创意和设计服务、文化专用设备生产行业的文化企业的投融资增幅最高,增长分别达98.44%、330.36%和133.32%。[2]而据国家统计局2015年1月23日发布的数据显示,2013年我国文化及相关产业(文化产业)的增加值为21351亿元,占GDP的比重为3.63%,其中文化产业法人单位(文化企业)增加值为20081亿元,比上年增加2010亿元,增长11.1%,比同期GDP现价增速高1%。2014年文化产业增加值比2013年增长3000亿元左右,其增加值达到2.4万亿元以上,占GDP的比重为3.8%。[3] 2014年文化产业增加值为24017亿元,GDP比重为3.77%,旅游、文化艺术、新闻出版、电影等产业共同发展。2017年文创产业增加值达34722亿元,占GDP比重为4.2%。2017年全国5.5万家规模以上文化及相关产业企业实现营业收入91950亿元,比上年增长10.8%,增速提高3.3%,持续保持较快增速。文化产业蓄力成势之际,银行、信托、债券共同发力文化领域,文化投融资体系基本成型。

---

[1] 谭云明、国立波:《中国文化传媒投资发展报告》(2019),中国经济出版社2019年版,第7—8页。

[2] 张晓明、王家新、章建刚:《中国文化产业发展报告》(2014),社会科学文献出版社2014年版,第45—48页。

[3] 叶朗:《中国文化产业年度发展报告》,北京大学出版社2015年版,第9—10页。

与此同时，地方政府层面也在积极推动文创产业发展。例如，广州市提出"完善融合发展金融支撑体系。包括创新文化金融服务组织形式、创新文化创意金融产品、鼓励文化创意和设计企业直接融资"等内容；陕西省除了对上市奖励、贷款贴息做了明确规定外，还提出利用创新融资工具，发挥文化企业无形资产评估机构、担保机构等中介作用，鼓励商业银行建立文化产业支行，以知识产权质押、应收账款质押、收益权质押、融资租赁售后回租等融资工具支持文化产业发展。上海则将"加快金融服务体系创新"作为构建现代文化市场体系的重要组成部分，主要内容为三点：发挥产业基金撬动放大效应；构建文化创意投融资体系；充分利用多层次资本市场。[1] 而大多数文化企业小而美的特点，使其以"新三板"的市场定位成为2014年文化企业上市的新宠。2014年云南杨丽萍文化传播股份有限公司完成新三板挂牌，成为全国第一家舞蹈演艺企业登陆新三板的公司；2014年年底新三板挂牌企业则达到1500家，其中文化企业接近100家。2014年风起云涌的文化企业并购，并购总金额达680亿元，并购金额超10亿元的事件有28起；且大集团、大资本不断涌入，2014年统计的由风投机构参与的文化企业并购事件有11起，华谊兄弟、华策影视、百视通等上市公司的并购加速[2]，文化金融活动呈现持续活跃、稳步增长的发展态势，文化产业、文化企业也在文化金融的支持下，在我国国民经济发展中的作用和贡献越来越大、越来越明显，且仍具备很大的发展潜力、发展空间。

（二）中小微文化企业产权交易融资活动不容乐观

2017年，文化产业发展顶层设计方面出台了一系列促进文化产业发展的政策文件。如制定出台《文化部"十三五"时期文化产业发展规划》；推动出台《国务院办公厅关于进一步激发社会领域投资活力的意见》，首次明确提出推进文化等领域"投贷联动"；推动出台《社会领域产业专项债券发行指引》，推出文化产业专项债券；印发《关于推动数字文化产业

---

[1] 班娟娟、向家莹、牛万星：《文化产业投融资体系基本成型》，http://www.xinhuanet.com/fortune/2018-06/08/c_1122954619.htm，2018年12月28日。

[2] 叶朗：《中国文化产业年度发展报告》，北京大学出版社2015年版，第15—16页。

创新发展的指导意见》,成为国家层面首个针对数字文化产业的宏观性、指导性政策文件。在国家文化政策的支持下,虽然我国文化产业、文化企业的文化金融活动整体发展态势良好,但这些融资活动大多集中在那些实力雄厚的大型文化企业上。早在2014年3月,阿里巴巴数字娱乐事业群发布的"娱乐宝"平台使网民出资100元就可成为影视作品的投资人,但其投资热点集中在发行方为华策影视、乐视影业等大牌文化企业的《小时代》项目上。2016年10月阿里巴巴文化娱乐集团宣布正式成立,同时筹集规模超百亿元的大文娱产业基金。2017年QQ音乐与海洋音乐合并,成立腾讯音乐娱乐集团,充分发挥版权集成优势,占有绝对的市场份额。中央或地方的文化产业发展专项资金也主要着力于重点文化企业的扶持;在影视动漫游戏内容领域和互联网平台领域勃发的文化企业并购,使影视动漫游戏企业纷纷向大型影视公司靠拢,希望借助大型影视行业高速增长的光环为公司注入活力,文化资本、文化金融主要集中在大型文化企业上,中小型文化企业的融资活动、文化金融支持却非常有限。

近年来,我国小微文化企业虽然规模小也呈快速发展趋势。据2015年4月国家统计局首次发布的小微文化企业有关统计数据显示:2013年年末,全国共有小微文化企业77.3万个,占全部文化企业的98.5%;小微文化企业共有从业人员979.9万人,占全部文化企业的63.3%;2013年,小微文化企业创造的营业总收入已高达38306.8亿元[①];2014年,小微文化企业的从业人员约占到文化产业从业人员总数的77%,增加值约占文化产业增加值的60%。[②] 2016年,中小微文化企业呈遍地开花、快速发展状态。一些大企业和科研院所、高校纷纷设立专业化文化众创空间,加强对创新型中小微文化企业的支持,打造面向大众的全程服务体系,激发全社会的文化创造活力。小微文化企业、中小型文化企业虽小,却也以最具活力、灵活创新、多而广布的优势,成为我国文化产业领域中最主要的内容提供者(大型文化企业基本上是平台提供者),是我国文化产业蓬勃发展的基础性力量,应大

[①] 鲁元珍、陈恒:《破解小微文化企业"成长的烦恼"》,《光明日报》2015年6月4日第14版。

[②] 李忠峰:《政策"呵护"小微文化企业成长》,《中国财经报》2014年8月26日第6版。

力扶持中小型文化企业的持续、快速、健康发展。这当中,最重要的是解决中小型文化企业的文化金融支持问题。我国文化企业的融资渠道有银行贷款、股票筹资、债券融资、融资租赁、海外融资等多种形式,但主要集中在银行贷款上。银行为防范金融风险、减少不良资产,普遍推行贷款担保制度(融资性担保),要求借款人提供保证、抵押、质押等贷款担保。但除了大型文化企业外,很多中小型文化企业规模小,固定资产投入少,难以提供有效的资产抵押。再加上"文化"自身的意识形态性、文化产业政策的"灵活性"和文化产业融资更易触及政策"红线"等属性,文化创意产品和服务的偶然性以及文化市场的不可预估性,使其运营状态也呈现出多变性、缺乏连续性等特点,银行等金融机构难以获得其运营和盈利状况的有效信息,不好对其资信水平做出准确判断。而能反映中小型文化企业特点的产权流通、交易流转的融资模式,如将其所拥有的内容创意、知识产权等作价进行产权交易融资,没有得到普遍认同;加之我国知识产权评估和质押体系尚未建立而难以被认同,被认为具有较高风险,融资活动的信用担保、实物担保和权利质押等都受到限制,融资活动呈现窘境。

二 我国文化企业文化资源产权交易融资运营状况分析

(一) 文化资源资本转化虽呈上扬态势但总体规模不大

文化资源可以通过多种方式进行资本化运营,文化产业的发展必须和文化资本市场结合起来才能爆发更大的市场能量,这种转化就是文化资源产权交易融资运营的表现,比如将文化资源、文创资源作价入股、债权融资,或对文化企业的文化资源财富价值评估,以股权融入的方式进行投资基金的募集等,实现文化资源向文化资本转化。2011年7月,由财政部发起的中国文化产业投资基金募集规模为200亿元,首期即成功募集了41亿元。到2013年为止,我国各类文化产业投资基金有103家,总募集金额达1408亿元。[①] 据艺恩网数据显示,仅2016年文化产业基金就新增241支,

---

① 魏鹏举:《中国文化投融资体系研究》,云南大学出版社2014年版,第115—117页。

泛娱乐产业整体规模突破5000亿元，消费用户达10亿人次。① 2017年，大量的金融资本仍通过各种渠道进入文化娱乐领域，仅2017年上半年就发生了30多起融资事件（部分企业完成两轮融资），融资总金额约10亿元。比较受关注的有：快看动漫C轮融资2.5亿元；娃娃鱼动画获得近5000万元投资；绘梦动画获得1亿元B轮融资……② 文化资产信托融资也成为文化资源资本融资的新手段，私募股权融资近年来也实现了融资事件数量和融资规模双向快速增长。

说到底，文化产业因资源消耗低、环境污染少、科技含量高，具有低碳经济、绿色经济的特点，产业发展潜力大、市场空间宽阔，文化产业投融资体系向着多元多层次的方向逐步完善，我国文化资产的资产规模和投融资规模总体呈现上扬态势。③ 但文化资产的投融资模式还是受制于文化体制的局限，以政府财政扶持、政府出面募集为主。④ 中小文化企业在市场环境中的地位有待扶持，投融资难度较大；且投资主体单一，社会资本的进入壁垒较多，外资利用水平更不高。究其原因，主要集中在文化资本投入风险大、文化资产市场投融资规模受到限制。虽说自2009年深圳和上海的文化产权交易挂牌后，已通过文交所这一综合性、专业化的文化产权交易平台，搭建起文化与资本的桥梁。例如中国目前已成为全球最大艺术品拍卖市场，2016年度总成交额520亿元，是2000年总成交额的35倍。艺术品拍卖价格集中分布在100万元至500万元、1000万元至5000万元两个区间，分别以25%和23%的比例共同支撑了中国艺术品市场的半壁江

---

① 2017年6月，斗鱼宣布将投入10亿元左右资金，在武汉成立一支文创产业基金；7月，甘肃省文化产业发展集团发起设立了甘肃东方丝路文化股权投资基金，基金总规模为20亿元；8月，阿里十八罗汉之一谢世煌创建的湖畔山南资本成立首支泛文娱专项基金，规模10亿元。

② 《大批金融资本进入泛娱乐产业动漫体育成热点》，http://www.sohu.com/a/165551177_505397，2019年3月26日。

③ 韩杰：《我国文化产业大发展催生文化资产评估服务业崛起》，http://www.xinhuanet.com//2017-12/16/c_1122121814.htm，2019年1月15日。

④ 目前文化产业投资基金的模式主要包含政府站台、国有资本主导、文娱上市公司设立、创投机构主导四种。陈皮网：《2017年文化投资基金：规模千亿，动漫体育成热点》，https://www.chenpe.com/news/98911.html，2019年4月11日。

山。不仅有效实现了文化资源物权交易、财富价值，也为文化资本的路径实现提供了范例，特别对文化艺术产业的资产融资、文化资源产权交易融资提供了资金支持和资本运作基础。① 但文化资产的产生基础——文化资源，相较于房屋建筑、机器设备等物质资本，其资源财富发掘主要蕴藏在人们的大脑中，传承形式隐蔽而不确定；若没有可持续的生产能力，文化资源将不断被稀释以至逐渐失去其活化价值，且对其资产价值的市场评估目前尚无统一的标准。再加上市民消费偏好的不确定性、大众审美情趣多样性和条块分割的产业结构及信息不对称性等②，都使文化企业投资风险大、回报缓慢。

　　可能也正是鉴于文化资源资本融资的市场风险，我国目前文化企业的投融资模式主要表现在文化资产信托融资、文化资产证券化、文化企业并购、知识产权质押融资等，一直是按照传统的财产观念、融资模式进行的融资，而未将注意力集中在文化资产的形成基础——文化资源上，导致文化资源闲置或被掠夺式开发。实际上，文化资源才是文化资产财富价值的基础，文化资源也有着自身的物权价值（有形文化资源）和产权利益（无形文化资源），不能因为某些文化资源价值估量上暂时的不确定性而否认文化资源的财产属性，忽略文化资源的融资空间。且事实上，文化资源的财产权利人，不仅希望能以多种融资方式实现文化资源的自身价值，避免文化资源的闲置；更希望文化资源在融资时，能够传承文化资源的文化理念，避免被肆意掠夺、更改。而文化产业的运作本身，不仅是经济发展的市场需求，更是文化传承的价值显现。但要做到这一点，则需关注文化资产、文化资源背后权利主体的能动价值，重视他们在融资运作中对文化理念的坚守、对文化资源核心价值把握的效能发挥。文化资源入股融资中，文化资源不是被买卖，而是在保持自主地位的同时与资本方合作共赢；既能有效筹措到文化产业的社会资本，也不存在文化资源物权人、产权人的实际变化，其权利主体不会受到太多的因文化资源不能确定性估值而招致

---

　　① 黄庆：《文化资源的资本转化刍议》，《当代文坛》2011年第4期，第37—40页。
　　② 张雪：《被"误读"的资产证券化》，http：//www.ce.cn/culture/gd/2015 12/19/t2015 1219_7669650. shtml，2016年3月30日。

的融资风险,解开了文化资源交易估值的死结。所以,文化资源入股,以股权融入的模式、以所有权与经营权分离的样态,实现着资金融通、资源使用监管、文化理念价值把控的作用,可考虑作为文化资产投融资的路径选择,并为其融资操作提供具体的法律规则,以保障其融资运营合法、规范。

(二)我国文化资源资本转化的产权保护不及时

我国文化资源丰富,且不乏可资本化的文化资源。景德镇陶瓷文化产业就是对陶瓷文化资源资本化运作的表现。它将陶瓷文化融入社会经济生活中去,创造出新的文化成果,影响公众的消费情趣、价值观念、社会认知和生活习惯等,满足社会的物质需要和精神需求。江苏张家港也凭借"鉴真和尚"的名人文化资源,打造"鉴真和尚东渡"品牌,不仅使企业获利,也提高了其在省内外、国内外特别是在日本的知名度,增加了产品附加值、提升了产品竞争力。而我国西部地区特有的西域文化资源,如成吉思汗母亲诃额仑、拖雷夫人唆鲁合贴尼、三娘子等内蒙古女性名人文化资源,云南大理喜洲古镇文化资源、陕西宝鸡文化资源、宁夏回族地域民族文化资源,在西部大开发过程中更显示出其资源资本化的强大生命力。中部地区河南九莲山西莲寺帐书文化资源、江西龙虎山道教文化资源也不甘落后。这些文化资源的开发,不仅使该文化企业获得经济收益,企业和地区的形象大幅提升,也使传统文化得以传承,经济发展与文化传播两不误。虽说近年来我国陆续出台了一系列支持文化产业振兴和发展繁荣的金融政策,具体如2009年7月国务院印发《文化产业振兴规划》,明确要求由中央财政注资引导,吸收国有骨干文化企业,大型国有企业和金融机构认购,设立中国文化产业投资基金。2010年,中国人民银行、财政部、文化部等九部委联合下发《关于金融支持文化产业振兴和发展繁荣的指导意见》,鼓励多元资金支持文化产业发展,引导符合条件的保险公司参与文化产业投资基金。2012年6月,文化部出台《鼓励和引导民间资本进入文化领域的实施意见》,鼓励民间资本以投资基金形式进入文化产业领域。2014年3月,文化部、中国人民银行、财政部联合发布《关于深入推进文化金融合作的意见》,鼓励金融资本、社会资本、文化资源相结合,提高金融机构和社会资本在文化产业的参与度,推动多层次文化产品市场和要素市场建立,加大文化资源法律保护力度,保障文化产业做大做强,凸显文化资源产权确认、产权交易维护在我国文化机制体制创新、文化生产经营中的重要作用。但这些政策中直接关涉文化资源产权确认与维护、文化资源产权交易的政策并不多,不能够以综合性文化财产权利的视角,将文化资源转化为文化创意产品与文化产权,规范文化资源产权交易市场,使文化资源产权交易成为文化企业有形产权、无形资产转让的权益资本市场,实现文化与金融、科技和法制的融合。当然,政策的多变性,使文化资源产权的确认、产权流转和文化产业的发展,仅有政策支持是不够的,还需要文化资源资本化的法律保障。

三 我国文化资源产权交易融资运营状况的原因探究

(一) 我国文化资源资本转化意识不足、产权交易利用理念缺乏

我国政府在推动文化产业发展方面的手段比较单一,多以行政手段配置资源,文化资源资本转化意识缺乏。迄今仍有一些地区文化资源的生产性转化处于传统手工技艺零敲碎打生存的"野生""自发"状态,文化资源产品生产、技术化水平低,特色文化产业管理运行机制滞后,有些文化资源甚至被国外文化企业随意抢用(美国动画片《花木兰》)。美国迪士尼公司创造了"米老鼠"形象后,却利用产权的专属性最终迫使上海糖果厂放弃自己创下的品牌。[①] 文化资源资本转化意识的薄弱和产权利益维护的缺乏,使我国文化资源产业化开发、产权利益、产权交易利用理念缺乏,文化资源产业化开发利用怠慢,甚至陷入"文化资源魔咒",成为文化产业发达国家和地区低廉、无偿的文化资源提供地,对他们掠夺民族文化资源的行为视若无睹、无力反击甚至提供帮助,自身文化资源的再生能力不断被削弱。

(二) 文化资本投入风险大,产权交易投融资规模较小

文化资源资本化运营离不开金融支持,而文化产业运营的核心财富是知识产权。虽说早在2006年10月31日,交通银行北京分行与柯瑞生物制

---

① 王亚南:《经济全球化中的文化多样性保护——西部人文资本开发思路》,《思想战线》2002年第1期,第7—10页。

药公司就签署了全国首个知识产权质押贷款合同、发放了150万元的贷款；2008年北京银行也以版权质押打包方式为文化企业提供了1亿元的贷款；2012年年底私募股权投融资涉及金额折合1026.9亿元；2013年7月文化企业债券融资总金额也达96.2亿元，文化企业信托融资总金额达到198.56亿元；2013年全国文化产业中长期贷款余额高达1291亿元，同比增长35.1%。但日本政策投资银行早在1995年开始实施知识产权质押融资，在2007年7月就大约实施了300件累计180亿日元（12.6亿元人民币）的知识产权质押融资。随后该银行也以每年实施融资30件、每件融资金额在1000万日元—3亿日元的融资速度实现文化资源资本化。

我国文化资源资本化运营的投融资虽较以前有较大增长，但与文化产业发达国家和地区的文化资本投入相较仍有较大差距，在参与融资的金融机构中，更是鲜见中行、农行、工行、建行四大银行的身影。究其原因，则是文化资源的自身属性所致。因为文化资源相较于房屋建筑、机器设备等物质资源，其资源财富发掘主要蕴藏在人们的大脑中，传承形式隐蔽而不确定；若没有可持续的生产能力，文化资源将不断被稀释以至逐渐失去其活化价值，文化资源资本融资市场风险较大。加之目前金融市场对人力资源、知识产权等无形资产评估缺乏统一标准，市民消费偏好的不确定性、大众审美情趣多样性和条块分割的产业结构及信息不对称性，以及文化产权交易操作的不便利、文化产业财税优惠支持的相对薄弱、文化产业风险缓释手段不完备和由政府直接参与的风险分担和补偿机制尚待完善等，这些政策层面、执行层面的不足，都使文化企业投资风险大、回报缓慢。我国文化企业普遍存在规模小、固定资产少、赢利方式不确定等特点，文化企业融资能力较弱，文化金融产品多元化不足，直接融资和间接融资渠道不畅，投资规模被限缩。但文化产业作为我国社会经济发展逐步完善的表现，已成为国民经济支柱性产业，文化互联网行业也将迎来新的发展，文化资源资本化有着巨大的市场需求。

（三）文化资源资本转化、产权交易投融资法律保障不尽如人意

我国文化企业除了企业规模较小、投融资力度不够外，受整个大环境的影响，文化企业的诚信状况、版权保护水平亦不尽如人意。虽说我国早已开展知识产权质押融资、投融资服务活动，但多数还是集中在专利权、商标权质押和科技信托产品服务上，版权质押的立法、执法还存在较大的发展空间；对文化资源产品、文化资源产权也缺乏相应的价值评估标准，不能实现价格发现。更未形成行业共识的版权资产价值评估体系，版权交易渠道、市场对接不明朗，还缺少权威性的文化版权评估机构和专业性强、管理水平高的经纪公司、资产评估机构、法律服务所等服务机构，相对应的配套法律规范尚未形成。已有的法律保障也相对薄弱，大多数部门规章管理条例缺少上位法引领，立法层级低且侧重于管理，已不能适应形势发展的需要，文化资源资本化投融资法律保障不尽如人意。这些都在相当程度上制约了文化资源产业化的发展进程。

综上所述，以丰富的文化资源为支撑的文化企业，这几年在国家政策利好推动下，发展前景、发展空间都值得展望。但文化企业的发展离不开资金支持，文化企业自身发展规模的局限使其资金累积受限，文化企业文化资源财富价值也未能有效显现。如何有效利用文化资源的财富价值，维护文化资源产权，促成文化资源产权交易，探索融资交易路径，以文化企业自身的财富利益实现文化融资，改变无资可融、融资渠道有限的状况，成为现阶段文化企业、文化产业可持续、健康发展的有力保障。

第三节　文化资源产权交易投融资路径选择的法律架构

如前文所述，文化资源财富价值的实现，除了依仗文化产业人才的智慧，更依赖文化资源资本化的金融支持。只有将更多的政府投资、民间资本甚至于外资注入文化资本，并予以恰当的投融资法律保障和风险防范，文化资源的资本化、文化产权交易才能获得足够的市场动力和法律支撑。面对我国文化资源产权交易投融资现状，有必要依据文化资源资本化的特点，确定投融资对象，拓展投融资渠道，明确多元化的产权交易投融资运营模式，进行投融资路径选择的法律架构，并以文化资源产权化与产业化思路，有效传承、发展、用益文化资源，最终实现文化资源全球共享（见图6-1）。

第六章　文化资源产权交易融资运营的法律跟进

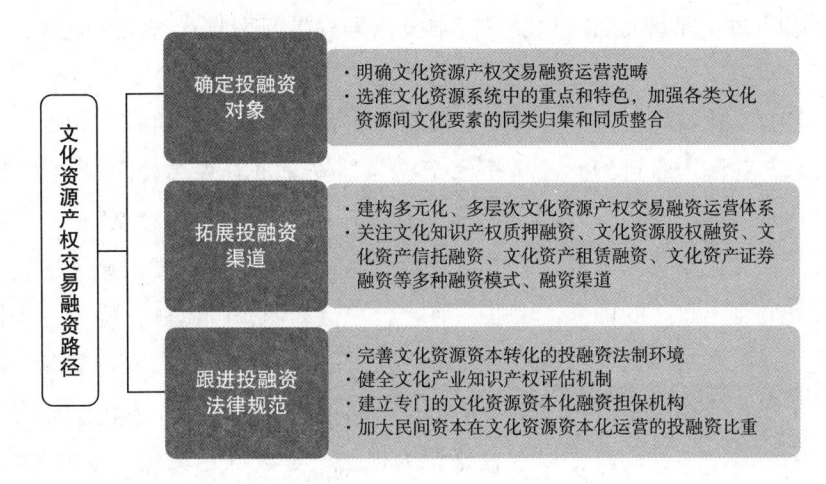

```
文化资源产权交易融资路径
├─ 确定投融资对象
│    ・明确文化资源产权交易融资运营范畴
│    ・选准文化资源系统中的重点和特色，加强各类文化资源间文化要素的同类归集和同质整合
├─ 拓展投融资渠道
│    ・建构多元化、多层次文化资源产权交易融资运营体系
│    ・关注文化知识产权质押融资、文化资源股权融资、文化资产信托融资、文化资产租赁融资、文化资产证券融资等多种融资模式、融资渠道
└─ 跟进投融资法律规范
     ・完善文化资源资本转化的投融资法制环境
     ・健全文化产业知识产权评估机制
     ・建立专门的文化资源资本化融资担保机构
     ・加大民间资本在文化资源资本化运营的投融资比重
```

图 6-1　文化资源产权交易投融资路径

一　确定投融资对象：明确文化资源产权交易融资运营范畴

文化资源产权交易融资运营，首先在考虑生产要素与文化要素紧密结合的前提下，确定投融资对象。一般而言，文化艺术服务、文化休闲娱乐服务、出版发行和版权服务、演艺与会展及文博业、网络文化服务等文化服务业和相关文化产品、设备的生产与销售，在文化资源资本化传统领域有着较大的市场增值空间。当然，也并非对所有可进行文化资源资本化运营的文化资源都简单地直接投融资，还需要对该文化资源进行符号化和文化品牌培育等方面的竞争优势评价，选择最优势的文化资源投融资。

河南省是一个文化大省，拥有丰富的文化资源，可系统梳理、选取河南省的中原特色文化资源进行资本转化，有序培育中原特色文化品牌。[①] 如禅宗少林·音乐大典、梦祥银、一涵汴绣、三彩艺、陕州地坑院营造技艺、中国汝瓷小镇、石佛艺术公社、中原手造·壶仓品牌等，涌现郑州华强文化科技有限公司、河南建业文化旅游地产发展有限公司、河南约克动漫影视股份有限公司、河南博雅文化产业集团、百禾传媒股份有限公司、河南竹桂园旅游集团有限公司、河南华冠文化科技有限公司、大宋官窑股

[①] 赵秀玲、张保林：《文化资源优势向文化竞争优势转化问题研究综述》，《南阳师范学院学报》（社会科学版）2014 年第 8 期，第 27—29 页。

份有限公司、郑州良酷文化发展有限公司等一批河南省优秀文化企业、文化产业示范基地。① 而江西省的红色文化、赣文化、客家文化,则有着鲜明的各自文化特色,完全可将婺源徽剧与古代村落组合,将兴国山歌、客家山歌与井冈山景区组合,将客家童谣与靖安三爪仑森林公园景区组合,以自然景区的"热点"带动非物质文化遗产旅游资源的"冷点",为自然景点注入文化要素,丰富自然景观旅游产品结构。在休闲度假旅游中,可加入具有乡土气息的民歌、山歌、渔歌,举行赛龙舟、舞狮、灯彩等竞技表演,让游客参与其中,体验传统文化艺术的魅力。正是在文化资源资本化、产业化运作思路下,江西文化旅游产业近年来有了显著发展。如将红色文化与旅游结合起来,以红色旅游为抓手,建设红色文化产业聚集区;将自然文化遗产与旅游结合起来,打造庐山、龙虎山、三清山等为生态文化产业聚集区;将传统文化品牌与旅游结合起来,构建庐陵文化、临川文化、客家文化等区域文化产业聚集区,形成三色(红色、绿色和古色)兼具的地方特色文化旅游景区。② 其文化资源的产权交易,也可定位在该特色文化上,以提高文化产业的核心竞争力为宗旨,进行文化资源的产权交易融资,将文化资源转化为文化资本、文化资产。

2015 年,江西与全国最大的旅游产业招商与投融资平台"旅交网"宣布建立战略合作关系,探索"互联网+旅游"产业模式。目前,旅交网平台上已汇聚着实业资本、金融资本、产业基金、私募基金、股权基金等各路资本方逾 800 家,意欲投向旅游产业领域的资金规模逾 5000 亿元人民币,形成了初具规模的"资金池"。通过与旅交网的"资本库"对接,将江西旅游招商与投融资项目整体推向资本市场,解决旅游融资难题。③ 而早在 2012 年 11 月,北京银行南昌分行也以江西泰豪动漫有限公司的动漫作品《阿香日记》形象设计版权为质押,向企业发放 1000 万元人民币贷

---

① 王峰:《河南文化产业先锋榜发布 30 家企业、品牌和个人上榜》,https://www.henan100.com/news/2018/823906.shtml,2018 年 12 月 29 日。

② 厉敏萍、丁功谊:《江西文化产业发展的现状与思考》,《金融教育研究》2014 年第 1 期,第 65—68 页。

③ 陈大圣:《江西开启"互联网+旅游"全新模式 破解旅游产业融资难题》,http://news.jxgdw.com/jszg/2789125.html,2016 年 4 月 15 日。

款,支持其后续动漫产品的研发创作,开创了江西省金融机构创新担保方式,以版权质押的方式对文化资源创意产业的发展起了积极的扶持作用。2012年全省文化产业的贷款余额也达80.59亿元,同比增长29.32%,增速较同期各项贷款快13.35%。[①]

所以,为了更好地提升文化资源的有效利用率,促进文化企业、文化产业的发展,在强调其他融资模式、金融支持的同时,可关注文化资源、文化资产自身的融资力量,并从法律上予以立法保障。而无论有体有形的文化资源,还是无体无形的文化资源,在确定文化资源资本化的投融资对象后,在投融资具体规划上,要选准文化资源系统中的重点和特色,尊重文化个性,兼顾文化资源的整体性,激发文化资源的原生动力,加强各类文化资源间文化要素的同类归集和同质整合,从资本转化利用与资源保护互为依存的角度,激发文化资源资本化投融资市场活力。

二 拓展投融资渠道:建构多元化、多层次文化资源产权交易融资运营体系

文化资源占有的多寡,并不决定着文化资源资本化程度的高低。相反,一些文化资源丰厚的地区,其深远的人文古迹、历史传说、名人祠堂在历经千年洗礼后,只单纯地以该地区文化象征存在着。而一些历史较短、文化资源稀缺的地区却能借助各种力量,利用文化推动经济,打造有世界影响力的文化品牌。由此,丰厚的文化资源并不意味着丰厚的文化财富,只有不断挖掘、完善、丰富、再生用益文化资源,让它在文化产品生产、流通、消费过程中,通过文化产业运营、文化资本投融资,实现文化价值增量效应,才是文化资源的传播效应、财富价值的显现。[②]暨文化企业的发展,除了仰仗文化产业人才的智慧,更多依赖文化资源资本化的金融支持,依赖文化企业的融资担保。只有将更多的政府投资、民间资本注入文化企业,推动文化资源的资本化、文化产权交易和文化产品生产,并

---

① 杨碧玉:《动画片版权也能质押融资了》,http://news.163.com/12/1116/03/8GDCI41N00014AED.html,2016年4月2日。

② 杨蔓利:《宝鸡文化资源资本化推动机制研究》,《现代经济信息》2013年第2期,第259—260页。

予以恰当的投融资法律保障和风险防范，我国文化企业才能获得发展资金，为文化企业的持续发展提供足够的市场动力和法律支撑。面对中小文化企业普遍存在的融资需求大、融资成本高、融资总体规模不足、融资模式单一、社会资本进入壁垒多、融资担保有限等问题，有必要进一步拓展文化企业的融资渠道，从文化资源资本转化入手，关注文化知识产权质押融资、文化资源股权融资、文化资产信托融资、文化资产租赁融资、文化资产证券融资、PPP 新型公私合作融资与文化企业融资性担保运营等多种融资模式、融资渠道，尽力促成文化产业的多元化融资渠道，建构多元化文化资源产权交易融资运营体系。

（一）文化知识产权质押融资

文化知识产权质押融资，是文化企业或文化资源的所有者、持有者将其合法拥有的专利权、商标权、著作权中的财产权经评估后作为质押物，向金融机构申请流动资金贷款。文化知识产权质押融资的类型虽然多样，涉及专利权、商标权、著作权等多项权利，但在文化知识产权质押融资中，更偏重于版权质押融资。而目前知识产权质押融资多数表现为专利权质押。有数据表明，目前专利权质押合同登记量连续 5 年保持高速增长，质押金额年均增长 78.8%，质押项目年均增长 77.63%，涉及专利数量年均增长 98.71%，全国实现 2073 项质押贷款项目，涉及 7326 件专利。[①] 文化企业的知识产权质押融资，除了传统的版权融资外，也可考虑文化与新科技、新技术结合后的文化专利权利保护与专利融资，5G 时代的到来更是促成文化资源加速数字化，数字文化产业迎来红利期。以敦煌石窟为例，由于彩塑和壁画的材质相对脆弱，当游客在窟内参观时，二氧化碳长期滞留致使窟内空气湿度增高、温度上升，会对壁画和彩塑造成永久性伤害；由于洞窟空间狭小且采光不好，无法提供良好的观感体验，这些问题都制约了文化资源的传播。等数字技术成熟后，不仅文化资源的传播将变得更加便利[②]，同时也引发了文化知识产权中的文化专利权保护及流转问题。

---

① 吴民平：《强化知识产权保护 倒逼国内企业创新》，http://www.lawyers.org.cn/info/8da0d0e4213f40cbaf6cd3b32ffb2eca，2017 年 12 月 20 日。

② 姚亚奇整理：《5G 时代文化资源加速数字化，数字文化产业迎来红利期》，http://news.cctv.com/2018/11/21/ARTIZARV0RhrRe3JQHqX4lwp181121.shtml，2019 年 2 月 22 日。

文化产权中的版权质押、专利权质押融资成为融资的重要途径。

（二）文化资源股权融资

文化资源股权融资，则是将文化资源作价入股，使文化资源与各类社会资本合作组建新的文化企业或加入文化企业，以股权融入的模式、以所有权与经营权分离的样态，为文化创意及其相关产业的融合提供生产基础、授权依据，并监管文化资源的使用，把控文化价值理念不偏离。我国文化资源丰富，文化资源财富价值的实现路径多样，既可以通过生产和再生产文化产品过程实现其价值，也可以通过与旅游业、服务业、制造业甚至农牧业的融合实现赋值增值。但我们还有很多文化资源由于条块分割的管理体制目前处于分散和闲置状态，如很多博物馆的文物数字化资源、图书馆或出版社的数字内容资源、民族民间文化普查所形成的多媒体与数字化资源等，数字内容都没有被有效整合利用，文化资源的财产价值也不能有效实现。而如果通过一个权威性的文化资源股权代理机构，把这些分散在各类图书馆或出版社的数字内容文化资源，依照一定的合理收益配置标准来整合和利用，一定能收到良好的市场效果。当然，这个权威性的文化资源股权代理机构产生，需要获得这些文化资源产权人的授权，使其以股权授权、股权入股的模式，参与到文化企业的生产运营中去，并因为该授权、入股会获取相应的社会资本，获得相应的融资保障。由此，文化资源入股以文化资源的财富价值吸引社会资本融入，通过有效的制度供给方式激励社会资本进入文化产业，使社会资本、非公经济获得文化产业运营的关键资源，提高社会资本从事文化产业的积极性，也在一定程度上避免了文化资源的浪费或滥用，使那些有意愿也有能力的社会资本合理合法利用文化资源，并通过市场化运营吸纳产业收益，保障国有或公共文化资源的有效开发和利用。[①] 目前，我国文化产业基金已经成立，作为财政资金入股的首支营利性国家级文化产业私募股权投资基金，该基金成立以来参与了人民网、中国出版传媒公司 IPO 前一级市场发行，并对新华网、山东出版等非上市公司进行了私募股权投资。自 2010 年成立以来，中国文化产业基金投资

---

① 魏鹏举：《中国文化产业投融资体系研究》，云南人民出版社 2014 年版，第 176—180 页。

范围逐步由传统媒体扩大至新媒体。截至2015年4月，中国文化产业基金已投32家文化企业，4个文化项目，累计投资金额达到30亿元。①

(三) 文化资产信托融资

文化资产信托融资属信托融资的一种。信托作为一种"受人之托、代人理财"的财产管理制度形式，是信托公司作为受托人向社会投资者发行信托计划产品，为需要资金的文化企业募集资金，信托公司将其募集资金投入需要资金的文化企业中，需要资金的企业再将融入的资金投入相应的文化项目中，由其产生的利润（现金流）支付投资者信托本金及其红利（利息）。具体涵盖传统型融资信托、资产支持融资信托、结构化融资信托、融资服务信托、基金化信托融资等多种融资方式。文化资产信托融资的融资速度快、融资规模有限、可控性强，受到中小型文化企业的青睐。而联合国发展计划署1998年给PPP的定义是：PPP是指政府、营利性企业和非营利性组织基于某个项目而形成的相互合作关系的形式。通过这种合作形式，合作各方可以达到比预期单独行动更有利的结果。合作各方参与某个项目时，政府并不是把项目的责任全部转移给私营部门，而是由参与合作的各方共同承担责任和融资风险。它涵盖了不同社会系统倡导者之间的所有制度化合作方式，满足公共产品需要而建立的公共和私人倡导者之间的各种合作关系，有利于公共部门和私人部门建立伙伴关系进行的大型公共项目的实施。所以，PPP是公共基础设施中的一种项目融资模式，通过政府和社会资本合作，鼓励私营企业、民营资本与政府进行合作，参与公共基础设施的建设。文化产业的PPP新型公私合作融资，主要着力于推动特色小镇建设与发展，可有效解决公共服务、供应效率比较低，民营资本进入比较难等问题，能够发挥市场配置资源的积极作用，推动城镇化的健康发展。具体如房山休闲度假小镇、白洋淀产业小镇，以及南京溧水会展小镇、安顺市西秀区大西桥镇生态文化旅游小镇、贵州省黔南州惠水县影视基地项目、许昌三国文化产业园——三国文化演艺中心建设项目、河南省洛阳古城保护与整治PPP项目、浙江省24个涉及特色小镇的PPP

---

① 王妮娜：《构建多层次文化发展基金体系》，http://finance.ifeng.com/a/20150706/13819506_0.shtml，2016年12月20日。

项目，等等，在发挥市场资源配置、推动城镇化健康发展起了积极作用。

（四）文化资产租赁融资

文化企业因其只有剧本、视频、赛事转播、游戏开发等版权类无形资产，缺少土地、设备、厂房等固定资产，加之无形资产评估难、质押难、确权难及现有银行"审贷机制"，无法给予贷款。文化资产租赁融资，通过"直租"（直接购买文化企业所需生产资料，租于文化企业，收取企业租金）"售后回租"（文化企业购买所需生产资料后，由租赁公司购买再回租于文化企业，收取企业租金）的租赁方式，着眼于盘活丰富的文化资源，撬动大量金融资本为文化企业融资。2014年9月1日，国内首家文化融资租赁公司——北京市文化科技融资租赁股份有限公司在北京挂牌成立，标志着融资租赁的触角首次伸入文化产业。2015年9月，《北京市服务业扩大开放综合试点实施方案》发布后，著作权、专利权、商标权等均可试点融资租赁业务，为文化无形资产融资租赁业务提供了政策依据，相关文创企业的融资额增加了5倍。大业传媒集团以其持有的"洛宝贝"系列标识形象著作权作为租赁物，获得了相关的资金支持。北京华夏乐章文化传播有限公司以《纳斯尔丁·阿凡提》和《冰川奇缘》两部音乐剧版权为标的物，成功向文化租赁公司融资500万元。获得资金支持后，华夏乐章后续又推出了4部原创音乐剧。

（五）文化资产证券融资

文化资产证券融资以文化资产证券化形式出现，它发端于美国，得益于成熟的知识产权保护手段，以音乐唱片、电影作品以及文学IP进行证券化；在国内的尝试中，证券的发行更青睐于以文化行业的未来门票收入、票房收入作为基础资产，形成了不同产品风格，为文化产业盘活现有资产、拓展融资途径发挥了重要作用。1997年，摇滚歌手鲍伊用音乐知识产权进行质押，以债券形式发行了文化资产支持证券，将其1990年前录制的25张唱片知识产权许可使用费证券化，平均偿付期为10年，总规模为5500万美元，采取私募发行方式，由证券投资信托公司全额认购，成为全球首例文化产业资产证券化案例。1997年，梦工厂进行第一期证券化交易，将当时14部影片打包组成基础资产池，进行证券化融资。2000年之后，他们尝试将未来拍摄的电影作品打包，发行证券化产品，进行更大规模融资。2012年,深圳华侨城发布了欢乐谷主题公园入园凭证专项资产管理计划,获资本市场追捧。2015年,云南旅游推进集团资产证券化进程,众多旅游资源整合发布类似资产证券化计划。一些交易所平台也均上线过电影院票房、文化园区门票收入等资产证券化产品。2015年,大地影院将未来一段时期的票房收入作为基础资产,进行资产证券化操作,在影院行业资产证券化操作中成为经典案例。

但说到底,文化资产证券化同其他资产证券化一样,涉及产权、版权等基础资产的确权、现金流测算、定价等问题,需要成熟的知识产权保护手段,需要特殊的增信措施和特殊的交易结构,才能符合目前市场的监管要求。除此之外,其整体运作流程和挂牌要求都是一样的。而将文化资产进行证券化融资,摆在眼前的难题是文化企业基础资产质量,毕竟组成基础资产池的不是某一部文化产品,而是一个作品集合。国内文化企业多为轻资产行业,其核心资产也许是少数几部文化产品,如几部小说、几位签约歌手、一两部电影,因此造成资产估值困难,资产质量难以保证;再加上资产证券化技术操作过程中注重信用担保,对知识产权的运作、评估、评级存在诸多技术性难题。若没有规模巨大的文化产业存量资产、成熟的交易环境和完善的政策法规,文化资产证券化虽能助力文化产业发展,但也存在较大交易风险。[1]

由此,尽管国家近年来颁布了系列政策鼓励银行支持微小企业和中小企业发展,但是效果并不明显。可考虑由国家作为公共产品提供者,建立文化企业融资的贷款担保基金,解决我国现阶段文化企业贷款难的问题,缓解文化产业快速发展过程中的资金瓶颈问题,并在防范信贷风险方面发挥作用。除此之外,文化企业的融资性担保运营也为文化资源资本转化、产权交易提供融资途径。文化企业的融资性担保,通过担保人(如融资担保机构)与银行业金融机构等债权人约定,在被担保文化企业不履行对银行等债权人负有的融资性债务时,由融资担保机构依合同约定承担担保责任的行为。融资方式可以包括借款、发行有价证券(不包括股票)、透支、

---

[1] 安仁:《当文化遇上资产证券化》,http://www.financialnews.com.cn/cul/whdt/201610/t20161028_106685.html,2018年12月28日。

第六章　文化资源产权交易融资运营的法律跟进

延期付款及银行给予的授信额度等。

　　面对我国文化资源资本化投融资过程中呈现的文化企业规模不大、融资规模小、渠道不通畅等问题，应依循我国文化资源民族特色，顺应文化产业发展趋势，建立多层次文化产品和要素市场，建构多元化、多层次文化资源产权交易融资运营体系，加大文化资源资本化项目运作，加快投融资平台建设，促进文化资源产权评估与交易，鼓励金融资本、社会资本和文化资源的融合，吸引更多的资本投入文化资源开发中，为文化资源资本化投融资活动提供法律保障。如在总结现有文化企业投融资经验的基础上，可考虑制定全国性的规范文化企业投融资的法律文件，对文化资源资本化中常用的几种融资模式，如知识产权质押融资、文化资产信托融资、文化资产证券化和PPP新型公私合作融资等作出具体规定。① 明确知识产权质押的直接和间接融资模式，在注意发挥政府资金引领作用的同时，有效降低银行与市场化担保公司的风险；发挥文交所等交易平台的确权、确真、估价、定价作用②，以文化资产证券化形式盘活企业非流动资产，帮助缺乏可抵押资产的文化企业融资③；鼓励海外华侨、港澳台企业和国内民间资本投资文化产业，给予贴息或补贴等优惠保障；还可借助PPP新型公私合作融资模式，对一些大型文化场、馆、园的设计、建设和运营共同出资，以特许经营权和收益权的模式融资经营④，将文化资源转化为生产性文化资本。并就这些融资模式的基本程序、融资内容、风险控制等作出

---

① 在《文化资源产权交易调查问卷》中，对我国文化资源资本化运作的主要模式，81.01%的人认为是文化资源创意知识产权质押融资，61.39%的人认为是文化资产信托融资，65.82%的人认为是文化资产证券化融资，34.18%的人认为可以是PPP新型公私合作融资，29.75%的人认为是私募股权等民间资本介入的融资，38.61%的人认为可以是保险公司介入的责任保险运营。

② 张雪：《被"误读"的资产证券化》，http://www.ce.cn/culture/gd/201512/19/t20151219_7669650.shtml，2016年3月30日。

③ 范玉刚：《文化产业的风险特征与完善投融资体系研究》，《学习与探索》2014年第6期，第79—85页。

④ 陈柳钦：《PPP新型公私合作融资模式》，http://www.cpmchina.com/html/2/37459.html，2016年7月4日。

明确规定,明晰投融资主体间的权利义务,减少投融资风险。①

三 跟进投融资法律规范:创新和完善投融资法律保障

面对我国文化资源资本化投融资过程中呈现的文化企业规模不大、融资规模小、渠道不通畅等问题,应依循我国文化资源民族特色,顺应文化产业发展趋势,建立多层次文化产品和要素市场,加大文化资源资本化项目运作,加快投融资平台建设,促进文化资源产权评估与交易,鼓励金融资本、社会资本和文化资源的融合,吸引更多的资本投入文化资源开发中,为文化资源资本化投融资活动提供法律保障。

(一)完善文化资源资本转化的投融资法制环境

在总结现有文化企业投融资经验的基础上,可考虑制定全国性的规范文化企业投融资的法律文件,对文化资源资本化中常用的几种融资模式,如知识产权质押融资、文化资产信托融资、文化资产证券化和PPP新型公私合作融资等作出具体规定。明确知识产权质押的直接和间接融资模式,在注意发挥政府资金引领作用的同时,有效降低银行与市场化担保公司的风险;发挥文交所等交易平台的确权、确真、估价、定价作用②,以文化资产证券化形式盘活企业非流动资产,帮助缺乏可抵押资产的文化企业融资③;鼓励海外华侨、港澳台企业和国内民间资本投资文化产业,给予贴息或补贴等优惠保障;还可借助PPP新型公私合作融资模式,对一些大型文化场、馆、园的设计、建设和运营共同出资,以特许经营权和收益权的模式融资经营④,将文化资源转化为生产性文化资本。并就这些融资模式的基本程序、融资内容、风险控制等作出明确规定,明晰投融资主体间的

---

① 胡卫萍、胡淑珠:《我国文化资源资本化现状及投融资路径思考》,《企业经济》2016年第7期,第113—114页。

② 张雪:《被"误读"的资产证券化》,http://www.ce.cn/culture/gd/201512/19/t20151219_7669650.shtml,2017年1月4日。

③ 范玉刚:《文化产业的风险特征与完善投融资体系研究》,《学习与探索》2014年第6期,第79—85页。

④ 陈柳钦:《PPP新型公私合作融资模式》,http://www.cpmchina.com/html/2/37459.html,2016年7月4日。

权利义务，减少投融资风险。

（二）健全我国文化产业知识产权评估机制

我国虽已有规模大小不一的文化产权交易机构近百个，但文化产权交易机构的市场建设、交易规范并无统一规制，文化资源财产权益即文化产权所包含的文化物权、文化债权、文化知识产权等产权权属确认、产权价值评估也缺乏规范标准。这些都加重了文化资源资本化投融资活动的融资利益不确定性，增加了融资风险。应考虑健全我国文化产业知识产权评估机制，完善知识产权评估方法，加强评估人员和评估制度建设，尽力避免市场直接变现、成本比较对知识产权价值评估的限制，注意知识产权评估的变量、参数和未来市场收益计算方法的适用，强调文化资源创意产业的知识产权权益空间，并以此带动文化资源创意本身、新技术应用所需投资和创意技术应用带动的上下游产业所需投资等。当然，文化产业知识产权自身的价值不确定性、可变性，也使得投资机构有必要加强文化产业知识产权融资的风险控制。如确立"谁的责任由谁承担风险"的风控原则，采取多方面、多层次手段对申贷项目严格审查、对融资行为严格管理，规范文化资产证券的知识产权审查、追踪与信息披露，强化失信行为的法律严惩，综合运用法律、经济、科技、媒介监管等手段，加大文化资源资本市场的监管力度，促进文化资源资本化。

（三）建立专门的文化资源资本化融资担保机构

文化资源资本化运营的投资风险，增加了投资主体对其能否如期收回投资、收获利益的担忧。为此，可考虑引导各类担保机构为文化产业的投融资活动提供担保，对缺乏担保的文化产业融资提供保证，由担保机构在文化企业不能如期还贷时向投资者代为偿还，而后再行追偿。还可成立专门的文化产业融资担保公司，借助国家补贴、政府贴息等方式提高公司担保能力。在我国文化产业从政府主导启动走向依靠市场内生动力发展阶段时，仍然要强调一定政府力量的扶持。如依靠政府提供一定的风险防范基金进行再担保；政府也可和文化企业、银行、担保公司合作设立再担保基金，按照政策支持、风险分担、鼓励创意创新的思路，合理分摊融资风险，担保文化企业的偿债能力；并鼓励担保机构与保险公司合作，为文化产业投融资提供保险保障，实现投融资风险多方分担。

（四）加大民间资本在文化资源资本化运营中的投融资比重

虽然我国现行民间资本的法律地位、权益保护、退出机制等并不明确，民间投资风险警示和防控制度并不健全，但我国民间资本存量大、基数厚，且目前中小型文化企业居多，有较大的投资空间；这几年私募股权在文化资本融资的发展态势已是证明。所以，文化资源资本化的投融资路径，在遵从政府对文化资本投融资政策引导的基础上，应充分考虑发展民间资本，以私募股权等形式，明确投资资格准入标准，增强开放度，规范民间资本的投融资操作规则，拓展融资渠道，完善推出机制，促进个人创业和企业创新；采取合理税收优惠政策鼓励引导民间资本安全有序地投资于文化资本领域，充分发挥文化产权交易场所对私募股权、民间资本融资的平台作用，引导更多社会资本进入"文化+互联网"领域。最终通过政府投入、金融支持、社会融资，甚至外资引进等方式，转移、分散和分担文化资本风险，增加文化产业对民间资本的吸引力，加大投资比重，形成多元化的文化资源资本化投融资法律保障体系。

由此，文化资源虽然本属文化领域的精神财富，多以原生态形式存在，一般不直接成为文化消费品。[①] 但文化资源可以通过文化创意、再生产和市场营销，将某些有形或无形的文化载体转化为商品，并以文化产业的产权开展融资运作、创造经济效益。暨文化资源作为凝结了人类无差别的劳动成果，一端连着文化、另一端连着财富，其文化符号、文化信仰和文化价值观能被人们有效使用并带来收益。而文化资源作为一种客观存在，只有充分发挥创造力和想象力，开采、挖掘文化资源，展示文化产品、文化物权、文化产权等文化资源财富价值，潜在的文化资源才能为我所用，其财富价值才能实现。

第四节　我国文化资源产权交易融资运营的法律跟进

文化产业的市场运作，不光是经济发展的需求，更是文化传承的价值显现；文化产业的科技性、市场发展潜力亦使文化版权等文化知识产权的

[①] 黄庆：《文化资源的资本转化刍议》，《当代文坛》2011年第4期，第37—40页。

第六章　文化资源产权交易融资运营的法律跟进

质押融资成为可能。有必要为文化资源资本转化、产权交易融资提供足够的法律跟进保障，防控融资风险，彰显文化产业融资优势（见图6-2）。

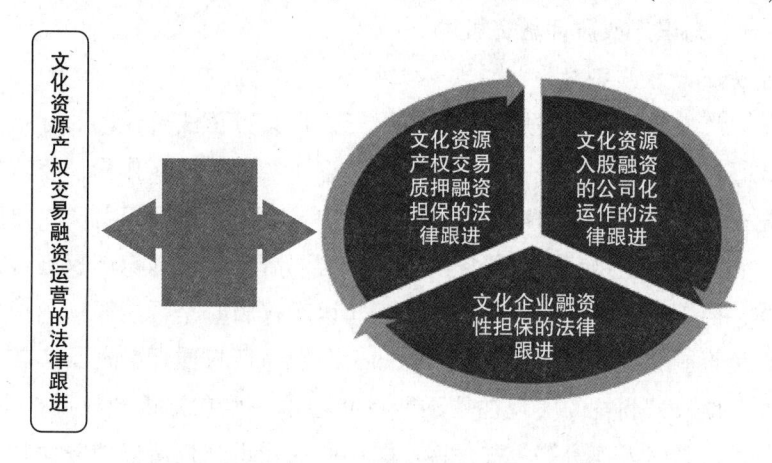

图6-2　文化资源产权交易融资运营的法律跟进示意

一　文化资源产权交易质押融资担保的法律跟进[①]

由于文化企业的文化资本经营特色，其核心产品大多为文化创意产品，有较高的文化版权等知识产权权益，会产生出文化知识产权、文化物权、文化股权、文化债权（如票房收益权）等诸多文化产权、文化财产利益，可以考虑这些文化财产的质押、抵押融资。但文化企业自身面临的软件开发技术风险、新产品接受市场风险、经营状况的财务风险、后续投入资金不足的投资风险、管理层变动风险、政府政策导向风险等[②]，以及版权融资担保所面临的版权估值风险、版权贬值风险和版权的处置变现风

---

① 胡卫萍、郑舒敏：《文化资源资本化中知识产权质押融资担保问题探讨》，《中国民法学研究会小型研讨会系列　第二届担保法理论与实践国际研讨会2016年论文集》，会议论文，南京，2016年5月，第141—147页。

② 文化产业链不同层次的企业所面临的主要风险是各异的。如出版业面临较大的火灾及自然灾害风险；动漫行业面临较大的创意和侵权风险；文化艺术品行业面临较大的盗抢风险；影视行业面临着政策风险等。乔桂明：《文化产业的金融支持与服务创新》，苏州大学出版社2013年版，第164—173页。

险，使文化企业知识产权质押融资担保呈现出较大的不可预知性、风险性。[①]

（一）知识产权质押融资概述

1. 知识产权质押融资的特点

知识产权质押融资，是债务人或第三人将其可依法转让的商标权、专利权或著作权等知识产权中的相关财产权益（经评估后）作为债权质押标的的融资担保制度。在知识产权质押融资中，由于知识产权财产权益的抽象性，非为实际款物，一旦债务人不能清偿，需要将该知识产权进行拍卖或收购，换取价金进行债务清偿。而该知识产权届时是否能够顺利拍卖或收购、是否能够换取预期价金并不确知，即知识产权质押融资具有较大的风险性，债权人利益的实现往往不能将赌注单一压在知识产权质押本身，还需要通过第三人担保等方式，将可能存在的知识产权清偿债务面临的市场风险以及知识产权企业的经营风险，转移到第三人身上。由其保证届时该债权若未获清偿，则由其对金融机构作出赔偿，或是以预先保证的价格收购作为担保物的知识产权进行赔偿，化解纷争。或许正是因为知识产权质押融资的风险性，使知识产权融资质押实质为融资活动的间接担保，往往需要借助第三方担保（包括信用担保）方式，从金融机构获取融资。美国等西方国家的知识产权融资担保早已有百余年历史，呈现出强大的生命力。托马斯·爱迪生早在19世纪80年代，就以白炽灯的专利作为担保，创办了爱迪生电灯公司（现在的通用电气公司）。而鉴于质押风险，很多金融机构不愿意就此大规模开展知识产权质押融资活动，无法满足有较大资金需求的中小企业、特别是文化企业的放贷需求，融资能力被局限，直接影响到文化企业的经营状况，影响到文化资源资本化运作。

2. 知识产权质押融资模式

我国从2006年开始进行知识产权质押融资。鉴于知识产权质押融资的

[①] 在华谊兄弟传媒集团以影片《集结号》"版权"设立担保获得招商银行贷款一案中，除所谓的"版权"担保外，还加上了王中军、王中磊及阿里巴巴董事长马云的个人名义担保，以及《集结号》票房收入进专设账户监管之类作为担保。一系列条件加在一起，才让招商银行最终决定放贷。刘藩、潘星星：《产业链的供血系统——中国电影金融服务模式的问题与对策》，《电影艺术》2014年第1期，第75—83页。

特点,现已形成了"银行+企业专利权/商标专用权质押"的直接质押融资模式、"银行+担保+专利权反担保"的间接质押模式、"银行+政府基金担保+市场化担保+知识产权反担保"与"银行+市场化担保+知识产权反担保+政府贴息或担保补贴"的混合模式,以及"集合放款+版权质押+实际控制人连带保证"等多种质押融资模式。为降低银行的经营风险,企业常将知识产权与应收账款、股权、有形资产和企业信用等打捆作为质押物向商业银行申请贷款,形成"银行+知识产权质押+股权质押或有形资产抵押或法人代表无限连带责任担保"的捆绑质押融资模式。在"银行+担保+知识产权反担保"的间接质押融资模式,可由政府或专业担保机构为企业提供担保[1],企业以知识产权作为反担保质押给担保公司,再由银行与企业签订贷款协议。这些质押融资模式借助政府资金的引领作用,一定程度上有效降低了银行与担保公司的市场风险,推进了文化资源的资本融资。浙江台州甚至专门授牌了"文化产业银行",创新推广知识产权质押、应收账款质押等解决企业融资难题,为224家文化企业提供贷款服务,融资余额达55亿元[2],有效促成了文化资源资本化,支撑了文化产业的发展。

(二) 文化资源资本转化中知识产权质押融资状况

1. 文化资源资本化运营中彰显着知识产权的财富价值

文化资源能够向文化产业转化、能够吸引社会资本进行融资,并非基于对传统文化的简单复制,而是依靠人的灵感和智慧,以创意理念再造文化资源,彰显文化资源中所蕴含的丰富的文化知识产权财富价值。如迪士尼公司从1928年起就不断对"米老鼠"系列作品进行改编、翻译等演绎改进、推陈出新,覆盖影视、出版、消费品、旅游、特许权等领域,赚取了数以亿计的利润。[3] "米老鼠"形象使用权范围几乎涵盖了所有商品,每年仅版税就为公司创造了净收入十多亿美元。[4] 好莱坞大片《阿凡达》用

---

[1] 杨伟民、王爱华:《全国知识产权质押贷款现状和政策研究分析》,http://www.mysipo.com/thread-113410-1-1,2015年3月16日。

[2] 张昊昱:《台州市首家文化产业银行授牌》,http://toutiao.com/i6234277500994716162,2015年3月1日。

[3] 唐润华:《解密国际传媒集团》,南方日报出版社2003年版,第215—224页。

[4] 景正礼:《米老鼠的全球野心》,《法人》2007年第7期,第90页。

IMAX3D（巨幕立体电影）虚拟影像撷取摄影系统，对我国张家界等地的自然景观进行计算机特效技术的点绘处理，以立体实感的在场氛围对观众产生强烈的视觉冲击力和听觉震撼力，并因此获得巨额票房。而"七彩云南""夫子庙灯会""东方水城""好客山东""多彩贵州"等文化品牌、旅游形象标识，都是文化资源向旅游文化产业转化的表现，是文化资源资本化运营中商标权财富利益的显现。

2. 文化资源资本化运用中知识产权质押融资整体上扬

或许是人们还没有真正警醒，加上知识产权财产利益的非物质性，在文化资源资本化中借助知识产权质押进行融资的思路虽早已确定，但真正付诸实践是近些年的事，且多集中在大型的文化企业。2002 年珠海企业金山、同望以独立开发的拥有自主知识产权的著作权出质，分别向珠海市商业银行融资货款 500 万元和 1500 万元，顺利完成了全国首例版权质押，但随后一段时间几近销声匿迹。自 2007 年我国交通银行北京分行与北京天星际影视文化传播公司的电视剧《宝莲灯前传》签订的第一份中国影视产业版权质押贷款案例后，版权质押结盟于大型文化企业，尤其是影视公司，版权质押贷款动辄上亿元。2008 年 5 月，北京银行以版权质押组合担保方式推出影视剧打包贷款，为华谊兄弟提供 1 亿元用于拍摄张纪中的《兵圣》、胡玫的《望族》、康洪雷的《我的团长我的团》等 14 部电视剧[1]，将文化产业的知识产权质押融资拓及未来版权、未来知识产权，文化产业发展中的版权质押真正引起关注，并随后掀起一股知识产权质押融资的热潮，进入金融支持文化产业振兴和发展繁荣阶段。2011 年 3 月，北京银行杭州分行与杭州市文化创意产业办公室签署了《杭州市文化创意产业融资服务战略合作框架协议》，采取包括知识产权质押方式在内的多种融资手段进行融资，大力支持杭州市中小型文化创意企业发展；并与杭州宋城集团控股有限公司及杭州福地影视制作有限公司签署了授信意向书，用于支持旅游文化城建设及电视剧发行、制作，大型娱乐活动承办等项目。[2]

---

[1] 丘志乔：《中小型文化创意企业知识产权质押融资现状及对策——兼谈北京"创意贷"模式对广东的启示》，《中国发明与专利》2011 年第 7 期，第 53—56 页。

[2] 丘志乔：《中小型文化创意企业知识产权质押融资现状及对策——兼谈北京"创意贷"模式对广东的启示》，《中国发明与专利》2011 年第 7 期，第 53—56 页。

2014年3月,浦发银行、汉口银行、武汉农村商业银行与武汉银都文化传媒股份有限公司、武汉邦维文化发展有限公司等7家文化企业签订了版权质押贷款融资协议。① 2012—2014年,我国广东、江苏、浙江、湖北、上海、北京、天津等省市知识产权质押融资总额均超过10亿元(当然不限于文化资源的资本化运营)。②

2016年4月,据国家知识产权局局长申长雨在国信办新闻发布会上介绍,2015年我国知识产权转化运用进一步加强,全年专利、商标、版权质押融资总额达931.72亿元,版权质押融资显示出勃勃生机。虽然我国的文化企业大多属于中小型文化企业,企业规模小、资金实力不足、民众对企业的认同感不强,但对企业也有着共同的价值观念,也不乏文化创意人才。以江西省为例,江西景德镇陶瓷文化产业打造出的法蓝瓷实业有限公司、雕塑瓷厂、真如堂陶瓷有限公司等文化企业,江西黎川油画创意产业园入驻的小微文化公司,都能在政策支持、资金扶持的推动下,着力进行文化创意活动,并由此衍生出系列文化产品的知识产权,文化资源资本化中的知识产权质押融资整体呈上扬态势。由此,尽管文化企业知识产权质押融资有着自身的风险,但文化版权、知识产权的创新与创意,使文化企业显现出不同于其他企业的文化优势,有着较大的价值利用空间,可以考虑以此文化创意成果质押融资的,扩充企业的文化资本。且随着我国版权保护力度的不断加大,若能有相对规范、安全的操作程序,规范文化企业知识产权质押融资担保的风险预测,细化文化版权融资担保规则,强调知识产权质押融资,可以有效减少融资风险,为文化企业的产业发展提供资金保障。

(三) 文化资源资本转化中知识产权质押融资状态的原因分析

1. 文化资源市场价值的不确知性

我国有着丰富的文化资源,但有些文化资源只能以公共文化资源的身份进行历史传承、民族精神弘扬。即便是能够进入市场的准公共文化资源、私的文化资源,在进入市场伊始,该文化资源所承载的经济文化价

---

① 徐超、王永娟、付成荣:《武汉启动文化创意版权质押贷款》,《中国文化报》2014年3月28日第2版。

② 杨伟民、王爱华:《全国知识产权质押贷款现状和政策研究分析》,http://www.mysipo.com/thread-113410-1-1,2015年3月11日。

值、所可能蕴含的市场价值并不确知。《超级女声》《中国好声音》《中国好歌曲》这些针对大众歌手的选秀节目，一开始并不知道其会受到这么多观众的喜爱，为大陆音乐圈输送了大批音乐人才，更不知道其后会产生极大的文化品牌影响力。当然，也有一些文化资源的市场运作、资源转化并没有产生预期的效益，甚至沦为笑谈。文化资源本身市场价值的不确知性，直接影响到文化知识产权这一无形资产的市场含金量。而文化资源资本转化有其自身的发展规律，呈现知识和资本密集特性。影视制作、广告会展等行业的前期投资数量大、时间紧，需要大量专用设备和周转性资金；软件开发、设计创意、文化艺术等行业则需要大量的创意研发资金，其中人力成本高达70%，银行信贷资金难以介入这些文化产业的前期环节。面对较大资金链供应缺口，在文化资源市场价值不确知性下，人们对文化资源产品的知识产权以质押模式进行融资的行为依然持怀疑、观望甚至否定态度。

2. 文化资源产品知识产权价值估量的市场风险性

在文化资源资本转化中，文化产业的核心产品大多为文化创意产品，蕴藏大量的文化版权、文化专利技术等知识产权。但受知识产权本身所存在的专业性、复杂性和市场价值不确定性等因素的影响，其价值评估与传统意义上的有形资产评估存在较大差异（文化创意产品尤甚）。而知识产权的非物质性，使得要以文化资源产品的知识产权质押方式融资，必须对其进行价值评估。但由于没有统一的评价标准和专业的文化类评估机构，常存在评估结果相差悬殊的情形，文化资源产品知识产权无形资产价值被放大或缩小，贷款额度的操作空间大，银行和担保机构风险增加，最后甚至不得不放弃以知识产权质押担保的融资方式。且文化资源产品知识产权权属在司法实践中常有纠纷，权属争议更增添了知识产权市场经营风险，影响着银行等金融机构对文化企业还款来源和还款意愿的信心。再加上行业管理不够规范、信息不对称，一旦知识产权质押贷款出现问题，质物处置通道倘有一点不畅，就会出现该融资风险不能被快速有效地控制、转移、分散或化解，贷款银行信贷资产质量会直接恶化等问题。如文化版权属于无形资产，市场小众，即便进行了质押登记，一旦文化企业出现经营困难无力偿还贷款时，在银行采取拍卖、租赁、交易等方式处理质押权利时，一般较难找到合适的交易对象，文化产权的处置变现在周期和价值实现上存在困难。银行难以像处置实物资产一样，采用拍卖、租赁、转让等方式及时收回本金，或对自身的损失提供一些补偿，融资风险有着较强的不可预测性。[①] 这些都动摇着银行等金融机构对文化企业的贷款额度的授信，不利于文化资源资本化的市场进程。在《文化资源产权交易调查问卷》中，73.42%的人建议出台金融创新相关规则，如出台知识产权评估标准、拍卖和集中交易程序、加强知识产权和收益权方面的信贷产品创新、培育和发展文化产业保险市场等。

3. 文化企业规模和信用能力的局限性

或许是由于人们对文化资源、文化产品财富功能认识的有限，文化产业作为国家支柱产业提上议程，是近10年的事情。这些年，文化产业虽以较快速度实现增长，但大多数文化企业规模较小，基本处在初步发展阶段。我国文化产业在文化资源资本化融资运营中，虽然以知识产权质押融资方式获取了一定数额的融通资金，但基本上归属于实力较强的大型文化集团或被国际、国内知名导演收入囊中。中小型文化企业由于自身资金的不足、知识产权价值估量的不确定性，加之缺乏不动产质押物等自身限制因素，基本上很难通过知识产权质押融资的方式申请到银行贷款，尤其是中西部地区的一些欠发达地区，知识产权质押融资更偏弱，知识产权成功质押融资的总额和笔数偏少。虽然现在全国各地都关注中小微企业知识产权质押融资状况，纷纷出台相应的质押融资管理办法进行管理，但以知识产权质押方式进行融资在整个知识产权数量中所占的比例并不是很高，质押融资的知识产权数量一般不超过当年新增知识产权数量的5%。且由于资金链的制约，一些文化企业在创立时违约现象较多，社会信用水平无法获得认可。而银行放贷流程不会因为受贷文化企业规模较小而"简化""瘦身"，银行对其投入的人力成本、管理维护成本与大企业一样。面对文化产业企业规模的有限和信用风险，加之银行对文化创意产业发展的规律认识不足、接受程度不高，银行不愿意把精力放在文化产业扶持、文化资

[①] 彭建峰、张友棠：《科技型企业知识产权质押融资风险分散机制创新》，《财会月刊》2015年第9期，第30—32页。

源资本化金融支持的想法也就可以理解了，更别说像知识产权这种本身市场价值估量存在风险的质押融资了。文化资源资本化中的知识产权质押融资，依然处在"叫好而不叫座"的尴尬境地。

（四）文化资源产品知识产权质押方式融资缺乏足够的法律保障

我国知识产权法律制度建设虽较以前有较大进步，但知识产权质押登记制度主要是在《民法典》中规定。《民法典》第 444 条仅就知识产权质押登记做了简略规定，而知识产权质押登记在现实生活中依然存在不少问题。如担保登记机关多，登记程序政出多门、程序复杂；商标专用权、商号权出质的登记机关为国家工商管理部门，专利权、版权出质的登记机关为国家知识产权局、国家版权局；各登记机关所发布的登记程序、内容不相一致，登记期限和费用各不相同。如办理一笔文化版权质押登记一般需要两三个月的时间；如果出质人以两项以上的知识产权共同出质，其登记程序更为复杂，难以满足文化企业金融需求的时效性要求，更在某种程度上提高了质权设立的成本。另外，虽然法律上规定了质押登记程序，并规定债权人同意时才能够转让使用权；但知识产权担保属于权利担保，此种担保不仅不能排斥使用，反而要让债务人使用知识产权才能产生收益、用以还债，知识产权质押担保债权人并不能有效控制对方出让知识产权使用权，质押权人利益的实现依赖于债务人和第三人的守法意识。此外，设质知识产权被诉侵犯他人权利的质押风险，质权人也很难预见，知识产权质押融资存在内在风险；只有足够精密的法律规范和切实可行的制度保障才能就此降低和分散风险，促进知识产权融资的实现。再加上熟悉文化产业、熟悉文化资源资本化运转的专业人才不足，文化资源资本化运作、文化产业风险补偿机制、担保体系还不完善，贷后风险监测控制手段不够，信用保险还未发挥出应有的作用等[①]，这些都需要相应法律制度的完善跟进。

（五）文化资源资本转化中质押融资担保完善建议

文化产业在文化资源资本转化过程中存在的企业资产规模小、授信评

[①] 龙非、李海辉、童怡华：《北京市银行机构支持文化产业发展的调研报告》，《文化产业导刊》2011 年第 1 期，第 24—29 页。

级低、融资难、融资程序复杂等问题，和知识产权质押本身存在的权利不稳定、价值难以确定、发生风险后难以及时处置、权利瑕疵难以界定等风险，将文化资源资本化中知识产权质押融资担保、收益权质押融资担保与商品化权质押融资担保的法律应对举措的思考进一步凸显出来，有必要从担保法的角度进行思考、完善。

1. 扩大知识产权质押类型，将未来版权（期待版权）位列其中

知识产权质押作为权利质押的类型之一，其质押主要是为了融资。《民法典》及全国各地关于知识产权质押融资的地方性法律中虽多有细致规定①，但可质押的知识产权多被确定为已被依法授予专有权利的专利权、商标权和版权。未来版权究竟能否设定质押？我国《著作权法》并没有触及未来作品，更没有规定未来作品版权，未来版权质押融资严格地讲缺乏法律依据，不应产生担保物权效力。但一些文化企业，特别是一些影视公司类的文化企业，之所以会考虑未来版权质押融资，除了有着急迫的融资需求以及"无资可抵"的窘境外，还会因为融资后未来版权（也称"期待版权"）实现可能性的逐渐加大，能够形成一笔足具吸引力的财富而吸引债权人注资。所以，尽管未来作品有着可能夭折、未来版权可能不能实现的风险，但亦有着融资可期待高利润的诱惑。且从另一个角度而言，尽管著作权、版权从作品创作完成之日才发生，但对作品"完成"概念的把握，学理上是有阐述的。郑成思教授认为，作品的创作完成应作广义理解，包括全部完成和部分完成②，即作品的表达形式不要求完整，法律意义上的作品完全可以是"作品片段"，只要该片段拥有作品的独创性、可

---

① 1886年9月9日制定于瑞士伯尔尼的《伯尔尼公约》确立了作品自动保护原则，明确著作权的取得不受发表行为的限制，享有和行使著作权无须履行任何手续。2002年颁布、2013年修订的我国《著作权法实施条例》第6条亦规定，"著作权自作品创作完成之日起产生"，即尚未创作完成的作品无法产生作品版权。2011年生效的《著作权质权登记办法》第6条则规定，版权质押是要式法律行为，出质人和质权人应当提交"著作权质权登记申请表、出质人和质权人的身份证明、主合同和著作权质权合同、提交委托书和受托人的身份证明、提交共有人同意出质的书面文件、提交授权合同、提交有效的价值评估报告等签订书面质押合同；确认版权质押采取登记生效主义，版权质权的设立、变更、转让和消灭，自记载于《著作权质权登记簿》时发生效力，即版权质押未经登记不产生版权质押效力。

② 郑成思：《版权法》，中国人民大学出版社2009年版，第87页。

复制性特征即可①，论文的写作计划、大纲、画家草图、尚未完成的乐谱等部分创作完成的作品同样受著作权法保护。这就意味着，当作者主观上所形成的某一思想或某一构思如果已经完整地、以某种形式表达出来，即使这只是他全部构思的一个组成部分（甚至是非常细微的部分），也应视为作品在一定阶段上的创作完成，可以主张著作权的保护。依循这种思路，即使文化企业的文化产品并未实际创作完成，但只要进行了相应的创作，且在正常情况下不会出现作品夭折等现象的话，是可以考虑未来版权的著作权保护、甚至版权质押融资的。

现在已有国家在著作权法、版权法中明确确认了未来作品的著作权保护。如英国《版权法》第91条第2款，就专门对未来版权进行了定义②，赋予权利人享有预先处分"未来版权"的行为自由；德国《著作权法与邻接权法》"著作权中的权利转移"章节中第40条，则明确规定了作者对于未来作品享有各项使用权并有权许可他人使用③，承认未来作品的版权，允许以未来作品的版权设立担保，为未来作品的期待版权利益提供了更为有效的法律保障；法国知识产权法典也允许作者就未来作品的著作权进行部分转让，著作权质押不采登记生效主义而采登记对抗主义；日本法对著作权质押的设定、转移、变更和消亡亦采取登记对抗主义；香港法、澳门法均允许转让未来作品著作权，且香港法对转让未来作品的著作权则未加任何限制。这些规定表明，大陆、英美法系的许多国家都承认未来版权、肯定未来版权质押的法律效力。而我国对未来版权确认、未来版权质押效力的不置可否，会在一定程度上削减我国文化企业文化资产的融资路径，使未来文化版权质押融资缺乏法律保障。由此，面对文化企业的融资瓶颈，为解决"无资可押"的窘境，除了考虑已有文化知识产权的质押融资，还应考虑拓宽版权质押融资类型，在相应法律中明确规定未来作品版权可质押融资。具体而言，是可参照德、法、日等国的规定，依循在建工程抵押的思路，对《著作权质权登

---

① [德] 雷炳德：《著作权法》，张恩民译，法律出版社2005年版，第114页。

② 英国《版权法》第91条第2款："本编中所称'未来版权'，是指因将来某一项或某一类作品或某一事件的发生而将要或可能产生的版权；'未来版权权利人'应如上做同等解释，且包括依照第1款所缔结的合同于将来取得版权的人。"

③ [德] 雷炳德：《著作权法》，张恩民译，法律出版社2005年版，第381页。

记办法》的相关条款进行修订,明确确认未来作品版权,明确规定未来版权可以设定质押、进行质押融资;同时变更版权出质登记生效主义为版权出质对抗主义,不强求版权出质登记,使版权出质不以版权实际发生为必要,为司法实践中未来作品"未来版权"的质押融资提供相应的立法保障。同时,在已存版权质押融资中,还可以结合行业特点,对版权的财产权利进行分割,在发行权、传播权等具体著作财产权上设定质押,使版权质押融资的类型可以更为丰富、完善,拓宽版权质押融资类型。

所以,在文化产业的文化资源资本转化、产权交易融资运营中,是可以考虑未来版权作为质押对象的。[①] 即文化资源产品的知识产权质押融资,质押的知识产权内容可以表现为既有的电影、音乐作品的发行权、收益权和其他形式的著作权,也可因表现为将来完成的电影、音乐作品的发行权、收益权及其他形式的著作权,涉及已有的知识产权和未来的知识产权。这点在司法实践中已有操作,如电影《集结号》开拍前就能以版权质押的方式获得了招商银行 5000 万元的贷款[②],电视剧《宝莲灯前传》也能在拍摄完成前获得交通银行贷款,都是以未来版权的方式获得质押融资的。不仅如此,甚至知识产权许可使用产生的债权(版税、专利使用费等)也可成为质押融资对象。中国人民银行在 2007 年 9 月 30 日颁布的《应收账款质押登记办法》(现已修改,已于 2020 年 1 月 1 日生效)中,就肯定了应收账款包括知识产权的许可使用产生的债权;且在商业实践

[①] 从 2004 年至 2015 年,我国电影产业实现连续 11 年营业额及其增量双增长,但到了 2016 年,国内院线票房为 457.12 亿元,同比仅增长 3.73%,较之 2015 年 48.7%的增幅大幅下滑。2016 年我国电影票房增长情况引人思考,特别是随着 2017 年 3 月《电影产业促进法》的实施,一些业内人士开始探索国产电影如何"提质增效",而亟待解决的问题之一就是摄制过程融资难。"期待版权质押"或为电影融资新途径。这种版权质押最终以收益权融资形式体现出来。张雨林:《"期待版权质押"或为电影融资新途径》,http://ip.people.com.cn/n1/2018/0115/c179663-29765305.html,2019 年 2 月 11 日。

[②] 《集结号》尽管被称为"首例无第三方担保"的先例,但真实情况是华谊兄弟董事长王中军和阿里巴巴董事长马云曾在个人财产上为电影设定了个人无限连带保证。实际上,由于当时电影尚未拍摄并不存在著作权,故 2006 年电影《集结号》没有采取著作权质押。佚名:《贷款抵押物:版权抵押面纱下的个人连带担保》,http://ent.qq.com/zt/2009/shendu40/zhengwen1b.htm,2017 年 4 月 2 日。

中，这种债权可能比其所依赖产生的知识产权更有担保价值。《民法典》第440条规定了"可以转让的注册商标专用权、专利权、著作权等知识产权中的财产权"可进行权利质押，但未对知识产权质押对象再细化，没有区分既有知识产权、将来知识产权。同时，该条也将"现有的以及将有的应收账款"作为质押对象，相较原《物权法》第223条规定，该条进一步明确了应收账款的范畴，这也意味着将来知识产权可以以将来合同或非合同的应收账款债权质押融资。这对文化产业、文化资源资本化融资显得尤为重要，因为很多文化知识产权的产生（如电影、电视版权）是以先期投入大量资金为前提条件的，需要大量融资。《民法典》的变化，使《著作权法》在修订时，可以进一步考虑以将来版权以及以其为基础的债权作为质押对象，并进行具体的法律列明。必要时，还可考虑最高额质押，为一段时间内文化债权提供质押担保，以满足文化产业、文化企业创作系列作品、连环产品的需求。当然，这亦增加了版权质押融资风险，需要文化版权质押权利人对此做出准确的市场判断和市场预期。

承上所述，文化企业的核心资产是文化版权，文化产业和文化版权质押融资的特点，使得其在融资过程中对企业、银行、第三方担保机构等呈现出文化版权估值风险、版权融资信息沟通风险、版权权属争议风险以及版权生产意外风险等，而文化版权的价值则凸显为其未来所可能带来的经济利益。由此，文化版权质押首先需要产权交易中心、融资担保机构、律师事务所、会计师事务所、资产评估公司等文化金融中介服务机构进行公正而客观的评估，为其融资担保活动提供合理的量化依据。具体而言，就是向这些文化金融中介机构提供质押融资的风险证明。如提供版权类型、版权登记状况、版权权利约束、版权收益方式、版权项目权属关系（版权权利归属及其变更登记情况、费用支付情况、版权的许可使用状态、是否涉及权属争议与侵权纠纷等）、与在先权利冲突的风险检测[①]等影响版权估值因素的证明；提供文化企业的经营状况、管理团队、产品生产过程、是否符合产业政策的要求、是否为可持续性经营、是否对社会产生消极作用

---

① 来小鹏：《影响知识产权价值评估的法律因素》，《中国资产评估》2008年第3期，第33—35页。

第六章　文化资源产权交易融资运营的法律跟进

的证明；提供版权估值的评估方案、可行性市场前景与未来预测（版权项目的创新程度、产品市场需求调查等）、初步评估和专家论证评估报告、版权项目估值[①]等证明。如果这些证明能够让银行相信文化企业是可持续经营的、文化版权在未来的市场运作中有着一定的价值增值空间，这些可能的利润获取足以弥盖文化版权质押融资风险，那么该文化企业文化版权的质押融资就在经过了质押融资风险评估预测成为可控风险。所以，当文化版权质押融资逐渐成为文化融资中的重要形式时，若能做好版权质押融资的流程规范和模型设计，版权质押融资的风险还是可控的，文化版权可以以文化企业的自身优势为文化企业资本积累、文化产业发展发挥作用，拓展文化企业融资路径。

2. 细化收益权等应收账款质押融资担保规则，预测并防控质押融资风险

应收账款质押融资是指借款人以应收账款（包括现有的和未来的金钱债权及其产生的收益，如有真实贸易背景的普通应收账款、收费权等企业债权）作为担保，向其他机构或个人进行融资，以满足生产和营销的需要。应收账款质押不是实物抵押，而是一种企业债权质押，是充分利用应收账款债务人较高的信用弥补自身担保不足的融资方式。目前大多数国家已将应收账款质押融资作为解决中小企业融资难的有效途径。一般而言，只要企业营运正常，借款人产品适销对路，现金流能够流入企业，应收账款债务人风险可控，银行就会发放贷款，而不会过分强调借款企业的财务能力。但我国银行由于对应收账款质押融资中借款人的资信能力、应收账款质量存有质疑，较少采用质押融资模式，中小企业运用应收账款质押的比例较低。而在文化企业中，尤其是影视类文化企业的未来版权，其存在着大量未来可能产生巨大收益的票房收益权、合同债权等期待权益，可以归入债权成为应收账款质押范畴。在影视企业中，拍摄完成后制片人会将电影作品的发行权、放映权等授予各大"院线"后，而后依据影片分账发行放映合同确认未来票房收入的分配比例并据此获得票房收益，该票房收益即为应收账款质押中的收益利益、债权权益。司法实践中也存在着制片

[①] 范泽明：《知识产权融资的风险、估价与对策：拓宽创新型企业资金瓶颈》，东北财经出版社2010年版，第202—213页。

人常将尚未拍摄完成的电影版权或未来可取得的票房收益权先质押给商业银行换取商业贷款的现象。[①] 应该说,票房收益权等应收账款质押融资模式,不但解决了中小文化企业启动资金难问题,也发挥了文化企业的文化融资优势,有益于影视市场的繁荣。但票房收益权与文化版权一样,其收益本身受到剧本吸引力、导演号召力、演员影响力、影迷喜好性以及广电总局审查等一些主客观条件的影响而呈现出不确定性,制片人不能保证影片上映后能取得预期收益,票房收益利益的实现亦呈现出一定程度的风险性。由此,虽然票房收益权作为文化企业的文化资产,其融资活动凸显文化融资优势,但银行在接受该应收账款质押融资时,同样需要将质押融资风险控制在可控范围之内才行。

由于票房收益权等债权的应收账款质押可能存在着是否虚构应收账款、收益利益是否真实、出质人主体资格是否确定、出质人账户管理是否规范、是否挪用票房收益,以及质押人自身是否因受到资金链断裂、管理不科学等而产生生产经营、管理风险,应明确并细化应收账款质押融资的担保规则,防范并控制质押融资风险。但我国现行法律在应收账款质押上的法律规定依然存有不够明朗、清晰之处,直接影响着文化企业应收账款质押融资的顺利进行。如我国原《物权法》第228条规定、《民法典》第445条[②],明确了应收账款质权从办理出质登记时设立,但并未明晰在此期间可能发生的应收账款转让之后所产生的法律后果。在此期间,应收账款质押的债务人如果向质押人还债了或质押人放弃对应收账款全部或部分权利,都可能导致应收账款不能付,直接影响到质权人利益,但这些潜在的融资风险法律并未进行明确的法律规定以先期预防。《应收账款质押登记办法》虽对应收账款质押合同的内容标准、登记机构、登记

[①] 万幸:《中国电影版权担保融资的现实处境与风险研究》,《东南传播》2012年第8期,第33—35页。

[②] 《物权法》第228条规定:"以应收账款出质的,当事人应当订立书面合同。质权自信贷征信机构办理出质登记时设立。应收账款出质后,不得转让,但经出质人与质权人协商同意的除外。出质人转让应收账款所得的价款,应当向质权人提前清偿债务或者提存。"《民法典》第445条:"以应收账款出质的,质权自办理出质登记时设立。应收账款出质后,不得转让,但是出质人与质权人协商同意的除外。出质人转让应收账款所得的价款,应当向质权人提前清偿债务或者提存。"

内容、登记中的权利义务、登记查询、登记不当的法律责任等都作出了具体规定，规范应收账款质押登记，但同样将质权的发生确定为出质登记时。而登记机构在审查时无法做到逐一审查（形式审查高于实质审查），容易导致应收账款质权的设立要件与公示要件混淆；以致应收账款质权因登记而设立后，可能应收账款债务人在未接到通知、不了解应收账款质押情况下，因向应收账款出质人清偿债务而使应收账款消灭，质权人的担保利益受到影响。同时，我国立法对应收账款质权设立和应收账款转让，是分别从"物权"和"合同"两个视角进行了规定，而不是从统一立法的角度，对应收账款转让、应收账款质权、应收账款让与担保进行统一法律规定，以同一的立法规定防范应收账款质押融资风险，避免造成应收账款融资时的权利冲突。同理，文化企业票据收益权，作为应收账款质押中债权的权利类型之一，同样也不例外地在这些规则适用上呈现困境，引发融资风险。所以，为更好地彰显文化企业文化产权质押融资的企业特色和文化优势，化解文化企业"无资可融"的窘境，《民法典》司法解释、《著作权法》等相关法律的立法跟进、司法解读，明确并细化应收账款质押融资担保规则，是其顺利质押融资的前提和基础。

3. 丰富文化知识产权权利内容，关注商品化权质押担保利益实现

文化资源的资本转化，有相当一部分是从文化创意产业角度讨论的。文化创意产业的商品化也旨在深入挖掘已经在文创产业赢得良好信誉和口碑的基本要素（如动漫作品中的著名形象），并以这些要素（形象标识）为载体，将它们重新包装，延伸它们所代表的信誉与精神气质以吸引公众、增加销售，创造出商业效益。[①] 米老鼠、喜羊羊、灰太狼、熊大、熊二等都是文化产业链中商品化权的形象载体。我们仍以动漫作品为例，很多动漫电影的制作成本很高，美国梦工厂公司的《功夫熊猫》总投入合计2.8亿美元，《阿凡达》则高达5亿美元。通过电影或电视播出、音像制品的出版

[①] 谌远知：《文创产业中商品化权与知识产权研究》，经济科学出版社2012年版，第42—43页。

发行往往仅能收回部分成本。但动漫产业的价值链条，从最初的漫画作品到动画电影或电视，一直延续到动漫衍生品开发，真正的盈利往往是靠动漫产业链后端的动漫衍生品开发来完成的。商品化权在动漫衍生产品的开发中脱颖而出，成为文化资源产品化、商品化的权利保障，可以有效保障各方商业价值，延伸、担保商誉，使文化产业商业价值最大化。为此，应考虑将商品化权融为文化知识产权的权利内容，并充分挖掘该权利所蕴含的市场价值，以质押融资的方式进入市场，为融资活动增添一份质押权利保障。即在文化产业、文化资源资本化转化的知识产权质押融资中，可将商品化权权利客体中的姓名与肖像、角色与声音、表演等纳入知识产权客体范畴，进行知识产权质押形式的融资，或就融资活动提供知识产权反担保，为动漫产业链的动漫衍生品开发融集资金，推动文化产业发展。当然，由于商品化权有别于一般知识产权，对商品化权质押的具体内容、具体要求需从质押担保的角度进行具体规定，有其特殊性，这点将在后文继续探讨。

4. 强化知识产权反担保，担保公司再担保

知识产权质押融资模式多样，在间接融资模式和混合融资模式中，多有政府身份介入的担保，意在通过由政府用纳税形成的科技专项资金担保中小企业融资，承担知识产权融资风险，给中小企业融资提供政府保障。这对中小微企业知识产权质押融资的风险化解无疑具有重要作用，能够克服由于担保机构的外部性和风险性带来的担保资金供给不足问题。但这一做法表面乍看容易造成与"国家机关不得为保证人"规定相悖的印象。虽然政府提供的担保实际上是通过某类专项基金作保或以政府贴息、担保补贴的形式进行的，意在以政府的身份鼓励知识产权的流动，非为实质上的国家机关法人作为保证人，但"政府担保"的简略称谓还是容易造成误解。由此，在多种知识产权质押融资模式中，还是应强调市场主体在质押融资中的地位，尽力弱化政府色彩的介入，少用"政府担保"字眼的表达，强调担保公司再担保和知识产权反担保。就此，可参考美国硅谷银行和浦发硅谷银行的经验做法，通过政府与商业银行合作，建设一批具有独立法人资格的科技融资担保公司、高科技担保公司，依循担保法律原理，专门为中小微文化企业和中小科技企业提供知识产权质押贷款，甚至通过

未来知识产权的高收益来覆盖贷款的高风险，由担保公司对知识产权质押中的融资风险提供再担保，承担大部分融资风险。同时，鉴于全额担保的担保机构承担风险较大，与其预期获得的收益不对等，可以考虑全额担保向部分担保转变，提高担保机构收益风险比，提升担保机构参与知识产权质押的积极性。

5. 依托文化产权交易平台，建立文化知识产权质押融资风险分担机制

文化产权交易平台，作为推动文化产权交易、企业改制、资产重组、融资并购、创意成果转化的综合服务平台，以集中交易的形式促成文化与资本、市场和科技的紧密对接，使文化资源产业化、资本化。在《文化资源产权交易调查问卷》中，77.22%人建议依托文化产权交易平台，联合银行、担保公司、保险公司和律师事务所、会计师事务所、评估机构、财务顾问机构、信用管理机构、行业协会等，建立文化知识产权质押融资风险分担机制。由此，在文化资源资本转化的知识产权质押融资中，鉴于文化产业本身、文化知识产权自身权利的不确知性和市场价值估量的不确定性，可制定评估管理细则，出台评估作价的统一标准，依托文化产权交易平台，联合银行、担保公司、保险公司和律师事务所、会计师事务所、评估机构、财务顾问机构、信用管理机构、行业协会等，共同对文化资源资本融资中的知识产权价值进行评估，核查知识产权质押的适法性、价值性，进行质押融资联动，提高知识产权价值评定效率和融资效率，有效实现风险分散、利益共享。同时，借助企业征信系统，建立中小微文化企业信用档案，通过企业信用数据动态记录企业的财务状况和经营状况，对企业行为实现监控，及时发现企业经营的异常情况并及时采取应对措施将损失控制在最小范围内，加大文化产业的信用体系建设，使文化产业知识产权质押融资主体能够更好地衡量自身所承担的风险，对风险有正确预知并积极防范。另外，针对质押多头登记的现象，可借助产权交易平台，在政府部门的推动下通过联席会议的形式，与登记部门、金融机构等定期协调沟通，一体化处理知识产权登记、质押贷款和科技金融结合中遇到的问题。在文化知识产权质押人不能按时还款时，可要求担保公司先行代偿，再由担保公司连同评估机构、律师事务所等一起借助产权交易平台，对作为质物的知识产权进行拍卖等方

式的处置变现，收回部分损失，以最快速度、最大限度地降低质权人风险，减少知识产权变现难题。①

文化企业，尤其是中小型文化企业，资产规模小、授信评级低、融资难，再加之文化版权、文化产权收益本身存在的权利不稳定、权益变现存在风险等问题，可针对性地进行更为周详的条款设计，吸引更多资金投入到文化资源开发中，促进金融资本、社会资本与文化资源的融合，加快投融资平台建设，为文化资源资本转化、产权交易融资提供具体、可操作性的法律保障。

二 文化资源入股融资的公司化运作的法律跟进

（一）文化资源入股是实现文化资源产权交易融资法律运营的有效途径

我国文化资源丰富，文化资源财富价值的实现路径多样。如通过一个权威性的文化资源股权代理机构，把分散在各类图书馆或出版社的数字内容文化资源，依照一定的合理收益配置标准来整合和利用，就能收到良好的市场效果。当然，这个权威性的文化资源股权代理机构产生，需要获得这些文化资源产权人的授权，使其以股权授权、股权入股的模式，参与到文化企业的生产运营中去，并因为该授权、入股会获取相应的社会资本、获得相应的融资保障。所以，文化资源入股，就是将文化资源作价入股，使文化资源与各类社会资本合作组建新的文化企业或加入文化企业，以股权融入的模式、以所有权与经营权分离的样态，为文化创意及其相关产业的融合提供生产基础、授权依据，并监管文化资源的使用、把控文化价值理念不偏离。日渐兴起的文化艺术授权业就是朝着这方面发展的典范。由此，文化资源入股，它以文化资源的财富价值吸引社会资本融入，通过有效的制度供给方式激励社会资本进入文化产业，使社会资本、非公经济获得文化产业运营的关键资源，增强社会资本从事文化产业的积极性，也在一定程度上避免了文化资源的浪费或滥用，使那些有意愿也有能力的社会资本合理合法利用文化资源，并通过市场化运营吸纳产业收益，保障国有

---

① 王霄艳、李鹏：《知识产权担保融资困境及对策》，《天津法学》2011 年第 2 期，第 65—68 页。

或公共文化资源的有效开发和利用。①

(二) 文化资源入股依赖公司治理模式实现融资利益

文化资源入股,以融资的模式、通过管理权与经营权的适度分离,使文化资源股成为文化企业的特殊管理股,并由特殊管理股的权利主体按照公司治理模式行使重大决策的监督权与否决权,并将日常事务的经营管理权利移转给资本方组成的董事会。在监督并保证文化资源的核心利益不被侵犯的日常运营中,最大限度地发挥市场的决定性作用,通过市场做强做大文化企业。由此,文化资源入股融资利益,是在《公司法》基础上,遵循公司治理模式而实现的,可以将《公司法》作为其资本转化、产权交易融资利益实现的法律保障。

1.《公司法》第 27 条为文化资源入股提供了依据

我国《公司法》第 27 条规定,股东可以用货币出资,也可以用实物、知识产权、土地使用权等可以用货币估价并可以依法转让的非货币财产作价出资;并对作为出资的非货币财产进行评估作价,不得高估或者低估作价。文化资源本身具有相当的财产价值属性,并以文化资源有形物权和文化资源无形产权等财产权利的形式呈现②,可以评估并作价入股。文化资源的入股,不仅为文化资源的权利人获得了文化企业股东的身份,更使文化资源在入股的过程中获取融资、获得产业运作的资金保障,将文化资源与各类资本紧密结合。可以说,我国《公司法》第 27 条规定,虽未明确点明文化资源入股这一形式,但亦为同样具有财产价值属性、有着货币评估作价可能的文化资源入股提供了依据。当然,基于文化资源自身特点,文化资源入股不同于单纯的实物、知识产权入股,其入股融资的条件和程序也有赖于法律的进一步规定,特别是在其价值评估方面有待于法律操作细节上的进一步细化。

---

① 魏鹏举:《中国文化产业投融资体系研究》,云南出版集团 2014 年版,第 176—180 页。
② 胡卫萍:《罗马法视角的文化资源的产权归属》,《重庆大学学报》(社会科学版) 2015 年第 6 期,第 145—151 页。

2. 国有或民族共有文化资源入股可考虑从特殊管理股角度设计文化资源股权融资①

我国文化资源虽类型丰富，但大部分文化资源属于国家所有或民族共有。这些国有或民族共有的文化资源，因为国有或共有的性质，在文化安全等因素的考虑下有时甚至被限制成为市场交易的对象。但文化资源作为文化资产的生产性要素，在文化产业的发展中具有重要作用，不能因为其对人们精神生活和思维方式的影响而直接否定其市场交易价值。又鉴于国有或民族共有文化资源的特殊性，其入股融资时可从《公司法》角度考虑设立双重"股权制"，设置特殊的股权类型——特殊管理股，以保证文化资源的交易安全。特殊管理股是通过特殊股权结构设计，使创始人股东（原始股东）在股份制改造和融资过程中始终保有最大决策权和控制权，防止恶意收购。如假定20%的特殊管理股每股享有5个投票权，其在公司重大决策的投票中就比其余80%的一股一票的投票权还多。即"一股多权"与"一股一权"并存的双重股权制、特殊管理股，相较于《公司法》规定的"同股同权、同股同利"而言，其在关键的特定事项上有特殊的话语权②，是同股不同权，可以拥有较多的投票权、特别投票权甚至一票否决权。这在具有文化导向、意识形态把控作用的文化资产融资上显得尤为重要。

但是，双重股权制、特殊管理股的设置，与现行《公司法》中同股同权、同股同利的规定并不一致。虽然《公司法》第131条作出规定，明确国务院可以对公司发行《公司法》规定以外的其他种类的股份另行作出规定，为双重股权制、特殊管理股的制定，留下了制度空间。但这首先还需

---

① 2013年11月，党的十八届三中全会《中共中央关于全面深化改革若干重大问题的决定》提出，要对按规定转制的重要国有传媒企业探索实行特殊管理股制度。2014年2月，中央全面深化改革领导小组第二次会议审议通过的《深化文化体制改革实施方案》把在传媒企业实行特殊管理股制度试点列为2014年工作要点。

② 国外企业实践中主要有两种特殊管理股模式可供借鉴：一是双重股权制度，优级股（通常是B股）每股所拥有的表决权大于普通股（通常是A股，一股一权），具有超级投票权。二是金股制，金股一般由政府持有，在公司重大问题上享有一票否决权，不享有一般股份所具有的分红等权益。陈振荣、倪静静：《国有传媒企业实行特殊管理股制度的国际经验及启示》，《新闻研究导刊》2015年第7期，第171—172页。

要在立法上进行立法论证。如确认具有表决权等特殊管理权的权利主体身份，一般考虑由党委和政府监管的国有文化资产的管理机构、国家在企业中专设的特殊管理股股东或由企业中的国有股股东代理行使特殊管理权，在外资进入和涉及公众利益的重大事项上拥有重要表决权；明确特殊管理股的专属性、不可转让性。除了特殊管理股外，其他股东仍依法行使投资收益权、参与公司经营管理的权利、选择管理者的权利、表决权、剩余财产分配请求权、优先购买权、知情权和诉讼权等各项股东权利。[①] 同时，由于特殊管理股的"一票否决权"、收益权与控制权的不对等特点，《公司法》在进行特殊管理股设置时，要注意防止特殊管理股持有者与公众投资者的利益冲突，对其权利边界进行严格限定，防止其干预公司的日常经营与管理，并通过独立董事、监事会等的制衡作用等强化监管、加强监督；完善公众投资者，特别是中小投资者在特殊管理股管理下的某些利益补偿、司法救济等法律保障举措。[②] 另外，虽然文化资源入股融资不会直接涉及文化资源权利主体的变更，但同样关涉文化资源或相关权益的合理评估作价问题，可考虑通过第三方的公证和社会化公开的形式，由资源方和资本方以协商的方式进行。

当然，由于特殊管理股，特别是涉及国有传媒企业的特殊管理股，肩负着传播社会主义意识形态与维护国家文化安全的责任，所以在立法设计时，还是应遵循审慎原则，审慎、稳妥设计特殊管理股的股权制度。[③]

3. 归属于个体或家族所有的文化资源入股融资同样可考虑特殊管理股的股权设计

对于归属于个体或家族所有的文化资源入股的股权融资，同样可以考虑特殊管理股的股权设计，将该特殊管理股的股权归于创始人或创始家族长期持有，并使其具有足够大的权重而长期维持，确保其对舆论的主导

---

① 罗坤、曾志华、吴邦玉、李宏、李荣福：《农业科技知识产权入股的公司治理》，《农业科技管理》2008年第6期，第72—73页。

② 陈振荣、倪静静：《国有传媒企业实行特殊管理股制度的国际经验及启示》，《新闻研究导刊》2015年第7期，第171—172页。

③ 李朱：《特殊管理股制度的理论与实践思考》，《江西社会科学》2014年第6期，第228—232页。

权,实现对文化企业的绝对控制权。而对该特殊管理股股权、管理权的具体设置,可参照国有或民族共有文化资源入股融资的特殊管理股权设置,依照公司化模式治理和运作。

由此,文化资源入股融资,这种股权结构的改革、创新,不光实现了文化资源与社会资本的有效结合,解决了国家在扶持文化产业发展上的投入局限问题;更能通过文化资源特殊管理股的模式,在吸纳社会资本进入文化产业、激发企业内生活力、提升公司治理水平的同时,传播社会主义意识形态,防止恶意收购和兼并,维护国家文化安全,保障国家核心利益。

三　文化企业融资性担保的法律跟进

(一)文化企业融资性担保的实质是保证合同

文化企业的融资性担保,是指担保人(如融资担保机构)与银行业金融机构等债权人约定,当被担保人不履行对债权人负有的融资性债务时,由担保机构依合同约定承担担保责任的行为。融资方式可以包括借款、发行有价证券(不包括股票)、透支、延期付款及银行给予的授信额度等。文化企业因为没有足够的资产抵押给银行而难以获得银行贷款,融资担保机构便以担保人的身份介入,以保证代位偿还部分或全部贷款的方式驱动银行给文化企业特别是中小文化企业放贷,同时以其专业化的优势掌控文化企业的信贷风险,以增大企业违约成本等方式责令企业努力经营,最终实现企业与银行利益的一致。如担保机构可以参与到债券发行中,以其相较于普通投资者的信息优势和专业风险管控能力,全面了解企业发展现状,承诺在文化企业不能按时兑付时以自身资本向资金供给者兑付。所以,文化企业融资性担保的实质就是保证合同,以连带责任或一般保证责任承担的模式降低信贷市场的平均风险水平。融资性担保公司的介入,不仅降低了文化企业的企业信息收集与处理成本,还可能通过将企业主的个人住房等财产纳入反担保物范畴等手段,避免、控制、分散融资风险。许多银行之所以愿意借贷给文化企业特别是中小型文化企业,跟文化企业提供的相应的第三方作为融资性担保的保证人关系密切,这直接增加了银行对企业还贷可能的信心。文化企业,特别是中小型文化企业若能找到愿意承担融资担保责任的担保公司提供担保,确能为其文化企业发展寻找到有力的资金支持。

(二) 文化企业融资性担保的局限促动文化融资担保的法律关注

融资性担保实为保证合同，信用风险也就成为其核心风险。融资性担保机构为取得银行对担保公司信用保证资格和履约能力的认可，得向银行展示其自身的保证能力，向银行保证其可以承受被担保人文化企业融资性担保的信用风险和担保公司自身的信用风险。但这种信用风险的保证，在没有实物、实际财产权利作担保的前提下，实际上并无优势可言。一旦风险发生，担保机构做的比较多的只是简单的风险转移，将风险转移给自身或再担保机构，并未真正去防控风险、积极防范风险。我国多数融资担保机构由于缺乏对客户所属行业、经营周期等实际情况的风险定价能力，也没有适当的风控操作流程，融资风险防范能力较差，在文化创意产业、文化企业经营上尤甚。毕竟少有担保机构涉足文化产业，对文化产品的创意激发、产品生产和销售、风险处置、产品再开发方面缺乏业务资源和开发渠道的了解，也不能对融资担保项目进行有效的前期调查、后期监理，以致将融资担保简单定位为"代偿"，融资担保的专业性不足，这些都直接影响担保机构盈利活动的稳健性。在股东的高回报要求和经营者的逐利冲动下，一些担保机构还会出现截留客户部分贷款违规使用，甚至抽逃注册资本从事投机活动等违规经营活动，最终因资不抵债而破产倒闭，极大损害了文化企业的融资性担保活动的信用度[1]，对文化金融活动产生负面影响。融资性担保公司的自身局限，使文化企业特别是中小型文化企业的文化金融活动中遭遇障碍，须考虑改变融资性担保的传统思维，变革融资模式，进行多元化融资路径的思考。毕竟"打铁尚需自身硬"，文化企业可充分利用文化企业、文化产权的自身优势，借助国家对文化产业扶持的政策利好等进行文化资本融资，在文化企业的"智力性、灵活性、创造性、创新性"上做文章，而不拘泥于融资性担保机构的担保本身；通过企业自身的产权权益，以版权融资担保、收益权等债权的应收账款质押形式融资，发挥文化企业文化融资优势，丰富文化企业融资模式，形成多元化的文化资产、文化产权担保融资模式。

---

[1] 于德良：《深圳率先启动融担公司风险专项排查》，http://finance.sina.com.cn/roll/2016-07-30/doc-ifxunyya2775961.shtml，2017年3月12日。

第七章　文化资源产权交易成果转化的法律推动

文化资源产权交易，不仅意味着文化资源物权、债权、股权、知识产权等相应文化产权的移转，更从产权交易成果转化、文化创意产品生产市场空间的角度，以版权、专利权和商标权等知识产权运营模式转化文化资源产权交易成果，确定成果转化的权利内容；并按照开发、生产和销售的良性循环产业链条，孵化创意文化企业，形成相对完善的产业链和利益共享机制，同时在法律制度上予以规范，带动文化产业结构的调整与完善。

第一节　文化资源产权交易成果转化概述

2017年，文化部下发通知，发布《文化部"十三五"时期文化科技创新规划》，提出通过五项主要任务和六大重点工程，在信息网络、大数据、智能制造等高新技术渗透作用下，形成以市场为导向、以需求为牵引、以应用为驱动、以文化科技企业为技术创新主体的文化科技创新体系，进行成果转化。

一般意蕴下的成果转化，是指科技成果转化，主要针对科学研究与技术开发所产生的具有实用价值的科技成果所进行的后续试验、开发、应用、推广直至形成新产品、新工艺、新材料，发展新产业等活动。文化资源产权交易成果，不仅可能涉及文化资源财产权利的移转，更触及文化资

第七章　文化资源产权交易成果转化的法律推动

源的股权融资、债权让渡、知识产权权益再造与流转。其交易成果的转化，就是对所交易的文化资源（物）或文化资源财产权利的再次研发利用，充溢着对文化资源的集成创新与协同利用，是相应的智力资源、人力资源、资金资源以及其他物力资源有效协同整合的集成创新表现。我们通常所说的文化资源数字化用益、博物馆文化资源的市场化开发，都伴随着相应的文化资源产权交易；其用益效果的良好、市场前景的显现，则意味着文化资源产权交易成果转化的成功，让原本静态、沉睡的文化资源动态化，转化为文创产品，滋生出更多的文化权利，演绎出勃勃生机。当然，这种生机的呈现、转化的成功，很多时候是通过合同形式运作的。

我国有许多优秀的民族民间文化资源，文化保护与传承最理想的方式在于激活文化的现实生命力，使其具备自我造血能力。[①] 文化资源的持有者、所有者都可通过该文化资源的资本化处置或相应的演绎利用，进行文创产品的研发、文化资源的再利用，并可据此从对应的著作权、专利权、商标权及商业秘密等角度获取相应的产权利益，锻造民族文化品牌、宣传民族文化思想。例如福建省集闽派文化、妈祖文化、船政文化、朱子文化、客家文化于一体，文化资源丰富，特色鲜明。而具体承载的武夷山、鼓浪屿旅游文化资源，梨园戏、闽剧等戏剧文化资源，三坊七巷、土楼等人文文化资源，寿山石雕、莆仙木雕等工艺文化资源，更以其丰厚的历史积淀、开拓的市场前景，成为福建省文化产权交易发展的资源优势。再如巴蜀文化衍生品中的"女娲造人"主题文创系列产品（古代巫文化+女娲造人主题+时尚辣妈IP+女娲造人+女娲时尚IP+衍生型母婴系列用品）、"山海经"之巫文化文创品牌（巴渝巫兽文化+神兽主题+幽默水彩画风格+神兽动漫IP+衍生型文创产品）、"汉风神谷"胶带（汉风神谷+幽默平面设计类+书法主题+巫风IP衍生文创系列产品）、"十巫"吉祥物文创形象等巴蜀文化艺术衍生品[②]，都是在原有文化资源的基础上推陈出新，创造

[①] 在市场经济条件下，大众消费对文创产品的需求与日俱增，传统文化在现代化转型中可以充分利用这一契机，借助文化产品的大众消费市场，实现对自身的宣传、介绍与推广。

[②] 许伟、何明：《巴渝巫文化衍生品研发策略探析》，《中国农村教育》2019年第5期，第17—19页。

出来的更多更新的文化产品。不仅促使相应的文化创意和文化服务再次向文化产权转化，产权交易成果的转化价值也得到体现，成果转化的创造力弥显。

但是，文化资源产权交易的成果转化，比较多地集中在文化知识产权的成果转化暨文创产品的成果演绎上。具体的转化形式，可以表现为文化知识产权产业化，由文化资源的所有者或持有者在对文化资源创造利用的基础上，将由此所生的知识产权权益自行或与他人共同实施，创造出文创产品；也可将该文化知识产权商品化，进行文化知识产权的授权许可、授权转让，由他人就该文化知识产权实际实施，生产文创产品，权益者于其中依合同主张权利、进行监管等；或直接将该文化知识产权资本化，以知识产权作价入股的方式进行文创产品开发，权益者主张股权收益，并从股东身份的角度对文创产品开发进行监督。文化知识产权的这些交易流转活动，也被称为知识产权运营。① 运营目的不是强调文化知识产权的拥有，而是通过运营将文化资源演化为文化产品，实现文化知识产权价值的最大化。但文化知识产权运营必须通过产权交易市场实现，而不是仅仅着眼于知识产权创造本身。

我国文化资源丰富，文化创意随处可见，文创企业的发展也正经历着由小到大的囤积过程，文化资源产权交易成果的转化，单凭文化资源持有者、所有者等权益主体的自身力量，恐怕较难在短时间内实现交易成果的有效转化，故此可考虑借助相应的平台，如通过知识产权专业化管理公司所搭建的网络平台、找寻为其成果转化的组织或机构，如技术转移服务机构、金融资本服务机构、管理信息咨询服务机构等牵线搭桥；或与政府联手、由政府直接接管那些尚不具备产业化条件但又具有较好的市场空间、

---

① 据有关研究和统计显示，在全球生产总值的高速增长中，知识产权的贡献份额已经由20世纪的5%上升到今天的80%—90%，以知识产权为核心的无形资产对全球500强企业发展的贡献率已经超过80%。未来国家在全球经济合作中的地位、产业在国际分工中的地位、企业在市场竞争中的地位，都将越来越多地由知识产权拥有与运用能力决定。而从产品经营到资本运营再到知识运营，不仅仅是企业经营的方式变化，更是企业适应经济社会发展需要由低级到高级不断提升的过程。杨智杰、任凤珍、孟亚明：《知识产权交易 助力科技成果转化》，http://www.xibi.com.cn/zscq/newscontentpage/3090，2018年12月30日。

且有利于文化思想传播的文化知识产权,通过购买等支持手段促进项目转化。现在各省市普遍设立的文化产权交易所,也是这一性质的交易平台的代表。文交所可对需要转化成果进行整理,组织专家对可转化成果进行可行性论证和评估,帮助成果完成人及其所在单位积极寻求成果需求企业,将以技术入股形式转化的成果送交有关部门评估,帮助成果完成人与企业就转让方式、转让金额等进行洽谈、签订合同并规定进行收益分配等。当然,在我国文创产品的转化中,其实还存在着交易平台需求导向不明确、交易供给与交易需求对接困难、缺乏专业的产权交易价值评估团队、知识产权服务链不够延展等问题,这些都需要在文化资源产权交易成果转化中予以关注并适时调整,从产权交易网络化、产权交易制度化等层面施以完善。下面将选取物态的博物馆文化资源(物质实证性文化资源)、非物质文化遗产资源(文字与影像记载性文化资源或行为传递性文化资源),从其产权交易、商品化用益的角度分析其成果转化,探讨其中所涉法律关系及相应权利的维护。

第二节 博物馆文化资源产权交易成果转化的法律推动[①]

博物馆,作为一个文物典藏与文物展示的机构,从教育、研究与欣赏的角度,收集、整理、展示、研究、保护并传播人类、人类环境的物质与非物质遗产,向公众开放。博物馆藏品原件的物权归属和藏品版权的确认,使博物馆在文创产业发展中可通过版权授权制度,为博物馆藏品的保护与利用寻找新的发展路径。2015年12月—2018年12月,广州国际文物博物馆版权交易博览会召开了四届,旨在搭建博物馆版权供需两端展示与对接的交易平台,从版权授权的角度对博物馆版权进行保护、利用和交流,为博物馆版权交易提供平台。我国博物馆文化资源的产权交易、产业

[①] 胡卫萍、刘靓夏、赵志刚:《博物馆文化资源开发中的产权确认与授权思考》,《重庆大学学报》(社会科学版)2017年第4期,第104—109页。

开发虽然距离境外国家的博物馆有较大距离，但在一系列相关政策扶持下①，产权交易成果"活化"用益、文创产品开发已呈现蒸蒸日上的发展态势。但博物馆文化资源开发、产权交易成果转化的实质，仍在于产权交易本身，通过藏品的产权确认、物权处置、版权授权等交易流程呈现出来，这也引起了人们对博物馆馆藏品物权、藏品版权、版权授权、产权交易成果转化等系列法律问题的思考。

一 博物馆文化资源产权交易成果转化②的总体状况

（一）博物馆文化资源产权交易成果转化正稳步进行

博物馆包括国有博物馆、民营博物馆，涵盖自然、历史、艺术等各个门类。博物馆业对社会发展的公益性服务，主要以其独特的文物藏品、特定的布展方式，提供追踪人类社会和自然界发展演变历程的环境，在一定范围内重现历史，传播历史文化知识。但博物馆业对社会、经济发展的作用，是否真的局限于展览展示？能否对其丰富的馆藏文化资源进行有效的开发利用，从产业化角度"用活"文化资源？实现博物馆文化资源经济效益与社会效益的统一？对这一问题的关注、探索和实践，一些博物馆早就开始了；而这一问题探讨，其伴随的是博物馆文化资源的"活化"利用、产权交易及相应成果转化问题的思考。

博物馆文化资源的"活化"利用，主要是指博物馆藏品的文创活动，同时也包括藏品的借展、藏品所涉知识产权的许可使用、藏品知识产权作价入股，以及藏品拍卖、抵押活动所涉物权变动、债权流转情形。但"活化"利用的主干，集中在馆藏品文化资源的创新创造，暨文创活动上。我

---

① 2014—2018年，可以说是文化创意产业红利年。国务院、财政部、文化和旅游部陆续出台了包括《博物馆条例》在内的系列扶持政策、保障法律，明确博物馆可以挖掘藏品内涵，与文化创意、旅游等产业相结合从事商业经营活动。鼓励博物馆试点单位探索博物馆知识产权作价入股等方式投资设立企业，从事文化创意产品开发经营；鼓励社会资本进入文化领域，以PPP模式融资运营。2018年文化和旅游部还启动了"百馆百企对接计划"，对包括29家博物馆在内的35家地方文化文物单位与文化企业合作的优秀项目给以资金支持。

② 这里所说的博物馆文化资源产权交易成果转化，主要针对物态化的文化资源、以物质载体存在的文化资源，不包括非物质文化遗产的文化资源。非遗资源产权流转、交易成果的转化将在下一节中阐述。

国博物馆文化资源开发目前尚处起步发展阶段，但文创产业发展势头迅猛。有数据统计，目前全国文博文化创意产品年销售额在 500 万元以上的博物馆单位超过 20 家，开发产品种类在 100 种以上的近 30 家；2015 年，9 家中央地方共建博物馆销售额总计 9700 多万元。具体而言，故宫博物院以宫廷文化资源为背景，在 2015 年年底共计研发文化创意产品 8683 种，开发出了朝珠耳机、"正大光明"充电器、顶戴花翎官帽伞、尚方宝剑圆珠笔、故宫折扇、《故宫经典》系列图书、《米芾书法全集》《故宫日历》、步摇书签、编钟调味罐、"福"气包、文物饼干和"如朕亲临"和"奉旨旅行"腰牌卡；并开发出了《皇帝的一天》《胤禛美人图》和《紫禁城祥瑞》《每日故宫》《韩熙载夜宴图》《清代皇帝服饰》等 App 游戏和 iPad 应用，还有几百件以故宫元素设计的各类文化创意产品在"故宫淘宝"官方旗舰店在线销售；并用虚拟现实技术拍摄了六部影片，通过实景再现，让观众在整体上感受故宫文化的震撼，2015 年文创产品销售额近 10 亿元人民币，利润近 8000 万元。[①] 上海博物馆艺术品商店设计开发的艺术衍生品则超过了 10000 种，推出了仿青釉褐彩羊的创意变形枕等文化资源创意产品。中金国礼设计制造的《富春山居图》艺术黄金合璧典藏版作品，则是在台北故宫博物院、浙江省博物馆双授权基础上研发的。此外还有中国文物交流中心研发的汉文化系列产品、浙江省博物馆的西湖十景系列产品、湖北省博物馆的楚文化系列产品、陕西历史博物馆的文博星系列产品、南京六朝博物馆的六朝魔方、蒙古博物馆的印象蒙古·马头琴 U 盘等。[②]

2016 年，江西省博物馆、南昌八一起义纪念馆、瑞金中央革命根据地纪念馆三家博物馆，成为全国博物馆文化创意产品开发试点 92 家单位中的成员。八一馆、江西省博物馆这两年也一直在积极筹措，纷纷进行文创设计作品征集活动，"活化"利用馆藏文化资源，取得了较好的研发效果。如海昏侯墓遗址的发现，江西省博物馆凭借"惊世大发现——汉代海昏侯国考古成果展"，曾创下日均观展 6000 人次的历史最高纪录，也掀起了海

[①] 杨逸、何绮薇：《博物馆"变形计"：从文物宝库到创意试验场》，《南方日报》2016 年 3 月 17 日第 A19 版。

[②] 胡卫萍、刘靓夏、赵志刚：《博物馆文化资源开发中的产权确认与授权思考》，《重庆大学学报》（社会科学版）2017 年第 4 期，第 105 页。

昏侯出土文物文创产品开发及收藏的高潮。2016 年 9 月，在成都召开的第七届"博物馆及相关产品与技术博览会"会上，江西省博物馆参照"海昏侯"古墓出土的图案纹样，设计制作的马克杯、真丝钱包、充电宝、水壶、手机壳等系列文创产品，将特有的历史纹饰与现代产品相结合，不仅延展了历史文化的生命力，还起到了普及、宣传地域文化的目的，加深了观众的理解。① 2018 年第八届中国博物馆及相关产品与技术博览会上，江西省博物馆的雁鱼灯、马蹄金等海昏侯遗址主题造型的 30 个类别、100 多个品种文创产品②，八一馆的"星火璀璨"置物筒、"正能量"水杯等 6 大类 242 种红色文创产品，南昌金九福钱币博物馆（民营博物馆）围绕"一带一路"倡议开发的以货币、纪念章、玉石、手串、丝绸围巾等为代表的文创产品，均以其精巧的创意和别致的设计，吸引了不少参观者纷纷购买文创产品。③

　　这些博物馆藏品的文化创意产品，通过各种新奇而有趣的方式进行创意设计，诠释文物、文化和历史，甚至借助动漫元素，将传统文化中的经典元素与时尚、先进的设计理念有效结合，让原本久远厚重的文化与历史鲜活起来，参观者在体验参与中重新感受中华文化魅力，实现传统文化与观众的需求有效对接。由此，博物馆丰富的文化资源，其文化传承不只表现在展品展示上；如果能够善加利用馆内文化资源与文化特色，挖掘传统艺术，把握文化情感，从创意设计角度将其转化为独具文化魅力的文创产品，定能"活化"利用文化资源，以文化创意的衍生、文化资源的产业化，传播博物馆历史文化知识，弘扬中华文化核心价值观。暨博物馆馆藏文化资源，可借助文字、绘画、音乐、美术、雕塑、工艺技艺、建筑物、构筑物等多种形式演绎，以创意研发模式开拓市场进入消费领域，将文化资源存量转化为文化资本增量，并可演绎为更多形式的产权流转，成为文

---

　　① 胡卫萍、刘靓夏、赵志刚：《博物馆文化资源开发中的产权确认与授权思考》，《重庆大学学报》（社会科学版）2017 年第 4 期，第 104 页。

　　② 江西省博物馆由于新馆建制，这次博览会上展出的文创产品基本为样品，未进行实质售卖，但同样引起了参观者的极大兴趣。

　　③ 胡卫萍、胡淑珠：《江西省博物馆文化资源"活化"利用的应对思考》，《老区建设》2019 年第 2 期，第 59—60 页。

化产业承继和发展的源头活水。这其中每一次文创产品的开发、文化资源的再次利用，都伴随着相应的文化资源的产权移转、产权交易成果转化。人们在赞叹文创产品"优""雅""致"的同时，不能不关注创作过程中所凝结的文化资源产权权益，不能不关注文创产品衍生过程中所蕴含的成果转化利益，维护相关权益主体的财产权利与人身利益，为文创产品研发、文化资源的演绎利用提供人力上的积极性保障，而这，同样需要相应的政策跟进与法律规范保障。

（二）博物馆文化资源产权交易成果转化尚存较大差距

这些年，我国陆续出台了系列鼓励博物馆文创产品开发的国家扶持政策，具体如表7-1所示：

表7-1　　　　　　　鼓励博物馆文创产品开发的国家政策

政策方向	时间	国　家　政　策
鼓励文创产品开发	2014年3月	《关于推进文化创意和设计服务与相关产业融合发展的若干意见》
	2015年3月	《博物馆条例》正式实施
	2016年3月	《关于进一步加强文物工作的指导意见》
	2016年5月	《关于推动文化文物单位文化创意产品开发的若干意见》
	2016年10月	《关于促进文物合理利用的若干意见》
	2016年11月	《"互联网+中华文明"三年行动计划》
	2016年11月	《文化文物单位文化创意产品开发试点》
	2017年2月	《国家文物事业发展"十三五"规划》
	2017年4月	《申报2017年度文化产业发展专项资金的通知》
人才培养方面	2016年12月	《国家"十三五"文化遗产保护与公共文化服务科技创新规划》
财政资金支持	2017年3月	《国家艺术基金"十三五"时期资助计划》
	2016年10月	《关于促进文物合理利用的若干意见》
	2017年10月	《"互联网+中华文明"专项资金管理暂行办法》
	2018年11月	《关于在文化领域推广政府和社会资本合作模式的指导意见》

我国博物馆文化资源在相关政策的引导、推动下，呈现出蒸蒸日上的发展势头。全国大部分博物馆、美术馆、纪念馆都在积极研发文创产品，一批兼具生活实用功能、代表馆藏文物元素的特色文创精品被展现出来，文博产品的创意开发、文创产业蔚然成风，文博产品创新创造过程中的版权维护、股权利益主张、品牌打造等文化资源产权交易流转的成果也开始受到重视。譬如故宫博物院仅文创部2017年线下收入近1亿元、线上淘宝商店收入近5000万元；上海博物馆2017年创下3862万元的销售额；成都市属五家博物馆2017年的研发品种为24大类、1000多种文创产品，累计经营收入超4300多万元；苏州博物馆2017年承接参观游客也超过200万人次，文创产品销售额超过1000万元；上海震旦博物馆这样一家民营博物馆的销售收入也达53万元。当然，中部地区的一些博物馆文创产品开发相对受限，如南昌八一馆的文创产品收益在100万元左右，景德镇中国陶瓷博物馆则只有十几万元；馆藏文化资源的用益也局限于文创产品开发，博物馆的鲜明个性并不突出，文创产品的研发、售卖更是有限，也无其他形式的文化资源产权用益，相较西方国家在博物馆文化资源产权交易流转中的成果转化，仍然存在较大差距（见图7-1）。

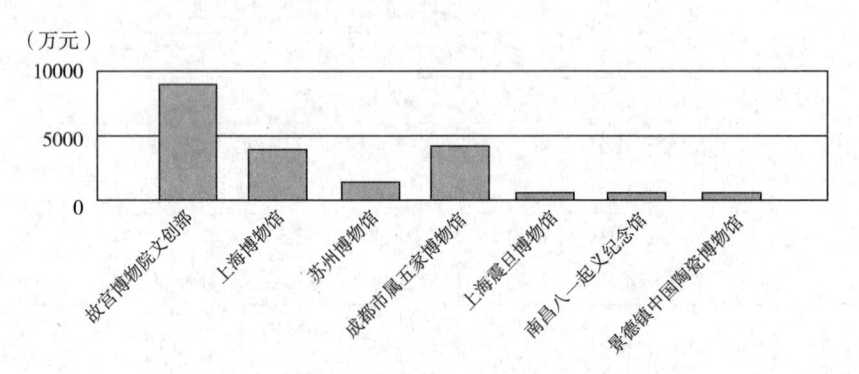

图7-1 2017年部分省市博物馆文创产品销售额

而在美国，博物馆里的商店几乎什么都卖，2013年美国大都会艺术博物馆销售额就高达7亿元[①]；法国博物馆衍生品从文物复制品到茶杯、丝

---

① 子萱：《博物馆衍生品：创造典藏新价值》，http://www.ce.cn/culture/gd/201503/14/t20150314_4818270.shtml，2016年8月12日。

巾、冰箱贴、展览图录和明信片一应俱全，年收入高达4000多万欧元。①境外许多博物馆文化创意产品开发收入已经占到了其总收入的70%，而门票收入只占30%。利用馆藏品衍生开发文创产品，已成为博物馆与百姓互动、交流的最好方式。但在我国，由于博物馆文化资源的开发才起步，国内各博物馆的大量文创产品缺乏创意，一般只是简单地对文物本身进行复制和仿制，不是把古书画做成书签、水杯，就是印到丝巾、瓷器、鼠标垫上，缺乏既有博物馆元素又贴近年轻消费群体的文创产品，市场契合度较低，以致国内大部分地方博物馆的文化创意产品开发，其收入比例也不到总收入的10%。而博物馆文创产品的开发不是文物元素与生活物件简单结合，而是强调历史性、科学性、艺术性、趣味性的有机融合，讲求创意的巧妙链接，创造性程度要求高。当然，这首先要求创意设计者得懂博物馆文化，了解博物馆藏品历史，从形式和内涵统一的角度挖掘、秉承博物馆文化内涵。如卢浮宫博物馆的一套埃及主题的首饰，几乎全是由长条形的珠子穿连而成，颜色也只有金黄和湛蓝亮色；但这样的设计却是以极强的概括能力深刻解读了古埃及文化艺术，极具埃及民族特色。故宫博物院的朝珠耳机、顶戴花翎官帽伞、尚方宝剑圆珠笔，也是在深刻了解藏品特性和文化特性的基础上开创的文化产品。因其较好诠释了故宫文博资源的内涵，在产品的设计、生产、营销中又展现并传承着中华民族优秀文化，也就容易打造为文博产品的品牌，凭借品牌效益在文化资源开发中独占鳌头，产权交易成果得以彰显。

由此，我国虽有着丰富的博物馆文化资源，但在目前的文创开发中，却因为对博物馆资源内涵把握的不足、设计相对粗糙、版权意识缺乏、文创产业链的不成熟等原因，没有足够的人力、物力和财力保障，造成文化资源创意开发的设计、开模、打样、规模化生产、品牌策划、市场营销等落地流程并不流畅，文创产品经济效益有限、叫好不叫座，甚至出现文创产品版权纠纷（河北省石家庄市仿制"狮身人面像"遭埃及文物部门投诉），产权交易成果转化并不尽如人意。究其原因，可能还得

---

① 华夏收藏网：《欧美文物衍生品市场日益繁荣给中国企业带来巨大商机》，http://news.cang.com/infos/201003/97385.html，2016年9月3日。

归咎于我国博物馆文化资源一直处在"藏、管、护"的阶段,文化资源创意产品开发、创意产品营销、创意产品品牌建设等产权交易成果转化一直未受到足够的重视。我国故宫博物院等一些文化文物单位虽也有成功的探索,但相较于发达国家博物馆上百年的文化创意产品开发历史、成熟经验,明显处于起步阶段,哪些是可利用的博物馆文化资源、文创产品开发中蕴含着哪些文化产权、产权交易成果转化的具体表现形式有哪些也未得到较为清晰的梳理,文化资源产权交易流转、交易成果转化中的博物馆品牌、藏品物权、藏品版权、藏品创意产权权益等更是未能进行很好的诠释和保障。当然,近几年来,随着博物馆文创产品市场热度的不断升温,文化产权交易、产权交易成果转化与利益维护的理念也逐渐引起关注,一些版交会、版权贸易基地兴起,从融资助力版权交易流转、确权维护版权交易成果的角度关注博物馆 IP 文创产业发展。2019 年 7 月,为期三天的青岛国际版权交易会在青岛市即墨区青岛国际博览中心开幕,来自山东省内济南、烟台、淄博、潍坊等 12 个地市,以及湖北、辽宁、陕西、四川等 18 个外省的 156 家企业参展,共同搭建版权成果转化平台,探索并构建一站式版权授权全产业链服务平台,助力品牌方与版权方高效对接①,为博物馆文化资源产权交易流转的成果转化提供实践平台与践行思考。

---

① 展会共分为中国风展区、动漫企业展区、传统版权示范城市展区、IP 赋能企业展区、电影影视展区及互动展区六大展区。版交会期间不仅有故宫文创、流浪地球、大嘴猴、轻松熊等知名 IP 产品精彩亮相,国内外版权行业专家学者、各省市版权机构以及企业代表还会共聚蓝谷 IP 国际高峰论坛,破题传统版权行业,探索北方授权行业的可持续发展创新模式。版交会上,共有 8 个版权开发项目进行了现场签约,包括中信资本控股有限公司与红纺文化有限公司共同签约设立了一支以 IP 为主要投资方向的产业基金;山东文化产权交易所有限公司将与红纺文化联合打造 IP 授权服务平台;青岛市体育局和青岛国际版权交易中心有限公司将共建青岛体育资源交易平台;青岛本土企业泽灵文化与天津微影友梦传播有限公司就科幻动画电影《仰望星空》达成宣发合作;山东纳宇科技有限公司和青岛黄岛影视行业商会(下称黄岛影视)将共同打造真人演艺影视梦工场景区"莽荒星缘";黄岛影视还将联合山东纳宇科技有限公司、北京电影学院现代创意媒体学院,共同建设星源学宫艺术速培商学院;此外,由 5 家全国设计运营地域吉祥物的企业及院校共同发起的中国地域吉祥物联盟也在开幕式上正式成立。李杨芳:《2019 青岛版交会开幕 搭建版权成果转化平台》,http://www.iprchn.com/cipnews/news_content.aspx? newsId=117136,2019 年 7 月 23 日。

二 博物馆文化资源产权交易成果转化状态的原因分析

(一) 未明确博物馆文化资源开发、产权交易成果转化实质在于博物馆产权授权

博物馆文化资源的开发，不仅是一项博物馆商品的设计开发工作，也是我国传统文化传播及博物馆资源产品衍生利益的表现，是在传承中华民族传统文化基础上的、对博物馆文物资源原件及复制件再现及演绎的过程。它要求创意设计者在了解博物馆文化资源内涵基础上对文物藏品等文化资源进行演绎，将创意设计的内涵要求、艺术美感与百姓日常生活融合，打造为各种形式的文创产品，让观众将博物馆里的独特体验带回家，使典藏文物成为民众生活的一部分，弘扬民族文化。而要做到这一点，除了要求设计者要尊重、传承文物资源的文化内核、筛选适格的文物元素进行极好的创意设计外，更要求其在设计时尊重文物本身的产权利益，注意藏品原件所有权、藏品原件版权、数字藏品版权、博物馆商标标识、博物馆地理标志等相关权益的维护。暨能不能使用博物馆丰富的文化资源进行文创产品的研发？是否会因为使用了博物馆的馆藏藏品、地理标志、商标标识而引发侵权损害赔偿问题？这一切取决于文创产品研发前的博物馆产权授权。只有经过授权而创作设计出来的文创产品，才不会产生权利侵害问题，还会因为其设计的独创性演绎出新的版权利益，并成为该文创产品获取市场收益的筹码。反之，未经产权授权则可能引发侵害藏品物权、藏品版权、藏品商标权、博物馆地理标志甚至数字博物馆专利技术的纷争。哪怕是文物建筑（如埃及"狮身人面像"），因其符合建筑作品特征，也是著作权法保护的对象。即便文物藏品历史久远，作品著作权中的财产权益不再受保护，但其相关的署名权、修改权、保护作品完整权等人身权益依然应得到维护。就算文物建筑权利主体难以确定，也可以从"国家权利主体""传承人权利主体""群体权利主体"等角度进行权益维护，要求使用者不能随意进行歪曲与修改，不能为博人眼球而恶搞、低俗文物资源，造成游客对文物建筑的错误印象，而要在权利主体的授权监督下完整承继文物建筑承载的历史文化。[①]

[①] 李青、车玉龙：《文物建筑的版权保护困境——兼评我国〈著作权法修改草案〉第47条、第49条》，《中国版权》2014年第6期，第60—62页。

由此，博物馆丰富的馆藏资源、地域文化，不仅是传统文化的显现，更是相关文化资源产权的载体，需要对其加以传承与保护。但目前国内大多数博物馆对藏品物权、藏品版权等概念不清，不了解藏品知识产权的含义、藏品产权归属、版权权益内容、侵权责任后果等，缺乏版权授权与知识产权维权意识，简单地将博物馆藏品资源理解为公共文化资源，甚至只是博物馆的资源，可以任意为之；也没有意识到产权授权下的文化解读，才是创意人传承历史文化、设计创意的重要基础（文化误读下的创意设计本身是有违文化资源开发本意的）；更没有意识到文化资源产权授权下的文创产品的研发，也是一个版权、专利权再造及品牌效益彰显的过程，在文化资源的开发利用中享受相应的知识产权，并可就其文创产品的知识产权权益侵害行为进行权益维护。所以，博物馆文化资源的产业开发、产权交易成果转化，展示了文化资源产权从授权、到创权、到维权的全过程。既包括对馆藏藏品、博物馆遗址等地域文化在内的复制、出版、表演、录音录像、在线传播及创意设计等的再利用（版权授权下的演绎作品再创作），也包括对文物藏品的直接利用——"借展"（物权授权下的使用权能的获取）。如果没有认识到博物馆藏品物权、藏品版权、博物馆遗址标识等存在及其保护利用的重要性，在博物馆文化资源的产业化开发利用中就极容易发生侵权事件。由此，在国家大力扶持文创产业的发展时期，要激活并利用好博物馆的文化资源，就得重视博物馆藏品物权与藏品版权、藏品标识等藏品知识产权，注重博物馆品牌下的文创产品的授权开发，在藏品物权处置、藏品版权授权、藏品版权再造等交易流程中，强调文化资源衍生品的知识产权保护，并通过具体的产权授权、产权交易、产品生产、产品消费、产业配套等，实现博物馆文化资源的"活化"用益，让文创产业在与百姓生活的密切联系中实现"跨越式"发展。

综上，博物馆文化资源开发、产权交易成果转化实质在于博物馆产权授权，并以博物馆文化资源的"活化"用益形式表现出来。每一文化资源的"活化"用益，都是博物馆文化资源产权交易成果转化的表现，蕴含着较多的文化传承下的产权权益。例如藏品的取得环节会涉及藏品物权流通；藏品的编辑出版、节庆公益活动用益及非物质文化遗产评定、展览等，则涉及文化资源著作权等知识产权的权益维护、许可使用；文化资源创意研发，更是关涉藏品所有权人、藏品著作权人及其继承人授权使用、入股流转等系列权益流通问题,需要通过产权授权、借助合同明确双方当事人的权利义务。博物馆文化资源的用益价值,也在这一次次、多种样态的产权交易流转中转化实现。虽说近些年来博物馆文创产品开发活动呈现欣欣向荣的发展态势,但还是局限于规模较大、影响力较广、特色较明显的博物馆,许多中小型博物馆、民营博物馆的文化资源"活化"利用意识仍不够强,未能真正明确博物馆文化资源开发、产权交易成果转化的实质在于博物馆产权授权,对文创设计委托合同中的双方权利义务了解也不足,博物馆文创产品版权纷争也时有发生,对展品遭遇赝品的责任意识、权利维护应对均显迟钝,创意设计维权理念缺乏,有必要从物权、债权、股权、知识产权尤其是版权等民商事权利角度,强化博物馆馆藏文化资源产权交易成果转化中的维权意识与侵权防范,"活化"利用博物馆文化资源。

(二) 文化资源开发基础薄弱,文化资源开发积极性不高

长期以来,博物馆馆业活动基本处于"藏、管、护"的阶段,以收藏藏品、展示藏品为主。哪些是可利用、可开发、可进行交易成果转化的馆藏文化资源,哪些是不可开发、不可转化的馆藏文化资源并未进行清晰梳理;博物馆文化资源产权交易成果转化中的博物馆品牌、藏品物权、藏品版权、藏品创意产权等权益维护该如何进行,也未进行很好地诠释并施以制度保障。文化资源开发基础相对薄弱,有些博物馆甚至还没有找到适合自身特点的文化资源开发模式。

在资金融入、资本开发上,博物馆文化资源产权交易、成果转化的资金支持目前主要依赖政府资助,文化投融资专业化机构、风险管理产品和投融资产品相对较少,民间资本更是极少融入,文创活动融资支持呈现不足状态,以致博物馆,特别是一些规模与影响力较小的博物馆,即便想做馆藏文化资源的开创,也碍于开发风险和开发资金的不足无法实施,只能利用极少的开发资金做小件设计。文创产品的艺术美感停留在冰箱贴、徽章等小件文创产品上,创意设计显得简单、粗浅,博物馆馆藏元素的文化授权较少[①];

---

① 江西省的博物馆文创产品销售,除了景德镇中国陶瓷博物馆与淘宝网卖家"远山乔汉服"有馆藏元素的授权,销售远山乔(青云釉)汉服外,基本上未进行馆藏元素授权上的有效用益。胡卫萍、胡淑珠:《江西省博物馆文化资源"活化"利用的应对思考》,《老区建设》2019年第2期,第59页。

很难开创既有博物馆文化特色、艺术美感，更有实用价值的文创产品，不能让更多的参观者产生更为强烈的"把博物馆带回家"的念头，相应的文创产品的市场回馈也显得贫乏，市场效益转化成果不够明显。再加上大部分是国有博物馆，属公益类的全额拨款事业单位，免费向公众提供公共文化服务。而按照事业单位分类改革政策，公益类单位在开办企业、收入分配、奖励机制方面都有很多限制。相关管理部门对国有博物馆的文创产品开发能否进行、开发到什么程度也存在不同认知；较大力度的鼓励、扶持措施相对较少，最多也只是在试点单位做试点，激励政策的稳定性、长期性不足。博物馆工作人员也因为是事业单位编制人员，比较依赖财政拨款，再加上收、支两条线，文创产品开发的好坏没有与其自身利益挂钩，自然文创开发积极性不高。省内博物馆虽都有各自的特色藏品，但馆际的藏品流动展示较少。民营博物馆的藏品拍卖虽有，但限于收藏式拍卖或投机式拍卖，馆藏资源"活化"利用中的文化底蕴传承、创新创造发展渲染得并不多，不完全契合文化资源"活化"用益主旨。

（三）缺乏文创行业的专业人才，创意设计、推广不足

如前文所述，博物馆文化资源的产业开发、产权交易成果转化，展示了文化资源产权从授权、到创权、到维权的全过程，而产权交易成果的成功转化，离不开文化资源的创意设计；暨在尊重、传承博物馆文物资源的文化内核基础上、如何筛选适格的文物元素进行极好的创意设计。一般而言，文化资源特别是和旅游相结合的文化资源开发市场潜力大，博物馆文创产品的开发、产权交易成果转化中的产业链和利益共享机制的建制也主要从这一市场领域着手，但这首先依赖于优秀专业人才的优秀创意研发，才会产生足够的市场吸引力，适应市场需求。但目前博物馆文化资源开发还是根据馆藏文物特点，对文物本身进行复制、仿制，要么把馆藏品造型做成书签、水杯，要么将其图像印制到丝巾、瓷器、鼠标垫、U盘上，文化创意程度不高。而博物馆文化资源的"活化"用益、产权交易成果转化不是文物元素与生活物件简单结合，而是强调历史性、科学性、艺术性、趣味性的有机融合，讲求创意的巧妙链接。它首先要求创意设计者得懂博物馆文化，了解博物馆藏品历史，从形式和内涵统一的角度挖掘、秉承博物馆文化内涵才行。

但目前，我国这方面的研发人才明显不足。博物馆的文创研发、产品生产与销售基本都采用与外界合作方式进行，熟悉馆藏资源、了解文创产品特质的产品营销管理人才、市场推广人才明显不足。不少文创产品停留在简单复制文物阶段，创意作品同质化现象突出，创新创意能力不强，对文化资源的内涵把控不足，甚至存在个别文创产品与文化价值脱节现象。

三　博物馆文化资源产权交易成果转化的法律保障

历史文化资源的社会共有性，使博物馆对其文化资源的使用虽没有独占性，但拥有博物馆藏品文化元素独占挖掘的先天优势。博物馆文化资源的产业化开发、产权交易成果转化，可凭借其对博物馆文化元素独占挖掘的先天优势，从文化创意产品生产市场空间的角度，通过物权处置、版权授权、商标授权、专利许可等交易流程，对博物馆藏品物权再用益、藏品再创作，演绎形成藏品知识产权，在产权确认的基础上以文化授权形式将其投放到市场，并以版权、专利权和商标权等知识产权运营模式转化文化资源产权交易成果，确定成果转化的权利内容，建构开发、生产和销售的良性循环产业链条，孵化文化企业，形成相对完善的产业链和利益共享机制，同时在法律制度上予以规范，施以具体的法律保障。

（一）明确藏品原件物权归属，以物权的独占维护版权主体身份

博物馆文化资源产权，既涉及馆藏品原件的物权，也涉及馆藏品的版权、商业秘密（如漆术、雕刻技术）、专利技术（如馆藏品现代科技的演绎技术）和遗址的地理标志、博物馆商标品牌等知识产权；但博物馆文创产品开发中的产权确认、产权授权，主要还是集中在藏品物权、藏品版权的确权、授权上。博物馆藏品，多半是基于捐赠、购买或考古挖掘的旧藏或调拨方式取得。在藏品取得过程中，若因考古挖掘的旧藏、调拨而获取，藏品原件的所有权自然归国家所有，并由当地博物馆代表国家行使所有权。若因捐赠或购买方式取得，博物馆与原创作者或原件持有人多半存有一纸协议，以赠与合同或买卖合同约定取得的方式取得藏品原件的所有权。博物馆有权依照所有权的排他属性，独占、排他使用藏品原件，有权禁止他人对作品原件的欣赏、触摸等使用。参观者不能因为不能实际观赏到藏品原件而提出异议，毕竟藏品原件的所有权由

博物馆掌控。当然，基于所有权的占有、使用、收益、处分等权能的独立性，其他博物馆也可在取得授权的前提下，借用该博物馆的藏品进行"借展"（有偿或无偿借用均可），以藏品物权之使用权能流转的方式进行展品的交易利用。2007年9月，上百件秦始皇陵兵马俑曾集体远赴重洋、被借展在伦敦大英博物馆。大英博物馆因借用了兵马俑的使用权获得了不菲的利润，陕西省博物馆也体验到了基于"借用"而获取到的用益物权的权益收益。这些，也都是博物馆基于馆藏品原件所有权归属而产生的用益流转、收益处置的产权交易成果转化的表现。但如果博物馆藏品原件的物权归属一开始不能从民法的角度进行权利确认，博物馆就无法以物权主体的身份，合法、自由地收藏、使用、保护馆藏文物，发挥藏品的文化价值，实现其经济效益。当然，博物馆为了让更多的参观者欣赏到藏品，也常会采用复制、影像的手法，以复制件、影像物替代藏品展出，并因此引发了文物藏品复制件、影像物的版权问题。参观者、观赏者对这些复制件、影像物的再次演绎使用，则需要尊重馆藏文物版权人（多数为博物馆或博物馆委托复制的人）的意志。也就是说，博物馆藏品的物权优势，使其在博物馆衍生品的产业化开发中，可因物权的独占性滋生版权主体的身份，并以权利主体的身份挖掘、整理、修复、定位藏品文化元素，以产权的交易流转、产权交易成果转化的法律保障，维护博物馆衍生品之合法权益，降低衍生利益风险。

（二）强调博物馆藏品版权拥有，以版权交易流转推动博物馆品牌建设

博物馆藏品的物权优势，可使博物馆在文化资源开发中，优先成为藏品的版权主体。如对旧藏或调拨方式所获得的藏品，藏品的著作财产权大多已过保护期，博物馆与原创作者一般也无直接法律关系。博物馆作为物权人，可通过对藏品在先使用等权益，以仿制、扫描、摄影等方式对馆藏品存档，甚至演绎创作衍生作品投入市场，成为藏品最早的演绎作品版权人，取得包括演绎作品的复制权、发行权、展览权、信息网络传播权等在内的十余项财产权利，并对他人利用博物馆演绎作品再创作的行为主张版权利益。而对通过捐赠及购买方式取得的文物藏品，由于藏品大多仍在著作权保护期之中，再创作者对藏品的创作演绎，不仅需要获得藏品原件持有人——博物馆的授权许可，还需获得原创作者（或其继承人）之藏品著

第七章　文化资源产权交易成果转化的法律推动

作权的授权许可，否则就可构成著作权侵权。博物馆和原创作者（或其继承人）也可在藏品转让合同中约定由博物馆代为行使藏品之发表权、复制权、信息网络传播权等著作财产权，再创作者只需获得博物馆之授权即可再创作（"孤儿藏品"由于找寻不到原创作者，再创作授权许可一般由博物馆一并进行）。博物馆展示藏品时，其展陈设计方案、展陈装置、展陈介绍、展陈解说、宣传海报、播放影像与视频等，都浸润着博物馆对馆藏品历史文化的挖掘和探索，其展陈设计的方式、内容其实都蕴含着版权内容，应该得到知识产权的专有保护。博物馆建筑、内部空间、展柜展具、参观路线、灯光照明、气味触觉、音乐音响等与观众发生接触的介质，也都可以通过充分的创意设计，凝练成为一个整体，以整体版权的形式出现，塑造博物馆的综合品牌，提升观众对博物馆的体验度、舒适度。其他再创作者对博物馆馆藏设计、影像作品及综合品牌内涵的再利用、再创作，也均须获得博物馆的版权、商标权甚至专利权的产权授权许可。这不仅可避免藏品再创造失真，确保衍生作品质量，更是对博物馆藏品演绎产权、产权交易成果转化的尊重。另外，随着互联网宽带、多媒体及大容量存储技术、虚拟现实技术的出现，数字影像版权化成为开发利用藏品、化解馆藏资源展陈局限性、解决馆藏品"保护与利用"矛盾的有效形式。也就是说，博物馆作为实体藏品资源的拥有者，可依托于实体藏品，对馆内文物藏品、文献古籍、展示展览等进行信息采集、存储和加工，形成包括电脑文档、藏品影像、音频视频、多媒体等数字作品在内的数字化信息资源，以藏品影像资源的形式主张版权，讲求品牌综合效益。而在国内外文创产业的浪潮下，博物馆馆藏品的影像资源已越来越多地通过博物馆版权授权的方式授权给第三方使用，进行产权交易，开发出适销对路的文创产品。如将精美藏品上的装饰、纹路、色彩，通过拓印等方式印制在日常生活用品上；或将马蹄金、青铜雁鱼灯、玉神兽等文物设计成艺术钥匙扣、黄铜艺术书签等令人爱不释手的"小物件"；或对影像版权再创作，演绎为图书、杂志、画册、影视剧及其他文化商品中的内容并获取版权收益，这些都是博物馆文化自产权交易成果转化的表现，蕴含着丰富的产权权益。由此，博物馆文化资源的开放、挖掘，博物馆藏品物权、版权的拥有，除了是博物馆自身建设的需要外，更可以以产权确认、版权授权、版权交易成果转化等方式，促成文博资源"活"起来，扩大博物馆文化品牌的影响力，关注文化品牌建制中的文化资源产权权益维护，保障产权交易成果转化的市场效益与产权交易成果转化的内在动力，以文创产品的形式记载消费者的参观体验并带回家，延伸文化的渗透力，推动博物馆的品牌建设。

（三）注重藏品再创作的版权风险控制，建立博物馆版权授权成果转化机制

1. 倡导博物馆藏品版权登记

博物馆藏品版权是对藏品内涵的展示、介绍和解读的可复制性的表达，具体表现为图形、文字、影像、装置等多种形式。而依据我国法律规定，版权保护采取"自动保护主义"，即版权从作者创作完成之时就已发生，无须审核批准。这种自动保护，虽使博物馆文化版权从作品创作伊始就已发生，但因未经登记注册，也带来了版权举证的困难。博物馆馆藏资源丰富，大多数博物馆藏品在展陈、使用、演绎中又会延伸出众多演绎版权。但博物馆作为一个公共文化单位，长期以来一直忽略版权保护，未实施版权登记等保护性措施。而博物馆的版权登记、藏品影像版权登记保护，不仅是博物馆取得版权的法律证明，更可通过版权登记，改变影像版权权属不清现象，规范藏品数字化、影像化版权的保护，明确版权人和相关权利人的权益分配，以版权的明晰界定藏品产权归属，促进藏品合理使用；并从版权登记开始，即可考虑在产权明晰基础上的文化授权、成果转化，逐步形成从权利取得、到权利保护、到权利流转等博物馆文化资源产权保护的良性运作，演绎形成藏品知识产权，并以版权、专利权和商标权等知识产权运营模式转化文化资源产权交易成果，确定成果转化的权利内容，建构博物馆文化资源开发、文创产品生产和销售的良性循环产业链条，孵化文化企业，在数字化、信息化、影像化中满足公众对文化资源的社会需求，形成相对完善的产业链和利益共享机制。

应该说，目前我国博物馆对馆藏品版权进行登记、保护的数量是相对有限的。即便有些博物馆的版权意识较强，为避免版权纠纷，已采取了著作权登记、版权鉴定、著作权使用许可合同签订等多项保护性措施，但也主要集中在对画册、录音录像等出版物的保护上，保护成本相对较高、保护面窄。大量有着优秀创意的展览（如博博会、文博会、艺博会上的展陈设计）本身被忽略，没有从打造博物馆品牌的角度进行版权设计与保护，更没能刻意设置这些富有创意展览的重复体验，在衍生体验中扩充博物馆版权、博物馆品牌的影响力。由此，在文化创意产业愈演愈烈的今天，为打造博物馆品牌，让文化资源尽快"活"起来，应当倡导博物馆版权登记，建立博物馆版权授权成果转化机制，并在产权流转时加强藏品再创作时的版权风险控制。

2. 明确博物馆版权授权许可

相较于图书馆、画廊、影院等公共文化机构，近年来博物馆秉承"把博物馆带回家"的理念，通过与旅游、文创设计甚至金融等领域的深入合作，在教育、旅游、健康等各个方面不断推出富有创意的文创产品，让参观者将博物馆的记忆长久留存，成为最具创新力的文化机构。博物馆文创产业，就是在以博物馆为中心、以博物馆产权为依托的背景下，通过与第三产业的合作，进行文化创意与科技创新，打造"高、新、尖"等极富市场潜力的文创产品。博物馆的版权登记，不仅在于版权确权，更在于文创产品创意开发时的版权授权许可使用、版权交易流转。意在通过版权授权，激发文创者的创意灵感与创意空间，实现产权交易成果转化，在产权交易流转中保障文创产品的历史传承；同时也为博物馆自身建设、博物馆文化资源的挖掘囤积一些资金，维护博物馆在文化资源创意产业链中的龙头地位。2014年我国版权与品牌授权商品的零售额虽已超过100亿美元，但博物馆版权与品牌授权业务仅占0.02%；在2017年全国授权商品零售规模达747亿元、2018年为856亿元人民币背景下[①]，博物馆版权与品牌授权业务占比依然未有较大增长，文化资源版权授权、产权交易成果转化尚处在一个相对狭窄的领域。而在西方国家，每年通过艺术品牌的授权所带来的经济效益超过200亿美元，这其中博物馆在所有文化机构中占比最大。

2015年广州国际文物博物馆版权交易博览会期间，广州有9家博物馆与广州市文化品牌授权协会签订了版权与品牌授权代理战略合作协议，组

---

① 梁梅：《中国品牌授权行业发展白皮书发布》，http://www.easttoys.com/index.php?a=shows&catid=63&id=885，2016年9月10日。

建了"广州文物博物馆版权产业联盟",开启了博物馆文物版权保护利用的新纪元。但相较于英国大英博物馆一年2亿美元授权产品的收入、英国艺术博物馆维多利亚和阿尔伯特博物馆在藏品数字影像版权每年几百万元人民币的授权收入、法国国家博物馆2009年4000多万欧元的授权收入[①],我国博物馆在版权授权、版权交易上显然还存在较大距离。2019年5月8日,在第二届数字中国建设峰会闭幕式上,国家文物局副局长关强公布了国家文物局组织编制的《博物馆馆藏资源著作权、商标权和品牌授权操作指引》,清晰规划了博物馆馆藏资源著作权、商标权和品牌授权操作路线图,具体涵盖授权内容、授权模式、授权流程及馆藏资源授权过程中应有的权利和义务、质量控制的要求、产权确权及归属,以及违约行为及其相关责任的具体内容,确立了尊重文物、合理适用、因地制宜的使用原则。[②]这对盘活文物资源、有序开放文物资源信息、合理开展文物资源授权使用工作、促活博物馆发展积极性、激发社会创新创造活力、解决文物资源授权的制度瓶颈具有重要意义。当然,从市场需求的角度,博物馆的版权授权不能盲目进行,需要挑选那些具有较高市场认知度的藏品文化元素进行版权授权才行。

另外,博物馆在我国一直作为公益性文化事业单位,藏品版权资源归博物馆,属国有资产。若要进行版权授权、产权交易合作,除了要进行拟授权产品版权估价、拟授权产品资产评估外,首先得得到相关部门的许可,还要就何种藏品版权可以授权、如何授权、授权双方权利义务关系,以及创意设计研发、创意产品版权登记、文创产品生产商与代理商的选定、文创产品市场运营、产权交易平台等诸多内容和运营环节进行商定。而这些在现有的文创产业发展的法律法规、政策制度中都缺乏直接依据,只能依据《民法典》《著作权法》《商标法》《专利法》等基本法律的规定摸索前行。我们应借鉴国外品牌授权、版权利用上的成功经验,尽力找寻

---

① 王华、张旭怡:《广州文博会开幕　圆明园兽首现身羊城》,http://www.chinanews.com/cul/2015/12-05/7657665.shtml,2016年8月10日。

② 李瑞:《有序开放　合理利用　国家文物局公布〈博物馆馆藏资源著作权、商标权和品牌授权操作指引〉》,http://www.sach.gov.cn/art/2019/5/8/art_722_154933.html,2019年6月30日。

第七章　文化资源产权交易成果转化的法律推动

博物馆藏品有序开发、品牌合理授权、版权合法交易、交易成果有效转化的操作方法，不仅提高博物馆版权资源在文化产业竞争中的核心竞争力，亦使文创产业的版权授权、产权交易及成果转化成为文化产业发展的重要动力，为文化版权的法律和政策保护提供依据。[①]

3. 加强博物馆版权的风险控制

博物馆藏品作为历史文化遗产，归属于全人类共有，任何人都可对其再创作。但馆藏藏品文化遗产，也蕴含着民族精神、历史传承的文化理想与追求，有着巨大社会公共利益，所以在对馆藏藏品进行再创作、再利用时，必须以不损害民族精神、社会公益为前提。即演绎创作时，不得对藏品的图案、形状、构造等进行损害性的不实反映，不得对藏品形象进行歪曲、丑化，不得对藏品所要表达的思想内容进行随意删减、更改甚至篡改。这些损害、篡改行为，不仅侵犯了原创作者的署名权、保护作品完整权等著作人身权益，还影响到原创作者的名誉、隐私、荣誉等人格利益，甚至还可能构成对藏品历史文化价值的消磨和扼杀。尤其是对一些具有极高历史文化价值藏品的"恶搞""涂鸦"的再创作，在商品流通迅速、信息传播飞速的现代社会，这种歪曲历史、贬低文化所带来的恶劣影响，可能直接误导社会公众、抑制历史文化传承、破坏文化遗产，对社会公共利益造成极大损害。

由此，博物馆文化资源的产权确认、产权授权与成果转化，实际上存在着一定的授权风险，应从文化传承、授权监管的角度，在版权授权实践中逐步完善博物馆馆藏品的版权授权许可制度，加强风险防范。如在版权授权合同中，考虑设置质量保证条款，对在藏品版权授权基础上创作的图书、音频视频、摄影作品等衍生作品，要求确保其真实再现藏品的文化价值、历史积淀，没有损害藏品内核的行为。[②]博物馆作为版权授权方，理应成为该风险防范的实施者、承担者，尽力监督、保证博物馆衍生作品不走歪，不改变文化内涵，不降低艺术价值，顺利实现成果转化。对再创作

---

① 孙鹏：《保护文博知识产权　发展文化创意产业——首届"2015广州国际博物馆版权交易博览会"综述》，《中外文化交流》2016年第2期，第55—59页。

② 胡卫萍：《罗马法视角的文化资源的产权归属》，《重庆大学学报》（社会科学版）2015年第6期，第149—150页。

者由于理念上的差异和理解上的偏差（非故意），导致博物馆版权授权衍生作品文化价值偏移的，虽可考虑其著作人身权益的豁免，但应积极指正、监督并帮助其修改。对故意歪曲、丑化的，则可直接取消授权，并追究责任主体著作权侵权民事责任或刑事责任。[①]

当然，博物馆产权流转、版权授权及成果转化，涉及馆藏品本身及文创产业发展链条中的各个环节，情形复杂，有赖于实践经验的摸索和学理上的演绎论证，是一个繁杂的过程。但博物馆产权确权、版权授权的风险防范与控制，定能大大提升博物馆的管理水平、服务方式和工作效率，提升产权交易成果转化利用率，促进博物馆馆藏品"保护与利用"新发展格局的形成，保障并推动博物馆文创产业健康、迅速发展。

（四）加强服务平台建设、规则建制，保障博物馆文化资源产权交易成果转化

无论是博物馆馆藏品的创新创造，还是藏品流转展示、藏品知识产权融资入股，博物馆文化资源的"活化"利用、产权交易成果转化，充溢着交易互惠、权利确认与权利制约等交易要求。这些交易规则、交易制度的设定，于博物馆文创产业、馆藏品的"保护与利用"而言，都是一种摸索、一次挑战。面对博物馆在馆藏文化资源利用、文创产品开发中存在的缺陷，首先需要做的，是冷静思考、客观应对，找寻适合博物馆文化资源开发的制度规范，细化规章条款，为博物馆文化资源产权交易成果转化、"活化"利用提供制度保障。如在 2015 年《博物馆条例》的基础上，地方各省、市可考虑出台《××省/市博物馆管理办法》等地方性规章。在该规章中，不仅明确界定博物馆的法律性质（国有或民营），确定其相应的设立、变更与终止条件，规范博物馆的管理活动、社会服务等，更要明确规定博物馆文化资源开发利用的实质在于博物馆产权授权，对博物馆藏品等文化资源创意活动中的产权确认、物权用益、所有权处置、版权授权、产权交易流转内容与流转程序、产权交易成果转化融资保障等问题进行直接地法律规范，在文化创意源头、版权开发、销售渠道、品牌营销、利益分

---

① 刘鑫：《博物馆藏品再创作的著作权问题探析》，《中国版权》2016 年第 3 期，第 51—54 页。

第七章　文化资源产权交易成果转化的法律推动

配等各个环节中，施以明确的合同约定与确权维护，厘清博物馆文化资源的产权归属，提高文创活动参与者的维权意识，拓展维权思路，为博物馆文化资源的产权交易成果转化提供直接地方立法保护，打造公开透明的文创研发、文化资源"活化"利用机制。

互联网经济下，各省市还可考虑进一步完善或加紧筹建文化产业公共服务平台，以政府服务型文化产业门户网站的身份，开展政策咨询服务、投融资服务、人力资源服务、文化产权交易服务等诸多服务活动，设置多个服务端口，并进一步丰富、落实平台上每一服务端口的服务内容。如针对博物馆文创人才缺口，可借助网站的"人力资源服务"端口实现，为博物馆、企业、设计师提供中介服务，为其找寻专业的创意设计人才或合适的创意设计空间。此外，博物馆还可以与一些高校、设计行业协会（平台上可具体罗列可合作的高校、协会名称等）达成设计联动，在发挥博物馆文化传承功能的同时，借助专业的设计力量，研发符合博物馆理念、具有文化内涵的文创产品，将文化资源、创意设计资源与消费市场空间结合起来，并在"文化产权交易服务"端口上呈现出来，细化具体的交易服务规则。同时，鉴于文创产业资本融资的市场风险，还可借助"投融资服务"端口，依托政策性银行，打造以政策性银行为主体、知识产权质押融资、文化资产信托融资、文化资产证券化和PPP政府与社会资本合作融资为依托的馆藏品文化资源投融资法制环境；加大政策性银行的资金引领作用，鼓励社会资本、民营企业介入，以特许经营权和收益权的模式融资经营博物馆文创产业，将文化资源有效转化为生产性文化资本。并在服务平台上就这些融资模式的基本程序、融资内容、风险控制等作出明确规定，明晰投融资主体间的权利义务，减少投融资风险，为博物馆文化资源"活化"利用、产权交易成果利用、文创产品研发提供资金支持，拓宽产权交易成果转化渠道。如可借助"百馆百企对接计划"的国家政策东风，加大对博物馆文创活动、产权交易成果转化的制度扶持。对无缘入围"百馆百企对接计划"的，还可启动省域、市域范围内的"馆企"对接计划，在《博物馆馆藏资源著作权、商标权和品牌授权操作指引》下，选择各省市文创产业做得好的博物馆，与省内较大型文化企业合作，推动馆藏文化资源走向市场，对博物馆的文创活动给予尽可能的政策支持；并逐渐弱化国有博物馆的事业单位属性对文创活动的约束，鼓励创新创造，采用多种方式进行文化资源产权交易成果转化，"活化"利用文化资源，强化馆藏文化资源社会效益与经济效益的相互赋能。

综上所述，博物馆文化资源产权交易成果转化，是博物馆文化资源"活化"利用的表现，是承继中华文化理念下创新创造，充溢着博物馆文化资源产权确认、产权交易流转中的诸多权益内容。对盘活博物馆文化资源、推动博物馆文创产业发展具有重要效用，是博物馆文化资源的传承与发展的表现。应极大鼓励社会资本介入文创产业，将文化资源有效转化为生产性文化资本，拓展博物馆藏品文创研发、藏品流转展示、藏品知识产权融资入股等文化资源产权交易成果转化、"活化"利用渠道，推动文化建设。但是需要注意的是，无论博物馆文创产业如何发展，馆藏品、历史遗迹的保护与传承始终是其内核，均应以国家利益、民族精神、社会公益的维护为底线。

第三节 非遗资源产权交易成果转化的法律推动[①]

根据联合国教科文组织2003年通过的《保护非物质文化遗产公约》（以下简称《公约》）第2条第1项的规定和2011年我国《非物质文化遗产法》的规定，传统美术、书法、音乐、舞蹈、戏剧、曲艺、口头文学及其语言等民间艺术表达，传统医药、历法、工匠技艺、传统礼仪、民俗节庆、体育游艺等，都是非物质文化遗产资源（以下简称非遗）的重要表现，凝聚着各民族、各群体的民族认同感、归属感和使命感。我们平日所述的神农、炎帝、黄帝传说，陕北信天游、陕西秦腔、西安古乐、朝鲜族农乐舞、塔吉克族鹰舞、东北二人转，书法、篆刻、剪纸、木雕，传统木结构营造技艺、桑蚕丝织技艺、宣纸传统制作技艺、黎族传统纺染织绣技艺、云锦织造技艺、龙泉青瓷传统烧制技艺、中医针灸、苗族（侗族）与哈萨克族医药、汉剧、京剧、黄梅戏、昆曲等地方戏曲、妈祖信俗、彝族

[①] 胡卫萍：《非遗资源产权确认与产权交易立法保护研究》，《江西社会科学》2018年第4期，第153—160页。

第七章　文化资源产权交易成果转化的法律推动

传统婚俗等地方民俗，还有特技绝活、家传秘方、庙会灯会等，都是非物质文化遗产的组成。它们虽然不是物质文化遗产，不涉及古遗址、古墓葬、古建筑等历史文物，但依然承载着丰富的历史文化信息，彰显着民族精神与民族情感。

一　非遗资源产权交易成果转化概述

(一) 非遗资源传承与发展促动非遗资源产权的静态守护与动态流转

非遗，作为特定族群世代创造并传承的文化资源，其实是我们祖辈在特定族群、特定地域中长期劳动、生产、消费过程中以非物质的形式累积而成的农耕文明创造，是一种智力劳动、智慧创作。非遗产生后，其"活态性"特征会随着时代变迁而不断融入新的文化理念、精神内涵，该特定族群，甚至个体对经过其智力创造和传承的非遗资源，当然可主张权利。但由于非遗在历史变迁后往往内化为族群、民族文化的表征，很难具体确定非遗资源的初创者；且非遗重在传承，强调遗产资源的沿袭、继受和流转，其权利也很难用物权法上的"所有权"概念静态归属，财产权定位存有疑虑。此时，具有"独占性"和"流转性"特征、包含财产所有权与财产流转支配利益的"产权"概念[①]，引起人们关注。如前文所述，产权非为新型财产权类别，其内涵包括但不限于有体、有形的财产所有权。产权在强调财产的静态归属的同时，也以交易流转的方式实现交易利益，进行资源配置；关注财产归属，看重财产的流转和利用，通过现代市场、现代企业制度交互作用下的所有权转化，以权利的流转展现财产价值的市场运用。也就是说，"产权"的含义不仅涵盖静态归属的权利确认，也覆盖动态流转的财产利用的肯定，能较好地概括非遗资源的权利归属、权利利用。毕竟非遗是一种活在当下的"遗产"；其文化传承、民族属性会随着其所生存的自然环境、社会人文环境的变化而变化。很多民间文学作品、甚至某种工艺技术（如漆器工艺），都是在族群成员的传播、演绎过程中，

---

① 刘诗白：《产权新论》，西南财经大学出版社1993年版，第156页。

在众多受众意见和情趣融合中不断打磨而成的。① 且非遗的活态发展与变异，除了受自然环境、人文境界的变化影响外，族群认同、市场契合恐怕也是重要影响因素。只有客观认知了非遗保护实际状况，以"产权"的思维普及非遗理念、权利归属，并在此基础上鼓励非遗资源创意发展，衍生出非遗文创产品，才能在市场交易中实现非遗资源"从归属到利用"的活态生存、动态发展，进行文化资源产权交易成果转化。

（二）"公权"与"私权"并存的法律属性为非遗资源产权交易成果转化提供了法理依据

较长时间以来，非遗作为肩负着文化多样性、传承一方文明的公益资源，在我国一直以"公权"属性下的文化财产自居，其权益保护一般不涉及传承主体具体"私权"利益补偿问题②，也很少提及非遗资源产权交易成果转化问题。而2003年联合国教科文组织《公约》中，除了强调非遗"公权"保护，亦承认个体在"非遗"创作、保护及创新方面的重要作用，尊重非遗持有者的发展权益，承认非遗个体潜在的经济利益。这就意味着非遗资源的"私权"属性得到承认，非遗被定性为"公权"与"私权"属性并存的财产，允许非遗资源的市场用益；鼓励非遗权利主体从私法角度对非遗资源产权进行确认，并在产权确认基础上实施产权交易，尊重产权交易成果转化的私权利益（包含精神利益和物质利益），对非遗进行"生产性保护"③，将非物质文化遗产及其资源转化为生产力和产品，并把这作为激发民间文化资源活力、确保非遗生命力永续的保障，使非遗在生产实践中得到积极保护，实现非遗保护与经济社会协调发展的良性互动。《公约》的此种理念，其实来自一些国家、区域的践行实践。如南非通过

---

① 谢岩福：《我国非物质文化遗产的法律保护》，《经济与社会发展》2008年第10期，第115—118页。

② 马铮：《非物质文化遗产保护主体研究——兼论我国〈非物质文化遗产法〉》，《中国劳动关系学院学报》2014年第3期，第84—87页。

③ 非物质文化遗产"生产性保护"是指通过生产、流通、销售等方式，将非物质文化遗产及其资源转化为生产力和产品，产生经济效益，并促进相关产业发展，使非物质文化遗产在生产实践中得到积极保护，实现非物质文化遗产保护与经济社会协调发展的良性互动。王慧敏：《上海非物质文化遗产生产性保护与创意开发》，《上海经济》2015年第5期，第8页。

第七章　文化资源产权交易成果转化的法律推动

恢复社区的手工制造工艺，澳大利亚土著艺人通过可视艺术和工艺，将非遗技艺演化为文创产品，不仅在非遗资源的市场用益中，从"私权"角度得到每年数千万美元的贸易收入，成功兑现产权交易成果转化的市场价值，更为民族文化经济、全球文化自由贸易的发展贡献了力量。而某些发达国家的跨国公司之所以能凭借雄厚资本和先进科技，对发展中国家的非遗资源大肆掠夺、获取高额商业利润，对被掠夺资源的非遗传承国却以"公共资源"名目拒付对价[1]，究其原因，恐怕还得归结于被掠夺资源的相关主体未能正视非遗资源"公权"与"私权"并存的法律属性，未能从国家主权、知情同意和惠益分享的角度设计法律规范，架构非遗资源产权确认、私权交易与产权交易成果转化的法律保护框架，也就难以有效排除并制止对非遗私权的不法侵害了。[2] 所以，非遗资源"公权"与"私权"并存的法律属性，使非遗传承绝不应局限于"公权"意义上"管理、守护、登记造册"，更应注重动态意义上的私权交易、产权流转与交易成果转化，鼓励从"私权"确权与权利延展的角度缔造非遗衍生产品、滋生衍生利益、转化交易成果。我国非遗资源丰富，包括传统美术、手工技艺、传统饮食等在内的传统技艺类文化资源更是具备进行生产性保护、转化为文化产品的市场基础条件，产权交易成果转化市场预期看好。上海王家沙本帮点心制作技艺、南翔小笼包、杏花楼广式月饼制作技艺等传统饮食类项目就已达到亿元以上的销售额；旅游休闲市场的巨大空间，更是激励着非遗文化元素生产性保护的植入，在文化体验中获得文化认同，展现文化资源产权交易成果转化的市场价值与文化效应。而要进行非遗资源的动态交易，实现产权交易成果转化，首先得借助相应的立法保护，确认非遗资源产权归属，明确非遗产权权益内容，并进行相应的产权交易、成果转化等方面的私权保护规范设计，这是非遗资源动态交易、产权交易成果转化的前提。唯有此，才能明晰非遗产权权属范围，赋予非遗资源产权主体支配权能，使其有权制止歪曲、错误使用或亵渎非遗资源的行为，维护非遗产

---

[1] 胡卫萍：《罗马法视角的文化资源的产权归属》，《重庆大学学报》（社会科学版）2015年第6期，第149—150页。

[2] 高轩、伍玉娣：《非物质文化遗产的私权性及其体现——以〈中华人民共和国非物质文化遗产法〉的缺陷为视角》，《河北学刊》2012年第5期，第152—155页。

权主体精神权益，在保证非遗资源的本真性的基础上正确使用非遗资源，以产权确权、交易维护的立法保护模式保证非遗资源生命力的延展，进行原真性的动态传承、活态发展。

（三）非遗资源流失与产业开发局限提升非遗产权交易成果转化的实践需求

我国非遗资源丰富，但也存在诸多非遗资源流失、产业开发有限的现象。如我国是民间故事大国，但孩子们对白雪公主、小红帽、灰姑娘等西方童话的认知，远超女娲补天、后羿射日、盘古开天辟地、神笔马良的知晓，更趋向外国文化资源的欣赏，国内民间文化认同有限，这种状态应该说同我国民间文化资源开发、渲染的局限有关。且我国非遗资源的利用多半是通过旅游产业形式表现的，很多外国人借旅游观光之机可以很轻易地进入非遗保有地，收集非遗资料、录制音频视频、带出样品。其在后期利用时也多从自身理解的角度对非遗资源进行解读，不乏曲解成分（如取材于我国文化资源的美国动画片《花木兰》）。而有些非遗传承人权利意识淡漠，仅从单纯的"爱才"心理，将非遗技艺毫无保留地传授给外国人（"变脸"技艺等），也不论其后期如何使用；甚至出现"敦煌在中国、敦煌学在国外；皮影在中国、皮影艺术在国外"的现象，非遗资源被轻松掠去。国外一些高端奢侈品企业也已开始把产品设计研发的目光转向非遗，意欲从我国传统手工技艺中寻找灵感，对非遗资源也做着"为我所用"的解读、实施强势文化入侵。而非遗资源的活态发展、活力存续，不是要"尘封"守护，而是在尊重非遗文化的前提下，在不损伤文化品质和原生性、保真性基础上，进行适度文化创意和包装；在文化授权的基础上衍生文化创意产权，生产文创产品，实现成果转化，并以法律保障的形式沿着高精尖、凸显文化含量的市场线路前行。这种产权交易、成果转化，不仅可以培养学徒、传承非遗、拓展非遗资源文化利用，更可有效保护国家文化资源、维系民族精神。而这一切，又是以相应的立法保护、法律权利确认为基础。概而言之，非遗资源流失与产业开发的局限提升了非遗资源产权确认、产权交易与交易成果转化立法保障的实践需求，立法保护应提上议程。

二 我国非遗资源产权交易成果转化的立法状况

(一) 非遗传承与发展中的产权交易成果转化立法保护面临窘境

如前文所述,非遗传承与发展中的产权交易成果转化,就是要明确非遗资源的权利归属,并在此基础上,以非遗为创意原型,以"原生性延续、传承性发展"为开发理念,将非遗资源与社会生活实际需求联系起来,进行非遗资源的创意研发,将非遗资源从文化遗产演变为文化产品,并借助各种途径(包括互联网)授权转让、许可使用创意成果,实现交易成果转化。由此,非遗传承与发展促动非遗资源的静态守护与动态流转,其间充溢着主客体际法律关系,往往借助非遗知识产权、非遗股权、非遗债权等形式进行产权交易;并从物态认知、行为认知等多个角度进行成果转化,为社会公众提供非遗文化体验,同时也进行一定的收益分配。而这一切,除了依赖政府对非遗传承的政策扶持,更得仰仗相应的立法规定。2011年《非物质文化遗产法》的颁布,对非遗代表性项目、代表性传承人条件、传承要求与传承保障措施等作了相应规定,使传统技艺、传统礼仪、传统医药、传统体育等"中国元素"的非遗资源保护有法可依。但或许是因为非遗权利主体的特殊属性,该法并未明确非遗资源的产权归属。如该法第44条虽就保障非遗资源知识产权利用进行了法律规范,却未具体涉及非遗资源的私权类型、产权归属与私权内容,未就其权利保障模式是公法保障还是私法保护作出明确规定,以致司法实践对非遗保护模式争论不已,更不知该法第40条规定的"违反者需承担民事责任"的"违反者"是限于私权主体(传承人)还是扩充至公权主体(管理者)。[①] 在非遗资源的产权交易流转及相应成果转化上更是缺乏细则规定。该法第37条虽确立了在遵守有效保护的基础上,可以合理利用非遗资源优势开发文化产品、开展文化服务,但并未就该商业性利用中的交易原则、流转权益内容、成果转化要求与权益主体惠益分配进行明确的立法规定,以致即便实施非遗产权交易,也不清楚该交易应奉行何种交易规则和转化要求,按照

[①] 辛纪元、吴大华、吴纪树:《我国非物质文化遗产法律保护的不足及完善》,《贵州社会科学》2014年第9期,第82—86页。

何种产权流转的惠益分配原则进行利益分配，甚至会引发非遗资源产权流转过程中的交易纷争，不能为非遗资源的可持续性利用提供有效的法规依据，产权交易成果转化目的实现遭遇立法保护窘境。

（二）非遗创意研发、动态交易侵权纷争呼吁产权交易成果转化立法保护及时跟进

在非遗资源的创意研发、产权交易成果转化过程中，同时也呈现"伪非遗"等仿冒、假冒纠纷，具体如"西门庆故里"事件、"黄梅挑花"非遗侵权案、张松茂的"春江花月夜"瓷板画假冒纷争、宁夏灵武"羊羔酒"侵权纠纷、苏绣"贵妃醉酒"侵权事件、"回族汤瓶八诊疗法"商标注册争议等均是其表现。而原生态歌舞集《云南映象》在开创传统文化艺术商业利用奇迹的同时，也引发了其与所运用的文化元素来源地、创造群体间利益分配该如何进行的热议。[①] 当然，在非遗资源创意研发、市场化运作中，还可能出现趋同市场、为市场而改变技艺，或为创新而强行附加现代元素的现象，导致传统技艺粗俗化、品质粗劣化。非遗资源市场用益、产权交易成果转化呈现纷争。尽管非遗资源创新创造中可能遭遇上述诸多问题，但菲律宾、印度、巴西、突尼斯、坦桑尼亚、巴拿马，甚至日本、韩国、美国等许多域外国家，已然意识非遗资源的可贵，非常重视非遗资源产权确认、产权交易与成果转化的立法保护，往往通过原住民权利法案、民俗保护法案等方式，进行纷争处理的法律预先防范，确认非遗资源产权，将文化完整性地保有作为原住民的一项权利，捍卫原住民利益。具体如承认原住民社区实施和复兴文化传统和风俗的权利，国家有义务保存、保护和发展原住民手工艺、表演艺术、宗教精神产品等的文化产品和文化表达等；在非遗资源创意研发上，亦从知识产权角度进行权益维护[②]，强调非遗创意产权的取得基础、成果转化要求，维护原住民等族群利益，取得了一定的市场效益和社会效益。由此，面对我国非遗资源市场运作中出现的仿冒、假冒、侵权损害现象，可借鉴域外国家的做法，修改、调整

---

① 胡嫚：《我国传统文化知识产权保护迫在眉睫》，http://www.chyxx.com/news/2012/0619/132183.html，2017年9月2日。

② 王鹤云：《中国非物质文化遗产保护法律机制研究》，知识产权出版社2009年版，第156页。

《非物质文化遗产法》的相关规定，针对某些逐利之下的不规范操作、可能的侵权侵害，及时跟进非遗产权确认、产权交易、交易成果转化的相关立法保护，增加非遗资源私权保障内容，明确非遗产权归属，确定非遗产权主体的正当权益。

（三）《非物质文化遗产法》名称变动为非遗资源产权交易成果转化提供了立法保护可能

在《非物质文化遗产法》的立法名称表述上，曾有过名称变动。在早期起草阶段，曾被命名"民族民间文化遗产保护法"，后改为"非物质文化遗产保护法"。在对"保护"概念的理解上，也存有争议：是单纯地保存民族民间文化记忆，保障其免受伤害？还是在保存的基础上进一步发展其生存活力？或许正是为了避免"保护"概念理解上的分歧，该法出台时舍弃"保护"一词，直接以"非物质文化遗产法"命名。在具体内容的规范上，也通过调查制度、代表性项目名录制度、传承与传播制度等的规定，对非遗资源进行不限于单纯民族民间文化记忆的守护。这种定位，不仅符合2003年联合国教科文组织《公约》对"保护"概念的理解，更从传承与传播的角度，在非遗资源守护的基础上，为非遗资源的创新发展、非遗权利主体的文化授权、非遗资源创意产权的交易成果转化留下了立法保障空间，提供了立法保护可能。

三 我国非遗资源产权确认与产权交易成果转化立法保护的理论构想

（一）在尊重非遗资源"公权"与"私权"兼具基础上确立公私法相结合的立法保护模式

综上，非遗资源"公权"与"私权"属性兼具。在非遗资源中，民族民间文学艺术居多，宜采用著作权法的私法保护模式，尤其在相关民事主体的产权确认、产权授权和产权交易成果转化利益维护方面。而非遗资源的文化属性，事关国家、社会公共利益，得从公法角度予以规制。现行《非物质文化遗产法》虽有第37条的规定，但基本上整个法条是从公法、行政法角度进行立法规定；而非遗资源的产权确认、产权交易与成果转化，则是私法权益要求和公法约束效用共同作用的结果，绝非单纯私法或公法作用的单独效应。① 有鉴于此，为有效展现非遗资源产权确认、产权交易流转中的利益关系及其分配，顺利进行产权交易成果转化，建议调整《非物质文化遗产法》的相关规定，在强调政府对非遗资源引导、调解和保护的同时，明确确立公私法相结合的立法保护模式，注重非遗资源活态性、民间性、可持续性发展。② 即在第 37 条规定的基础上，进一步丰富非遗资源产权交易成果转化、产业运作的立法规定，鼓励非遗资源创意研发、非遗产品商业开发；用著作权等知识产权法律制度确认非遗产权归属、保护创意创新、打造非遗品牌，鼓励其产权流转、产业化运营，完善非遗资源产权交易流转、交易成果转化的相关具体条款内容，平衡"传统"与"创新"之间的利益关系。同时，强化非遗资源精神文化的传承发展，以公权力方式，直接或间接地调整非遗流转空间，对一些严重破坏或导致非遗资源灭失的行为直接追究刑事责任。但相较而言，《非物质文化遗产法》目前最需要加强的是有关非遗产权确认、产权交易流转、交易成果转化的私法条款设计。

（二）在确认非遗产权族群共享的基础上允许非遗权利主体个体化

《非物质文化遗产法》第四章虽规定了传承人制度，但未明确非遗权利主体就是代表性传承人。剖析立法回避的原因，恐怕在于现实生活中权利主体身份确实复杂、利益归属也较难判断，还存在跨区域跨民族利益协调的困难。但非遗权利主体归属的不明确，将极大影响到非遗产权交易、流转中相关权益主张，甚至影响其"原真性"使用的保障；毕竟权利主体身份的明确，不仅意味着相应权益的主张，也意味着相应义务的履行与责任担当。为此，建议完善《非物质文化遗产法》的相关规定，在确认非遗产权族群共享的基础上允许非遗权利主体个体化。因为非遗作为族群集体智慧创作的结晶，是家族或族群成员共同创造、改进和传承的，一般情况

---

① 王黎黎：《"非遗"知识产权保护的误区与矫正——基于四川省立法与实践的对比》，《中央民族大学学报》（哲学社会科学版）2015 年第 4 期，第 61—66 页。
② 马铮：《非物质文化遗产保护主体研究——兼论我国〈非物质文化遗产法〉》，《中国劳动关系学院学报》2014 年第 3 期，第 84—87 页。

下，非遗产权应归土著、原住民等族群集体共享[①]：如赫哲族人对《乌苏里船歌》、安顺百姓对安顺地戏等。这些族群集体享有的权益，当然也可委托授权给某个非官方组织进行集中、公益性管理。而其中的非遗传承人，也只是非遗传承的典型代表，既不是非遗的独占使用人，也不是所有权人。只有当某些技能技艺具有明显的"父传子""师傅带徒弟"等世代相传的个体传承色彩，而该家族又仅存单个传承个体时，该传承个体可以代表家族作为非遗权利主体主张权利。剪纸、木雕、微雕、青铜器艺等传统手工艺与技能的传承人，多半可以以传承人个体身份主张权利，如天津"泥人张"的传承。需要注意的是，由于非遗往往浸润着该地区、族群深厚的文化意蕴，社会文化身份特征明显，所以非遗资源本身一般不可转让，但允许非遗权利主体授权他人使用非遗，对非遗资源进行创意研发并主张衍生权益，同时进行产权交易成果转化的利益维护。其他非权利主体，未经授权、许可，未进行事先知情并同意，不得占有、使用非遗资源并获取收益。这也是非遗资源产权交易、交易成果转化的意义所在。

（三）在"原真性"使用基础上确定非遗资源产权交易成果转化基本原则

《非物质文化遗产法》第37条就非遗项目的商业性开发采取了鼓励性规范，强调"有效保护、合理利用"。但非遗资源的稀缺性和不可再生性，其商业性利用更多涉及的不是非遗资源本身，而是非遗资源创意活动中的相关权利确认暨非遗资源产权交易成果转化问题。所以，其"原真性"使用内容的强调显得尤为重要，只有在原真性基础上对非遗资源的复制、展示、表演、改编才称得上"合理利用、有效保护"。所以，在非遗项目开发、非遗资源产权交易中，应进一步确立非遗产权交易成果转化的基本原则，可考虑确立"保护第一、发展第二、尊重族群、遵循原真、遵从分享、创新创造"为交易成果转化的基本原则。其中，保护第一是必须恪守的，非遗只有在保存、保护的基础上才可能讨论传承、发展问题，才可能实行成果转化。且非遗资源蕴含着丰富的民

---

① 高燕梅、芮政、伊明明：《现行知识产权制度下非物质文化遗产分类保护》，《学术探索》2017年第2期，第86—91页。

族情感、民族价值体系和伦理规范,在传承发展非遗时必须尊重民族感情、民族精神,非遗产权交易流转、交易成果转化更是这样。非遗权利主体有权要求非遗资源使用者标注非遗权利主体或权利来源;且在使用非遗时,应充分尊重当地的公序良俗,合理、"原真性"地使用非遗,禁止任何贬损或歪曲性利用,保守相关秘密信息,尊重精神权益,接受非遗权利主体监督,保障其所转化的交易成果很好地沿袭了非遗资源的精神内核。也只有遵循了非遗资源原真性,所转化的交易成果也才能保持特色。当然,本真性保持、特色发展强调的同时,也得反对僵化,得注意与现代生活的融合发展而非永远停留在旧的时代,鼓励创新创造、创意发展、生产性保护,不断融入新的发展理念。由此,非遗项目的商业开发、非遗资源的产权交易与产权交易后的成果转化效益,势必带来非遗资源的市场用益,获取相应的市场效益,但同样要追求市场效益与社会效益的统一。故此,非遗资源的商业开发、产权交易行为,不但事先要征得权利主体的同意,还得注重惠益共享、遵从分享;在产权交易成果转化时,非遗产权人与被许可使用人可就资源利用衍生效益分配进行约定,确定惠益分享规则,公开、公正、公平地分享因非遗资源利用所生的转化利益,并作为非遗资源传承资本的累积。

(四) 搭建非遗资源产权交易平台,细化非遗资源产权交易规则

非遗资源产权交易成果转化,是在非遗资源产权交易基础上的成果转化,将产权交易的成果以物质化、行为化模式表现出来。其成果转化效益的高低,离不开非遗资源产权交易本身,有赖非遗资源产权交易规则的细化。而产权交易原本是企业间的并购行为,涉及企业产权归属、债权债务确认等诸多问题。非遗资源的产权交易,则主要针对非遗文创活动中所生知识产权等权益,进行知识产权让渡、许可使用、质押融资等,当然也包括将非遗资源本身或非遗知识产权作价入股,以文化资源资本化形式进行知识产权运营[1]。此时的非遗产权主体,已不再是一个单纯的非遗传承者、发展者,而是在保持非遗资源原真性基础上,自觉运用知识产权、债权与

---

[1] 胡卫萍、胡淑珠:《我国文化资源资本化现状及投融资路径》,《企业经济》2016年第7期,第113—114页。

第七章　文化资源产权交易成果转化的法律推动

股权制度原理进行非遗资源的创新创造,将非遗资源优势转化为品牌优势、市场竞争优势。它同样需要产权交易平台的支撑,需要信息公示下的招投标、公开拍(买)卖,以相对完善的交易规则保障交易安全。由此,《非物质文化遗产法》可鼓励建设非遗资源产权交易平台,围绕非遗资源创意产权,构筑展示、交易、共享、服务、交流平台,在平台内发布信息、回复需求、推荐成果、录入交易、处理纷争。当然,还得考虑非遗资源的特殊属性,从非遗产权交易成果转化、知识产权运营角度,在尽力维护其权利主体利益、保障其人身和财产权益的基础上,重视非遗文化内容的生产,强调生产性保护,完善"互联网+非遗"认证系统、传播体系,打造"互联网+非遗"精品平台,为非遗产权交易提供有非遗特色的信息检索、加工分析、审查评估、经纪中介等服务。还可采用集体管理机制的信托模式,将非遗资源归属权和经营管理权分开,以信托模式管理非遗资源的知识产权运营,促成非遗资源产权交易成果转化;或者借助平台中介服务机构,以注册集体商标、证明商标等形式,打造非遗资源文化商品品牌,提高成果转化效益;并借助明确的惠益分享办法,以收益回收等形式为非遗内容产业囤积资金。以一整套相对完备的、覆盖非遗资源产权交易各领域、全过程的规章制度,保障产权交易平台的有效运营,细化非遗资源产权交易规则,保证交易安全,提升成果转化力度。

由此,非遗作为特定族群世代创造并传承的文化资源,其"活态性"特征会随着时代变迁而不断融入新的文化理念、精神内涵。非遗资源用益的创新创造,伴随着非遗资源产权确认、产权交易全过程,是非遗资源产权交易成果转化的表现。在非遗资源产权交易成果转化过程中,有必要依循非遗"公权"与"私权"并存的法律属性,结合非遗资源广阔的市场空间,在尊重非遗、保证非遗传承"原真性"基础上,以公私法相结合的立法模式完善《非物质文化遗产法》立法内容,关注非遗核心技艺、核心意蕴的产权确认、产权授权和产权交易监管,确定非遗资源产权交易成果转化的基本原则,细化交易规则,以保护与发展并存的理念,从生产性保护的角度,展现非遗文化价值与资源效益,守护私权权益,提升非遗资源产权成果转化的经济效益与社会效益。

第四节　文化资源产权交易成果转化之商品化权设权的法律推动

由前文可知，无论是物态的博物馆文化资源（物质实证性文化资源），还是非物质文化遗产资源（文字与影像记载性文化资源或行为传递性文化资源），均有着市场再利用、文化再传播的用益价值，可进行产权交易，实现交易成果商品转化。文化资源产权交易成果的转化，将文化资源有效转化为生产性文化资本、文创产品，进行商品化用益，即是文化资源商品化的表现，极大地推动了我国文创产业发展。文化资源商品转化，虽然在相当程度上满足了当代社会对文化资源的消费需求，但也容易造成权利主体人格利益、财产利益的减损。文化资源商品用益、产权交易成果转化在促进我国文化产业发展的同时，有必要从商品化权设权角度，将其融入《博物馆条例》《非物质文化遗产法》等文化资源保护的法律法规中，以规范内容的具体设计，在文化用益、传播中维护权益主体利益，避免盗用文化信誉、牟取不当利益现象的发生，捍卫文化尊严，传承社会文明，实现文化资源的文化价值与经济效益。

一　商品化权概念的提出与发展

（一）商品化权设权的理论争鸣

商品化权设权与否在学界一直存有争议。1988年，梅慎实先生率先提出商品化权的概念，随后许多学者如吴汉东（2004）[1]、谢晓尧（2005）[2]、李诗鸿（2005）[3]、杨立新（2006）[4] 等从财产法哲学、知识产权法哲学、

---

[1]　吴汉东:《形象权的商品化和商品化的形象权》,《法学》2004年第10期，第78页。
[2]　谢晓尧:《商品化权：人格符合的利益扩张与平衡》,《法商研究》2005年第3期，第82页。
[3]　李诗鸿:《论商品化权》,《江淮论坛》2005年第6期，第57—58页。
[4]　杨立新、林旭霞:《论人格标识商品化及其民法保护》,《福建师范大学学报》（哲学社会科学版）2006年第1期，第76—79页。

第七章　文化资源产权交易成果转化的法律推动

民法原理等角度，对商品化权的正当性进行分析。也有学者如母小君（2010）[①]、杜文聪（2011）[②]等从思辨角度，对商品化权提出怀疑，指出其行使须合理限制等。2017年最高法院的司法解释和各地法院在司法实践中对商品化权益的司法确认，使商品化权确权再次引发关注。如学者蒋利玮（2017）[③]认为商品化权设权，将会破坏现有法律体系已经确立的竞争规则，不应支持。也有学者从电视版权、旅游文化资源、博物馆资源保护等角度，认为应建立有中国文化产业特色的商品化权益保护。如王星星（2017）[④]从博物馆文化资源保护的角度，对商品化权设权予以肯定。对此，笔者持赞同态度。毕竟我国文化资源丰富多彩、举世瞩目。从大大小小的历史文化遗址遗迹，到各类博物馆、图书馆馆藏数以百千万记的文化藏品，到各种各样的文化景观，再到不同民族的风情习俗、节日庆典中的文化符号、文化纪念物，中华文化以物质、非物质的文化遗产著称于世。现代科技、经济的发展，文化资源也向文化产品、文化产业转化。尽管商品化权在学理上还存有争议，立法上亦没有明确的规范，但商品化权在文化产业领域的设权，对文化资源的资本转化、产权交易成果转化、文创产业的发展有着重要效能，有必要从文化资源产权保护、产权交易成果维护、文化经济产业发展的角度，探讨文化资源商品化权的设权及其相应的规范设计。

（二）商品化权概念的提出

商品化权概念源自传统人格权中的隐私案（美国1902年"罗伯逊"案、1953年"海兰"案）。"海兰"案中，美国Frank法官不再将商业性地使用他人的身份局限在精神痛苦的范围之内，而是直接将其确认为人格标识商业化利用中的财产利益予以维护。"Midler v Ford Motor Co."案更是维护声音这一标识的商品化利用，禁止非法利用民事主体声音标识，维护权

[①] 母小君：《论商品化权的辩证分析》，《中国商界》（上半月）2010年第10期，第148页。

[②] 杜文聪：《论商品化权的行使及其限制》，《河北法学》2011年第12期，第116—119页。

[③] 蒋利玮：《论商品化权的非正当性》，《知识产权》2017年第3期，第34—36页。

[④] 王星星：《论博物馆的商品化权及其法律保护》，《中国博物馆》2017年第1期，第77—78页。

益主体的商品化权。商品化权就是在这样一个大众传媒越发普及、商业推广不断创新、经济发展越来越迅速的时代产生的。一些原本不具有商品流通、货币交易属性的事物，如民事主体的姓名、肖像、声音、签名等人格标识或某知名角色、作品名称等，在市场经济发展到一定阶段后，由于其特有的思想观念、属性特点逐渐被社会认同，具有了交易属性，转而进入市场实现商品化，展示交易价值、获得财产利益。使用者可以用它进行交换，获取经济利益。如有一定名气的影视剧演员、运动员，其名人的身份、形象可以被用来推介商品、广告宣传，著名舞蹈演员杨丽萍就曾用舞蹈形象为七彩云南翡翠做宣传。而一些深入人心的作品角色、脍炙人口的作品名称乃至民俗民谣等民间文学艺术，如"大头儿子和小头爸爸""舌尖上的中国""侗族大歌"；还有潮绣传人形象、根雕传人形象，也因为其相应的社会影响而具有了独立商业价值[①]，可据此保证商品质量并借助其影响力吸引消费者、促进产品销售。所以，商品化是商业价值追逐下，对原本非经济学层面的事物（主要为非物质的、具有人格吸引力的事物）附加经济价值，转化为商品，成为市场交易对象。这些商品、服务上所使用的形象、名称、角色、标识或片段，极容易让消费者联想到其背后的那个抽象概念，吸引消费者去购买。消费者购买商品的特定需求的满足，不仅意味着对商品化对象的认同，随之而来的是与商品化对象之相关权益主体的利益平衡、资源维护问题，以及如何保障该商品化对象在商业开发中不因利益追逐而被歪曲等。这些，都是发生在商品化进程中的"商品化权"需要维系、思量之处。

（三）商品化权适用范围不断拓展

和商品化权经常放在一起运用的概念是"形象权""公开权"。源自美国的"公开权"确认的是真实人物形象要素的商品化行为，我国学者吴汉东老师则将"形象权"扩充为真实人物和虚拟人物形象权，外延更为宽泛。日本法院在经历了一系列判决后，将公开权演变为"商品化权"，后被我国学者接受。台湾学者最初将商品化权定位为作品角色印刷与销售的

[①] 孙九霞、吴韬：《民族旅游地文化商品化对文化传承的影响》，《华南师范大学学报》（社会科学版）2015年第2期，第74—75页。

第七章　文化资源产权交易成果转化的法律推动

专有权利,后来扩充至一切商品化行为。商品化权内涵变化,折射出商品化权不光涉及演艺明星等真人姓名、肖像等被他人擅用问题,还扩展到物的影像、名称及虚拟角色的商品化问题;不仅仅涵盖真实人物人格要素利用,还涉及虚拟角色的商业保护。① 但商品化权不是要干预所有的商品化行为,其所考量的是有较大影响力并具有商业潜质的商品化因素,主要针对真实人物、虚构角色、作品标题、作品片段等特定形象、特定标记、特定符号、特定言语等的商业性、营利性使用。如"功夫熊猫""葵花宝典"等知名电影名称、知名小说作品中特有称谓的商品化权益。需要注意的是,商品化权与著作权、商标权、人格权虽有关联但并不相同,其权利效能往往是在这些传统民事权利不能发挥法律调整作用时再行法律规制,即在商品化元素吸引、引导大众消费创造商业价值时发挥效用。② 而商业活动的开展,也使商品化权概念扩充,其适用范围已然拓展为一切可能产生商业价值的元素,从最初的真人形象,发展到虚拟角色的形象、姓名、名称、标志性的语言、图章、声音,还有著名企业字号、竞赛名称、知名动物形象等。具体如刘翔、姚明、孙俪、章金莱、朗朗等有一定名气的真人形象,赵忠祥富有特色的《动物世界》配音,还有文学作品、卡通角色形象如"小猪佩奇",知名作品中的名称或片段如"葵花宝典"等。这些元素在商品销售、服务过程借助二次开发,对提高消费认同度、促进商品销售具有极大作用。所以,随着时代发展,商品化权适用范围呈现拓展趋势,相关权益主体的独占使用、授权许可的价值空间增大,权利边界拓宽,相关主体的权益确认、利益维护也就显得更为迫切。需要注意的是,商品化获得的并非都构成商品化权利,有的仅仅是某种利益;但不管如何,商品化权侧重的是商品化进程中相关利益的商业挖掘、市场价值维护。

---

① 苏喆、王丽婧、黄忠:《论民族民间文学艺术的商品化权保护模式——从"刀郎"之争看民间文艺的知识产权保护》,《扬州大学学报》(人文社会科学版)2010年第1期,第40—41页。

② 余俊:《论商品化权之权利归属——商品化权与知识产权关系之考量》,《电子知识产权》2005年第8期,第22页。

二 我国文化资源商品化用益、成果转化概况

(一) 我国文化资源商品化用益、成果转化表现

文化资源不同于一般资源,是人们从事文化生产活动的前提与基础。它蕴藏在历史文明传承中,以一种可感知的、物质或非物质化形式存在,涵盖物质生产、精神生产全过程。我们平时耳熟能详的民族文化历史遗迹、绚丽多彩的民族民俗风情,还有各种各样以家族、族群传承为主的剪纸、陶铸、漆艺等精美手工工艺,都是丰富文化资源用益的表现。文化资源的构成与影响因素多样,人们的理想、信念、伦理、道德、教育水准、科技活动都在其中,本源文化、外源文化均可渗透、影响;在语言、图案、造型等符号化的文化知识与设计、演示等经验性文化技能显示下,不断为人们所感知,并在感受中不断创新创造,衍生出新的文化内涵、文化底蕴与文化能力。所以,文化资源本身是文化知识、文化技能交融并存后的文化沉淀,承载着历史遗迹与文化本意;但文化资源的存在也是动态变化、可演绎再生的,现代社会更可借助现代科技手段,创造性地演绎、再现文化内涵。这种演绎不仅是对文化历史资源、民俗资源的重新梳理、归类引领、多元化开发,更能在相应的成果转化、演绎发展中发掘其文化内涵,并借助物质性的文化商品、标识性的文化符号再次呈现在人们面前,为人们所感受,满足当地社会和民众的精神需要,展现多种文化价值[①]。这个过程,就是文化资源商品化的表现。

而文化资源从资源转化到产品、商品,不仅是一个物态转化,也有经济价值增长。但并非所有的文化资源均可商品化;文化资源的商品化用益,只发生在可供开发、能够被开发的文化资源中,以新活的当代元素的注入,使该资源与当代人的精神生活、内心理念相一致,互为促动,最终整合利用、以文化产品的形式交易流转,实现产权交易成果转化。如在革命根据地,将红色文化资源拍摄为爱国主义题材的影视剧,并对影视剧本身以及因影视剧剧中人物形象等演绎、开发成的纪念物进行市场流通;或

---

① 刘继辉:《产业资源视野下的中越边境(桂越段)文化资源研究》,《经济与社会发展》2018年第1期,第83页。

第七章　文化资源产权交易成果转化的法律推动

开发历史文化资源,以某历史人物、历史事件为核心,建造博物馆、纪念馆,宣扬历史文化,销售历史文化纪念品;或对某民间传说、民俗建筑、文物古迹、古典戏曲、剪纸塑泥等文化资源进行产品开发,如将民间传说"阿凡提"开发成动画片《阿凡提的故事》,将西南民族地区的干栏木楼作为民俗旅游的民俗景观,将昆曲艺术演绎为三维动画片《粉墨宝贝》,将秦腔与动漫形式的结合,推出系列秦腔折子戏动画,将打造银器的手工民间艺人铸造为民间工艺美术大师,推广传承的银器工艺,等等。这些现象,都在人们所熟知的传统文化中融入了新的介质,把静态的资源转化为活性的流转,将文化资源转化为文化商品,交易成果显著,实现文化资源商品化用益,更由此孕育出文化产业。

由此,文化资源商品化,在相当程度上满足了当代社会对文化的消费需求,将文化知识、文化技艺在创新创造后以适合当代社会理念的文化商品、文化标识形式呈现在大家面前,为人们实际感受,领略更深层次的文化内涵。我国是文化资源丰富的国家,但文化资源的经营管理水准并不高;而文化资源到文化商品的转化,一般要经历从文化需求判定到文化资源配置整合、文化价值赋予、文化商品创意设计、文化商品生产销售及市场反馈等系列过程。这些过程中,我国并没有形成相对高效的文化资源转化机制,也没有相对有效的法律规范。而在《文化资源产权交易调查问卷》中,文化资源中的角色形象,如花木兰、阿凡提等,46.2%的人认为可以从虚拟角色商品化权的角度获得相应的文化产权法律保护,49.37%的人认为即便是现行法律没有规定,也可以考虑增加。当然,在文化资源的商品化用益转化中,还存在着文化商品化将使文化主体的文化特色、民族身份失却的担忧,以及商品化将使文化资源庸俗化、文化失真、文化变异、文化同化及文化内涵消失等方面的质疑,文化资源商品化用益相关的规制亦是缺乏,这些都在相当程度上影响着文化资源的商品化进程,呈现不尽如人意状态。

(二)我国文化资源商品化用益、成果转化中侵权现象时有发生

文化资源要转化为文化商品,离不开文化产品的创意、生产与流通环节。每个环节都需要进行市场需求、市场满足、市场满意度等调研分析,并及时更新、修正文化资源的利用、设计理念。且每一次调整、修正,除

了审视新的商品设计是否符合市场需求、文化资源的价值理念外，更希望每一次的创新设计都能有相应的权益维护；这种权益维护就是文化资源商品化用益中的商品化权保障。商品化权的设立，虽也存在支持说、反对说等学术争论，但不可回避的是，这些知名人物形象、作品角色乃至角色特征的商业化利用，确实在一定程度上增加了消费吸引力，甚至引起了一系列衍生产品的快速发展，如"小猪佩奇"的传奇效益。所以，文化资源商品化，不但可以使创作者在创作角色后得到报酬，更可通过形象、角色传播好评过程迅速扩大知名度，让消费者在形象的吸引下认同商品、获取更大利益，同时保障角色形象不受歪曲。我国丰富的文化资源中不乏有着极强文化吸引力、历史悠久的博物馆馆藏资源和民间传承的艺术表达、制作工艺，一旦实施商业开发，即刻会因为其特有的文化传承迅速占领市场，故宫博物院的宫廷文化资源开发就是典型例证。而文化资源商品化用益，不仅涵盖对博物馆馆藏品的文化创意创造，还包括非遗传承人本人形象、非遗技艺的利用，可商品化范围广泛。但文化资源商品化转化中的创新创造，多多少少会在一定程度上影响文化资源原生态性和本真性，更因其商业利益的追逐让人质疑其文化价值的实现。且紧随文化资源商业开发、商品转化的，是利益驱动下的"搭便车"现象。如傍"故宫博物院"名牌、随意以博物馆专家乱代言、发布"故宫国宝……""高仿故宫博物院国宝……"等攀附性广告、"辣眼"广告等，甚至出现2017年的夜藏故宫"女主播直播"现象，更有盗版泛滥金山农民画[1]、剪纸作品遭"翻版"、剪纸名作被侵权[2]、香云纱服饰"标准"困惑等有碍非遗传承、有损非遗传承人形象的侵害事件发生。我国文化资源商品化用益中侵权现象时有发生，不仅使文化资源商品化中对文化资源商品品质的保证令人担忧，亦使文化资源创意流转中的相关权利主体的人格利益、财产利益受损；如美国电影《穆斯林的无知》，就曾对非遗持有人造成精神上的伤害。这些权益的维护，若是从著作权、商标权、专利权、反不正当竞争角度实施分散保

---

[1] 张航：《非遗保护期待专门立法 被侵权可索精神赔偿？》，http://news.163.com/10/0611/09/68SVKRTP000146BD.html，2018年11月19日。

[2] 赵世猛：《剪纸名作被侵权 非遗传人获赔偿》，http://www.iprchn.com/Index_NewsContent.aspx?newsId=81300，2018年11月3日。

护，总会有这样或那样的缺憾，处于商标权、商号权、商誉权与版权间的边缘地带[①]，权益主张也缺乏立论依据，在很多方面无法对博物馆、非遗等文化资源的商品化权利实施相对周延的有效保护。虽然文化资源商业化利用的市场前景和在商业化利用中的文化熏陶，都在相当程度上促成文化资源商品化；但新兴商品化权的保护，在多数国家是从判例角度予以承认或间接保护，并没有直接的立法规定。而直接立法规定将以积极设权的方式直接维护文化资源的商品化进程，而非消极防范商品化进程中的权利侵害，对文化资源的商品化具有更为积极的推动发展作用，值得考虑。

三 文化资源商品化权设权的践行基础与理论依据

（一）商品化权设权的实践支持

我国立法上并未引入商品化权，但司法实践中，却有相当数量的侵权纠纷所涉权利被法院认为符合商品化权属性特点，从而以商品化权侵权定案止争。具体如梦工场动画影片公司商标异议复审纠纷，苹果公司的"TEAM BEATLES"案，张振锁（艺名张亮）的姓名权、肖像权侵权案，解放军警卫第一师仪仗大队的名誉权侵权案，还有张学友、谢霆锋、刘德华、章金莱、赵本山等的肖像权、名称权侵权案，都涉及知名人物、出名角色的商品化问题，北京市高级人民法院等受案法院在审理中多数支持知名人物、出名角色的商品化权益，认为公众对人物、角色的认知和情感会移情于与其结合的商品或服务，会给相关权利主体带来相应的声誉与信誉，并据此获得人物、作品之外的商业价值和交易机会。因为我国没有商品化权的规定，受害主体的利益主张只能从肖像权、姓名权角度提起，但其维权行为更多针对的是财产价值而非人格精神利益。且现行《商标法》第32条规定了"在先权利"，2017年最高人民法院《关于审理商标授权确权行政案件若干问题的规定》第22条又首次将作品名称、作品中角色名称以"商品化权"的形式作为一项在先权利予以保护，对那些随意将著名电影作品名称、知名人物形象及其名称等作为自己商品或服务的标识注册为商标，借此快速占领市场、获取消费者认同的不良行为予以规制，避免

[①] 郑成思：《知识产权法》，法律出版社1997年版，第31页。

公众误认，维护市场正常竞争秩序。

(二) 商品化权设权的理论依托

商品化权设权与否，实际上存在着"支持说""否定说"等两派观点。否定说认为，"商品化"权设权具有非正当性，避免误认、鼓励创作不能作为商品化权确权的原因，承认商品化权，将会导致其与商标权、著作权的冲突。"支持说"则认为，商品化权设权，旨在维护著作权、人格权、商标权等已有民事权利所不能维护利益；毕竟名称、标题、标语、图章、文字及设计片段并不属于《著作权法》《商标法》等的保护内容，不进行商品化权的设权，将会出现权益维护的盲点[①]；且商品化权即便涉及人格特征，其人格特征因素的利用也意在创造经济价值，与人格权非直接财产属性的特征不符。事实上，商品化权的对象虽然表现为真人形象、角色形象、作品名称、设计或文字片段，但商品化权的客体并非这些对象本身，而是这些对象上所承载的信誉或公众吸引力，是要将其转移至商业领域继续创作价值、满足需求。而这种移转，无一例外地都会使这些角色、形象等人格标识的功能发生变化，演化为对商品的促销和质量担保。即商品化权，其对商品化对象的利用，是针对该对象的商业开发新的价值功能；其所要保护的，并非可供商品化题材的商品化对象本身，而是这些对象所具有的信誉、公众吸引力。所以，商品化权虽依赖于商品化对象而产生，但并非保护商品化对象本身，而是通过对这些对象所承载的商业信誉、影响价值再次开发，将其打造成为以商业信誉和影响力为内容的资信类财产，是以商品化对象的信誉为客体的原有对象的衍生权利，是一种以非物质的、无形资产样态存在的新型民事权利，有别于人格权、著作权、信用权、商标权、特许经营权等，有单独设权必要。

(三) 文化资源商品化权设权的实践需求与学理支持

我国文化资源中，无论是馆藏丰富的博物馆文化资源，或是蕴含丰富文化信息与民族情感的非遗文化资源，还是散落在民间的民族民间文学艺术形式，这些文化资源用益中的艺人形象、作品标识及其名称、标题、标语、图章、语言或文字的片段等，已然成为中华文化的一种象征，具有较

---

① 李诗鸿：《论商品化权》，《江淮论坛》2005年第6期，第58—59页。

第七章　文化资源产权交易成果转化的法律推动

高知名度。一些商人正是看重了这些文化资源所代表的良好声誉和较高知名度，将文化资源商品化，做成文化标识来宣传产品、吸引消费者；消费者购买商品时，因该文化标识也会自然联想到产品背后所隐含的民族文化，激发购物热情。① 这个过程，正是文化资源商品化的演绎过程。由于我国文化资源表现形式多样、内涵丰富、市场操作空间大，许多行业都存在着将其商品化的现象，在相当程度上丰富了我国文化市场，如用"三味书屋"命名书店，用"稻香村"命名饭馆，"香格里拉"成为连锁酒店的商号等。这些资源若用得好，尊重相关权利主体，内涵外延相一致，自然在文化产业发展上将发挥重要推动作用；但若用得随意甚至盗用，则可能降低文化资源的艺术价值，还可能侵害相关权利主体的合法权益，以致产生法律纷争，如"争抢名人故里"事件②、安顺地戏署名权纠纷案、苏绣盗用案、东巴纸造纸术专利"侵占"事件等。且我国文化资源还存在被滥用多而维权案极少的现象③，究其原因，恐怕得归因于传统民事权利未能涵盖这些资源在商品化利用中的权益内容，积极有效的法律维护却未跟进；而按照既有权利模式维权诉讼，所请主张不获支持也就难免。而若设置商品化权，将基于民族色彩、区域特色而形成的体现该群体发展历史、风俗习惯、生活环境、价值理念等内容的文化资源商品化操作所获利益归属于该特定族群甚至个体享有④，不仅在相当程度上满足了当代社会对文化资源的消费需求，更从非遗资源持有人、博物馆馆藏文化资源所有人角度，维系其相关的资源用益上的人格利益与财产利益。毕竟著作权、商标权、专利权等知识产权，它们只是对满足独创性、创造性、显著区别性等特点的智力成果予以维护，而可商品化的事物中不乏与创造性劳动并无直接联系的内容，其商业价值的呈现更多来自媒体的宣传、公众的关注、偶

---

① 刘晖：《民族旅游开发与非物质文化遗产的保护与传承——以青海互助土族自治县小村庄为例》，《中央民族大学学报》（人文社会科学版）2013年第4期，第51—52页。

② 张维：《传统文化资源盗用滥用突出》，http://blog.sina.com.cn/s/blog_901caf810101ly8t.html，2018年11月16日。

③ 古晴：《我国非物质文化遗产资源被滥用多但维权案极少》，http://www.legaldaily.com.cn/locality/content/2012-04/26/content_3528648.htm?node=32241,2018年10月21日。

④ ［日］常本照树、铃木敬夫：《土著民族的文化与知识产权研究》，吕艳滨译，《太平洋学报》2009年第4期，第24—25页。

然的机遇等外界因素，即其名望的塑造、社会的关注与认同，是就其知名形象"二次开发利用"的价值挖掘，而不是该形象的创造性本身，不一定符合知识产权的智力创造要求。

　　这一点在文化资源商品化用益中尤为明显。许多文创产品的研发成功，除了有基于文化资源的演绎、创造外，更有社会公众对该文化资源本身的文化背景、文化价值的巨大认同。非遗资源传承中的品牌打造就是这种认同的典型代表。且非遗传承虽也强调一定程度的、契合社会发展的创新创造，但更重要的是传承，强调一种韵味的延续、技艺的延展。故此，其独创性、创造性程度相对而言可能达不到知识产权所要求的高度，著作权、商标权、专利权等知识产权也就无法就这种创造性不高的传承提供相对周延的有效保护。文化资源商品化权的设权，不仅可以有效维护非遗传承主体财产利益，也有利于民族民间文化资源的传播，还能制止无良商家无偿利用文化资源信誉牟取不当得利的行为，补正法律对文化资源商品化现象保护的不足。可如何在文化资源名称或角色等的商品化用益中，维护其文化形象、捍卫其精神追求？在商品化权相关学理论证不够完善、规范设计本身缺失的情形下，呼吁文化资源商品化权的设权需求，呼吁商品化权设权理论研究、规范设计的同步跟进，以期构建一个相对完备的权利体系。

四　文化资源商品化权设权保障的总体构想与规范设计

（一）文化资源商品化权设权的总体构想

　　2017年1月，最高人民法院通过的《关于审理商标授权确权行政案件若干问题的规定》第22条第2款，对具有较高知名度的作品名称和作品中的角色名称已在先商品化权益作出了明确规定，有名、正式地确认了商品化权，同时也对商品化权的保护客体范围、权利构成要件、保护效力等进行了严格限制。尽管商品化权在概念、主体、内容、形式等方面还存有学理争议，但鉴于司法实践中已然存在的司法实例与文化资源用益、文化产业健康发展需求，可以此司法解释为依据，在《博物馆条例》《非物质文化遗产法》等法律中设置文化资源商品化权。可考虑在《博物馆条例》中增设博物馆资源商品化权，对利用博物馆名称、博物馆藏品、博物馆设计、博物馆宣传影像、博物馆衍生产品、博物馆影像资料以及与博物馆相关的其他要素进行二次商业开发的行为，予以商品化权的保护，防止博物馆被"傍名牌"、被"搭便车"，避免博物馆在长期经营中所形成的无形公众信誉资产受损。在《非物质文化遗产法》中，也可以此为思路，从商品化权角度保护非遗资源用益。如对利用剪纸、木雕、微雕、青铜器艺等传统手工艺与技能的传承人形象进行文化产品宣传或影视剧、动漫作品研发的行为，增设商品化权保护，赋予非遗产权人公开、公正、公平地分享因非遗资源利用所得利益，甚至作为非遗资源传承资本的累积[①]；同时要求原真性用益非遗资源，保障非遗资源用益不受歪曲，维护非遗权益主体人格利益。但即便如此，也并非所有的文化资源都可以成为商品化对象。因为商品化对象一般是针对饮食、服饰、节庆文化及工艺技艺等文化资源可有形处置的部分，一般可借助旅游业进行直接商品开发。而且在商品开发过程中，如果其商品化行为而凝练的角色、形象、名称、标识等的独创性、创造性已经达到现有知识产权保护的程度或本身就属知识产权保护对象，则纳入知识产权保护范畴；反之，则归入商品化权保护。安顺地戏因属民间地戏作品而被法院认为不构成署名权侵犯，但其为影视剧素材利用的形式完全是商品化运作表现，可从商品化权角度予以权益维护，保护我国文化资源用益。

（二）文化资源商品化权设权的规范设计

文化资源商品化权作为以文化资源为背景的商品化权的类型表现，其法律规范设计，首先得明确商品化权的对象，而后再从主体、客体、内容、权利主张与责任追究等角度全方位设计、构想。如文化资源商品化权的权利主体，同非遗产权[②]、博物馆文化资源开发中的产权确认一样[③]，自然人、团体组织都可成为其权利主体。权利主体对文化资源中的角色、形

[①] 胡卫萍：《非遗资源产权确认与交易的立法保护》，《江西社会科学》2018年第4期，第159页。

[②] 胡卫萍：《非遗资源产权确认与交易的立法保护》，《江西社会科学》2018年第4期，第153页。

[③] 胡卫萍、刘靓夏、赵志刚：《博物馆文化资源开发的产权确认与授权思考》，《重庆大学学报》（社会科学版）2017年第4期，第106—107页。

象、名称、标题、标记及文字、设计的片段等进行商品化用益、处理，所获财产收益自然归属于权益主体。如果该文化资源是由某族群创造、传承、发展的，其权益归属该族群集体；若该文化资源是由个体具体传承、演绎的，如剪纸艺术、木雕、微雕、青铜器艺、漆艺等传统手工艺与技能的传承人，亦可对这些形象、角色的商业化利用主张权益。需要注意的是，文化资源的商品化权客体不是商品化对象，而是信誉、声誉，强调该文化资源具有一定的知名度、享誉度，该资源与商品化利用的角色、形象、名称间要有较为明显的稳定对应关系，一提到该文化资源就自然会想到该形象。我们非常熟悉的《水漫金山》皮影戏中的白娘子、许仙形象，"甲马纸"水印木刻版画形象、贵州蜡染原形形象、浙江平湖西瓜灯形象、安顺地戏中的面具形象等，其在商品化用益中，均能展示出稳定的指代关系，显现出资源整体表征的"信誉"，并因其背后的文化声誉附上了较高的商品品质保障，引导公众消费，获取经济利益。同时，需要强调的是，商品化权的设置，财产权角度的利益维护是重点。① 但该商品化权的用益，尤其是文化资源商品化权的用益，还得注意权利边界的设置问题，不然可能会限制公共文化资源的使用。所以，在其商品化权规范设计时，应考虑一定范畴的合理使用。如果该用益虽有一定的利益获取、市场回报，但更为重要的是其用益对承继、传播更为有利，且其使用亦未构成对文化资源中所蕴含的文化意识、宗教信仰、价值观念的破坏，相反更多体现的是尊重与传承，则其用益应考虑构成合理使用。而若其用益，是在有过错的情况下，故意混用、冒用，使公众产生误认，甚至污蔑其文化内涵、文化思想、文化价值，则可考虑构成侵权，除了施以经济赔偿外，还可启动禁用权，禁止加害人今后再使用该文化资源，以使用权、禁用权的规定明确文化资源商品化权的权利内容，捍卫文化尊严，同时也实现文化资源所承载的经济价值。

综上，文化资源不是文化商品。但文化资源中的社会认同，使文化资源中无论是有体有形、无体无形的文化资源，还是角色、形象、名称、标

---

① 刘丽娟：《我国司法如何确认商品化权》（下），《电子知识产权》2017年第11期，第89—90页。

第七章　文化资源产权交易成果转化的法律推动

题、标记及文字、设计的片段等，都有为市场需求进行产权交易，实现交易成果商品转化的可能，成为文化产业发展的基础与核心。文化资源的市场用益、商品转化，在获取市场回报之时，更要关注用益、传播过程中的文化理念、文化精神的传承，维护文化资源权益主体财产利益与精神利益，这些都有赖于文化资源商品化权的确权保护。商品化权在我国虽无明确的立法规定，但2017年最高法院的司法解释和各地法院在司法实践中对商品化权益的司法确认，以及文化资源商品化用益的实际需求，这些都在相当程度上推动着商品化权的权利确认与保障。文化资源的商品化权的践行基础与理论证成，可考虑将其融入《博物馆条例》《非物质文化遗产法》等文化资源保护的法律法规中，维护文化资源商品化运作中权益主体利益，捍卫文化尊严，传承社会文明，为文化资源的市场用益、商品流通、权益主体利益维护及权利边界等提供法律依据和法律保障，实现文化资源的文化价值与经济效应。

第八章　文化资源产权交易责任的法律预防与追究

文化资源产权化与产业化本身，涉及"公共产品"与"私人产品"的利益冲突、产权生命周期利益、产权交易衍生利益和产权福利制度弥补等利益协调问题。文化资源产权交易应正视产权交易利益冲突，建立产权交易责任惩处与责任追溯机制，以预先防范形式化解交易纷争，保障文化资源产权交易活动顺利进行。

第一节　文化资源产权交易责任承担概述

一　责任的含义[①]

在现代汉语中，责任二词有以下含义："1. 分内应做的事，如尽责任；2. 没有做好分内的事，因而应当承担的过失，如追究责任。"[②] 其中，第一种含义的责任相当于义务，第二种含义主要是指行为人为或不为某事所应承担的后果。

[①] 胡卫萍、赵志刚：《中国慈善事业法律体系建构研究》，中国检察出版社2014年版，第239—240页。

[②] 中国社会科学院语言研究所词典编辑室编：《现代汉语词典》（第7版），商务印书馆2016年版，第1627页。

第八章　文化资源产权交易责任的法律预防与追究

人们通常所说的责任,可以包括三类,即道义责任、纪律责任、法律责任。① 但学理研究上的责任存在广义和狭义之分。广义上的责任是指政治上、道德上或者法律上对某件事所应做到的行为的程度和范围,也就是指政治上应尽的义务、道德上应尽的义务,或者法律上应尽的义务。狭义上的责任一般仅指法律上应尽的义务,是义务不履行的法律后果,对不尽义务者要从刑事责任、民事责任、行政责任承担的角度进行制裁。② 也就是说,如果没有尽到应尽的法律义务,应该受到不同领域法律规范的制裁。③

二　责任承担的范围④

从人类社会发展角度,任何社会组织都应以有利于社会的方式存在、经营和管理,承担对社会应负的社会责任。任何社会活动的开展,也会因其社会活动实施效应,带来相应的责任承担。一般而言,现代社会所涉及的责任承担,一般涉及生态环境保护、社会可持续发展、社会道德维持、公共利益维护等多方面内容,包含政治责任、经济责任、可持续发展责任、法律责任、道义责任和社会责任等责任范畴。其中,政治责任,是人们在政治生活领域的责任,与人们在政治生活中的角色相联系。它不仅仅是对政治责任主体政治行为是否符合法律规范和法律程序即形式正义的评价,更是对其政治性决策及其后果是否合理正当即实质正义的考察。⑤ 经济责任,则是从组织活动的营利性要求满足角度,通过所担负的经济内容实现的责任,其核心是创造利润、实现价值、满足消费需求等,并通过相应的服务活动开展、治理结构运行来实现。法律责任是一种特殊的社会责

---

① 刘作翔、龚向和:《法律责任的概念分析》,《法学》1997年第10期,第7—10页。
② 徐开墅:《民商法的理论与实践》,上海社会科学院出版社2004年版,第212页。
③ 刘彦辉:《民事责任与刑事责任的比较研究》,博士学位论文,黑龙江大学,2010年,第13—15页。
④ 胡卫萍、赵志刚:《中国慈善事业法律体系建构研究》,中国检察出版社2014年版,第240—241页。
⑤ 王美文:《当代中国政府公务员责任体系及其实现机制研究》,人民出版社2008年版,第9页。

任，是包括自然人、法人组织在内的各类社会主体，在生产经营、消费生活过程中所应履行的法律规定各项义务，否则将进行相应的民事责任、刑事责任和行政责任等责任的承担。在法治社会中，它与道义责任、政治责任等相比，处于最高的层次。① 法律责任的本质，是通过对受到侵害的权利的补救来否定侵权行为，以对受到危害的利益的加强来限制侵权者的任性，是对合法的社会利益系统的维护。② 道义责任则是从康德的道义报应论③中引申出来的一种责任理论，它是指社会组织的生产、经营和管理活动应满足基本社会准则、道德规范，以符合社会的道德价值观的形式回报社会，否则将引起相应道义责任的承担。社会责任，则是把"利益"作为责任设置和归咎的基点，认为行为的发生是由客观条件而不是由行为人的自由意志决定的，只能根据行为人的行为环境和行为的社会危险性来确定责任的有无和轻重，强调全体社会成员对行为危险和行为危害的责任承担，以维护社会秩序和社会存在。如可持续发展责任，便是社会责任的一种责任类型。所以，任一社会组织，其在社会中经营管理、生存发展，不光要谋求组织自身的发展，实现组织的行为目标，还承担了"追求对社会有利的长期目标"的义务，从公共利益协调、社会利益平衡的角度承担相应的义务和责任。

三 文化资源产权交易责任承担的特殊性

文化资源的源远流长与物质文化、精神文化并存的状态，不仅充溢着"精、雅、正"的文化色彩，也蕴含着"土、旧、俗"的文化元素。但文化资源的开发不是单纯的文化自我展示、提升，而是文化内涵的传承与创新。文化资源产权确认、产业开发中，文化在继承的同时也可能被重新认知、阐释，如何巧妙利用现代科技，从创新创造的角度使文化资源开发利

---

① 张文等：《刑事责任要义》，北京大学出版社1997年版，第59页。
② 张文显：《法哲学范畴研究》，中国政法大学出版社2001年版，第125页。
③ 康德认为，人作为一种自由的道德的力量，他能够在善与恶之间做出选择，滥用自由的行为表明行为人选择了恶，违反了道德命令，因而具有道德的缺陷或具有道德上的应受非难性。参见法学教材编辑部西方法律思想史编写组《西方法律思想史资料选编》，北京大学出版社1983年版，第32页。

第八章 文化资源产权交易责任的法律预防与追究

用、文化产业开发朝着更好展示文化资源文化引领的方向发展，保证文化资源的用益不被歪曲、曲解，展现文化资源的文化价值引导与经济导向作用，成为现代文化产业发展需要思量的重要问题。而文化资源一定层面的共享性，使在文化资源用益、开发基础上的文化产品，并非可以简单用"私人产品"或"公共产品"直接定位，其产权权益归属、利益分配也不是简单依赖市场经济规律、商品规则就可以直接判定，在享受经济效益的同时，更有着社会责任的担当。

文化资源产权交易，意味着以文化资源为背景的文化物权、文化债权、文化股权、文化知识产权等财产权利的移转、让渡，通过市场实现文化资源的优化配置，将文化资源转化为文化资本、演绎为文化产品，并不断提升文化产品的市场认同度、市场效益。而交易本身也是个体利益实现最大化、成本最小化的过程，是互利自愿的交换与合作，交易主体间有着各种各样的联系、合作与纷争。在文化产权交易的财产权利移转中，可能因为产权交易主体、交易客体适格与否、可否交易引发争议，也会因为产权出让方、产权受让方、产权交易中介机构与监管机构等行为的不当，产生各种交易纷争、带来交易风险。由此，辗转于文化产品开发、文化产业发展间的文化资源产权交易流转，受制于文化资源的文化引领与经济导向，交易过程中蕴含着交易风险，甚至可能存在一些为谋取利益而不当交易的行为；文化资源的资本化操作在某种程度上更增加了交易风险，需树立产权交易风险意识，注意产权交易的交易要求、责任承担与风险化解。

以我国文化资源的精华——物质文化遗产的开发为例，虽然我国拥有较多的物质文化遗产，文化资源丰富，但现代化的开发建设也使得文化遗产地遭遇前所未有的建设性破坏，私拆乱建现象、"孤岛化"现象、生态环境受损、恶化等现象严重，甚至对文化遗产实施保护性"禁令"——禁止公共参观、赏析，文化遗产地文化传播效应受到影响。事实上，文化资源一方面要传承、保护，另一方面又不能"锁在深闺无人识"、被遗忘甚至似乎从未存在过。这本身是个两难的选题，既不能随意开发利用、破坏文化资源的自身价值，也不能束之高阁、不去传承与发展，必须从保护文化遗产真实性、完整性角度重新定位文化资源的开发利用。毕竟文化资源开发而成的文化产品不是普通商品，而是兼具"私人产品"与"公共产

283

品"的双重属性。① 它不仅具有产品使用价值和交换价值,更因为涉及文明传承的文化内涵,产权交易法律关系复杂。既有着私人权益排他、独占用益的竞争性,又有着文化资源用益一定层面的公共性;既要求产权交易主体身份确定,避免因身份不确定而引起的违约或侵权责任的承担,也要求在产权交易的同时承载更深层次的社会责任要求,注重文化资源的文化意识传播、文化内涵熏陶。这些不是单纯的市场化操作、合同约束与规制就能实现的,需考虑道义责任、法律责任与社会责任的综合运作,才能在保证文化资源文化价值引领社会效应的前提下,实施文化资源产权授权、交易流转、资源资本化,维护文化创意、动漫游戏、文化资源数字化开发与数字出版等各种新兴文化产业形态中的产权利益、交换价值,成为社会经济发展新的增长点。当然,产权意识也促进了责任意识、效用意识的提升,也引发出围绕文化产权交易所应建构的法律与社会责任承担体系建构的思考。这也意味着,文化资源共享性、一定层面的排他性、文化产品"私人产品"与"公共产品"并存的属性,使文化资源产权让渡、移转使用、资本转化中责任的承担一开始就有着自身的特殊性,并非单纯法律责任的承担,而是在道义责任、社会责任担当基础上并行担负,不是孤立进行的。

四 文化资源产权交易责任范畴

文化资源的产权交易、资本化运作离不开相应资金的融入,产权交易本身又涉及合同拟定、交易规则的设定等一系列问题;但除此之外,文化资源产权交易还可能涉及产权交易主体的主观恶性、交易道德偏离问题,一些交易不当行为引发的责任追究尽管上升不到法律层面,但可能涉及相应的道义责任与社会责任,暨文化资源产权交易责任范畴是一个综合的体系,涵盖法律责任、道义责任与社会责任等广义范畴的责任领域。

(一) 道义责任承担

道义责任,就是建立在道德行为基础上的责任担当。与"法律行为"

---

① 陈晓春:《私人产品与公共产品的性质与成因研究》,《湖南大学学报》(社会科学版) 2002 年第 6 期,第 36—39 页。

第八章　文化资源产权交易责任的法律预防与追究

等非道德行为不同,"道德行为"的根本特性在于主体自律性,只有出自道德主体自律的行为,每个责任主体主动、自觉地以其自身应有的道德标准来规范和约束自己的行为,进行责任自律,才是道义责任承担的表现。道义责任的承担,除了要求责任主体具有相应的道德意识、责任意识外,还要求责任主体具备相应的认知能力、评价能力、选择能力、实践能力等,保证道德主体"愿为"和"能为"道义责任的担当。[①] 产权交易行为中的道义责任,主要依靠产权交易行业协会的自律行为实现。它要求无论是借助文交所等产权交易平台进行产权交易的交易主体各方,还是不借助交易平台直接进行交易的交易主体,都能奉行产权交易行规,客观、主动、真实、自觉践行自身负有的道德义务,交易时不欺诈、不胁迫、规范操作,在相应的道义责任面前义无反顾地担当,保证交易秩序的安全与稳定。而在藏品收集拍卖、作坊加工、工艺收藏、画廊展览、交易所拍卖中,以及产权交易版权项目、艺术品项目、资产处置项目中,都可能存在赝品纷争、价格欺诈、私下交易等现象;文交所等产权交易平台工作人员,除了要求要具备金融、经济、评估、财务、法律等领域的专业知识,熟练操作产权交易业务,更要求能够公正执业、廉洁从业,不能违背职业道德,但利益诱惑面前有时依然会出现违反职业道德的权力寻租现象。这些欺诈现象、有违职业道德行为的防范与杜绝,从根本上讲,应依赖于道义责任的承担,因为道德行为才是社会行为之根本。产权交易行为实施中相应道义责任的承担,实际上也是文化产权交易活动中最深层面的责任负担,是最能从根本上防范文化资源产权交易风险的保障。但这种道义责任的担负,又依赖于良好产权交易氛围的拥有,毕竟任何一诚信、善意、正当交易行为的实施都依托于良好的交易氛围、良好的文化氛围。良好的产权交易文化氛围,也会因相应的文化资源产权交易行为实施中道义责任的担负,越发朝着良好的方向发展[②],文化资源产权交易中的人为交易风险弱化甚至避免,相应法律责任的承担也可能因此豁免。

[①] 高湘泽:《"道义责任担当"三题议》,《甘肃社会科学》2010年第6期,第16—20页。

[②] 胡卫萍、赵志刚:《中国慈善事业法律体系建构研究》,中国检察出版社2014年版,第242—243页。

(二) 社会责任担负

社会责任作为将"利益"作为责任设置和归咎基点的责任，是社会个体或组织在社会生活中对国家、社会及他人所应承担的一定的使命、职责和义务，一定程度上满足了社会公众、利益相关者的公众需求与共同利益，分散、化解行为的社会危险性，更为自身长期、可持续的发展赢得了发展空间，也提高了责任竞争力和社会认可度，并在20世纪后成为经济学、管理学、社会学、法学等众多学科领域的一个重要概念。文化产权交易的各方交易主体、利益相关者，面对文化物权、股权、债权、知识产权等各种交易客体，也有在交易时应当担负的道义责任、法律责任之外的促进文化商品流通、增加社会精神财富、提高文化创造活力、拓宽文化资源投融资渠道、维护文化价值与传承等社会责任，这种责任有时也被称为文化责任。以文交所为例，作为产品交易平台，文交所应自觉履行自己的社会责任，为文化产权交易提供固定的交易场所、完整的交易规则、专业的交易人才，对产权交易项目进行投资咨询、信息披露、行业标准提供、评估鉴定、交易定价、仓储物流、保险金融服务等，从服务保障上承担相应的社会责任。毕竟文交所作为中介机构，一端连着银行、保险、风投、担保等金融机构，另一端连着演艺公司、传媒企业、出版社、旅游公司等文化机构，社会责任的担负稍有不当，直接影响着文化资源融资、资本转化与文创产权的形成等，在文化资本市场中具有举足轻重的地位，对文化经济、文化产业的发展也有着巨大推动作用。但目前文交所等产权交易机构对其社会责任担负的认知还不甚清楚。文交所的官方网站上，基本没有发现社会责任板块，也缺乏与社会责任相关的制度规范。文化资源产权交易的文化价值熏陶、引领与文化精神传承的需求，都要求在文化产权交易中强化社会责任承担意识。如可考虑成立社会责任投资基金，在文化产权项目推介时注意选择资源消耗低、污染小的文化项目和社会声誉良好的文化企业，不断丰富和完善信息披露制度，定期发布社会责任报告，建构行业的社会责任评价指标体系，对全国范围内的文交所交易平台的社会责任建设情况进行评价和排名，帮助产权交易主体依据交易平台的社会责任履行状况选择有担当的文交所实施产权交易，始终把自觉弘扬和践行社会主义核心价值观、自觉维护国家文化安全和社会公共利益、坚守中华文化立场、强化社会责任、维护公序,作为产权交易平台的新管理理念,确立社会责任承担的中长期发展战略目标等。①

(三) 法律责任担当②

法律责任,《布莱克法律词典》曾将其定义为:"因某种行为而产生的受惩罚的义务及对引起的损害予以赔偿或以其他方法予以补偿的义务。"所以,法律责任是由于行为人的违法行为、违约行为或者由于法律规定而应承受的某种不利的法律后果③,并最终以当事人不利法律后果的承担来保障法律上的权利义务的实现。一般而言,法律责任的承担须有法律上的明确规定,其责任追究只能依据法律条文的明确规定;且实行责任自负,由违法者本人自行担负责任,而不是随意扩大责任追究范围。同时法律责任的认定一般只能由国家专门机关或授权的机关进行,除一些特定的民事责任(如有些违约责任、侵权责任的承担)外,刑事责任、行政责任均不能由当事人不能协商确定;而且,任何一种法律责任的承担都以国家强制力为后盾、具有强制性,包括民事责任在内,刑事责任的刑罚处罚的国家强制性则尤为明显。需要注意的是,法律责任虽与法律义务关系密切,但法律责任不同于法律义务。法律义务是法律责任的前提,无义务就无责任;法律义务的履行为社会所倡导和鼓励,法律责任的承担则体现了社会对不履行民事义务的谴责。同时,法律责任又与法律义务联系紧密,法律责任与法律义务在内容上经常一致,法律责任是法律义务不履行的后果,具有惩罚、救济和预防三大功能④。相较于道义责任、社会责任,法律责任无疑是最为严厉、最负担当要求、最具使命感的责任。文化资源产权交易过程中,也会因为某些产权交易行为实施的不当,引发民事、刑事和行政等相应法律责任的承担。

---

① 黎友焕、刘永子、江则昊:《文化产权交易所社会责任研究》,《对外经贸》2015年第8期,第104—108页。

② 胡卫萍、赵志刚:《中国慈善事业法律体系建构研究》,中国检察出版社2014年版,第246页。

③ 林仁栋:《马克思主义法学的一般理论》,南京大学出版社1990年版,第186页。

④ 胡卫萍、赵志刚:《中国慈善事业法律体系建构研究》,中国检察出版社2014年版,第246页。

文化资源产权交易主体，在文化产权交易中因不当交易行为的实施，在道义责任、社会责任承担之外，很可能引起民事、刑事和行政法律责任的承担，且可能引起法律责任承担的适用领域宽阔。因为文化资源产权交易涵盖文化物权、文化股权、文化债权与文化知识产权等多种交易类型，交易流程中的产权交易主体身份确定、交易客体的可交易与否属性判定、交易客体定价、交易信息披露、交易模式选择、交易规则设定、交易流程操作、交易安全监管、交易风险防范与化解等各个环节中的任何一个环节出现问题，都会需要相应法律责任的承担与约束。而且，文化资源产权交易的特殊性，不仅使得产权交易法律关系复杂、交易主体多样，还会引起产权交易中公共利益与私人利益协调问题，引发产权生命周期利益、产权交易衍生利益和产权福利制度弥补等利益协调问题，具体如文创产品中的动漫题材、文具类、服装类衍生产品的开发、资本支持等，产值动辄过亿，产业链上的利益主体众多、交易关系复杂、法律纷争多样，法律责任约束与规范空间广泛。虽然文化资源产权化与产业化本身是个新生事物，相关法律制度的跟进相对滞后，但文化经济、文化产业日新月异的发展趋势不容法律保障制度的一味滞后，得在现有法律制度的基础上思量文化资源产权交易法律责任承担体系的建构，以法律制度保障的及时跟进，来预防交易风险、惩处不当交易、追溯交易责任。

　　综上所述，文化资源产权交易责任承担是一个综合的责任体系，涉及道义责任承担、社会责任担负与法律责任担当等诸多领域，需要合力协作，为文化资源产权交易提供良好的交易氛围、清晰的交易理念、明确的交易活动守则。其中，法律责任的担当，也不是单纯地就损害而赔偿、就不当而惩戒的简单填补，而是从立法先行、规范操作的预先防范与责任追溯、责任惩处的善后修正两个角度的并行运作。既包括了对不当交易行为所造成损害的法律后果的弥补，从事后法律惩处、责任追溯的角度填补损害、化解交易风险；也包含通过立法的事先规范、相应规则的事先设计，以法律的威慑警示不当交易，以预防的角度避免交易损害的发生，前后衔接、相互呼应、不断修正完善，为文化资源产权交易活动的顺利进行提供更为明确的法律指引保障。

第二节 文化资源产权交易法律责任预防

文化资源产权交易法律责任的预防,是从法律规范预防、指引作用的角度,通过文化资源产权交易相关立法活动的跟进等,为人们的产权交易活动提供法律依据,引导人们依规而行、避免损害发生、维护交易秩序。文化资源产权交易活动中的法律责任的引起,其中有一部分是由于主观恶意地谋求不当获利行为所致,需以法律上的严惩;有一部分则与行为人的主观恶性无关,而是基于文化资源产权交易的风险所致。因为同其他产权交易活动一样,文化资源产权交易活动中也存在较大的交易风险。如何认知分析这些交易风险,如何从法律规范预先涉及的角度防范交易风险的发生,避免、预防法律责任的发生,并实际规范实施,已成为文化资源产权交易法律责任担当体系的重要内容,对文化资源产权交易活动的顺利进行、交易风险化解、避免损害发生具有重要作用。当然,该责任预防制度的建立,首先得了解文化资源产权交易的风险类型。

一 文化资源产权交易风险类型

文化资源产权交易行为本身,虽然涵盖投资决策、价格评估、信息公告、组织竞价、交易签约、资产交割等主动环节,但该交易行为本身属于民事法律行为,又受到相关市场管理部门的监管,相应的产权交易风险也主要来自交易合同缔结、合同管理、资金管理、资产评估等具体交易环节、交易行为中。

(一)产权交易合同缔结、履行风险

文化资源产权交易发生在产权交易出让方与受让方之间,双方交易达成的标志在于合同的缔结。但合同缔结后,产权交易双方中的任何一方都可能基于主观或客观的原因,没有履行交易合同中的自身义务,影响到交易对方当事人合同利益的实现,产生纠纷,引发相应法律责任的承担。当然,在合同缔结后,产权交易主体身份的明晰[①]、交易客体可交易性与否

[①] 产权明晰是对产权主体身份的确定,可以对产权的有无、多少、范围以及责任承担等加以明确清晰的界定,确定可交易知识产权的范畴。

的判定、交易客体瑕疵①以及交易流程操作中的交易行为不当②，还可能引发权利侵害，引起侵权责任的承担。当然，这种交易风险在任何一种市场交易行为中都可能存在，只不过添加了文化资源产权的特殊属性，产权交易客体也较为特殊，得依循文化资源产权交易的属性在合同中一开始就予以列明，从交易规则的事先拟定来防范交易风险。除此之外，还会存在产权交易合同管理过程中的风险。文化资源产权交易合同管理的交易风险，主要同产权交易信息披露有关。如在对对方当事人的财务状况、资产状况进行核实时未能全面掌握对方的详细资料以致误判，在要求对方根据合同履行相关义务时，会因为对方的财务状况等存在问题而不能履行合同，导致交易风险，产权交易利益受损。

（二）文化知识产权交易风险

文化资源产权交易中，文化知识产权交易风险更为突出。知识产权本身的无形性，资产价值评估变动大、不确定性明显，再加上文化知识产权交易不仅有普通知识产权交易同样的交易风险，更因为是在文化资源上的创新创造，文化资源市场价值的无形性、市场评估的不确定性在某种程度上更加剧了文化知识产权交易本身的客体风险。如果交易主体的身份还存有质疑，就更得要求交易时专业风险管理人员与专业技术人员的跟进，需建立相对完整的风险预防与控制机制才行，以降低交易风险的发生概率。

（三）文化资源产权交易市场监管风险

文化物权、文化债权、文化股权、文化知识产权等产权交易，在文化经济发展背景下，交易呈现上涨趋势，但离不开产权交易的市场监管。产权交易的市场监管，不仅涉及政府部门的政府监管，还有行业协会的自律、交易主体的自我监督等。目前我国产权交易市场的监管体系并未完全有效建构，还有许多存有瑕疵、有待跟进之处。文化资源产权交易也不例

---

① 某些涉及国家安全和商业秘密的知识产权，在进行知识产权转让审查登记时应当加以限制，一般由相关政府机构负责交易，不允许市场自由交易。

② 交易程序包括交易过程中交易信息的收集处理、交易谈判和撮合、支付方式、交易后的权利义务等，文化资源产权交易可以依据《民法典·合同编》的相关内容，在公平、平等、自由、自愿原则下确定双方权利义务。

外,相关促进产权有效移转、产权评估与市场定价合理、市场交易透明度高、交易风险低等的立法跟进不足,尚未形成由点到面、上下贯通的监管体系,文化产权交易也因为监管的不及时留下隐患,交易风险有待防范,相关法律责任的预防机制有待建构。

(四) 产权交易资料安全与资料管理风险

在文化资源产权交易时,文交所等产权交易机构往往要求出让方、受让方交付一定的保证资金以保证交易活动的顺利进行,但如果任何一方不按交易程序缴纳保证金,都会影响到交易的成败,给交易带来风险。且通过文交所等产权交易平台进行交易的客户较多,相关工作人员只要稍一疏忽,都可能使结算环节出现异常,产生资金安全方面的问题。如果相关交易涉及外汇结算,交易双方资金结算上的不确定性将更加明显。同时,文交所等产权交易机构在保管双方的纸质材料或电子文档时,一旦有保管意外,都会对产权交易的顺利进行带来风险。如在互联网交易环境下,借助互联网渠道,通过异地、限时、连续、竞争报价方式实现交易,虽节约了交易成本、完成了项目处置、提升了交易行为的便捷与保密程度,但也容易受到网络攻击、病毒感染等,导致软件系统不能正常运行甚至相关交易资料和档案丢失[①],产权交易安全受到威胁,也对交易活动的顺利进行产生影响。

当然,除此之外,文化资源产权交易中,还会存在一些其他不规范交易,并由此引发交易风险、导致相关法律责任承担的行为,相关责任承担预防体系的构建也就更为迫切。

二 文化资源产权交易法律责任预防体系建构

(一) 立法规范的事先预防

文化资源产权交易的交易内容多样、交易环节复杂、交易程序操作不一,交易主体身份确定与交易客体选择也多存在问题,我国并无这方面直

---

① 王娅:《我国产权交易的基本特征、风险来源及防范对策研究》,《现代经济信息》2018年第2期,第75—77页。

接的立法规定①，因此有必要在文化经济的浪潮下，顺应文化产业发展趋势，着力进行相关立法的事先规范。2019年6月28日，在文化部和旅游部公布的《文化产业促进法》（草案征求意见稿）中②，第36—45条从文化市场建设的角度提倡诚信经营、维护市场秩序、鼓励中介服务、规范价格管理、进行市场监管与知识产权保护，促进文化产品和人才、产权、技术、信息等文化生产要素合理流动等；第50—53条从科技支撑角度鼓励文化与科技融合、技术创新、资源数字化；第59—62条从金融财税扶持的角度鼓励文化资源向文化资本转化、鼓励多层次融资市场形成；还有第22—24条在振兴传统工艺、文旅融合方面作出规定。这些条款虽是旨在促进文化产业结构调整和布局优化，营造有利于涌现文化精品和人才的社会环境，却依然反映出对文化产品、文化要素市场的重视，对文化资源资本化、文化与科技融合的文创产品的鼓励，而这一切又都以相应的文化资源产权确认、产权交易流转为理论背景。由此，建议在《征询意见稿》中，增加有关文化资源产权交易流转的条款，确认文化资源产权或文化产权的概念，明确文化资源产权的可交易性、交易平台依托、产权交易监管等内容，正视文化产业发展的源泉在于文化资源资本化、文化产权交易，同时也为各种具体类型的文化资源产权交易提供立法的总体依据。在产权交易

---

① 我国文化产权交易目前缺乏专门的顶层设计，具体表现为：一是只针对国有企业产权流转进行规范，缺乏对非国有产权交易的相关规定。如《中央文化企业国有产权交易操作规则》《企业国有产权转让管理暂行办法》《企业国有资产评估管理暂行办法》等都只是对国有产权交易、评估等作以规定。二是只对产权交易做了一般规定，没有专门针对文化产权的具体规定，如《上海市产权交易市场管理办法》。这使得大量非国有企业的文化产权转让行为未纳入法治规范领域。三是上述对产权交易进行规范的依据散见于各类地方法规、部门规章，主要是政策文件。

② 2015年9月6日，文化部牵头在北京召开文化产业促进法起草工作会，正式启动文化产业促进法起草工作。作为中国首部文化法，《文化产业促进法》将明确地方政府在促进地方文化基础设施建设方面的义务，以确保民众可以享受更好的公共文化服务。该法的出台将弥补现有法律体系中文化法的空白。2019年6月28日，共9章、76条、7700多字的《文化产业促进法（草案征求意见稿）》（简称草案征求意见稿）面向全社会公开征求意见。毕凤至：《文化和旅游部对〈文化产业促进法〉（草案征求意见稿）公开征求意见》，https://finance.sina.com.cn/roll/2019-06-28/doc-ihytcitk8241995.shtml，2019年7月11日。

第八章　文化资源产权交易责任的法律预防与追究

规则设计时，注意关注新兴文化产业领域的知识产权保护问题[①]，确定中华传统知识、遗传资源和民间文艺的权利对象、权利归属、权利内容的具体范围与权利的执行渠道、实现方式等，平衡文化创新与知识共享[②]，正确处理文化产业发展与知识产权权利保护之间的关系。同时进一步细化多层次、多元化、多渠道的文化产业金融服务体系，在发挥政府对文化产业领域的导向性、示范性的金融财税扶持作用下，允许民营资本、外来资本进入文化产业领域，参与募集文化产业基金，增强企业的自主融资能力，改善文化企业资产负债状况，提升企业信用等级；进一步强调文化无形资产融资的制度保障，加强文化产业与金融业的沟通，信贷融资从"物权控制"向"未来现金流控制"转化，解决文化产业投资供给不足问题。

除了国家层面的《文化产业促进法》相关立法规范的及时跟进、交易风险事先防范外，还可依托地方立法进一步细化、配套跟进，降低交易风险。以博物馆文化资源产权交易为例，可以考虑在地方立法的基础上，进一步完善《博物馆条例》，可考虑出台地方《博物馆管理办法》等地方性规章，调动博物馆文创产品研发、文化授权的积极性。在该规章中，不仅要明确界定各省市博物馆的法律性质（国有或民营），确定其相应的设立、变更与终止条件，规范博物馆的管理活动、社会服务等，更对博物馆文创活动开展、博物馆文化资源的知识产权归属、博物馆文创活动融资作出具体规定，对博物馆的文创活动施以法律保障。同时细化规章条款，明确博物馆文化资源开发实质在于博物馆产权授权，是在传承中华民族传统文化基础上的、对博物馆馆藏品原件及复制件再现及演绎的过程。要做到这一点，除了要求设计者尊重、传承馆藏品文物资源的文化内核、筛选适合的文物元素进行创意设计外，还要求其在设计时尊重馆藏品本身的产权利益，注意藏品原件所有权、藏品原件版权、数字藏品版权、博物馆标识、

[①] 有必要探索规范互联网公司、文创版权人、文化消费用户等利益主体各方合作共赢的商业运作模式，鼓励互联网公司与版权机构组织合作，通过数字版权授权方式让版权人更多地分享互联网发展所带来的利润，同时积极参与、利用互联网传播自己的作品，满足公众阅读、下载的需要，扩大文化传播。

[②] 如前文所述，文化创意可作为版权保护的对象，明确文化创意的认定标准，建立对文化创意的证据保存机制。

博物馆地理标志等相关权益的维护。而这一切取决于文创产品研发前的博物馆产权授权。只有经过授权而创作出的文创产品,才不会产生权利侵害问题,还会因为其设计的独创性演绎产生出新的版权利益,并成为该文创产品获取市场收益的筹码。如果没有认识到博物馆藏品物权、藏品版权、博物馆遗址标识等存在及其保护利用的重要性,在博物馆文化资源的"活化"利用中就容易发生侵权事件。因此,建议在博物馆管理的地方立法中,明确规定博物馆文化资源开发利用的实质在于博物馆产权授权,对博物馆藏品等文化资源创意活动中的产权确认、物权处置、版权授权等问题进行直接的法律规范,厘清博物馆文化资源的产权归属,提高文创活动参与者的维权意识,拓展维权思路,为各省市博物馆文化资源的"活化"利用提供直接地方立法保护。[①]

另外,文化产权交易监管作为文化资源产权交易流转顺畅运行的重要保障,要求法律层面上相关制度的配套跟进,从市场参与主体的条件、交易客体要求、交易信息披露、交易模式与交易程序等方面作出明确规定。在遵循中央层面、省级政府层面制定的产权交易规则外[②],各文交所还可制定本所产权交易的活动规则,如文化产权交易所产权交易规则、产权转让信息公开发布活动管理规则、产权交易转让竞价规则、产权转让招投标规则、产权交易价款结算规则、产权交易项目中止和终止规则、产权交易争议处置规则、会员代理制实施暂行办法等;同时细化可受理产权转让申请操作细则、登记受让意向操作细则、发布转让信息操作细则、交易签约操作细则、交易所结算交易资金操作细则、文化物权登记与保管流程、文化股权登记托管流程等操作细则[③],为文化资源产权交易行为规范性提供依据,强调按规则操作、降低交易风险。但由于交易地域、交易场所、交

[①] 胡卫萍、胡淑珠:《江西省博物馆文化资源"活化"利用的应对思考》,《老区建设》2019年第2期,第60页。

[②] 具体如《中央文化企业国有产权交易操作规则》《企业国有产权转让管理暂行办法》《企业国有资产评估管理暂行办法》《上海市产权交易市场管理办法》《甘肃省产权交易管理暂行办法》等。

[③] 赵蓉:《文化产权交易规范研究——兼论国务院文件的禁止性规定和合规设计》,《社会科学家》2018年第8期,第118页。

第八章　文化资源产权交易责任的法律预防与追究

易对象、交易内容差异大，我国在此方面并未形成统一的监管法令，监管空白之处较多。为此，可借鉴中国香港地区做法，在各地文交所交易规则的基础上，以文监会名义，出台统一的《文化产权交易所交易规则》[①]，形成有效的行业标准，提高文化产权交易效率。如可通过高效的信息发布平台和电子交易系统，充分发现产权交易市场价格，规范文化产权交易价值评估制度，准确评估交易标的价值，明确交易标的定价；并可依据不同的产权交易对象，区分不同类型的交易模式；制定产权交易挂牌管理办法，在挂牌公告规定的期限和场所接受报价申请并更新挂牌价格，并根据挂牌截止期限的出价结构确定竞得人。还可设立履约担保金、交易者交易负责制等制度，建立文化产权交易的履约监督制度，防范履约道德风险，减少交易者履约监督成本及经济利益损失后的索赔成本，维护各个交易主体的合法权益，打造依法经营、公平交易、诚实守信的交易秩序。[②]

（二）交易操作的实践预防

文化资源产权交易，虽然存在产权交易主体直接接触、直接协商签订交易合同的情形，但大多数的文化资源产权交易是借助文交所等产权交易平台、中介机构实现，产权交易平台、中介机构在交易风险防范上的操作策略、操作要求，也成为文化资源产权交易法律责任预防体系建构中的重要内容。由此，在相关立法事先规范的基础上，交易风险防范的实践操作主要在产权交易场所中实现。如文交所在行业协会、文监会的统一部署指引下，可考虑建构交易风险管控体系，按照"统一监管机构、统一信息发布、统一交易规则、统一审核鉴证、统一收费标准"的"五统一"模式，对信息发布、交易、鉴证、结算四大环节进行监管，明确文化产权交易部、业务受理部、财务鉴证部、纪检法律审计室等重要职能部门的风险管控职能，将交易项目受理、关键信息保密、组织交易、费用收取等作为风险管控关键环节；同时，针对不同的风险管控环节，确定不同的风险管控关键点，如把信息披露、审核鉴证、档案保管

---

① 该交易规则各文交所可选择适用，不具有强制执行效力；但从行业规范角度看，可以理解为是规范交易、规范操作的行业标准。

② 郑维炜：《社会主义文化产业发展中的民商事法律制度研究》，《中国法学》2012年第3期，第23—27页。

等确定为鉴证人员整体审核项目的风险管控关键点,把交易价款交割结算、保证金划转等确定为财务人员项目资金结算的风险管控关键点,把项目挂牌、资格审查等确定为法务风控人员项目规范审核风险管控关键点,把全员签订保密承诺书、对项目信息进行保密确定为项目信息保密的风险管控关键点,把银行签订保密协议、共同对受让客户信息资料保密确定为受让资格信息保密的风险管控关键点等;并允许鉴证、法律等部门提前介入项目挂牌、受让报名、出具鉴证过程,直接参与风险监督,将风险管控关口前移。对不注重风险管控的员工,文交所则应严格按照奖惩制度予以奖惩,增强工作人员的廉洁从业、谨慎从业意识,保障交易风险防范、管控的执行力度。

这一意识、执行力度,也体现在文化资源产权交易合同管理上。产权机构在执行交易活动时,工作人员要展示出合同管理的专业化水准。如要对受让方和出让方的财务状况、资产状况有一个全面细致的了解,并制定详细的、准确的记录表格;落实细化产权交易的具体交易文本,将文化资源产权交易的各类交易真实信息和权属保证特别声明、入市声明与交易告知、风险揭示书、交易委托合同、转让拍卖公告、交易合同文本、产权交易鉴证书等逐一罗列其中,让交易主体一开始就明确产权交易的权利义务范畴、法律文本格式要求等,从始即告知风险、明确权利、知晓责任。同时要求财务人员熟悉产权交易流程,与业务部门保持紧密联系,掌握项目动态,对收款人、收款账户、结算金额必须反复核对,做到付款不延误、金额不出错、票据不遗漏、交易零风险;法务部门要参与产权交易各个关键环节的日常审批流程,督促交易双方及时协商、签订按照公告条件内容拟定的交易合同,协调处理内部决策、经营和管理中的法律事务,对相关法律风险提出防范意见,处理好项目瑕疵披露和项目亮点推介之间的关系,避免因披露不清或不实而卷入诉讼,保障挂牌公告、受让资格、交易合同、交易鉴证等交易环节中交易资金、资料管理安全,处理好纠纷调解和合同签订之间的关系。在现代科技手段支持下,文交所等产权交易机构、交易平台还可以凭借电子信息技术手段实施交易全程监控,避免人为因素造成的交易风险,使交易过程更加公正、客观、规范,也扩大了信息辐射面,方便实现全国产权交易机构联网,为产权交易行为的全国规范奠定基础[1]。

第三节　文化资源产权交易法律责任追究

文化资源产权交易法律责任承担，是对不当交易行为所造成损害的法律上后果的弥补，从事后法律惩处、责任追溯的角度填补损害、化解产权交易风险。由于文化资源产权交易本身触及"私人产品"与"公共产品"的双重属性，其交易不当行为引起的法律责任承担，自然也涉及私权救济层面的民事责任承担与公法制裁领域的行政责任、刑事责任束缚。

一　文化资源产权交易法律责任承担概述

如前文所述，法律责任不同于社会责任，涵盖民事责任、刑事责任与行政责任三种责任类型，具有国家强制性。其中民事责任是针对民事主体因违反合同或者不履行其他民事义务所应承担的民事法律后果[2]，是从私权维护、私权救济角度所设的法律责任。刑事责任则是针对犯罪人所实施的犯罪行为依法从主刑、附加刑角度追究其法律责任；相较而言，它是三种责任中最为严厉、强制程度最高的法律责任。行政责任则主要通过行政处罚、行政处分两种方式，对一般违法行为的单位和个人依法追究其法律责任。刑事责任与行政责任虽分属两种不同类型的法律责任，但两者都是从公法干预、公力救济的角度，对受害人实施救助。权利的民法救助，则通过追究侵权者、违约者的民事责任，权利得以恢复圆满状态。公法救济虽与私权救济在法律依据、法律程序、法律责任追究方式上存在显著区分，但彼此之间确是互相包容、互相配合、相互借助的关系。如果民法上的私权救济达不到救济的目的，权利人自可提请公法上的救助，以公法的强制力救济其权利。三种法律责任间的相互配合，在知识产权侵害问题的法律责任追究上表现得尤为明显。如对一个侵害著作权的行为，侵害行为

---

[1] 王国庆、李符虹：《关于产权交易风险管控的探索与思考》，《市场观察》2016年第2期，第31—34页。

[2] 王利明：《民法》（第五版），中国人民大学出版社2010年版，第554页。

轻微,仅仅以民事责任的补偿就可以填补其损害时,则只需进行民事责任担负即可;但若侵权行为情节恶劣、非法获利数额巨大、社会负面影响极大,对这类侵害著作权行为的法律责任追究,则不宜停留在私权救济的民事责任层面,而应从相应刑事责任追究、行政责任处罚的角度予以追究,才能填补损害。

文化资源产权涵盖文化物权、文化债权、文化股权与文化知识产权等多种权利类型。文化产品的私人产品属性与公共产品属性兼具的特点,加之文化资源一定层面的共享性,文化资源产权交易过程中因交易行为不当、履约行为不当所致法律责任的承担,并非为民事责任能独立担负,须借助刑事责任、行政责任的承担来实现救济。如对有意歪曲、曲解甚至篡改、侮辱文化资源的文化价值,或在商业性适用文化物时没有获得许可、支付报酬,或在交易达成后,肆意违约、不履行合同义务的行为,文化资源产权权利人都可根据具体情况,要求违约方、侵权方承担停止侵害、消除影响、赔礼道歉、赔偿损失等民事责任;对该行为有损社会公共利益的,还可由有关文化主管部门对违约方、致害主体施以停止侵害、没收非法所得、没收、罚款等行政处罚;情节严重构成犯罪的,还可根据《刑法》及有关司法解释的规定,追究侵犯传统文化资源产权行为人的刑事责任,维护文化资源产权交易主体的合法权益。

二 私权救济层面的民事责任承担

(一) 交易本身的违约责任承担

文化资源产权交易类型多样,可以以文化资源物原件交易,也可以以文化资源创意产权流转,甚至可以成为债权、股权的方式融资、借贷,但这些产权流转类型根本上就是一合同行为、契约协议,得按照《民法典·合同编》中的规定履行契约,不然将引起违约责任的承担。以物态文化资源——不可移动文物文化资源为例(古文化遗址、古墓葬、古建筑、石刻等)。不可移动文物的所有权虽然归属于国家,但它的用益物权如占有权、使用权、收益权等权能却可独立于所有权人单独存在、同时为多个市场主体拥有,可以在公平公允的资产价格评估后进入交易市场,进行相关权能的出让、流转与开发。博物馆文化资源也一样,在把"把博物馆带回家"

第八章　文化资源产权交易责任的法律预防与追究

"活化"用益博物馆文化资源理念下，以文化授权、艺术授权等形式对博物馆藏品（多数属于可移动文物资源）等文化资源进行市场产权的交易利用，盘活文化资源的市场价值，彰显文化资源的文化内涵。非遗文化资源"公权"与"私权"并存的法律属性，也使其可以进行生产性保护，这其中同样在明确非遗资源产权归属的基础上，确认非遗产权权益内容，并进行产权交易、成果转化等方面的契约约定，以此明确权益主体间的权利义务。所以，无论是物态的文化资源——可移动或不可移动文物资源还是非物态的文化资源——非物质文化遗产等，都可以以各种存在方式为人们所感知，也可以通过各种形式，借助市场，依赖合同，通过产权交易流转实现市场用益、展示文化价值。

但在合同签订时，因为文化资源产权交易主体的复杂性，所有权人、持有权人身份多样，可交易客体也存在特殊限定等条件要求，由此在进行合同签订时一定要强调相关权利义务关系约定明确，以事先约定的方式避免今后可能发生的纠纷。同样以不可移动的文物资源的产权交易为例。目前这块的交易表现基本是由当地政府代表国家，将文化资源产权中的经营权、收益权转移给旅游公司等，旅游公司在不损坏不可移动文物本体及周边环境的前提下开发经营。但这种开发牵涉面广，除了包括文化资源旅游经营而触及的资源占有权、使用权、收益权的权利归属需要做出约定外，还会涉及文化资源的所有权人（国家所有、集体所有均可能）、地役权、收益分配权等多项民事权益的约定，并且还会因为在旅游文化资源开发中国家已经先期进行了不可移动文物资源的考古发掘、本体保护、展示设施建设与环境整治等财政投入而引起公共产权概念下的收益补偿问题，甚至因为旅游开发所带来的周边土地与房地产增值等间接收益的分配等问题。[①]这些问题都在产权交易合同签订时的考虑范畴内，需要事先规范设计好，明确相关主体彼此间的权利义务。一旦出现违约现象，则依据合同文本，依照《民法典》《博物馆条例》《非物质文化遗产保护法》《文物保护法》《旅游法》《风景名胜区条例》《自然保护区条例》等相关法律法规依法、

---

① 刘尚希、吉富星：《公共产权制度：公共资源收益全民共享的基本条件》，《中共中央党校学报》2014年第5期，第68—74页。

依约定处理。由此,文化资源产权交易中,私权救济层面的民事法律责任承担首先表现为依照《民法典·合同编》规定,通过合同形式就权利主体间的权利义务进行明确约定,依循合同交易的民法原理进行相应违约责任的承担。

(二) 交易引起的侵权责任担负

文化资源产权交易中,还可能因文化资源用益、产权交易而引起相应侵权责任的承担。如文化资源创意产权交易流转本身是文创产权授权过程,其授权基础在于文化资源创意产权的发掘与确认,同时在授权的基础上,对授权标的物进行创意再造、形成文创产品,也产生新的文创产权。若未经许可直接用益文化资源或文创产权,则可能构成对文化资源产权主体、文创产权权利人利益的侵害,可依据过错归责原则,追究侵权人相应的侵权法律责任。而文化资源本身不是文化商品,但文化资源中无论是有体有形、无体无形的文化资源,还是角色、形象、名称、标题、标记及文字、设计的片段等,都有为市场需求进行产权交易、实现交易成果商品转化的可能,市场空间极大。文化资源在商品化用益、产权交易成果转化时,在利益驱动下,也常出现搭便车、侵害文化资源产权人利益的行为。[①]如前文所述的文化资源用益中的一些艺人形象、作品标识及其名称、标题、标语、图章、语言或文字的片段等,已然成为中华文化的一种象征,具有较高知名度。一些商人正是看重了这些文化资源所代表的良好声誉和较高知名度,将文化资源商品化,做成文化标识来宣传产品、吸引消费

[①] 近年来非物质文化遗产被侵权现象较为严重。一些电视台为了提高收视率,创造更多的经济利益,未经非物质文化遗产权利人的同意,擅自播放非遗技艺传承人享有知识产权的录音录像。有些企业采用高价诱惑或者使用高科技手段侵犯他人的非物质文化遗产技术,在获得这些技术后就再以申请专利的形式予以垄断。有些非物质文化遗产开发者为了牟取非法经济利益,不惜伤害文化持有者的善良风俗习惯,而非物质文化遗产真正的持有者不仅没有获取经济利益的分配权,更有甚者还要为继续使用这种文化遗产付出巨额的经济代价。同时,非物质文化遗产曲解严重,如非物质文化遗产的演出人员为了取得新奇效应强加现代元素于其中,改变其文化内涵。而国外一些不法分子窥视我国丰富的非物质文化遗产,大肆窃取,一些中药配方直接被换成西药;非物质文化遗产被他国窃取,流失异国他乡,严重破坏我国文化传承与文化发展。对这些侵害非物质文化遗产资源的侵权行为,应予以严惩,追究其相应的法律责任。

者。但这种用益若未经授权许可，抑或用益时对文化资源的文化价值内涵做了错误解读，都有可能构成侵权，直接影响文化资源商品化用益中的品质保证，无论在财产利益还是在精神利益方面都可能造成损害，应对侵权行为予以相应的责任追究。所以，在博物馆文化资源、非物质文化遗产等文化资源的文化授权、艺术授权及文化资源商品化用益、转化中，对可能发生的有违文化授权本质、有损文化资源文化价值内涵、未经许可擅自使用或恶意、贬损性用益的行为，以及文化资源资本转化中的融资不当、融资欺诈行为，都可依循《民法典·侵权责任编》的法律原理，依据侵权责任归责原则与构成要件等，从人身权益、财产权益、知识产权权益维护的角度，依法追究侵权人的民事法律责任。

需要注意的是，文化资源产权用益、交易流转中，无论是交易行为本身的违约责任的承担，还是交易过程引发的侵权责任担负，它们都是民事法律责任承担的责任类型。而民事法律责任是一补偿性法律责任，民事损害的司法救济以填平损害为原则、以补偿为指引，所以其违约责任、侵权责任的赔偿范围建立在损失数额、违法所得确定的基础上，必要时也可启动法定赔偿，由法官在法律直接规定的赔偿范围内依据自由裁量权确定具体的赔偿数额。这一点在我国《著作权法》《专利法》《商标法》中均有规定；文化资源产权交易中的民事责任承担，也可依循此思路对相应权利的损害予以具体赔偿。另外，《民法典·侵权责任编》第1185条明确规定："故意侵害他人知识产权，情节严重的，被侵权人有权请求相应的惩罚性赔偿"，为知识产权侵权损害赔偿的惩罚性赔偿规则的适用提供了依据。而在此之前，我国《商标法》第63条规定了商标侵权的惩罚性赔偿①，《专利法》第四次修改中也引进了惩罚性赔偿制度（第71条），以示对知识产权的尊重与维护，打击泛滥的知识产权侵权行为。这些都表明，今后在文化资源产权交易中，若涉及文化知识产权的产权移转、交易中的侵

---

① 《商标法》第63条规定：侵犯商标专用权的赔偿数额，按照权利人因被侵权所受到的实际损失确定；实际损失难以确定的，可以按照侵权人因侵权所获得的利益确定；权利人的损失或者侵权人获得的利益难以确定的，参照该商标许可使用费的倍数合理确定。对恶意侵犯商标专用权，情节严重的，可以在按照上述方法确定数额的一倍以上五倍以下确定赔偿数额。赔偿数额应当包括权利人为制止侵权行为所支付的合理开支。

权，则可依据该侵权行为的恶意程度、情节严重程度，启动惩罚性赔偿，受害人所获赔偿数额也将突破实际损失数额，成为民事责任补偿性法律责任属性特点的例外情形，但依然属于私权救济层面的民事责任承担。

三 公法制裁领域的行政、刑事责任担负

私法救济层面的民事责任承担，虽在一定程度上对文化资源产权交易中的违约行为、侵权行为进行了相应的填平、填补式法律责任的承担，对违法行为有一定惩处。但由于民事责任承担的补偿属性，只能规制一般的违法行为，无法对严重的违法行为甚至是犯罪行为做出有效处理。而文化资源产权交易实施的顺利与否，一定程度上直接影响着文化产业的健康发展与否，有必要让刑法、行政法等公法参与文化资源产权交易的法律保护，发挥后置保障作用，严厉打击越过刑法、行政法等公法规制底线的违法行为。

（一）文化资源产权交易中的刑事责任承担

文化资源自身的财富价值，使文化资源产权交易蕴含极大的经济利益。而为追逐不法利益，破坏文化资源本身、严重侵害文化资源产权交易流转的行为，可以考虑相应刑事责任的承担。例如破坏文化遗址、毁损具有巨大历史意义、文化意义的古村落、古建筑物等，直接破坏文化资源物[1]；窃取泄露传统造纸制造技术、泄露千年古酒配方、而后再申请专利获取巨额利润[2]；倒卖、非法出卖国家文物资源；为获取不法利益迷惑消费者，恶意侵害文化资源创意产权中的商标权、专利权、著作权等，具体如假冒他人专利或把与已注册的非遗商标相似或近似的商标用于相同或者类似产品上、在没有获得非遗表演人员授权的情况下复制发行以其表演为内容的录音录像制品、泄露非遗技艺中的商业秘密，情节严重、构成犯罪的；操纵文化资源产权交易价格、泄露产权交易内幕信息，甚至对外国人将中华优秀传统文化拿来制作卡通、任意解释、市场销售获利，对把中华

---

[1] 贵州等有些民族地区拆除了多年的古建筑，建立钢筋水泥建筑，民族成员举行某种仪式的地方标志性建筑或地标也有被摧毁的。

[2] 非物质文化遗产一旦被破坏则很难恢复，有时直接意味着永远灭失。

第八章 文化资源产权交易责任的法律预防与追究

民族象征性的文化符号贬低为封建残余、恶意诋毁的事实听之任之，危害国家文化安全与文化尊严等。① 这些对文化资源物、非遗技艺本身及文化知识产权的侵害行为达到较为严重程度，极大损害权利主体利益、破坏产权交易流转市场秩序的安全与稳定、满足犯罪构成要件时，应当考虑刑事责任的追究，要求实施主体承担相应的刑事责任。事实上，我国《刑法》有专门章节规范妨碍、破坏文物保护、文物管理的行为，从故意损毁文物罪、故意损毁名胜古迹罪、过失损毁文物罪、倒卖文物罪、非法向外国人出售、赠送珍贵文物罪，非法出售、私赠文物藏品罪，盗掘古文化遗址、古墓葬罪，盗掘古人类化石、古脊椎动物化石罪，抢夺、窃取国有档案罪，擅自出卖、转让国有档案罪等具体罪名设置的角度，规范文物的保护与管理。但文化资源产权交易不仅涉及对文化资源产权本身的确认，触及达到文物保护程度的文化资源本身的保护，还涉及文化资源在文化产业发展中所扮演的文化元素角色、关注文化资源在市场用益中的产权交易流转，同样应对文化知识产权交易流转中的非法、违法行为达到犯罪程度时予以刑罚制裁，从公法制裁的角度威慑违法分子，维护文化资源产权交易流转的市场秩序与市场安全。

为此，在我国《刑法》现有规定的情况下，可以从"危险刑法"的概念理念出发，加强文化资源产权交易中的刑法规制。如在规定妨碍文物管理罪的基础上，增加破坏非物质文化遗产物质载体类的犯罪罪名，确定破坏具有知识产权的文化资源类犯罪（包括物质文化资源与非物质文化遗产资源两大类），且根据文化资源本身的属性特点，在犯罪构成的四个要件上附上不同于同类别（如破坏知识产权类犯罪）犯罪行为的犯罪主体定位、犯罪客体②、犯罪主观方面、犯罪表现、情节要求、刑罚制裁等，区

---

① 我国古代哲人曾说过：欲灭其国，必先灭其史，这说明一个国家政权灭亡只是改朝换代罢了，"根"依旧还在，但是"灭其史"则是从根本上亡国。因此，我们不仅要警惕外来的西方强势文化侵蚀本国文化，还要警惕内在不法分子毁坏本国文化。

② 由于文化资源是在人类历史文化发展进程中为人类共同创造的，非物质文化遗产有一定的共享性，在个体人身权益、财产权益强调的同时，还有着公共利益属性，犯罪客体表现得较为复杂与特殊，其入罪必要、入罪标准也相对特殊，需要从刑法理论上进一步梳理、明确才行。

别于《刑法》中已有的同类别犯罪，更有针对性地维护文化资源本身的文化价值、财富价值以及文化资源产权交易流转中的交易安全与市场交易秩序的稳定。当然，对具有管理职责的国家工作人员在文化资源管理、产权交易流转中的违法且达到犯罪程度的行为，如不履行保护物质或非物质文化资源的职责、违规使用职权侵害文化资源、玩忽职守致使文化资源物或非遗技艺被损害或者被窃取，或者徇私舞弊导致珍贵的文化资源物、非遗技艺等灭失或者流失他国的，甚至故意泄露非遗秘密的，均可从滥用职权罪、玩忽职守罪、故意泄露国家秘密罪等罪名角度予以定罪处罚，以加强文化资源本身、文化资源产权交易流转中的国家管理职责。

（二）文化资源产权交易中的行政责任承担

文化产业作为朝阳产业已成为市场新旧动能转换中的重要参与者，政府在文化产业发展、文化资源产权交易中扮演了重要角色，以行政力量与市场力量的交织实际影响着文化企业的成长与发展，对文化产业的生存与发展起到了制度支撑作用。[①] 如政府在遵循市场经济规律的基础上，对文化企业的不当生产经营活动进行干预处罚，在文化资源资本转化、市场融资中，也以引导者、监管者身份进行宏观调控、市场监管，为文创发展、文化资源产权交易的顺利进行提供制度保障。但在文化产业发展中，也存在交叉管理、多头领导的管理架构、条块分割的地方政府格局以及诸多管理手段上的一些问题，这些都直接影响了文化资源的跨区域整合、文化企业产业链延伸，导致文化产业运行效率的降低。而要解决这些问题，除了要打破区域壁垒、解决政府多头管理问题，还要转变政府职能，重视并强化其中的相关行政责任的承担。

我国行政法律法规要求国家行政机关及其公务人员在行政活动中履行和承担义务，若违反行政法或因行政法规定则应负担相应的法律责任。文化资源产权交易中涉及面广、产权交易内容多样、当事人主体间的权利义务关系复杂、行政监督与行政监管必不可少，其中可能存在这样或那样的诸种行政法律责任。如前文所述，侵害文化资源产权交易的违法行为是否

---

① 王列生：《论政府对文化产业制度支撑的功能缺位》，《艺术百家》2010年第1期，第12—17页。

第八章 文化资源产权交易责任的法律预防与追究

构成犯罪,是需要行政机关对其行为的违法性进行前置认定。如果行政机关认定侵害文化资源产权交易的行为是违法行为,那么刑法才可以根据罪刑法定主义原则判断其行为是否符合犯罪构成要件。① 刑法定罪量刑的正确取决于行政机关对违法行为的正确定性。而若行政机关工作人员在行政责任定性中徇私舞弊、玩忽职守,不仅会导致定罪量刑的错误,负有管理职责的国家工作人员在文化资源管理、产权交易流转中的行政违法行为,在没有达到犯罪的严重程度、以行政处罚或行政处分就可达到惩戒目的时,可以不追究刑事责任,单纯背负行政法律责任即可。而在文交所等产权交易机构、交易平台进行文化资源产权交易时,也会涉及许多行政监管问题,都要求行政管理机关认真履行监管职责,避免不必要的行政责任担负。

另外,在不可移动文物资源开发利用、产权交易过程中,也常出现政府越位旅游开发公司等经营机构管理旅游景区,并在经济利益驱动下成为景区实际的开发、建设、经营主体,以行政权利的介入直接干预文化资源的旅游开发、市场化经营,导致基础设施、公共设施和旅游服务质量欠佳、规划管理混乱等,影响旅游开发进程、阻碍旅游文化产业发展,对此混乱局面以及由此而造成的损失,也要追究相关行政管理主体的行政法律责任,为文化资源产权交易良好市场交易秩序的形成提供行政制度保障。

综上所述,公法制裁领域的刑事、行政法律责任承担,是直接依据行政法、刑法等公法来追究侵害者的责任,以达到救济权利人利益的目的。公法救济与民法上的私权救济虽不同,在救济的法律依据、法律程序、追究法律责任的方式上都有许多明显的区别,却构成了文化资源产权交易中的权利维护、法律责任追究中一体两面的维护与保障,以互相融合、相互配合的角度,尽力维护文化资源产权交易中的交易主体利益,实现文化资源的文化价值与市场利益。在相应民事、刑事与行政法律责任的承担中,还是强调私权救济的本位、公法保障的兜底功效。在一般情境下,尽力从

---

① 如非法向外国人出售、赠送珍贵文物罪,要认定行为人的犯罪行为符合该罪的构成要件,就必要认定行为人出售、赠送的是"珍贵文物",但何为"珍贵文物"则需要相应的行政法规前置规定。

文化资源产权交易本身的合同关系、交易纷争引发的侵权关系等民事法律关系的角度修正文化资源产权交易过程，强调行政的引领与监督；当其中的违法行为突破行政法规、民事法律规范的保护范畴，情节严重达到犯罪程度时，才提起刑法的刑罚制裁，最终以公法上的强制力保障并救济文化资源产权交易权益，实现交易利益，维护交易秩序。

第九章 结论

一 基本结论

(一) 文化资源产权保护必要：文化资源财富价值实现与他国烙印防范

文化资源作为承载着一个民族共同智慧、民族精神与发展历程的资源，本是一种精神财富，却可借助某种物化形态表现出来，展示财富价值。文化资源蕴含的文化能力，使其在产品、地域、人群、发展等方面表现出强于同类资源的竞争优势，形成文化资源的市场竞争力，并通过文化产业的生产经营活动，把有限的资源转变成有价值、有市场的产品，实现文化资源向文化产权效益的转变，文化资源潜力转化为文化产业实力。国外文化产业集团对中国文化资源掠夺、占有，不仅直接减少了我国文化企业对文化资源的用益，更因其生产技术手段、产品质量和商品价格优势而占据市场竞争优势。西方国家在占有、利用我国文化资源的同时，还在文化产品开发上带上自己国家文化标准的烙印，对中国文化资源本身构成伤害。应从财产权利、精神利益维护角度保护文化资源，固厚发展中国家文化资源转化为文化产品的利益保护屏障，避免在"合法"知识产权外衣下，大肆掠夺和盗用文化资源所属国的文化资源。文化资源的财富价值使文化资源的权利保护要求提升，文化资源的精神传承要求、他国烙印附加避免，更提升了产权保护的必要性、紧迫性。

（二）文化资源产权交易法理依据：公有物、共用物向共有物、私有物转化

文化资源产品化用益，将文化资源的产权归属提上议程。罗马法中公有物、共用物向共有物、私有物的转化，使"公有、共用"不再是一个绝对的、一成不变的概念，原本公有资源在时机成熟的情形下，可能以商品资源的形式有偿流转。文化资源也不例外。这一理论，不但为文化资源产权归属提供了罗马法上的法理依据，更突破文化资源长久以来被定位为"公有物""共有物""不可交易物"的思维局限和产权认定障碍，避免西方国家以"共享"名义对中华文化巧取豪夺，成为国家文化资本与财富形态的创新基础和源泉，彰显有形有体文化财产的物权归属、无体无形文化资产的产权价值和交易利益。可参照突尼斯、菲律宾等发展中国家的做法，对传统文化著作权、对土著权利进行保护，确认文化资源的产权归属，保障文化资源的财富价值、流转利益在产权交易中实现。而投融资基础上的文化资源市场用益、产权交易流转，应在安全维护原始文化资源意蕴的前提下进行，始终强调文化资源原属地对文化资源的优先占有、优先使用，避免原生态文化资源的消失和破坏，建构文化资源产权交易法律保障机制，捍卫文化资源的文化内涵、文化价值，维护产权归属主体、流转主体合法权益，在文化资源产权交易流转中实现文化资源财富价值与精神传承。

（三）文化资源交易原理厘清：产权归属主体确定与交易原则、交易要求遵循

文化资源产权交易，应遵循产权交易基本原理。在明晰产权权利内涵的基础上，确认产权归属主体、产权交易类型与交易原则。文化资源产权归属的确认，不仅能激发文化资源所属国对文化资源的身份认同和自觉保护意识，更能合理利用、有效诠释文化资源。文化资源的产权归属主体多样，不仅可归属于不同的国家、民族和群体甚至个体，还会因物质文化资源和非物质文化资源的差异，存在产权归属、权利用益上的差别，显示出相当程度的复杂性。其产权交易，一般也依赖文化产权交易所等文化产权交易平台进行，产权交易应需遵循公开、公正、公平、诚实信用、自愿与强制相结合、效率与安全、合法交易等交易原则、交易要求，保障产权交

易程序公开透明。产权交易时,需明确文化资源产权交易可交易范畴,以文化物权、文化债权、文化股权、文化知识产权等文化资源产权权利束的形式进行权益流转,侧重"文化相关物"的用益、流转与支配,并施以具体的法律规制,使文化资源产权交易的每一环节均有相应的法律制度保障,建构文化资源产权交易法律保障机制。

(四)文化资源产权交易法律保障机制建构:搭建交易类型确认、交易监管约束、融资运营跟进、成果转化推动、交易责任预防与追究等多层面法律保障机制

中国文化资源产权交易的法律保障机制,是一个庞杂的有机系统,围绕文化资源用益、产权交易流程,其产权交易法律保障机制涵盖文化资源产权交易类型的法律确认、产权交易监管的法律约束、产权交易融资运营的法律跟进、产权交易成果转化的法律推动、产权交易责任的法律追究等多重层面的法律制度保障体系。其产权交易,不仅要以法律先行确权方式保障可交易文化资源产权人的财产利益,明确产权交易类型、交易模式与交易内容;对具有开发潜质的文化资源,在保持其自身特点和核心技艺的前提下,更要从法律层面研究创意产权生成、创意产品开发与交易衍生利益的保护。针对产权交易程序中出现的市场准入、信用信息披露、资产评估、交易定价等交易行为、交易程序监管的不规范处,有必要从评估、确权、登记、信息披露、保险、信托、版权保护、交易监督、资信评级等方面,增强产权交易监管的法律约束与调整,保障产权交易程序公开透明。同时,还要思虑其中的融资运营利益与融资运营风险,以文化资源与金融资本融合发展的产权交易流转方式,实现文化资源资本转化。并从产权交易成果转化、文化创意产品生产市场空间维护的角度,以版权、专利权和商标权等知识产权运营模式推动文化资源产权交易成果转化,按照开发、生产和销售的良性循环产业链条,孵化创意文化企业,形成相对完善的产业链和利益共享机制,维护文化资源产权交易主体利益,解决文化资源保护与产业开发的矛盾。同时,建立产权交易责任惩处与责任追溯机制,以私权救济的民事责任承担、公法制裁的行政、刑事责任负担与交易纷争的预先防范、事先规范形式,警告不当交易,惩处违法行为,保障文化资源产权交易活动顺利进行。

二 创新之处

(一) 本土性

研究立足于中国文化资源用益的本土制度环境，基于中国文化产业发展需求、传统文化资源被国外文化产业集团无偿、掠夺性开发事实，从文化资源产权权益保护必要性角度，论证文化资源产权交易依据、产权交易流转法律保障机制的具体内容，强调文化资源向文化生产力转化的产权权益保护，探讨产权保护思路下的中国文化产业发展的现实路径与相关制度的效能发挥。研究针对的文化资源产权交易范畴、交易类型的模糊认知，文化创意产权交易困惑，中小微文化企业产权交易融资活动不乐观，文化资源资本转化的产权保护不及时，产权交易成果转化距离较大，文化产权交易平台制度建构尚待摸索，文化产权交易市场主体权责不明、监管不力等问题，都是从本土视角对中国文化产权交易市场制度供给状况进行的分析，重视本土要素对产权交易法律保障制度发展的影响。故研究虽有借鉴突尼斯、菲律宾等发展中国家对本国文化资源、文化产权的做法，但更多的是运用中国法律体系中已有的法律制度原理，结合文化资源产权交易保护的自身需求，对中国文化资源产权交易法律保障机制进行系统性建构，固厚发展中国家文化资源转化为文化产品的利益保护屏障，促进中国文化产业发展。

(二) 系统性

研究基于文化资源产权交易的必要性与产权交易的罗马法基础，进行产权交易法律原理确定、法律保障制度建立的系统性、有机性思考。文化资源产权交易本身是合同行为，涉及产权主体（缔约主体）身份确定、产权交易流转模式、产权交易流转路径、产权交易行为监管与责任承担等诸多问题。相应法律保障机制的建立，也应围绕这些内容，以彼此衔接的思路，明确产权交易主体、交易范畴与交易模式。如选取博物馆馆藏品、非遗技艺等文化资源，以保护性生产、交易理念，阐释文化资源产权交易类型。并通过产权交易行为监管的法律约束机制、产权交易融资运营的法律跟进机制、产权交易成果转化的法律推动机制、产权交易责任的法律预防与追究机制，为产权交易流转路径提供系统的法律制度保障，形成彼此有机联系的结构关系与内在体系。多方面、多渠道、相互融合地促成文化资源向文化资本、文创产品转化，以体系化、交融性思路保障产权交易主体利益，注重每一交易环节的结构关系、运转方式分析，确定产权交易规则、交易监管和交易成果转化，协调和平衡文化资源相关主体间利益关系，为文化资源产权化与产业化提供法律保障，实现文化资源的有效传承与发展。

（三）前瞻性

研究突破文化资源总体上为公共资源、公共用品的法律定位局限，克服既有理论束缚，透过文化资源是"公有物、共用物"的表象，以罗马法视角论证文化资源产权交易的法律原理，将文化资源产权整体理解为包含文化物权、文化债权、文化股权、文化知识产权在内的财产权利束。梳理各类文化资源，析出文化资源可交易性评判标准，确定文化资源的产权归属，明确文化资源产权交易门槛。根据文化资源产权的特殊属性，在保持文化资源本真性、可持续性基础上，鼓励文化资源创意开发，确定文化资源产权交易原则，为文化产业发展提供产权保护、产权流转上的学理依据。结合资本运营原理，提出博物馆文化资源的"活化"利用、非遗资源产权交易平台建制、商品化权设权的理论构想，产权交易平台公司法治理等主张，强调文化资源产权交易的市场调节与政府调控。对文化资源市场用益中所涉法律关系、权利基础与权利规范与保护，以集成创新与协同利用的思路进行相关知识和观念的传导、系统理论的整合，以相关理论研究的及时性与前瞻性，梳理文化资源产权交易环节，找寻每一环节相关法律制度保障的突破方向和最终的制度落脚点，维护文化资源产权效益，最终促进我国文化产业发展。

三 研究展望

中国文化资源产权交易法律保障机制本身是一个非常庞杂、内外关联的制度体系，结构关系复杂，涉及法学、经济学、社会学、文化学、伦理学等多方面知识，需要运用多学科的交叉思维分析其中存在的问题与应对策略，特别是在产权交易行为监管、产权交易融资运营、产权交易成果转化及其相关责权利的关系界定方面。但由于研究条件、研究期限、研究精力和人力等限制，虽在这些方面有一些突破，也只是刚刚涉及，且重点围绕文化资源产权交易依据、产权交易类型确认、产权交易融资运营跟进、产权交易成果转化推动等核心问题进行，产权交易行为监管的法律约束、产权交易责任法律预防与追究等方面的法律保障机制研究，还有待于进一步深入，仍然需要在后续研究中继续梳理思路、继续关注，做更为细致、深入的探索。

参考文献

一　中文著作

北京联合大学、北京数字科普协会：《博物馆的数字化之路》，电子工业出版社2015年版。

曹钢：《产权经济学新论——产权效用、形式、配置》，经济科学出版社2001年版。

畅榕、魏超、谭锐：《数字文化资源需求与使用状况研究》（2014），知识产权出版社2015年版。

陈朝璧：《罗马法原理》，法律出版社2006年版。

陈瑞、赵胜国、王露：《中国数字创意产业发展报告》（2019），社会科学文献出版社2019年版。

陈少峰：《中国文化企业报告》，清华大学出版社2014年版。

陈少峰、张立波：《文化产业商业模式》，北京大学出版社2011年版。

陈卫佐：《德国民法典》，法律出版社2004年版。

陈雅岚：《中国道教文化资源开发及产业化》，社会科学文献出版社2015年版。

谌远知：《文创产业中商品化权与知识产权研究》，经济科学出版社2012年版。

崔建远：《合同法》，法律出版社2003年版。

邓社民：《民间文学艺术法律保护基本问题研究》，中国社会科学出版社2015年版。

邓尧：《博物馆知识产权管理与保护实务》，广东人民出版社2016年版。

董雪梅：《文化产业知识产权》，福建人民出版社2012年版。

范周：《海峡两岸文化创意产业研究报告》，知识产权出版社2017年版。

费安玲：《著作权权利体系研究——以原始性利益为主线的理论探讨》，华中科技大学出版社2011年版。

国际行动援助中国办公室：《保障弱势群体的公平受益——云南6个少数民族自治县文化产业化过程的利益分配问题研究报告集》，知识产权出版社2009年版。

何怀文：《中国著作权法判例综述与规范解释》，北京大学出版社2016年版。

胡晓明、殷亚丽：《文化产业案例》，中山大学出版社2011年版。

皇甫晓涛：《版权经济论》，科学出版社2011年版。

黄辉明：《文化产业知识产权案例点评》，知识产权出版社2014年版。

蒋万来：《传承与秩序 我国非物质文化遗产保护的法律机制》，知识产权出版社2016年版。

鞠宏磊：《媒介产权制度——英美广播电视产权制度变迁及其对我国的启示》，四川大学出版社2006年版。

康振海：《河北文化产业发展报告》（2018—2019），社会科学文献出版社2019年版。

李爱君：《互联网金融法律与实务》，机械工业出版社2015年版。

李建盛、王林生、陈红玉、陈镭：《北京文化产业发展报告》，社会科学文献出版社2019年版。

李明良、吴弘：《产权交易市场法律问题研究》，法律出版社2008年版。

李树榕、王敬超、刘燕编著：《文化资源学概论》，东南大学出版社2014年版。

李炎、胡洪斌：《中国区域文化产业发展报告》，社会科学文献出版社2018年版。

李仪、苟正金：《商业秘密保护法》，北京大学出版社2017年版。

李宜琛：《日尔曼法概说》，中国政法大学出版社2003年版。

刘吉发、陈怀平：《文化产业学导论》，首都经济贸易大学出版社2010年版。

刘诗白：《产权新论》，西南财经大学出版社1993年版。

刘芝凤等：《闽台农业非遗开发与文化产权分析》，厦门大学出版社2015年版。

柳斌杰、阎晓宏：《中国版权相关产业的经济贡献》（2007—2008年），中国书籍出版社2012年版。

陆小华：《信息财产权——民法视角中的新财富保护模式》，法律出版社2009年版。

吕庆华：《文化资源的产业开发》，经济日报出版社2006年版。

穆伯祥：《少数民族非物质文化遗产的知识产权保护模式研究》，知识产权出版社2016年版。

荣跃明、花建：《上海文化产业发展报告》（2018），上海人民出版社、上海书店出版社2018年版。

申茂平：《贵州非物质文化遗产研究》，知识产权出版社2009年版。

司若、陈鹏、陈锐、李学民、黄莺：《中国文旅产业发展报告》，社会科学文献出版社2019年版。

苏喆：《民间文化传承中的知识产权》，社会科学文献出版社2012年版。

宿迟、梅松：《文化创意知识产权典型案例评析》，法律出版社2016年版。

谭云明、国立波：《中国文化传媒投资发展报告》，中国经济出版社2019年版。

汤丽萍、殷俊：《世界文化产业案例选析》（第二版），四川大学出版社2009年版。

唐月民：《文化资源学》，山东大学出版社2014年版。

陶信平：《文化产业法概论》，中国人民大学出版社2016年版。

田艳：《传统文化产权制度研究》，中央民族大学出版社2011年版。

王景、周黎：《民族文化与遗传资源知识产权保护》，知识产权出版社2012年版。

王利明：《民法总则研究》，中国人民大学出版社2020年版。

王旭东：《档案文化资源开发利用研究》，中国社会科学出版社2016年版。

魏鹏举：《中国文化产业投融资体系研究》，云南人民出版社2014年版。

魏振瀛：《民法》，北京大学出版社、高等教育出版社2000年版。

吴汉东等：《知识产权基本问题研究》，中国人民大学出版社 2009 年版。

谢旭辉、郑自群：《知识产权运营之触摸未来》，电子工业出版社 2016 年版。

熊琦：《著作权激励机制的法律构造》，中国人民大学出版社 2011 年版。

徐国栋：《罗马法与现代民法》（第五卷），中国人民大学出版社 2006 年版。

徐昕：《论私力救济》，中国政法大学出版社 2005 年版。

杨涛、金巍、刘德良、陈能军：《中国文化金融发展报告》（2018），社会科学文献出版社 2018 年版。

姚林青：《版权与文化产业发展研究》，经济科学出版社 2012 年版。

姚伟钧等：《从文化资源到文化产业——历史文化资源的保护与开发》，华中师范大学出版社 2012 年版。

叶朗：《中国文化产业年度发展报告》（2015），北京大学出版社 2015 年版。

喻发胜：《文化安全——基于社会核心价值观嬗变与传播的视角》，华中师范大学出版社 2010 年版。

翟珊珊：《基于关联数据的非物质文化遗产资源聚合研究》，科学出版社 2015 年版。

张骞：《国际文化产品贸易法律规制研究》，中国人民大学出版社 2013 年版。

张建华、王伟：《中国企业信用建设报告》（2017—2018），中国法制出版社 2018 年版。

张奇：《旅游文化资源融资模式研究——以北京为例》，经济科学出版社 2014 年版。

张圣才、汪春翔：《江西文化产业发展报告》（2015），社会科学文献出版社 2015 年版。

张晓明、王家新、章建刚：《中国文化产业发展报告》（2014），社会科学文献出版社 2014 年版。

赵锐：《创意产权的知识产权保护研究》，知识产权出版社 2012 年版。

郑成思：《知识产权法》，法律出版社 1997 年版。

郑微波：《后三峡时期的文化资源开发》，知识产权出版社2012年版。

钟基立：《文创与高新产业融资——知识产权价值挖掘的交易设计与风险管理》，北京大学出版社2015年版。

周胜生、高可、饶刚、孙国瑞、汪卫峰：《专利运营之道》，知识产权出版社2016年版。

周延鹏：《知识产权全球营销获利圣经》，知识产权出版社2015年版。

朱岩、高圣平、陈鑫：《中国物权法评注》，北京大学出版社2007年版。

左惠：《文化产品供给论——文化产业发展的经济学分析》，经济科学出版社2009年版。

［法］皮埃尔·布尔迪厄：《文化资本与社会炼金术》，包亚明译，上海人民出版社1997年版。

［荷］约斯特·斯米尔斯、玛丽克·范·斯海恩德尔：《抛弃版权 文化产业的未来》，刘海金译，知识产权出版社2010年版。

［美］罗纳德·H.科斯等：《财产权利与制度变迁 产权学派与新制度学派译文集》，刘守英等译，格致出版社、上海三联书店、上海人民出版社2014年版。

［美］道格拉斯·C.诺思：《制度、制度变迁与经济绩效》，杭行译，格致出版社2014年版。

［美］Douglas M. Knudson Ted T. Cable Larry Beck：《自然与文化资源解说》（第二版），蔚东英译，中国环境出版社2014年版。

二 期刊论文

曹翼飞：《文化产权交易亟待金融助力》，《中国投资》2012年第6期。

曹翼飞：《艺术品份额化交易对中国文化产权交易的样本意义》，《经济研究导刊》2012年第18期。

陈颖：《文化创意产业化融合的路径、障碍与对策》，《深圳大学学报》（人文社会科学版）2018年第2期。

邓建志、袁金平：《传统文化产权的法经济学分析——基于文化资源稀缺性的视角》，《湖南财政经济学院学报》2012年第2期。

丁李、叶佑天：《韩国动漫文创产业的发展及其向中国大陆延伸的趋势》，

《电影评价》2017年第24期。

费安玲：《非物质文化遗产法律保护的基本思考》，《江西社会科学》2006年第5期。

高波：《文化产权交易所的交易模式创新分析——以泰山文化艺术品交易所为例》，《山东财政学院学报》2012年第6期。

高宏存：《经济全球化中的文化产权问题研究》，《福建论坛》（人文社会科学版）2010年第6期。

高燕梅、芮政、伊明明：《现行知识产权制度下非物质文化遗产分类保护》，《学术探索》2017年第2期。

韩顺法：《文化产权市场的形成动因与发展趋势》，《文化产业研究》2017年第4期。

韩志国：《产权交易：中国走向市场经济的催化剂》，《改革》1994年第4期。

郝婷、武建林、赵羽中：《文化遗产属性下内蒙古旅游产品深度开发研究》，《包装工程》2018年第5期。

何亚斌：《中国国有产权转让的市场化经验及其国际意义》，《产权导刊》2018年第3期。

侯珂：《国家博物馆文物藏品数字影像版权化初探》，《中国国家博物馆馆刊》2012年第2期。

胡卫萍、张炜华：《我国文化企业产权交易流转的法理思考》，《南昌航空大学学报》2019年第1期。

胡卫萍：《非遗资源产权确认与交易的立法保护》，《江西社会科学》2018年第4期。

胡卫萍：《罗马法视角的文化资源的产权归属》，《重庆大学学报》（社会科学版）2015年第6期。

胡卫萍、胡淑珠：《我国文化资源资本化现状及投融资路径》，《企业经济》2016年第7期。

胡卫萍、刘靓夏、赵志刚：《博物馆文化资源开发的产权确认与授权思考》，《重庆大学学报》（社会科学版）2017年第4期。

胡卫萍、严静、王建华：《文化产业发展需求下文化产权交易法律制度确立的思考》,《南昌航空大学学报》(社会科学版)2014年第4期。

蒋慧:《广西少数民族文化知识产权利益分享机制的构建》,《广西民族大学学报》(哲学社会科学版)2015年第1期。

蒋利玮:《论商品化权的非正当性》,《知识产权》2017年第3期。

蒋三庚、王莉娜:《北京市文化创意产业集聚效应研究》,《经济研究参考》2017年第45期。

蒋依娴:《传统产业利用文化资源转型升级的路径探讨——基于消费者偏好的分析》,《福建行政学院学报》2013年第2期。

李春满:《论文化资产的价值属性》,《中国资产评估》2013年第5期。

李青、车玉龙:《文物建筑的版权保护困境——兼评我国〈著作权法修改草案〉第47条、第49条》,《中国版权》2014年第6期。

李睿:《鄱阳湖生态经济区建设与江西文化资源保护》,《中共南昌市委党校学报》2010年第5期。

李顺德:《中国的文化产业应该加强法律保护》,《河南社会科学》2007年第4期。

李朱:《特殊管理股制度的理论与实践思考》,《江西社会科学》2014年第6期。

廖继胜、刘志虹:《关于我国文化产权交易市场制度的探讨》,《理论探讨》2016年第6期。

林青:《文化创意产业知识产权创新与保护机制研究》,《南京理工大学学报》(社会科学版)2018年第1期。

刘丽娟:《我国司法如何确认商品化权》(下),《电子知识产权》2017年第11期。

刘双、李伟:《论文化资源到文化资本的转化》,《知识经济》2008年第1期。

刘鑫:《博物馆藏品再创作的著作权问题探析》,《中国版权》2016年第3期。

刘勇伟:《艺术授权:博物馆文创产业发展的新途径》,《博物馆研究》2018年第2期。

马铮:《非物质文化遗产保护主体研究——兼论我国〈非物质文化遗产

法〉》，《中国劳动关系学院学报》2014 年第 3 期。

米子川：《文化资源的时间价值评价》，《开发研究》2004 年第 5 期。

彭中天、董倩、杨硕、张冲：《文化与资本二元价值容介态的社交圈——文交所转型路径研究》，《广义虚拟经济研究》2013 年第 4 期。

丘志乔：《中小型文化创意企业知识产权质押融资现状及对策——兼谈北京"创意贷"模式对广东的启示》，《中国发明与专利》2011 年第 7 期。

宋皓：《旅游开发中的少数民族文化产权纠纷及对策思考》，《贵州民族研究》2017 年第 3 期。

孙飞、王淋：《产权定义的理论分歧及其界定》，《经济纵横》2009 年第 6 期。

孙九霞、吴韬：《民族旅游地文化商品化对文化传承的影响》，《华南师范大学学报》（社会科学版）2015 年第 2 期。

孙鹏：《保护文博知识产权 发展文化创意产业——首届"2015 广州国际博物馆版权交易博览会"综述》，《中外文化交流》2016 年第 2 期。

孙小兵：《我国文博创意产业发展 SWOT 分析及对策研究》，《中国博物馆》2017 年第 3 期。

王芳：《非物质文化遗产知识产权保护中的利益冲突和协调》，《内蒙古工业大学学报》（社会科学版）2016 年第 2 期。

王海英：《文化创意产业版权保护的困境及其法律选择》，《中共福建省委党校学报》2009 年第 11 期。

王星星：《论博物馆的商品化权及其法律保护》，《中国博物馆》2017 年第 1 期。

王秀伟：《文化授权：文化产业价值链与生产经营机制的创新》，《学术论坛》2017 年第 6 期。

王娅：《我国产权交易的基本特征、风险来源及防范对策研究》，《现代经济信息》2018 年第 2 期。

王中云、骆兵：《保护与开发：我国文化资源空间的扩展着力点》，《江西社会科学》2011 年第 8 期。

文卫民、邹文兵、林昆范：《我国台湾地区文化创意产业发展类型分析及经验启示》,《南京艺术学院学报》(美术与设计) 2018 年第 1 期。

吴汉东:《论传统文化的法律保护》,《中国法学》2010 年第 1 期。

吴汉东:《形象权的商品化和商品化的形象权》,《法学》2004 年第 10 期。

吴玑超:《当下文化创意产业发展路径探析》,《南京工程学院学报》(社会科学版) 2017 年第 4 期。

吴静、黄怡爽:《新时期博物馆文化创意产业的开发模式与前景》,《中国市场》2018 年第 5 期。

吴圣刚:《文化资源及其利用》,《山西师大学报》(社会科学版) 2005 年第 6 期。

谢晓尧:《商品化权:人格符合的利益扩张与平衡》,《法商研究》2005 年第 3 期。

熊广勤、罗方珍:《我国文化产权交易的定价研究现状、问题及出路》,《武汉冶金管理干部学院学报》2016 年第 1 期。

徐文燕:《基于文化产业特殊性视角的文化产业政策取向——以江苏文化产业政策文本为例》,《现代经济探讨》2013 年第 8 期。

薛永武:《论文化产业的经济属性和社会属性》,《山东大学学报》(哲学社会科学版) 2016 年第 5 期。

严永和:《论我国少数民族非物质文化遗产知识产权保护之制度构建》,《文化遗产》2013 年第 4 期。

杨丹:《羌族特色文化旅游资源开发面临的产权困境及对策》,《贵州民族研究》2017 年第 6 期。

张炳辉、田艳芬:《关于文化产权交易若干问题的探讨》,《经济纵横》2013 年第 1 期。

张世君:《论我国创意产业法律保护体系之构建》,《法学杂志》2011 年第 1 期。

张文显:《市场经济与法制建设三论》,《中国法学》1993 年第 3 期。

赵蓉:《文化产权交易规范研究——兼论国务院文件的禁止性规定和合规设计》,《社会科学家》2018 年第 8 期。

郑维炜:《社会主义文化产业发展中的民商事法律制度研究》,《中国法学》2012 年第 3 期。

周正兵：《我国文化产权交易所发展状况、问题与趋势》，《深圳大学学报》（人文社会科学版）2017年第1期。

三　报纸

李亦奕：《博物馆文创：寻求传统文化的当代表达》，《中国文化报》2016年9月11日第8版。

杨逸、何绮薇：《博物馆"变形计"：从文物宝库到创意试验场》，《南方日报》2016年3月17日第A19版。

余海蓉：《用产业化运作抢救民间文化瑰宝》，《深圳特区报》2007年5月20日第B05版。

四　外文期刊

Pratt, Andy, "Creative Clusters: Towards the Governance of the Creative Industries Production System?" *Media International Australia Incorporating Culture and Policy*, Vol. 112. 1, 2004.

Keane, Michael and Ying Chen, "Entrepreneurial Solutionism, Characteristic Cultural Industries and the Chinese Dream", *International Journal of Cultural Policy*, Vol. 25. 6, 2019.

Tauman, Yair and Ming-Hung Weng, "Selling Patent Rights and the Incentive to Innovate", *Economics Letters*, Vol. 114. 3, 2012.

五　网站

中国文化产业网 http://www.cnci.net.cn/.

中国文化创意产业网 http://www.guoxuew.com/.

中国(深圳)国际文化产业博览交易会 http://www.cnicif.com/.

中国版权保护中心 http://www.ccopyright.com.cn/.

国际版权交易中心 http://www.cbice.com/.

华中国家版权交易中心 http://www.ccct.net/.

山东省文化版权交易中心 http://www.sdcce.cn/.

中国民商法律网 http://www.chinesetortlaw.com/.

法大新闻网 http://news.cupl.edu.cn/mtfd.htm.
中国法律信息网 http://service.law-star.com/.
北大法律信息网 http://www.chinalawinfo.com/.
中国国际文化产权交易所 http://www.bdwhjr.com/.
南京文交所钱币邮票交易中心 http://www.zgqbyp.com/.
上海文化产权交易所 https://www.shcaee.com/.
深圳文化产权交易所 http://www.szcaee.cn/.
山东文化产权交易所 http://www.sdcaee.com/.
杭州文化产权交易所 http://www.hcaee.com/.
成都文化产权交易所 http://www.cdcee.com/.
陕西文化产权交易所 http://www.sncaee.com/.
天津文化产权交易所 http://www.tjcae.com/.
吉林省文化产权交易所收藏品交易中心 http://www.jlcaee-scp.com/.
郑州文化艺术品交易所 http://www.zzcae.com/.
湖北华中文化产权交易所 www.hbcpre.com/.
海峡文化产权交易所 http://www.fjhxcaee.com/.
安徽文化艺术品交易中心 http://www.ahhfcae.net/.
江苏省文化产权交易所 http://www.jscaee.cn/.
甘肃文交艺术品中心 http://art.gscaee.com/.
江西省非物质文化遗产数字博物馆 http://www.jxfysjk.com/.
江西省非物质文化遗产网 http://www.jxfwzwhycw.com/.
内蒙古文化产权交易所 http://www.imcae.com/.
南昌文化产权邮币卡交易中心 http://ybk.nccaee.com.cn/.
西安文化产权交易中心 http://www.xawhcq.com/.